FERDINAND BRUNOT

Doyen de la Faculté des Lettres
Professeur d'Histoire de la Langue française à l'Université de Paris

HISTOIRE

DE LA

LANGUE FRANÇAISE

DES ORIGINES A 1900

Ouvrage couronné par l'Académie des Inscriptions et Belles-Lettres
(Premier Grand Prix Gobert)

TOME VII

La propagation du français en France

jusqu'à la fin de l'ancien régime

PARIS

LIBRAIRIE ARMAND COLIN

103, Boulevard Saint-Michel, 103

HISTOIRE

DE LA

LANGUE FRANÇAISE

DES ORIGINES A 1900

TOME VII

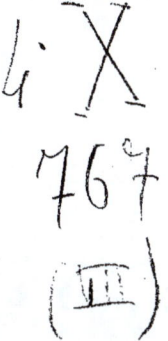

LIBRAIRIE ARMAND COLIN

FERDINAND BRUNOT

HISTOIRE DE LA LANGUE FRANÇAISE
DES ORIGINES A 1900

Ouvrage couronné par l'Académie des Inscriptions et Belles-Lettres
(Premier Grand Prix Gobert, 1912).

FERDINAND BRUNOT

Doyen de la Faculté des Lettres,
Professeur d'Histoire de la Langue française à l'Université de Paris.

HISTOIRE

DE LA

LANGUE FRANÇAISE

DES ORIGINES A 1900

Ouvrage couronné par l'Académie des Inscriptions et Belles-Lettres
(Premier Grand Prix Gobert, 1912).

TOME VII

La propagation du français en France
jusqu'à la fin de l'ancien régime

PARIS
LIBRAIRIE ARMAND COLIN
103, Boulevard Saint-Michel, 103
1926

INTRODUCTION

A la mort de Louis XIV, le français, devenu depuis longtemps la langue du Roi, de l'État, de la loi, de la Cour, de la bonne société, des Académies, des lettres, pouvait paraître la langue de la France; il ne l'était pas encore. A Paris même, il lui restait des conquêtes à faire, il n'avait pas converti et attiré à lui tous les lettrés, il commençait seulement à s'imposer à la considération des professeurs et des étudiants et à leur paraître digne de leur rang et de leur science. Pis que cela, sitôt qu'on s'éloignait de la région de France où il s'était formé, le peuple des campagnes et même des petites villes l'ignorait ou l'entendait tout au plus, sans le parler. Alors qu'il conquérait l'Europe, presque d'un élan, il gagnait péniblement la France, province par province. Il lui restait dans le royaume des concurrents, et presque, à certains endroits, des rivaux : le latin vaincu, mais non évincé, la foule des patois et des langues hétérogènes, allemand, flamand, breton, basque. L'Ancien Régime finit avant que le français fût maître incontesté de tout le territoire, avant même qu'il eût été établi officiellement dans son rôle de langue souveraine.

Toutefois de grands changements avaient eu lieu, tous à son avantage. Nous ne les remarquons pas, parce que l'éclat de la Cour sous le « grand Roi » donne à ceux qui la contemplent une sorte d'éblouissement qui rend leurs yeux à peu près incapables d'apercevoir les réalités, assez misérables, du reste du royaume. On parlait si bien à Versailles qu'il semble qu'on ait dû parler ainsi partout, et nous oublions qu'il fallait un interprète à Marseille, ou que Racine en voyage était incapable de se faire apporter un vase de nuit.

Louis XIV ne s'inquiétait guère d'ailleurs qu'à quelques lieues de Paris on le haranguât en patois picard. Jamais ses successeurs ne prêtèrent la moindre attention à un détail de si peu d'importance qui ne diminuait en rien la soumission des sujets ni les forces de la monarchie. Personne de ceux qui administrèrent au xviiie siècle n'imagina qu'il y eût un intérêt moral à unir les Français dans la langue du Roi. On en parlait bien dans quelques formules d'Ordonnances, mais c'était une phrase de style et qui ne tirait pas à conséquence. Aucune des instructions données aux agents locaux ne leur indiqua qu'il y eût là une volonté à exécuter ni même un désir à réaliser. Il faut dire que l'Église qui, elle, avait sa langue, et qui y tenait, ne mit guère plus de méthode à la défendre. La question de langue n'existait pas aux yeux des maîtres d'alors. Il en résulta que les choses, faute d'être dirigées, allèrent librement leur train, plus vite ici, plus lentement là, au hasard des poussées et des résistances.

De même qu'on ne s'inquiétait guère de changer les langages, on ne se mettait pas en peine de situer ou de limiter leur domaine. De sorte qu'il existe fort peu de témoignages directs de l'état linguistique du royaume. Il n'y a eu aucune enquête officielle et générale, aucune demande de renseignements comme il eût pu en être adressé aux intendants et comme on en adressera plus tard aux préfets. C'est un particulier, Grégoire, qui, dans les premières années de la Révolution, a eu l'idée d'interroger par une circulaire ceux qu'il croyait capables de le renseigner à ce sujet. Les réponses qu'il a reçues, si peu nombreux et si incomplets que soient les renseignements qu'elles contiennent, ont pour nous un prix considérable; on les trouvera citées souvent non seulement dans la partie de cette étude qui concerne la Révolution, mais dans celle-ci, car je me suis cru autorisé par la marche générale des changements linguistiques, ordinairement si lents, à considérer qu'un état décrit en 1791 ne devait pas différer sensiblement de l'état qu'on eût pu constater deux et même dix années auparavant.

En l'absence de renseignements directs et spéciaux, force m'était de me tourner ailleurs. J'ai donc examiné un à un les événements de la vie littéraire, scientifique, administrative, économique, qui avaient pu agir sur les parlers. Il m'apparaît aujourd'hui clairement que les divers faits de la vie des langues, même ceux de leur vie intérieure, s'expliquent par la vie des peuples, des groupes sociaux, des individus, à plus forte raison avais-je des motifs de croire que je trouverais là et des indices de la propagation du français en France et les causes de ce phénomène. Mon lecteur jugera si mon attente a été trompée, et il s'étonnera peut-être moins de trouver ici retracés à grands traits des faits qui semblent au premier abord étrangers à cette histoire : développement de l'industrie, construction des routes, etc. Assurément l'histoire des collèges tient de plus près à l'histoire de la langue que l'histoire de la poste aux lettres. La différence toutefois est peut-être moins grande qu'il en semble. Or il n'y avait point d'organisation sérieuse de la poste à tenter avant qu'on eût régularisé le service des diligences, et comment celles-ci eussent-elles pu rouler sur les chemins que le règne de Louis XIV avait laissés? Les ingénieurs des Ponts et Chaussées ont sans doute plus et mieux servi la langue que bien des Académiciens.

Il va sans dire qu'obligé de me créer de toutes pièces une méthode pour cette philologie sociologique, je ne me flatte pas de l'avoir portée à la perfection. Je confesse aussi bien volontiers que je ne sais pas tout de la vie de chaque ville et village de France au xviiie siècle. Les historiens, le jour où ils voudront s'occuper de mon sujet, feront sans peine mieux que moi.

Le souci de mettre de la clarté dans l'exposé m'obligeait à mettre de l'ordre, trop d'ordre dans la masse des faits recueillis. Je me suis longtemps demandé si je pousserais jusqu'à étudier d'une part les faits qui ont pu servir le français dans sa lutte contre le latin, de l'autre les faits qui lui ont permis de prévaloir sur les patois. Ce plan avait quelque chose de séduisant, mais il m'obligeait à séparer des résultats qui dans une foule de cas devaient être rapportés à une même cause. Une librairie, le jour où elle vendait un livre français au lieu d'un livre latin, agissait dans un premier sens ; le jour où elle débitait des almanachs à des paysans venus à la foire, elle agissait dans un autre sens. Par quel artifice diviser une action qui variait ainsi, au hasard de la clientèle ?

Une autre difficulté venait de ce qu'il est impossible de séparer les causes des effets. Un savant écrit en français, c'est que le latin n'est plus assez généralement lu dans le monde auquel il s'adresse, mais son livre contribue à répandre le français et, s'il marque, à le consacrer. Même observation pour l'enseignement. Le français pénètre dans les collèges, il y est introduit par une pression du dehors, mais cette admission dans les classes lui donne une force nouvelle.

Le mieux m'a donc semblé être de diviser simplement ce tableau en chapitres correspondant aux diverses formes de la vie que j'étudie.

Malheureusement je suis ainsi obligé de traiter d'ensemble des questions que la vérité historique voudrait qu'on étudiât séparément non seulement dans chaque région, mais dans chacune de ces subdivisions qui, en entrecroisant leurs différentes limites, font de l'ancienne France un chaos administratif. Dans ce royaume uni, mais rapiécé, la vie locale était intense, toutefois elle présentait rarement à plusieurs endroits les mêmes formes. Et le langage s'en ressentait. Un village groupé où l'on bavarde à la fontaine ou en d'autres lieux de réunion se conquiert plus vite que le village éparpillé en hameaux et en fermes écartées.

L'action de chacune des forces naturelles qui ont propagé le français s'est exercée différemment suivant les milieux et les gens, leurs caractères et leurs goûts. C'est là ce qui en a réglé les modalités et limité la puissance. Je ne voudrais pas paraître avoir oublié cette vérité essentielle que les travaux de mes successeurs, moins obligés à systématiser, mettront sans doute en lumière. Du moins ai-je traité séparément de quelques provinces, auxquelles des causes particulières ont conservé jusqu'à la Révolution une situation linguistique bien distincte.

Je n'aurais jamais pu composer ce livre, si imparfait qu'il soit, sans le secours de quelques historiens, qui m'ont fourni de précieuses indications, et auxquels je tiens à adresser ici mes remerciements.

C'est d'abord M. Esmonin, professeur à la Faculté de Grenoble, dont les observations m'ont été de la plus grande utilité. Certains chapitres non seulement ont été inspirés par lui, mais n'ont quelque valeur que grâce à sa science, aussi généreuse que sûre. Tel celui qui concerne les routes.

Je nommerai aussi M. Roupnel, professeur à la Faculté de Dijon, qui a composé tout exprès pour moi un mémoire sur le parler de la Bourgogne dont j'ai tiré grand profit; MM. Sée et Loth, si profonds connaisseurs des choses de Bretagne, M. de Saint-Léger, un des hommes les plus instruits de la vie dans le Nord, M. Pfister, qui a revu mon chapitre sur l'Alsace, M. Villat, qui vient d'étudier méthodiquement les premières années de la Corse française. J'ai trouvé dans leurs travaux, comme dans une foule d'autres que j'ai consultés, non point sans doute des études spéciales sur la pénétration de la langue française, mais des notes de tout ordre qui me permettaient de la suivre, tant bien que mal.

J'espère ne pas m'être trompé trop souvent dans mes interprétations et mes raisonnements, mais je reconnais combien mon information a été incomplète. Mon ambition serait que d'autres pussent apercevoir l'intérêt qu'il y aurait à recueillir, dans les textes et les archives, de nouveaux indices, voulussent bien les rechercher et les grouper, soit dans le cadre que j'ai tracé, soit dans un autre. L'histoire de la langue s'enrichirait alors de toutes les données que peut fournir l'histoire générale, et inversement elle contribuerait à rendre celle-ci plus profonde et plus humaine, puisque la langue est le fait social par excellence, qu'il se modifie sans doute par les volontés individuelles, mais ne cesse jamais d'être un produit de la collectivité, et reflète par conséquent, avec une fidélité unique, l'état des esprits, des mœurs, de la vie aux différentes époques.

LIVRE PREMIER

LA VIE INTELLECTUELLE ET MORALE

CHAPITRE PREMIER

LE FRANÇAIS SEULE LANGUE LITTÉRAIRE

LE LATIN COMME LANGUE ÉCRITE. — Il est à peine besoin de s'occuper du latin comme langue parlée. Malgré de vieux règlements, qui se relâchèrent du reste un à un, même dans les collèges où la tradition humaniste se conservait la plus pure, on peut dire que le latin ne se parla plus à partir de 1750. On s'en servait encore pour enseigner et pour disputer, nous le verrons. Il n'était plus en usage dans la conversation[1].

C'est aussi au xviiie siècle que le latin cessa définitivement d'être une langue écrite. Le même fait se produisit plus tôt ou plus tard dans tous les pays d'Europe. Il a donc des causes générales. Néanmoins ce qui hâta chez nous l'événement fut sans contredit l'éclosion de notre admirable littérature du xviie siècle. Après tant de chefsd'œuvre, il parut comme impossible et contraire au bon sens que la France se refusât à mettre à leur rang dans sa propre estime les productions de son génie, qui faisaient le charme de l'Europe. La propagande d'un Molière, d'un Racine ou d'un La Fontaine valait tous

---

1. Ceci ne va pas naturellement à nier qu'il restât une foule d'ecclésiastiques, d'hommes du monde même capables de parler latin : Marmontel par exemple. Il est vrai que celui-là avait failli embrasser la carrière sacerdotale (*Mém.*, éd. Barrière, p. 45). Mais nous voyons le jeune de Mézières, qui n'avait aucune disposition pour la vie religieuse, envoyé par sa mère en Amérique, comme mauvais sujet, devenir chef d'une tribu sauvage et effarer les Espagnols en leur parlant latin (de Genlis, *Mém.*, p. 31). Dans la génération précédente, on parlait encore latin assez communément. Ainsi le Président de Brosses, voyageant en Italie, se servit de cette langue pour entretenir à Gênes le P. Ferrari, de la Doctrine Chrétienne, homme fort instruit, mais qui ne savait pas un mot de français (*Lettres d'Italie*. I, 58). Toutefois il ne parlait que difficilement et mal, il l'avoue plus loin : « J'ai été fort stupéfait de voir qu'il me falloit haranguer impromptu, et parler pendant une heure en une langue dont j'ai si peu l'usage » (*Ib.*, p. 106). Mademoiselle Agnesi (de Milan) entendait le français, mais répondait en latin, craignant que les mots techniques lui fissent défaut (*Ib.*, p. 106). Mais à Bologne, les femmes parlent français presque toutes. Elles citent Racine et Molière (*Ib.*, p. 224).

les panégyriques ; elle emportait toutes les résistances. De **moins** grands, comme il arrive à toutes les époques, ajoutaient à ces hautes renommées l'éclat usurpé mais réel de leur gloire éphémère, et comme, après un moment de stérilité, des successeurs semblaient nés aux maîtres de l'âge précédent, tous ceux et toutes celles qui avaient quelque goût des lettres, n'admirent plus qu'on leur contestât leur foi en une langue qui avait ainsi fait ses preuves.

Par modestie nos grands écrivains avaient pu s'effacer. Leurs lecteurs n'avaient pas les mêmes raisons de sacrifier Molière à Térence, Racine à Euripide, ou La Fontaine à Ésope et à Phèdre. Quels que pussent être les préjugés entretenus par une tradition séculaire, la joie de lire, d'admirer, de s'émouvoir en sa langue, la satisfaction de se sentir avec les auteurs dans une sorte de fraternité de race compensaient les préventions innées ou acquises. Le dogme de la supériorité native des Grecs et des Romains s'effritait. L'heure de la justice était venue lentement, mais elle approchait.

FIN DE LA POÉSIE LATINE. — En tout cas, il ne restait plus de doute en ce qui concernait les quelques contemporains qui s'obstinaient à écrire en latin. Là, le parallèle était décisif. Dès le début du XVIIIe siècle, le Haut-Latium avait achevé de se vider de ses coryphées[1]. Après Huet et Mussieu, morts l'un en 1721, l'autre en 1722, Fraguier et La Monnoye avaient disparu en 1728, sans que personne se trouvât pour leur prendre la lyre des mains. Le P. Brumoy pleurait cette infortune, sans pouvoir y remédier[2]. En vain l'abbé du Bos soutenait que les vers latins plaisent beaucoup plus que les vers français[3]. La Monnoye, lui, si érudit pourtant, « quelque cas qu'il fît des Langues savantes, quelque soin qu'il eût mis à les cultiver..., ne pardonnoit pas aux gens de Lettres qui sacrifioient à cette étude celle de leur propre Langue ; et il disoit de deux savans Académiciens ses confreres, qu'ils avoient eu besoin d'entrer à l'Académie pour y apprendre à parler françois » (d'Alemb., *Hist.*, IV, p. 32-33).

Une grande espérance survivait pourtant : un chef-d'œuvre allait tout sauver. On savait que Melchior de Polignac, exilé à Bon-Port en 1698, s'était mis à un poème, l'*Anti-Lucrèce*, dont il s'était entretenu avec Bayle, que Leibnitz attendait, dont Newton disait du bien. Par avance, Le Jay l'analysait dans sa *Bibliothèque des Rhéteurs* (1725), et en 1731 Voltaire prenait l'auteur pour guide dans le *Temple du Goût*. En 1743, Titon du Tillet, dans son *Supplément*

1. Cf. tome V, p. 9.
2. *Mém. de Trévoux*, mai 1722.
3. *Refl. critiques sur la Poesie*, dans le *Journ. lit.*, 1720, t. XI, p. 236, éd. 1722.

au Parnasse français, ne mettait point sur la cime sacrée d'autre
poète latin contemporain. Bref, de nouveau, le « nescio quid majus »
se chuchotait. La mort du cardinal, survenue en 1741, n'empêcha
point le poème tant attendu de s'achever ; l'abbé de Rothelin, puis
Le Beau, Coffin, Crevier, le mirent au point, et il parut en 1747, sous
les auspices de Benoît XIV.

Il se trouva que le pape, demandé par les latineurs pour un
baptême, n'avait donné qu'une extrême-onction. La déception
fut complète. L'*Anti-Lucrèce* ne trouva ni lecteurs ni défenseurs ;
l'appréciation de Voltaire résumait l'opinion générale : poème sans
poésie et philosophie sans raison[1]. Ce fut la déroute dans le dernier
carré. Les Jésuites eux-mêmes furent obligés de se rendre à l'évi-
dence. Autres temps, autres mœurs, confessèrent les Mémoires de
Trévoux[2]. En province, les jeux floraux de Toulouse fermèrent leur
porte à la muse latine ; dans les Académies, on entendit des discours
contre la latinité des modernes[3].

Partout — le Journal des Savants lui-même le constate à regret —
les « génies » propres à la poésie avaient cessé de se consacrer à
imiter les Anciens[4]. Comment en effet les plus entêtés eussent-ils
persisté, puisqu'ils ne trouvaient plus de libraires ?[5] Et par quelle
aberration ceux-ci se fussent-ils obstinés contre l'hostilité ou l'indifférence des lecteurs ? Il n'est pas besoin d'expliquer les causes de
cette lassitude générale. Le P. Desbillons après La Fontaine ! L'injure
au bon sens et au goût du public était réellement trop forte[6]. La
poésie latine était morte, il ne restait plus que les vers latins,
abrités dans les collèges, où ils devaient végéter si longtemps, hélas !

Fin de l'éloquence latine. — Les orateurs se turent à leur tour[7].

1. Let. à Mme du Deffand, 13 oct. 1759. Voir le *Dict. philos.* et le *Siècle de
L. XIV* (1752).
2. Voir avril 1748, juin 1750, janv. 1759, 2e vol., avril 1761, 2e vol. On trouvera
une étude détaillée du poème dans Fusil, *L'Anti-Lucrèce.* Thèse complémentaire. Paris,
1918, 8°, p. 15 et 16. L'auteur cite les poèmes scientifiques qui parurent ensuite en
latin, soit en France, soit à l'étranger.
3. A Besançon M. Daguay, abbé de Sorèze ; à la Rochelle M. de Lavau, prieur
d'Aytré (1756), parlèrent en ce sens. Voir l'abbé Desfontaines, *Obs. sur les écrits mod.*,
let. IV, 1735, t. I, p. 90 ; *let.* LXIX, 1736, t. V, p. 193 ; *let.* CLII, 1757, t. XI, p. 25 ;
let. CCCLVI, 1741, t. XXIV, p. 250 ; cf. Vissac, *De la Poésie latine en France*, p. 287.
4. Mars 1747, dans Vissac, *o. c.*, p. 261.
5. La Sante, *Orationes*, Préf. (1741, 2 vol. in-12) dit que les libraires, successeurs
dégénérés des Turnèbe et des Estienne, ne veulent plus imprimer à leurs frais les
livres latins (Vissac, *o. c.*, p. 262).
6. Ayant composé des fables à la manière d'Ésope, il est obligé de les porter
imprimer à Glasgow (*Ib.*).
7. « 28 janvier (1770). C'est aujourd'hui la Saint-Charlemagne. Je me suis rendu
au collège de Navarre pour entendre le panégyrique latin de Charlemagne, fondateur de
l'Université. Je savais qu'un M. César Égasse de Boulay avait laissé un fonds pour

A dire vrai, se fût-il trouvé un Scaliger, voire un Virgile, qu'il n'eût point ramené la jeunesse à une langue dont le goût se perdait[1]. Les générations depuis longtemps ne l'apprenaient plus que par contrainte, et sortaient du collège sans la posséder assez pour s'y plaire[2].

On en était venu à contester la prétendue supériorité du latin. Déjà en 1717 (janvier, mars, mai), le *Mercure de France* publiait une suite de dissertations où l'abbé de Pons élevait la langue française au-dessus de la latine, obscure, et impossible du reste à bien apprendre. Et ces théories étaient bien reçues des dames et des savants non prévenus[3]. D'Alembert, dans l'*Encyclopédie*, attaque vivement ce qui subsistait des préjugés : « quelqu'estime que j'aye, dit-il, pour quelques-uns de nos humanistes modernes, je les plains d'être forcés à se donner tant de peine pour parler fort élégamment une autre langue que la leur. Ils se trompent s'ils s'imaginent en cela avoir le mérite de la difficulté vaincue : il est plus difficile d'écrire et de parler bien sa langue, que de parler et d'écrire bien une langue morte ; la preuve en est frappante. Je vois que les Grecs et les Romains, dans le tems que leur langue étoit vivante, n'ont pas eu plus de bons écrivains que nous n'en avons dans la nôtre ; je vois qu'ils n'ont eu, ainsi que nous, qu'un très-petit nombre d'excellens poëtes, et qu'il en est de même de toutes les nations.

rémunérer chaque année l'orateur. Mais je fus bien déçu, n'ayant trouvé en place de l'oraison funèbre qu'une maigre messe à cette occasion pour le repos du défunt. Un maître ès arts en robe rouge avec hermine, que j'interrogeai à ce sujet, me répondit que depuis cinq ans on ne prononçait plus le discours latin, personne ne voulant s'en charger à cause de la médiocrité des honoraires ; que d'ailleurs personne n'était plus capable de bien s'acquitter d'une pareille tâche. — Il n'y avait rien à répondre à pareil argument. Et, de fait, il est vrai qu'on ne cite pas à Paris en ce moment un seul orateur latin. Le dernier a été l'abbé d'Olivet, mort il y a deux ans (en 1768) » (*Voyage du Suédois de Liden à Paris*, 1768, dans Arch. des missions, 1857, t. V, p. 382-383).

1. En 1731 le *Nouv. du Parn.*, t. I, p. 314 (quatorzième lettre), dit : « le Latin étant une langue qu'on ne parle plus, et que presque personne n'est assûré de bien écrire... un François doit donc écrire en François, et non dans une langue éteinte, dont très-peu de personnes connoissent aujourd'hui toutes les graces ». Le *Merc.* de Sept. 1727, p. 1948, disait :

    Toute Langue aujourd'hui devient Enigmatique;
    On n'entend plus le Grec, assez peu le Latin :
    Je crains pour le François un semblable destin.

2. Voir en particulier Goujet, *Bibl. fr.*, *Disc. prél.*, t. I, p. xiii et suiv. : « la plûpart des jeunes gens sortent du College avec une provision si modique de Latin, qu'ils ont bien-tôt oublié le peu qu'ils y ont appris ». Cf. p. xix : « y en a-t-il beaucoup, parmi ceux mêmes qui se vantent d'être versés dans la lecture des anciens, qui puissent se glorifier de marcher avec eux dans une pleine liberté, de joüir de leur entretien aussi aisément, que de la conversation de ceux qui parlent notre langue maternelle ? Que sera-ce donc de ceux qui ne font que bégaïer une langue mal apprise ? »

La Chalotais affirmera un peu plus tard : « Il faut l'étudier de nouveau, si l'on veut faire quelque usage de cette langue » (*Ess.*, p. 11).

3. Vissac, *o. c.*, p. 270-271.

Je vois au contraire que le renouvellement des Lettres a produit une quantité prodigieuse de poëtes latins, que nous avons la bonté d'admirer : d'où peut venir cette différence? et si Virgile ou Horace revenoient au monde pour juger ces héros modernes du parnasse latin, ne devrions-nous pas avoir grand'peur pour eux? Pourquoi, comme l'a remarqué un auteur moderne, telle compagnie, fort estimable d'ailleurs, qui a produit une nuée de versificateurs latins, n'a-t-elle pas un seul poëte françois qu'on puisse lire? Pourquoi les recueils de vers françois qui s'échappent par malheur de nos colléges ont-ils si peu de succès, tandis que plusieurs gens de lettres estiment les vers latins qui en sortent? » (art. Collège).

CHAPITRE II

LE FRANÇAIS ET LE DÉVELOPPEMENT DES SCIENCES

Traditions et survivances. — Le latin, ayant cessé d'être la langue des lettres, allait-il demeurer celle des sciences? C'était là, pour un siècle comme le xviiie, le point capital, la curiosité publique s'étant partagée et se portant avidement sur des matières qui, par la faute peut-être de ceux qui en traitaient antérieurement, lui étaient longtemps restées indifférentes.

Assurément la tradition était très forte, fort aussi le désir d'être immédiatement accessible à tous ceux qui en Europe avaient fait des études latines, forte enfin la propension de se servir d'un vocabulaire technique tout fait, facile à développer et à étendre. Toutes ces raisons devaient assurer au latin une certaine survivance[1]. Elles ne pouvaient lui donner la victoire.

Et en effet on vit encore à la fin du xviie siècle, en pleine époque classique française, de grands ouvrages qui n'étaient pas originairement en latin comme les *Éléments de botanique* de J. Pitton de Tournefort (1694) passer immédiatement en cette langue : *Institutiones rei herbariae* (1700). D'autres traités étaient directement mis en latin par leurs auteurs eux-mêmes, ainsi *Prodromus*, l'ouvrage de Pierre Magnol, de Montpellier, qui introduisit l'idée des familles de plantes (1689). De même celui de Vieussens : *Neurologia universalis* (1685). Il serait facile, soit à l'aide des Histoires des diverses sciences, soit à l'aide des Bibliographies générales et spéciales, de dresser une liste de traités scientifiques parus en France au xviiie siècle, et qui sont en langue latine[2]. On trouverait dans la liste des auteurs de très grands noms, comme ceux des Jussieu. Le *Genera Plantarum*

---

1. Malebranche, écrivant à Lenfant pour le remercier d'avoir traduit en latin la *Recherche de la Vérité* (Genève, 1685), lui disait encore : [Votre dessein] « rendra immortel, ce qui pouvait au plus durer un siècle, à cause de l'inconstance des langues vivantes » (J. Bouillier, *Hist. de la phil. cart.*, t. II, p. 22, n. 1).

2. On peut citer A. Gouan, *Flora Montpelliensis*, Lyon, 1765, et L. Gérard, *Flora Gallo-provincialis*, Paris, 1761.

d'Antoine Laurent de Jussieu est de 1789. La langue latine, réajustée aux besoins des botanistes par les efforts combinés de savants français et étrangers, se trouva prête à fournir une longue carrière, qui n'est pas encore terminée. Il est vrai que c'est là un simili-latin, où il a fallu créer et changer le sens des termes venus de l'antiquité, à commencer par celui de *planta*.

Toutefois l'abbé Gédoyn, dans une phrase découragée, a marqué le point initial de la décadence définitive, savoir la fin du règne de Louis XIV. C'est depuis cette fatale époque, écrit-il, qu'elle (la langue latine) « est tellement tombée, que les questions les plus savantes, les plus épineuses, les plus abstraites, même celles de Religion, ne se traitent plus qu'en François, et que quiconque écriroit aujourd'hui en Latin, trouveroit à peine des Imprimeurs et des Lecteurs; tant il est vrai que toutes les choses du monde n'ont qu'un temps »[1]. Le nom de Fontenelle, ce vulgarisateur de génie, est resté attaché à cette transformation des usages. Mais, quel que soit le mérite de Fontenelle, il n'est que juste de rappeler ici quelques-uns de ceux qui contribuèrent avec lui et après lui à l'œuvre si importante de la francisation des sciences.

LA DIFFUSION DES SCIENCES. COURS ET LEÇONS. — Je montre dans le tome VI quelle fut la tâche de ceux qui durent adapter l'idiome. C'est ici le lieu d'indiquer quel fut l'esprit qui les anima, pourquoi ils se hasardèrent, et comment ils réussirent. Je conviens qu'il eût mieux valu peut-être ne pas séparer les deux exposés, le but que se proposaient les novateurs et les circonstances dans lesquelles ils travaillèrent expliquant le caractère qu'ils donnèrent à la langue des sciences. Mais le plan général de cette histoire m'imposait d'en traiter à deux endroits différents. On n'aura qu'à se reporter d'un volume à l'autre pour raccorder les deux chapitres.

Dès le XVIIe siècle, nous l'avons vu, des gens du monde, des dames même se passionnaient pour les recherches scientifiques, les expériences et les systèmes. Il n'est pas jusqu'à l'erreur des animaux-machines qui ne contribuât au progrès des sciences naturelles, en permettant la vivisection[2]. Des cours et des démonstrations de plus en plus nombreuses étaient offerts au public. Des professeurs d'Université, malgré les préjugés, se faisaient ses maîtres[3].

1. *De l'Educ. des Enfans,* dans *OEuv.*, p. 37. Cf. *Apol. des Traductions,* même rec., p. 346.
2. Bouillier, *Hist. de la phil. cart.*, t. I, p. 156 et suiv.
3. En 1701, M. Dagoumer, professeur de l'Université de Paris conviait déjà le public à suivre ses expériences. Et la foule qui s'y pressa fut si grande qu'on dut construire des amphithéâtres spacieux (Mornet, *Sc. de la nat.*, p. 87).

Le principal héraut de ces idées fut l'abbé Nollet. Sans mani-
festes, sans préface retentissante, il entraîna les hésitants par
l'exemple. Il avait, en 1734, établi un cours de physique d'où furent
bannies, avec les spéculations systématiques, les complexités trop
savantes de la haute mathématique. Il apporta simplement sur la
table ses machines, ses leviers, ses fourneaux et ses lentilles, et
n'affirma rien qui ne se traduisît aussitôt en fait établi. Le succès
fut énorme. Il eut pour auditeurs « des personnes de tout âge,
de tout sexe et de toute condition ». De grandes dames lui amenèrent le cortège de leurs fidèles. Le duc de Penthièvre assistait à
ses cours en 1738. On l'invita à donner à Versailles des leçons
au duc de Chartres, et pendant dix ans au Dauphin. Aux frais du
Roi, il voyagea en Angleterre et en Hollande; il enseigna, tout en
s'instruisant, en Italie, Allemagne, Hollande, Angleterre. Enfin
le 16 mai 1753, il inaugurait pour l'Université de Paris, au collège de Navarre, une école de physique expérimentale, fondée
pour lui par le roi. « Ce fut, dit Toussaint, une école de goût pour
la philosophie ». Plus de six cents auditeurs s'y pressaient. Le phy-
sicien Marivetz avoue qu'on y allait « presque comme à la lanterne
magique »[1].

A côté de l'école de l'abbé Nollet, il y eut, après 1750, celle
de M. Pagny, « maître de physique de la Reine » et « démonstra-
teur de l'Université de Paris », rue Guénégaud, fort achalandée.
Quand Nollet, enseignant officiellement au Collège de Navarre, se
lassa de la fatigue de ses cours particuliers, Brisson les reprit
en 1762. Sigaud de la Fond, Maubert de Gouvest rivalisaient avec
lui.

On a signalé des résistances. Au Havre, l'abbé Dicquemare fit deux
tentatives, en 1761 et 1769, qui échouèrent devant l'indifférence des
habitants. A Chartres, l'abbé Delorme ne fut pas plus heureux que
Dicquemare. Mais à Montpellier, Guisard enseigne dès 1744. A Verdun, de 1768 à 1774, le professeur de philosophie donne deux leçons
publiques de physique expérimentale chaque semaine. Le sieur
Damoreau, élève de Nollet, parcourait les grandes villes de France
et enseignait « pour douze sols par personne, de quatre à huit heures
du soir ». A Rodez, le cours public était prospère[2]. La matière de ces
leçons, tout comme le caractère de ceux qui les écoutaient, imposait
presque qu'elles fussent en français.

Il faut lire dans le livre de M. Mornet, auquel nous renvoyons,

1. Mornet, *Sc. de la nat.*, p. 87-88. Je n'ai eu qu'à résumer ce livre, tout plein de
textes et de faits historiquement critiqués et classés.
2. Id., *Ib.*, p. 88-89.

les pages qui montrent ce goût croissant du public pour la physique :
« La physique a ses grâces et ses charmes, écrit le P. Regnault
(1734). On l'estime; elle plaît; on l'aime; elle est bien venue partout, même à la Cour ». La *Bibliothèque d'un homme de goût* oublie
pour la physique tout ce qui fut le goût cent ans plus tôt. « Les.
livres les plus agréables et les plus utiles sont, sans contredit, ceux
qui roulent sur la physique ». Philippon de la Madelaine s'en émer-
veille en termes galants : « La doctrine des gaz enflamme à présent
toutes les imaginations et peut-être tourne toutes les têtes ». L'abbé
Nollet se félicite en 1775 que le goût de la physique soit « devenu
presque général ». Les femmes s'en mêlaient allègrement. « N'est-
il pas honteux, disait en 1765 le *Journal des Dames,* que la plupart
des femmes, je n'ose dire des hommes, qui entrent dans le monde,
n'aient pas la moindre notion du premier des arts ? » Ce premier
des arts, c'était la physique, et Mme de Miremont se chargeait, dix-
huit ans plus tard, de l'enseigner aux tomes III et IV de son *Traité
de l'Education des Femmes.* A Montpellier, en 1786, l'abbé Bertho-
lon faisait un cours au cabinet de physique des États de Languedoc.
pour la seule Mlle Dillon.

LES LIVRES. — Puisqu'on enseignait pour cette classe nouvelle de.
curieux, on devait aussi écrire. Il y eut dix Manuels, Leçons, Abrégés,
Dictionnaires à la portée de tout le monde ou des gens du monde[1].

Sans doute le latin assurait aux savants un cercle de lecteurs plus.
étendu, hors de France. En revanche il faisait perdre bon nombre de.
lecteurs français. Et il est dans la nature, même de savants classés,
de rechercher le succès prochain et tangible. Au reste, à mesure que
les années s'écoulaient, grâce à la diffusion du français dans toute
l'Europe, le sacrifice devenait de moins en moins grand, les hommes.
cultivés de tout pays s'étant mis à apprendre notre langue[2]. La
menace d'être traité de vulgarisateur s'éloignait du même coup,
puisqu'on n'écrivait plus pour le vulgaire. Et ainsi la tentation, de
forte qu'elle était, devenait irrésistible.

L'*Histoire des insectes* de Réaumur, où l'auteur ne recherchait pas les.
grâces de style, fut un grand événement intellectuel. On en parlait.
chez le Roi, dans les salons, comme cent ans plus tôt d'une pièce
de Corneille. Le *Spectacle de la Nature* de l'abbé Pluche alla aussi
profond. Il eut dix-huit éditions pour le moins, sans compter deux.
éditions d'un abrégé, et fut traduit en allemand, en anglais, en italien,

1. Mornet, *o. c.,* p. 93-94.
2. En 1731, on voit paraître à la Haye une *Introduction générale à l'étude des sciences:
à l'usage des gens qui ne savent que le français.*

en espagnol. Dans 500 bibliothèques, M. Mornet l'a trouvé 206 fois,
alors que la *Nouvelle Héloïse* ne s'y rencontre que 165 fois[1].

L'art de Buffon fit le reste. Il introduisit la science dans la littérature — ce fut au grand scandale de quelques savants sans doute,
et il y eut une querelle Buffon — mais du point de vue où nous
nous plaçons, la conquête, un peu noble, était belle. Partout l'*Histoire naturelle* voisina avec *la Henriade*, non seulement dans les
Bibliothèques, mais dans les ballots des colporteurs, et ce fut la
démonstration décisive[2].

LA SCIENCE ET SON RÔLE SOCIAL. — La science avait une autre raison
encore pour se faire française. Elle ne se proposait pas seulement
de plaire, ni même d'éclairer, elle prétendait agir et combattre. Sa
mission était de transformer la pensée humaine, les connaissances,
les méthodes, de refaire à son usage et par son usage le cerveau
du monde[3].

En outre, elle entendait pénétrer dans la vie et la régénérer.
Point de distinction entre la science pure et la science appliquée.
La même noble ambition développe la science et la répand. Les
théories sont des forces productrices qui doivent inspirer et renouveler les plus humbles travaux manuels. La botanique changera
l'agronomie, la science financière transformera l'impôt. On construit par spéculation un gouvernement idéal, mais les considérations
politiques doivent amener le bouleversement des pratiques suivies
jusque-là. C'est le temps où les Académies prennent pour devise
l'Utilité.

Or, pour prétendre ainsi à la conduite des esprits et même des
bras, il est bien évident que philosophie et science ne pouvaient se
retrancher de leur public pour s'isoler dans un idiome mort. Une
vieille orthodoxie se défend ainsi. Il faut d'autres moyens pour qu'une
prédication entraîne le monde vers des doctrines jeunes, il faut
qu'elle lui parle la langue de la vie et du travail.

On n'imagine pas les manuels tels que l'*Art du charbonnier, de
l'épinglier, du cirier, du chandelier*, etc., qui, à partir de 1761 et
jusqu'en 1793 formèrent une longue série technologique dirigée
par l'Académie des sciences, rédigés en latin, même de cuisine ou

1. Mornet, *o. c.*, p. 9.
2. Id., *Ib.*, p. 198 et suiv.
3. « Tous ceux qui ont aimé les sciences au XVIIIe siècle l'ont dit, et l'on voit s'accorder
à cet égard un abbé comme Nollet, un philosophe comme Condorcet, un poète comme
Roucher, un chanoine comme Leclerc. Elles ont redressé en quelque sorte l'intelligence humaine » (Bédier et Hazard, *Histoire de la Littérature franç.*, fasc. 34, p. 84).

de laboratoire[1]. S'adresser aux confiseurs ou aux fumistes dans cette langue eût été bouffon. Vaucanson dirigeant ses études de machinerie et la construction des automates, ou Vayringues montrant à Lunéville la physique expérimentale avec des périphrases cicéroniennes fussent devenus carnavalesques. La fabrication de l'organsin ne s'accommodait pas d'un langage cabalistique.

Au milieu du siècle, malgré l'exemple des grandes Académies de Paris, de Berlin, les hésitations duraient encore. Le *Discours préliminaire de l'Encyclopédie* laisse voir la pensée d'un d'Alembert. Il n'était pas latineur, peut-être même pas latiniste, il s'effrayait un peu néanmoins de l'abandon qui menaçait l'antiquité, et voyait bien ce que perdait la collectivité humaine à n'avoir plus une langue unique, consacrée, comme était le latin. Néanmoins il accepte franchement le français, et s'incline devant les faits. « Notre langue, écrit-il, s'étant répandue dans l'Europe, nous avons cru qu'il était temps de la substituer à la langue latine, qui, depuis la Renaissance des Lettres, était celle des savants ».

L'*Encyclopédie* fut donc en français. Elle ne pouvait pas être en latin, sinon elle était vaincue d'avance. Le *Dictionnaire de Trévoux*, riposte des Jésuites, fut lui aussi en français. Les Pères, si fidèles qu'ils fussent à l'humanisme, reconnaissaient l'impossibilité de se servir d'un autre instrument. Ils ne voulaient pas lutter à coup de hallebarde contre des mousquets. Il y a plus, leur recueil est présenté non comme un *Dictionnaire en langue française,* mais comme un *Dictionnaire de la langue française*, auquel on a ajouté un exposé des notions exprimées par les mots. Condorcet se proposait d'examiner ce que dut l'esprit humain à l'oubli que les savants firent du latin[2]. C'est un travail qui reste à faire[3].

Aussi, sans qu'il puisse être question de faire ici des dénombrements comparés, il faut constater que la masse de la production scientifique de la fin du siècle est en français. Les petits manuels de vulgarisation le sont aussi, les journaux de même, et c'est là un fait capital, si on considère leur nombre et leur diffusion. C'est en français qu'ont écrit Clairaut, Maupertuis, Borda, Dolomieu, Vicq-d'Azyr, Daubenton, Laplace, Lalande, Berthollet, Lavoisier, Condorcet, Bailly, Legendre, La Condamine, Guyton de Morveau, Monge, Lakanal, Fourcroy, Haüy et une foule d'autres, moins célèbres peut-être aujourd'hui, mais qui furent très estimés de leur

1. Voir Maury, *L'Anc. Académie des Sciences,* Paris, 1864, 8°, p. 173 et suiv.
2. Mornet, *o. c.*, p. 2.
3. Quand on consulte la Bibliographie qu'Hérissant donna, au XVIII° siècle, de l'histoire naturelle, on voit la proportion des livres latins décroître très rapidement.

temps : Brisson[1], Bezout[2], Louis Camus[3], des Camus[4], Bélidor[5], Le Monnier[6], Duval le Roy[7], etc.

CONCLUSION. — C'était un événement considérable dans la bataille des langues que cette élimination totale du latin des œuvres littéraires, et cette presque élimination des œuvres scientifiques. Le vieil idiome international des « clercs » finissait donc de vivre[8].

Il restait du moins comme langue morte. S'il perdait la gloire de produire des Santeuil, il gardait celle d'avoir produit Virgile et Tacite, et à tout prendre son prestige y gagnait peut-être. Je ne fais pas allusion seulement à ce privilège qu'ont les choses d'un passé lointain d'échapper à la critique et de laisser aux âmes ferventes plus de facilité pour ajouter quelque chose d'elles-mêmes à la poésie des ruines. Mais il est certain que le trésor latin s'épurait des faux-brillants. Ce n'était plus seulement la tradition qui allait le défendre, mais la raison et le goût, du jour où on ne proposerait plus à l'admiration que les chefs-d'œuvre.

1. *Histoire naturelle des oiseaux.*
2. *Théorie générale des équations algébriques.*
3. *Figure de la terre.*
4. *Raison des forces mouvantes*, Paris, 1722.
5. *Architecture hydraulique*, ib., 1737.
6. *Histoire céleste*, ib., 1741.
7. Trad. du *Traité d'optique* de Smith, 1767, *Instructions sur les baromètres marins*, 1784.
8. Ne comptaient pas alors parmi les sciences l'histoire et les sciences qui s'y rattachent. Il est équitable pourtant de ne pas passer sous silence les vastes ouvrages des Bénédictins, leurs Histoires de la Lorraine, du Languedoc, de Bretagne, de Bourgogne, etc. Si la *Gallia christiana* est en latin, — il fallait presque qu'elle le fût, — l'*Histoire littéraire de la France* est en français.

CHAPITRE III

DISPARITION DE LA LITTÉRATURE EN PATOIS

DES DIALECTES AUX PATOIS. — Il ne m'appartient pas de raconter comment les anciens dialectes, dont nous avons parlé au moyen âge, étaient entrés en décadence, et tombés peu à peu au rang de patois. C'est là leur histoire propre, qui touche à l'histoire du français, mais ne se confond pas avec elle. Il importe du moins de marquer ici le point où ils en étaient arrivés, afin qu'on puisse mesurer quelle force de résistance ils pouvaient conserver.

La plupart d'entre eux avaient cessé d'être des langues littéraires, comme ils l'avaient été récemment encore, et comme ils le redevinrent partiellement dans le Midi, au XIXᵉ siècle. On déclarera d'Auch à Grégoire : « Personne n'écrit en patois, à moins que ce ne soit quelque curé ou plutôt quelque moine missionnaire » (*Lett. à Grég.*, p. 89, nᵒ 15). C'est une formule qu'il ne convient pas de prendre rigoureusement à la lettre, mais qui approche de la vérité.

EN PAYS DE LANGUE D'OUI. — On ne publie au XVIIIᵉ siècle, on ne compose même plus rien de sérieux, rien qui classe un idiome. Les réponses faites à Grégoire se répètent comme un refrain.

D'Artois : « Il existe des chansons du surnommé Brûle-Maison, chansonnier de Tourcoing » (*Lett. à Grég.*, p. 266)[1].

De Saint-Omer : « Je crois les ouvrages (en patois) peu nombreux... J'envoie deux chansons... j'en ai entendu chanter beaucoup d'autres que je n'ai pas recueillies » (Suivent quelques renvois) (*Lett. à Grég.*, p. 258, nᵒ 23).

De Saint-Claude : « On n'a connu en patois que des chansons faites pour les danses des gens de la campagne » (Joly, *Lett. à Grég.*, p. 209, nᵒ 23-25).

---

1. Il s'agit de Fr. Cotigny, dit Brûle-maison, né à Lille en 1678, mort en 1740, sorte de pince-sans-rire, auteur de facéties et de chansons. Son fils avait suivi ses traces (voir Ar. Crapet, d'après de Saint-Léger, *La Vie à Lille*, 58-59).

De Salins : « Je ne sache pas qu'il y ait d'autres ouvrages que des cantiques et des noëls » (Rochejean, *Lett. à Grég.*, p. 214, n° 15)[1].

Ces correspondants ne se sont pas donné le mot. Leurs renseignements sont exacts[2].

Encore les productions en patois semblent-elles avoir souvent manqué d'authenticité. Ce sont pour la plupart des compositions d'amateurs, d'auteurs français qui patoisent en se traduisant, et non pas des productions spontanées de l'imagination populaire[3]. C'est un genre pour citadins un peu blasés qui se déguisent en bergères et en rustauds[4]. Il n'existe à peu près nulle part une œuvre littéraire véritable[5]. A Metz même, qui avait été si longtemps un centre dialectal, le messin était devenu à peu près improductif. Le *Chan-Heurlin* d'Albert Brondex est une brillante exception[6]. Encore ce poème en sept chants est-il plus près de Scarron que de Virgile.

La Monnoye signalait lui-même que le « Borguignon aivò quemancé ai faire lai quinquenelle »[7]. Tous les patois de la famille l'avaient suivi ou précédé dans cette dégringolade, aux airs de culbute. Elle les avait précipités non pas dans le néant, mais, ce qui était aussi grave pour un siècle épris d'élégance mondaine, dans la gaieté

1. Voir un recueil de noëls en patois de Vesoul, 1741, in-12 ; un autre en patois de Besançon, 1773, in-12.

2. Un amateur extravagant, Pierquin de Gembloux, avait déjà fait un *Fragment de Bibliographie patoise* dans son *Histoire littéraire des Patois*, Paris, 1858, 219. Une Bibliographie scientifique a été dressée par Behrens, *Bibliographie des patois gallo-romans*, trad. E. Rabiet, Berlin, 1893. Cf. *Zeitschrift f. rom. Phil.*, XXV, 196.
L'ouvrage de Behrens cite une à une les œuvres anciennes et modernes classées par région. Presque chaque région a du reste son catalogue spécial de textes.

3. Les noëls bourguignons de La Monnoye eux-mêmes étaient déjà très artificiels, et ne témoignaient pas d'une grande connaissance du patois, d'après son compatriote Dumay (d'Alemb., *Hist. d. memb. de l'A. fr.*, IV, 21). Cf. : « On a fait quelques noëls en patois, pleins de sel et de malice, mais ils ont été faits à la ville. A la campagne, on trouverait tout au plus quelques chansons » (Saint-Claude, *Lett. à Grég.*, p. 203, n° 23-24).
Voir Mignard, *Bibliographie du patois bourguignon* (dans le *Bull. du Com. de la lang., de l'hist. et des arts de la France*, II, 1853, Paris, 1856) et *Bibliographie raisonnée de l'idiome bourguignon*, Dijon, 1886 (Behrens, *o. c.*, 182); Milsand, *Bibliographie bourguignonne*, publication de l'Acad. des Sc., Arts et Belles-Lettres de Dijon (Dijon, Lamarche, 1885, in-8). Un supp¹ a paru en 1888 (Behrens, *o. c.*, 182).

4. Alph. Baudouin (*Gloss. du pat. de la forêt de Clairvaux*, Troyes, 1877, p. 8) dénonce l'auteur de la *Chanson de noce du XVIIIᵉ siècle*, Eug. Ray, comme un patoisant d'occasion.

5. On trouvera dans Brébion, *Et. philol. sur le Nord*, Paris et Londres, 1907, p. xx, l'indication de quelques pièces de circonstance en patois picard.

6. *La Grosse enwaraye*, du début du XVIIᵉ siècle, était restée longtemps populaire. On avait joué *Filippe Mitonno* ou la *Famille ridicule* en 1709.

7. En 1740, la littérature indigène est entièrement abandonnée dans la Côte-d'Or. La vogue donnée par La Monnoye au patois de la banlieue de Dijon avait fini avant lui, et toute cette pléiade de trouvères qui commence par Bernard Changenet, Pierre Dumay († 1741), Aimé Piron, et le dernier des Bourguignons, Paul Petit († 1734), avait disparu. Une littérature purement française y installe sa suprématie, et le Président Bouhier est sans conteste le modérateur, le chef suprême de cette nouvelle République des Lettres (Foisset, *Le Prés¹ de Brosses*, 76-77).
En Poitou rien qui rappelle *La Mizaille à Tauni* de Jean Drouhet, ou *Les Amours de Colas*.

vulgaire et la « blague » burlesque[1], souvent enfin dans la paysan-
nerie d'opéra-comique, ou la naïveté pastorale et enfantine.

De temps en temps un original faisait exception. Ainsi on signale
à Grégoire qu'un ecclésiastique de Saint-Claude a préféré le patois
au français pour exposer le système astronomique qu'il a découvert[2]. Mais qu'était-ce que cet étrange personnage ? Comment,
étant prêtre, ne se servait-il pas du latin, et par quelles raisons
expliquer cette prédilection pour un parler local, dans lequel sa
découverte allait être étouffée ? Cet inventeur ne prétendait-il pas
avoir tout de particulier, forme et fond ?

EN PAYS FRANCO-PROVENÇAL. — La chute avait été la même. Dans
La Ville de Lyon, en vers burlesques, qui est de 1683, les types qui
représentent les différents corps de métiers se servaient encore de
l'idiome local. A la fin du xviiie siècle, le patois a disparu, l'âge du
« canut » va commencer[3].

Dans le Dauphiné, à peine quelques productions qui comptent :
Grenoblo hérou (1729), et surtout *Grenoblo malhérou* (1733)[4].

On peut suivre, dans une bonne étude, le mouvement dont nous
parlons[5] à Saint-Étienne. Le dialecte local avait encore été assez
employé au xviie siècle pour que les textes aient fourni une base
suffisante à des recherches érudites. Du xviiie il ne s'est retrouvé
qu'un recueil de vingt-quatre noëls, dont cinq seulement du reste
sont tout entiers en patois. Dans trois autres, français et patois
alternent, et il n'est pas même sûr que ces noëls aient été publiés.

EN PAYS DE LANGUE D'OC. — En pays de langue d'oc, la situation
littéraire du patois était restée plus forte, sans aucun doute. Le
Dr J. B. Noulet a fait la bibliographie des publications parues dans
les divers dialectes[6]. Il a compté pour la fin du xvie et pour le

1. A Dijon on traduit franchement Virgile en vers plaisants (1718-1720). Le burlesque,
chassé du français, prend un peu partout sa revanche dans les parlers provinciaux.
2. *Lett. à Grég.,* signée Joly, p. 208, n° 9.
3. Voir la *Revue Lyonnaise,* 15 déc. 1884, 671 à 688, dans Latreille et Vignon,
Mél. Brunot, 246. On trouve la Bibliographie des quelques textes patois retrouvés dans
Puitspelu, *Dict. étym.,* XVI-XVII. Il y a des *Noëls satiriques* de 1723.
4. Cf. *Coupi de la Lettera au sujet de l'inondation.* Voir sur ces œuvres de Blanc de la
Goutte, Champollion-Figeac, *Nouv. rech. sur les patois.*
5. Eug. Veÿ, *Le dialecte de Saint-Étienne au XVIIe siècle,* Paris, Champion, 1911.
6. *Essai sur l'histoire littéraire des patois du Midi de la France, au dix-huitième siècle,*
Paris, 1877. Cf. Em. Ripert, *La renaiss. prov.,* Paris et Aix, s. d., 8°.
On comparera l'article de L. Constans, *La Littérature Provençale,* dans *Les Bouches-
du-Rhône.* Marseille, 1921, III, 691 et suiv.
Le P. Bougerel († en 1753) avait réuni un *Parnasse provençal.* Il a été publié par
Chabaneau dans la *Rev. d. l. rom.,* XXIX, 175, 284, et XXXII, 182.
Presque chaque province a son catalogue. Voir par exemple Vaschalde H., *Antho-
logie patoise du Vivarais,* Montpellier, Coulet, 1875, in-8°.

xvii⁰ siècle, 471 publications, pour le xviii⁰, 358, pour la période
révolutionnaire, 92. Le chiffre est encore respectable. Mais il y faut
regarder de près, et considérer la nature comme l'importance des
productions.

« Pour tout le xvii⁰ siècle, dit Bourciez, nous ne trouvons
(à Bordeaux) que quelques noëls, dont la valeur littéraire est
médiocre, dont la date et la provenance ne sont pas toujours sûres,
et qui n'ont pas été recueillis avant 1720. Même pénurie pendant le
xviii⁰ siècle. Cependant, en 1763 parut un poème original et d'une
certaine étendue, les *Macariennes,* dues sans doute à la plume de
l'abbé Girardeau, curé du Pian »[1].

Il en était de même un peu partout. C'est un silence où quelques
voix étouffées gazouillent, au-dessus desquelles s'élève parfois un
chant dans la nuit. On était loin du temps de Goudouli et de Bellaud
de la Bellaudière. L'œuvre de Gros elle-même (1698-1748) ne saurait
être comparée à la leur. Elle consiste surtout en noëls, cantiques,
facéties[2]. Certaines régions ne produisaient plus absolument rien[3].
Les fidèles qui restent au provençal se contentent en général pour
lui d'une situation inférieure. Gros lui-même dans l'*Épître liminaire*
de son *Recueil,* revendique les droits du patois, mais il le fait avec
réserve : « Chaque langue a sa beauté. On en trouve souvent dans
la mienne Qu'un autre ne pourrait pas exprimer dans la sienne !
Ainsi tel la croit pauvre et la dit un jargon, Dont la prévention est
bien grande, Et son orgueil sans raison »[4].

La situation supérieure du français est reconnue. La production
patoise dure encore, mais c'est une littérature humiliée. Ainsi
l'œuvre dramatique de J. B. Coye (né en 1711) est assez importante, et pouvait entrer en compétition avec les œuvres françaises.
Lorsque Coye met une préface à sa pièce du *Novy para* (Le fiancé
préparé), il l'écrit en français. Ainsi là où il veut parler au grand
public, l'auteur abandonne son idiome, et cela est bien significatif.
De même Peyrot, le « Virgile français », avait fait des poésies qui
« volaient de bouche en bouche, on les savait par cœur des montagnes d'Aubrac aux montagnes du Larzac ». Or s'il écrit pour
Mgr Colbert, archevêque de Toulouse, il se sert non du patois,
mais du français[5].

1. *La lang. gasconne à Bordeaux,* dans *Bordeaux,* publ. par la Municipalité bordelaise,
Bordeaux et Paris, 1892, t. I, p. 90. Cf. Noulet, *Essai sur l'hist. litt. des patois,* 38.
2. L. Constans, *o. c.,* dans *Bouch.-d.-R.,* III, 692 et suiv.
3. L'abbé Moutier n'a découvert aucun texte en patois de la vallée de la Drôme pour
le xviii⁰ s. (*Gram. Dauphin.,* Montélimar, 1882).
4. Cité par L. Constans, dans *Bouch.-d.-R.,* III, 696, note 1. Cf. Noulet, *o. c.,* 61.
5. Advielle, *Les Écossais en Rouergue,* p. 7.

Quand, en 1694, l'Académie des Jeux Floraux fut instituée sur les
ruines du *Gai Savoir,* Palaprat eût voulu que la poésie en langue
romane ne fût point bannie des concours (*Préf. des Empiriques*)[1].
Regrets superflus. Cette poésie paraissait démodée. On la renia.
C'était logique, et on s'explique cet état d'esprit. En effet, comme
l'a finement observé le regretté L. Constans, il faut, pour apprécier
avec justesse la production littéraire en langue d'oc, non pas la
regarder seule, mais la mettre en parallèle avec la production en
français de la même province à la même époque. Alors les illusions
tombent. Les quelques pièces patoises, qui, prises à part, font un
peu d'effet, apparaissent dans leurs proportions réelles. La prépon-
dérance du français se manifeste immédiatement avec éclat, même
en Provence[2], même à Toulouse.

On s'étonne moins, lorsqu'on a réfléchi à cet état de choses, de
l'espèce d'embarras où semblent s'être trouvés les correspondants
de Grégoire, quand ils ont été questionnés sur la littérature en patois.
La littérature patoise était quelque chose d'obscur, de presque ignoré,
dont des fragments se transmettaient de bouche en bouche. Ils pro-
mettent à Grégoire d'en rechercher des spécimens ; ils en ont entendu
parler en effet, mais ils ne savent guère où cela se cache : « on ne
trouve dans aucun monument public des traces du langage patois,
dit l'un d'eux. Je n'ai jamais lu d'ouvrages patois ; j'ai entendu parler
de *las Pouésias d'aou sagé,* etc., etc. » (Montpellier, *Let. à Grégoire,*
p. 11). Et il ne faudrait pas alléguer que l'ignorance de curés, plon-
gés dans des lectures latines et françaises, ne prouve rien. La plupart des patoisants étaient précisément des ecclésiastiques[3].

A la veille de la Révolution, la grande littérature provençale est

---

1. Voir de Gélis, *Hist. des J. Flor.*, 169, note.
2. Après une période de demi-éclipse, dit-il, on vit reparaître la Muse locale, une
Muse un peu essoufflée, et d'inspiration un peu courte, mais qui prétendait en tous cas
joindre sa voix à celle de Voltaire, et paraître sur la scène parisienne, sans se faire
remarquer. Leblanc de Guillet fut presque de l'Académie avant d'être de l'Institut et
on joua *L'Impatient* d'Et. Fr. Lantier, à Versailles, en 1778.
Un livre sévèrement traité aujourd'hui, mais dont la vogue fut universelle, *Le
Voyage du Jeune Anacharsis,* valut à l'abbé Barthélemy l'entrée à l'Académie (1789).
L'Abbé était Provençal d'origine, toutefois il passa la plus grande partie de sa vie à
Paris. Enfin Vauvenargues était né à Aix, et il n'abandonna jamais complètement la
Provence (L. Constans, *o. c.,* 744, 746).
Or il conviendrait de faire entrer aussi en ligne de compte les travaux d'ordre scien-
tifique. La comparaison devient alors plus décisive encore. Rien qu'en grammaire, les
noms à citer sont nombreux et on peut dire éclatants : Dumarsais, si célèbre jadis,
était de Marseille, Féraud également, Domergue, d'Aubagne (L. Constans, *o. c.,* 748).
3. Renseignements pris, on a du reste fourni à Grégoire pas mal d'indications fort
précises : Un des correspondants connaît le *Recueil des parlers Gascons* (Amsterd., 1700).
On lui a même envoyé diverses pièces dont Gazier a donné les titres (p. 341 et suiv.).
Certaines de ces pièces sont bilingues, comme les noëls français et auvergnats envoyés
par la Soc. des Am. de la Const[n] de Maringues.

. donc un souvenir, elle est entrée dans l'histoire. D'un bout à l'autre
des réponses parvenues à Grégoire, ce sont presque toujours les
mêmes noms qui se répètent, partout identiques : Goudouli, d'Astros,
d'Astros, Goudouli[1]. Et ce sont des noms d'autrefois.

LES ŒUVRES MIXTES. — Un trait achève d'éclairer la situation res-
pective des idiomes. On rencontre des œuvres mixtes : les personnages considérables y parlent français. Ainsi *La Bienfaisance de
Louis XVI*, de Gilles Blanc, pièce représentée à l'occasion du traité
de Versailles (1782), offre un mélange de français et de provençal.
Marguerite parle patois, le colonel au contraire parle français (L. Constans, dans *Bouches d. R.*, 717, et Behrens, *o. c.*, 88). Dans diverses
pièces paraissent des Juifs, dont on sait la pauvre situation. Ils parlent
provençal[2]. Dans le *Dialogue de l'Ombre de feu M. l'Abbé de Naut avec
son valet Antoine* (in-18 de 12 p., Carcassonne et Toulouse, s. d.),
le valet parle provençal, le maître français (Nisard, *Hist. des Liv.
pop.*, II, 89). Il en est ainsi partout. Dans le dernier ouvrage de
J. Millet, *La Bourgeoise de Grenoble*, Marianne, la bourgeoise,
Rochimon, son fils, sa nièce, le procureur, l'huissier, le meunier,
parlent patois, le docteur et avocat Bergame, Pacines, déesse de la
Paix, les trois Fées, Gautier, père de Bergame, parlent français. Et
la pièce est de 1665 ![3]

1. On trouve Dastros chez les personnes riches de la campagne (Auch, *Lett. à
Grég.*, p. 93, n° 25). Nous ne connaissons d'ouvrages imprimés dans notre patois que
les *Quatre Saisons* et une *Discussion entre les quatre Eléments*, de Dastros.
    Le nommé Gay, né à Lavardens, a aussi écrit; mais ses ouvrages n'ont pas été
imprimés. Noé, évêque de Lescar, avait les manuscrits (Auch; *Lett. à Grég.*, p. 91,
n° 23). Cf. p. 122-123 (de Valence d'Agen).
    D'Agen on ajoute d'Orée de Prades, Duprat (*Trad. des Bucoliques*), Daubas, de
Villeneuve d'Agen (*Lett. à Grég.*, p. 116).
    Chabot connaît Goudouli et l'ancien prieur de Pradines, habitant de Milhau, qui a
fait des *Géorgiques* patoises et d'autres poésies. Il y trouve des « beautés inimitables ».
(*Ib.*, p. 59, n°ˢ 23 et 24).
    Une réponse à Grégoire signale des poèmes limousins : *Hist. de Sᵗᵉ-Valérie* et une
traduction du 2ᵉ livre de l'*Enéide* (*Ib.*. p. 169-170).
    Il y a en gascon, beaucoup de noëls, de cantiques imprimés, beaucoup et la plupart
des anciens actes manuscrits, plusieurs ouvrages [de] droit coutumier en gascon, et
quelques ouvrages de littérature, de poésie : poésies de Dastros... Goudely (*sic*)... il
existe une traduction élégante de *Fables* de La Fontaine, gr. in-8° (Mont-de-Mars.,
Ib.. p. 151, n° 23).
    2. L. Constans, *o. c.*, III, 719.
    3 Cf. J. Millet, *La Pastorale de la constance de Philin et Margoton*, Grenoble, 1635,
in-4°.
    Parlent français : La Dame, le Chevalier savoisien, le Roi, le Courtisan.
    Parlent patois : la Nymphe de Grenoble ; Margoton, bergère ; Philin et Pierrot,
bergers, le père et la mère de Margoton, le valet du chevalier savoisien et une « gran-
gère » de la dame.
    Du même : *Pastorales et tragicommedie de Janin, représenté dans la ville de Grenoble.*
Grenoble, 1633. in-4.
    Parlent français : Amidor et Floridon, qui sont deux gentilshommes. Parlent patois,
tous les autres personnages (bergers et bergères).

En Velay, Antoine Clet est l'auteur de pièces fugitives, de noëls.
Ses principales œuvres sont : *Le Sermon manqué*, *le Borgne*, et
M. Lambert (comédies). Le *Sermon manqué* est en français, seul
le paysan Pialé et d'autres personnages inférieurs y parlent patois.

Dans les noëls même, les personnages considérés, le Christ, les
anges, parlent souvent français, les bergers patois. Dans un vieux
noël languedocien, quand les paysans veulent envoyer une déléga-
tion à l'Enfant Jésus, ils cherchent quelqu'un qui lui parle français :

> Cal prendre Jean-Frances
> Que sab parla frances[1].

Ce déclassement en dit long. C'est la reconnaissance la plus écla-
tante de la supériorité du français[2].

Est en français le contrat de mariage de la bergère (p. 96). Un berger chante une
chanson où alternent couplets patois et couplets français (34-33) ; le cuisinier parle
aussi en français (a. V, sc. 2). Est-ce par moquerie ? Il commence : *Ego doctissimus.*

1. *Bullet. arch. et histor. du Tarn-et-Gar.*, 1889, p. 8.

2. Cf. cependant dans le ms. 5910.(B. N., nouv. acq. fr.), p. 288, une chanson
envoyée de la Creuse au Min. de l'Intérieur « contenant un' espece De combat qui se
passe entre la passion et la vertu. La passion [qui a le rôle inférieur] s'explique en
français et la vertu en patois ».

CHAPITRE IV

LES PATOIS COMME OBJET DE RECHERCHE

LES ÉRUDITS. — Quelques-uns commençaient à s'intéresser aux
patois, à en apercevoir et à en montrer la valeur documentaire et
scientifique, ainsi que le président Bouhier l'avait souhaité[1]. On se
rappelle l'*Histoire littéraire des troubadours* de l'abbé Millot, qui est
de 1774. D'autres ébauchaient une classification, comme Court de
Gébelin. Certains commençaient à exhumer des textes, tels Joseph de
Thomassin, seigneur de Mazaugues (1684-1783), qui travaille sur les
manuscrits provençaux de Florence, J. de Bimand, ami du président
Bouhier. Mais ces recherches sur le passé ne préjugeaient rien en
ce qui concernait le présent et surtout l'avenir des idiomes méridionaux. A coup sûr, c'était relever leur dignité que de s'occuper
d'eux. Il devait arriver un jour où cette exaltation de temps
glorieux stimulerait les ambitions et les courages. Mais cette heure
n'était pas venue, et il n'est pas certain que les « docteurs en patois »
dont nous venons de parler eussent voulu la hâter. Je dirai à peu
près la même chose des collectionneurs, comme le comte de Mau-
repas, le chevalier de Méja, etc.

Le sentiment qui anime ces premiers chercheurs, c'est une
curiosité, sympathique sans doute, mais sans plus. Qui les eût
interrogés sur leurs préférences linguistiques eût peut-être été
surpris de leur réserve à l'égard des langages dont ils faisaient l'inventaire[2]. Je ne pense pas par exemple qu'on pût soupçonner
Féraud, pour avoir composé un *Essai de grammaire provençale*,
d'avoir jamais songé à mettre son idiome sur le même pied que le
français. Veut-on des preuves ? Il en existe.

1. *Let.* du 18 oct. 1733 au marquis de Caumont.
2. Voir *Essais de grammaire et de glossaire de la langue provençale, pour servir d'introduction et de supplément au dictionnaire provençal*. Ms. autographe, tables et notes par
J.-T. Bory, cité p. 298 du catal. de la Bib. Bory, Marseille, 1875, in-8° (Behrens,
o. c., 80).

L'abbé Papon, qui s'était occupé d'anciens poètes provençaux,. célèbre en phrases lyriques la conquête française : « Il n'y a plus, s'écrie-t-il, entre les Provençaux et les Français cette opposition d'intérêts, cette différence de gouvernements, de mœurs et de langage qui élevait entre eux un mur de séparation. Les lumières circulent librement d'un peuple à l'autre... Pouvions-nous désirer d'appartenir à une nation plus ingénieuse et plus aimable ? Toute notre ambition ne devait-elle pas être de lui ressembler ?... Aujourd'hui, nous sommes confondus avec la nation française et c'est là ce qui fait notre gloire et notre bonheur » [1].

Bérenger, professeur au Collège d'Orléans, a été, lui, un apologiste intempérant des idiomes méridionaux. A la page 308 du tome I de ses *Soirées provençales* il attaque hardiment l'adversaire : « Comme elle (la langue provençale) n'est usitée que par le peuple, elle n'a ni expressions triviales, ni images ignobles, bien différente de la Langue Françoise, que les Grands appauvrissent tous les jours, à force de vouloir la rendre polie et circonspecte comme eux... (Voir le *Dict. de Litt.*, t. III, p. 110) ». Ailleurs, l'auteur présente, avec pièces à l'appui, un éloge de la langue des troubadours [2]. Mais Bérenger était un tirailleur, qu'aucune troupe ne suivait.

Un moyen assuré de mesurer l'importance qu'on attachait à l'époque à ces recherches serait de compter celles qui ont été publiées. Il y en a eu.

On connaît le *Dictionnaire languedocien-français* de l'abbé de Sauvages de la Croix qui a été imprimé en 1756, puis en 1785. C'était l'œuvre d'un curieux, qui partageait sa tendresse entre le patois et les sciences de la nature. Le *Dictionnaire* d'Achard a également paru, de 1785 à 1787 : *Dictionnaire de la Provence et du Comtat Venaissin*, à Marseille (anonyme) [3]. C'est un ouvrage considérable, qui forme quatre volumes in-4, et contient un *vocabulaire français-provençal*, un *vocabulaire provençal-français*, qui porte le nom de l'auteur.

Rien ne sert de faire ici une énumération réduite, puisque toutes les indications nécessaires se trouvent dans le travail de Behrens.

---

1. Voir Ripert, *o. c.*, 37.
2. *Soir. pr.*, I, 262 et suiv., l'auteur était né à Riez, en 1749.
3. Voir Behrens, *o. c.*, 84, et *Lett. à Grég.*, p. 178. Il faut dire qu'Achard, qui exerçait la médecine, était bibliothécaire de la ville de Marseille et secrétaire de l'Académie. Il était né le 23 mars 1751 à Marseille, où il mourut le 29 septembre 1829. Achard a publié en outre, en 1785, un *Dictionnaire de la Provence et du Comtat Venaissin*, 2 vol. in-4º, et une *Descript. histor. géogr. et topogr. de la Prov. et du Comtat Venaissin*, un *Tableau de Marseille*. Dans les *Lett. à Grég.*, p. 179, se trouve une courte syntaxe du provençal, présentée au Comité d'Instruction publique, en 1794.

Disons seulement que même quelques-uns des patois du Nord ne furent pas oubliés, et eurent leur lexique ou leur grammaire : J.-J. Oberlin a publié son *Essai sur le patois lorrain des environs du comté du Ban-de-la-Roche*, à Strasbourg, en 1775[1]. Une *Grammaire artésienne* a été imprimée à Saint Omer en 1772[2]. Le *Dictionnaire roman, wallon, celtique* du Bénédictin D. Jean François a paru en 1778, etc.

Mais pourquoi un grand nombre de travaux de ce genre sont-ils restés manuscrits[3] ? C'est que le public qui s'y intéressait était extrêmement restreint, et que les libraires craignaient que la vente ne couvrît pas les frais. Sans doute, tous les travaux d'érudition sont exposés à semblable mésaventure. Mais ceux-là faisaient courir plus de risques que tous autres. Et, si on se rappelle la pluie des grammaires françaises à la même époque, on mesure le degré de faveur où était chaque langue.

Pour achever de s'éclairer, il faut considérer encore dans quel esprit travaillent les chercheurs. Quelle est leur intention, non pas en ce qui les concerne, eux, mais en ce qui concerne l'idiome qu'ils étudient? Si on met à part Achard, qui ne cache point son dessein « de faire revivre le génie de la langue provençale »[4], en général, dictionnaires et grammaires n'avaient qu'un but et une valeur pratiques. Il y a plus S'ils placent nécessairement les termes des deux langues en regard comme il le faut dans un lexique, ils ne mettent pas pour cela les deux idiomes face à face, comme des adversaires placés sur un pied d'égalité. Le patois est là pour introduire au français. C'est celui-ci qu'on se propose d'enseigner.

On voit, il est vrai, naître l'idée qui fut plus tard celle de Raynouard, à savoir que le provençal était la langue romane, source commune des idiomes néo-latins[5]. Mais d'abord ce concept orgueilleux est particulier à quelques provençalisants. La tendance commune est

---

1. Behrens, *o. c.*, p. 206. Cf. *Lett. à Grég.*, p. 230.
2. Behrens, *o. c.*, p. 233
3. L'abbé Baurein avait rédigé un *Dictionnaire du Bordelais* (*Lett. à Grég.*, p. 128) et des *Variétés bordeloises*, Bord., 1784-1786 (cf. Behrens, *o. c.*, 55) ; du Pinant avait composé un *Glossaire angevin*, compilé à Nîmes ; Joseph Séguier avait un Dictionnaire de la langue cévenole. La Société des Amis de la Constitution de Limoges signalait à Grégoire un *Dictionnaire de la langue toulousaine*, œuvre de Cazeneuve, un *Dictionnaire de la langue limousine* de dom Duclou (Behrens, *o. c.*, p. 105) ; des observations sur le même dialecte de Nadaud, curé de Teyjac (Voir *Lett. à Grég.*, p. 169, et Behrens, *o. c.*, p. 106), etc.
4. Ces mots même sont équivoques ; l'auteur peut se proposer seulement de faire connaître cette langue « où les savants de tous les pays seront charmés de découvrir l'étymologie de plusieurs mots français et italiens ».
5. L'abbé Papon, fait une *Dissertation* sur l'origine et le progrès de la langue provençale, et l'influence qu'elle a eue sur les langues voisines.

plutôt de considérer les dialectes comme de simples variétés dégé-
nérées de langage. Ensuite les avantages théoriques auxquels la
« langue romane » pouvait prétendre de ce chef n'avaient pas assez
de poids pour entrer en balance avec les supériorités de toute
sorte que le français s'était assurées. A être ainsi objets d'étude,
les patois gagnaient quelque noblesse, c'est incontestable, mais
peu de force.

CHAPITRE V

LES PATOIS COMME LANGUES PARLÉES

LA FORCE DE L'HABITUDE. — Les patois déchus n'avaient même pas conservé le rang de langue écrite. Interdits par l'ordonnance de Villers-Cotterets, ils avaient, comme les recherches récentes l'ont montré, disparu en moins d'un siècle des pièces officielles[1]. Et peu à peu, ils s'étaient trouvés aussi hors d'usage dans les papiers privés. On s'était déshabitué de les lire. La plupart de ceux qui avaient reçu une instruction élémentaire eussent éprouvé une peine extrême à déchiffrer une lettre en patois et une plus grande peine encore à y répondre[2]. Pareille cause d'infériorité devait apparaître de plus en plus grande, au fur et à mesure que plus de gens sauraient lire et écrire.

C'était un grave tort aussi que de n'être pas la langue des « Messieurs », de ceux qui étaient « sortis », des commerçants, des compagnons, des anciens domestiques, qui partageaient avec les « gros », les nobles, les curés, les gens de robe, le privilège d'user d'une langue supérieure[3]. Un des correspondants de Grégoire a une phrase terrible. Il avait dit : « Le patois parlé par un homme d'esprit et un peu instruit » ; aussitôt il se reprend : « le premier comme le second sont rares »[4]. Comment dès lors se déclasser en parlant comme les rustauds ? La vanité poussait à sortir du patois comme d'une classe inférieure.

En revanche, le patois avait pour lui la force psychologique la plus redoutable de toutes, celle que la raison, l'intérêt même ne parviennent que difficilement à vaincre : l'habitude. Il était la langue que l'enfant apprend sans peine, sans s'en douter, de sa mère,

1. Voir BRUN, Rech. hist.
2. « le patois étant plus difficile à lire que le français, même par ceux qui le parlent » (Lett. à Grég., p. 125, n° 2).
« ceux d'entre eux (des paysans) qui lisent le moins mal ne peuvent absolument pas le lire » (Auch, Lett. à Grég., p. 92, n° 24).
3. « c'est par vanité qu'il (le paysan) veut parler français, quoiqu'il n'en sache pas un mot » (Auch, Lett. à Grég., p. 85, n° 1).
4. Ib., p. 88, n° 7.

celle dans laquelle se fixent pour toute la vie les souvenirs des premières années. Pour cela nul doute qu'il ne fût chèrement aimé,
alors que ses qualités intrinsèques frappaient même des passants
indifférents comme le futur maréchal Brune ou Fisch[1]. Un des correspondants de Grégoire répond à ceux qui en rêvent l'abolition : « Pour
le détruire (le patois), il faudrait détruire le soleil, la fraîcheur
des nuits, le genre d'aliments, la qualité des eaux, l'homme tout
entier »[2] (*Lett. à Grég.*, p. 81, n° 30).

ADAPTATION A LA VIE. — Sous ces phrases emphatiques se cache
un sentiment vrai. Il ne s'agit point en effet qu'une langue ait ou
n'ait pas en soi une valeur supérieure, ce n'est pas à cela que se
mesure l'attachement que ses fidèles lui portent. L'affaire, c'est
qu'elle soit adaptée à eux. Les patois l'étaient aux paysans.

Je n'aurais garde d'essayer de déterminer comment; le français
est un, les patois sont légion, et ne se ressemblent guère. Ils avaient
pourtant un caractère commun. Aucune culture extérieure et factice
ne leur avait donné sa façon — au moins depuis longtemps. —
C'étaient des produits spontanés, produits de la vie et produits de
l'esprit des villageois. Ce qu'ils avaient assimilé d'étranger ne leur
ayant pas été imposé, correspondait aussi à leurs besoins, tout
comme si ces éléments leur eussent été propres.

Des délicats les trouvaient bas. Vrai contresens. Assurément, les
patois ne répugnaient pas à exprimer les choses vulgaires et viles.
Mais la vie rurale, même au château, n'est pas le développement de
purs esprits. A la cour d'honneur fait pendant la basse-cour et à
l'écurie, l'étable. Aux champs tout voisine, se mêle parfois, bêtes et
gens, provisions et fumier. Les pudeurs et les dégoûts, les vrais comme
les faux, sont le plus souvent bannis. Lorsqu'on a quelque chose de
bas à dire, on préfère s'exprimer en patois pour avoir le droit de [ne
pas] rougir, dit naïvement un des correspondants de Grégoire. Quel
avantage donnait aux idiomes ruraux cette simplicité sans apprêt![2]

Ajoutons que les patois, considérés d'un point de vue plus scientifique, n'étaient ni pauvres ni restreints. Là où il le fallait, ils

---

1. « ... j'ai entendu chanter les paysannes de la Guienne. Leur patois, en frappant
mon oreille, a retenti jusqu'à mon cœur... Il a je ne sais quoi de plus libre, de plus
expressif, que la langue françoise, et dont le charme est bien séduisant pour ceux qui en
connoissent la douceur et la naiveté » (*Voyage pittoresque et sentimental dans plusie urs
provinces occidentales de la France*, par le Maréchal Brune. Londres, 1788, in-8°, p. 53).
   Il y a un *Eloge* du patois par un poète toulousain du xviiie siècle (Père Napian,
1784. Foix, 1890).
   2. L'auteur du *Miroir toulousain* (Toulouse, 1781) a encore pour son dialecte franc
et libre une chaude affection. « Le français est une fille pudique, qui ose à peine lever
les yeux... Tel mot à Toulouse est propre comme un sou, qui ferait trembler de peur
à Paris » (Noulet, *o. c.*, 97).

avaient de l'abondance. Maigres en mots intellectuels, en instruments de raisonnement et d'analyse, mal adaptés à la vie d'études, comme à la vie de société[1], ils abondaient en termes nécessaires d'une technicité spécifique. « Le patois de ces contrées n'est riche que pour les bestiaux et l'agriculture », écrit-on d'Auch[2]. Mais n'était-ce pas là une vertu essentielle pour un langage de laboureurs et d'éleveurs ?[3]

S'il s'agissait de la vie morale et intellectuelle des individus, et non plus de leur travail, la convenance du patois à leur façon de sentir et de penser n'était pas moins grande. Chacun y trouvait sans peine l'expression adéquate à ses mouvements intérieurs, quelle que fût l'émotion naturelle qui l'emportât. Grégoire avait très finement vu l'importance de cette question et l'avait posée, au moins partiellement : Le patois a-t-il beaucoup de mots pour exprimer les nuances des idées et les objets intellectuels ? (n° 9). A-t-il beaucoup de juremens et d'expressions particulières aux grands mouvements de colère? (n° 11)[4]. Au fond, il importait assez peu que le patois eût des mots soit plus nombreux, soit meilleurs. L'affaire était qu'il eût ceux qu'il fallait, s'il n'est pas question de déterminer sa valeur, mais d'expliquer sa persistance. Mon propre grand-père parlait toujours français. Dans les moments d'emportement, c'est son lorrain qui lui revenait à la bouche.

Au XVIII° siècle, comme de nos jours, le patois était chez lui partout où l'on causait au village, sur la place, à la fontaine, au cabaret. « Il observe chaque chose, dit Roupnel, surveille chaque aspect, enregistre tous les intimes phénomènes des saisons, épie chaque geste de la nature et de l'homme, et met son mot à tout. Il a des expressions variées pour caractériser les effets des gelées, l'aspect des bourgeons, l'état des herbes, des plantes, les maladies

1. Les ouvrages de M. Samary « sont des égouts magnifiquement construits, où il ne passe que des lacs infects d'ordures et d'immondices » (Carcassonne, *Lett. à Grég.*, p. 19).
2. *Lett. à Grég.*, p. 88, n° 8.
3. Sur le caractère rural du patois, voir une lettre d'Agen (*Lett. à Grég.*, p. 112).
L'abbé Sauvages a marqué très exactement ce caractère du patois : « Ce défaut (des gasconismes ou du languedocien) est plus ordinaire dans le stile familier que dans le discours soutenu ; soit que les secours nécessaires pour s'exercer dans ce premier genre soient plus rares, soit que le petit nombre de livres écrits dans ce stile ne traitent pas de tout ce qui fait le sujet ordinaire des conversations ; toujours est-il certain qu'un homme de lettres de ce pays, qui écrira purement en François une Harangue, une Dissertation, ou quelqu'autre ouvrage pareil, sera souvent embarrassé, s'il faut s'entretenir dans cette langue sur une infinité de choses qui se passent journellement sous les yeux ; qu'il hésitera dans la conversation, si elle roule sur le ménage de la ville ou de la campagne ; ou bien, pour s'affranchir de la gêne, il finira en Languedocien un récit qu'il avoit commencé en François » (L. D. S., *Dict. languedocien*, I, vj-vij).
4. Le patois semble plus abondant pour les mouvements de la colère et de la haine (Carcass., *Lett. à Grég.*, p. 16 ; Rodez, *Ib.*, p. 36, n° 10-11).

des animaux ou de l'homme, les goûts des vins ou des fruits. Dépossédé de certains domaines, il s'est réfugié dans la nature, dont la langue élégante s'éloignait, il lui a appliqué sa puissance créatrice et elle lui a rendu sa sève vigoureuse et éternelle »[1].

Dans cet ordre d'idées, je voudrais insister sur un point particulier. Le patois, presque partout, était la langue de la gaieté. C'est lui qui servait aux saillies plaisantes et piquantes si chères à nos foules, du Nord au Midi. Sans peine il exprimait leurs lazzis, leurs remarques ironiques, leurs fantaisies malicieuses, petites ou grosses[2]. Les facéties en français, qui ont été imprimées en si grand nombre, gardent auprès des pièces similaires en patois, quelque chose de gauche et d'emprunté.

Il n'y a point de doute qu'après la disparition des organisations comme la *Mère folle* et l'*Infanterie dijonnaise*, des scènes, des dialogues ont dû fournir longtemps matière à des fêtes de village[3]. Le gros public chérissait ces amusements à sa portée[4]. Le patois était lui-même un carnaval. On le mettait comme un déshabillé ou un débraillé.

Ainsi s'explique sa survie et sa résistance en partie victorieuse aux forces si nombreuses dont nous allons étudier l'action. Le patois était la voix du village, le verbe qui incarnait son âme.

1. *Étude manuscrite* que l'auteur a bien voulu me communiquer.
2. Fr. Mandet dit excellemment : « Le patois était la langue de l'intimité et de la joyeuse humeur. Son vocabulaire se prêtait... aux récits des choses locales... Il procédait par sentences, quelquefois par allusions, se mettait à l'aise, prenait des objets de comparaison autour de lui, nommait les choses par leur nom et les personnes par leurs ridicules ou leurs défauts. Véritable enfant terrible, il s'en allait rire au cabaret, deviser dans le carrefour, et boire, la nuit venue, chez quelque compère du voisinage » (*Hist. du Velay*, Le Puy, 1861, VII, 254).
Ainsi à Troyes s'assemble une réunion plaisante, la Société littéraire, qui prend comiquement le titre d' « Académie des sciences, inscriptions, belles-lettres et beaux-arts de Troyes en Champagne ». Ses *Mémoires* firent un certain bruit... à Paris. L' « Académie » n'avait pas songé à faire en patois *L'Oraison funèbre de Bricotteau*.
3. « Quant aux rimes ou narrations burlesques que le peuple compose au carnaval pour s'égayer aux dépens des autres » (Carcass., *Lett. à Grég.*, p. 18, n° ɪv).
« Il existe, écrit-on de Carcassonne à Grégoire, une comédie écrite dans le jargon du pays... elle a pour titre *Jammetto*. Cette pièce fut représentée il y a soixante ans, dans un de nos faubourgs ; l'affluence des spectateurs était, dit-on, prodigieuse. Son succès fut tel, que plusieurs qui y assistaient en ont retenu des tirades entières » (*Ib.*, p. 17, n° ɪɪ).
Au xviiᵉ on avait composé un *Sermon sur la Pénitence*, en patois de Besançon : « Grand saint Humba (Hubert), vous qu'êtes lou patron de tous las chaissous (chasseurs) bouta lou limie (limier) dans mai mémoire, su lai piste de quéques vérités fraippantes, aifin qui peusse fare ai southi (sortir) quéqu'un de ças groues maircaissins des broussailles de l'iniquita ! » (Nisard, *o. c.*, I, 405-406).
4. Le ms. 191 de la Bibliothèque de Rouen contient des observations sur les patois du département des Deux-Sèvres. Il y est dit : « Il ne faut chercher ni esprit ni finesse dans les chansons populaires du Poitou. Il suffit qu'elles soient très libres pour que le paysan les trouve très bonnes » (p. 23).

CHAPITRE VI

LE DÉVELOPPEMENT DE LA PRESSE ET LE FRANÇAIS

Accroissement du nombre des publications. — Pour suivre la vie intellectuelle dans son développement, et voir comment elle a pu servir à la propagation du français, il ne suffirait pas de faire l'histoire des lettres et des sciences, il faudrait encore faire l'histoire de la librairie.

En effet, en admettant qu'on possédât le catalogue complet des œuvres et des opuscules, des livres et des brochures, puis des journaux en français, on n'aurait pas encore les éléments de jugement nécessaires. Il faudrait connaître pour chaque publication le nombre des exemplaires tirés, savoir à qui ils se sont vendus, et une fois livrés à leurs destinataires, en combien de mains ils ont passé. Poser ainsi le problème, c'est avouer qu'il ne sera jamais résolu. Ce que nous apercevons avec quelque sûreté, c'est l'accroissement du besoin de lire et de savoir. Mais grandissait-il chez les sujets déjà habitués à lire, ou bien s'étendait-il à d'autres? En tous cas, il est constant qu'une curiosité qui n'a cessé de grandir faisait dévorer la masse croissante des impressions.

Au fur et à mesure qu'on avance dans le siècle, on voit se déchaîner une formidable avalanche de pamphlets, mémoires, libelles quotidiens. Young lui-même était aussi effrayé du nombre que du ton de ces écrits : « Chaque moment produit une brochure nouvelle, dit-il; il en a paru treize aujourd'hui, seize hier, et quatre-vingt-douze la semaine dernière... On dit que l'esprit de la politique se répand dans les provinces, de sorte que toutes les presses de France sont également bien employées »[1]. En 1789 ce fut un débordement. « Il est incroyable, est-il dit ailleurs, combien l'événement des États-Généraux a fait naître d'ouvrages en tout genre. On les fait aussi vite que les gaufres au Palais-Royal... On dit que les Brochures ont pris la place des cartes, et que maintenant on se rassemble pour lire,

---

1. *Voy. en France*, trad. de Casaux, 1793, t. I, p. 306.

comme autrefois pour jouer. Tout le monde ici, jusqu'au plus simple artisan, veut être au courant des Pamphlets »[1]. On était alors au paroxysme, mais le mouvement avait commencé plus de trente ans auparavant. Le développement de la presse est à la fois la conséquence et la cause de cette curiosité générale. Il n'eût pu se produire, si la diffusion du français n'eût pas assuré les périodiques d'un certain nombre de lecteurs; d'autre part, le nombre des gens qui avaient intérêt à savoir le français augmentait en raison directe du nombre et de l'attrait de ces périodiques.

LA PRESSE. — De même que je ne puis insérer dans mon œuvre une bibliographie des livres, je ne saurais donner un catalogue des journaux[2]. Je me bornerai à quelques indications sommaires, suffisantes pour donner une idée de l'importance désormais acquise par la presse.

Il y eut en France divers essais de *Spectateurs,* aucun dont le succès puisse se comparer à celui du prototype anglais[3]. Le *Nouvelliste du Parnasse* de Desfontaines (1730) était hebdomadaire. Il cessa le 15 mars 1732, mais les *Observations sur les Ecrits modernes* lui succédèrent (1735-1743). Ils forment 34 volumes in-12° (Hatin, II, 340-345). La lutte de Desfontaines avec Voltaire est célèbre. Celle de Fréron ne l'est point. Le 1er septembre 1745 commence la publication de son journal : *Lettres de Madame la Comtesse de* *** (Hatin, II, 377). En 1749 : *Lettres sur quelques Ecrits de ce temps.* En 1754 paraît l'*Année Littéraire,* qui alla jusqu'en 1790. Elle forme 292 volumes in-12. Nommons encore en ce genre : *le Pour et le Contre* de l'abbé Prévost (1723-1740, 20 vol.). Les *Observations sur la littérature moderne* (1749-1752); *l'Observateur littéraire* (1758-1761) de l'abbé de la Porte (Hatin, III, 40); *le Censeur hebdomadaire* de Chaumeix et d'Aquin (1760, 65 cahiers de 2 f. in-8°); *la Semaine littéraire* (4 vol. in-12, 1759); le *Journal français* de Palissot (1776, Hatin, III, 81). Il devait avoir un supplément juridique, qui ne vécut que deux ans; le *Journal de Lecture, ou Choix périodique de Littérature et de Morale,* recueil excellent, fait par un étranger (de Lizern), suivant La Harpe. Il parut le 1er juillet 1775

1. [L. A. de Caraccioli], *Anecd. piq. relat. aux E. G.,* p. 18.
2. On en trouvera tous les éléments dans le livre de Hatin, *Hist. de la Presse,* t. II et III, et dans sa *Bibliographie historique et critique de la Presse périodique française,* Paris, 1866, in-8°.
3. C'est Marivaux qui créa le *Spectateur français* (1722). Il fut très froidement accueilli, et ne dura que deux ans (Hatin, *o. c.,* III, 129). En 1758, *Nouveau spectateur,* 8 vol., repris en 1760 et 1761 sous le titre de *Le Monde.* En 1766, *Journal de Bruxelles, ou le Penseur* (de Bastide). En 1775, un *Radoteur,* en 1778, le chevalier de Rutlidge, Irlandais d'origine, entreprend un *Babillard.*

(Hatin, III, 213); enfin la *Bibliothèque Universelle des Romans* du
Marquis de Paulmy (1775-1789), 112 volumes in-12 (Hatin, III, 214),
qui peut être assimilée à un journal.

Il ne faudrait pas se méprendre au modeste titre d'*Affiches* et
croire qu'il ne s'agit là que de feuilles d'annonces. Les *Affiches* ont
eu tant à Paris qu'en province un rôle considérable[1].

LES JOURNAUX SCIENTIFIQUES. — Le *Journal des Savants* dont nous
avons parlé dans les volumes III et V, vivait toujours. Au commencement du xviiie siècle, il était devenu presque exclusivement médi-
cal, et, en 1723, il faillit tomber, faute de débit. Mais l'abbé Desfontaines lui rendit la vie. Il le fit mensuel et le donna en deux éditions,
in-4° et in-12°. En 1727, l'abbé Bignon succéda à Desfontaines.

Il n'y a pas un homme célèbre du xviiie siècle qui n'y ait écrit.
Voltaire lui-même, si hostile aux journaux, se laissa tenter. Seul
Rousseau refusa les offres de M. de Malesherbes. Dupuy en 1758
y introduisit la haute science et la profonde érudition[2]. *Le Journal
de Trévoux, Mémoires pour servir à l'Histoire des Sciences et des
Arts, recueillis par l'ordre de S. A. S. Monseigneur le Prince,
souverain de Dombes,* avait commencé à paraître en 1701 par les
soins des Jésuites de Paris. Vainement le Prince de Dombes, assailli
de réclamations, refusa de renouveler le privilège, le journal ne
périt pas pour cela; il fut transféré à Paris, où on le continua jusqu'en 1762. Vint l'expulsion de l'ordre. La publication fut très
menacée, baissa beaucoup, mais reprit encore une fois vie sous la
direction du P. Mercier (de Saint-Léger). En 1776, elle passa à l'abbé
Aubert, et fut la proie d'un militaire, M. du Paulet. La seule collection des mémoires forme 265 volumes (Hatin, II, 260 et suiv., et
Bibliogr., 35).

1. Les *Affiches de Paris* (1716) n'eurent que neuf numéros. Mais en 1745 parurent
les *Affiches* de Boudet, qui durèrent jusqu'au 3 mai 1751 (7 vol.). Cette feuille se
scinda ensuite en *Affiche de Paris* (Abbé Aubert, in-8°), et *Affiche de province* (Querlon,
in-4°).
    En 1785 l'*Affiche* de Querlon devient le *Journal général de France*. Dès 1783, par
concurrence avec le *Journal de Paris*, elle paraissait trois fois par semaine. Tous les
livres nouveaux y sont annoncés, et y font l'objet de notices exactes, substantielles et
impartiales (Hatin, II, 120).
    L'*Affiche de Paris*, de l'abbé Aubert, contenait une partie de critique littéraire. Il
parut d'abord un, puis deux numéros par semaine. En 1777 s'y ajoutent les *Avis divers*,
supplément du *Journal Général de France*, traitant d'agriculture, de commerce, de
sciences et arts ; en 1787 un supplément, consacré à l'agriculture. A partir de 1778,
les *Petites Affiches* deviennent quotidiennes, 1 cahier de 8 pages au numéro (Id., *Bibl.*,
19 et 65).
2. En Hollande (1764), on le contrefit en ajoutant d'autres articles tirés soit de
journaux français, soit de journaux étrangers. En 1776, cette édition, interdite en
France, mais qui donnait à la publication une extension européenne, s'appela : *Journal
des Savants combiné avec les meilleurs journaux anglais.*

Le *Journal encyclopédique*, publié d'abord à Liège, puis à Bouillon, en 1756, propageait les idées des philosophes[1].

A ces journaux scientifiques généraux, il convient d'en ajouter de spéciaux, qui parurent en grand nombre : *Observations sur la Physique, sur l'Histoire naturelle et les Arts* (1752-1756)[2]; *La Nature considérée sous ses différents aspects* (1768); *La feuille nécessaire* (1759), sorte de Bulletin des Lettres, sciences, arts et industries, qui n'eut qu'un volume et fut remplacée par l'*Avant-Coureur* (1760-1773) ; ces publications éphémères sont très curieuses (Hatin, III, 173 et suiv.).

En 1765 les physiocrates créèrent leur journal, dont la direction fut confiée à l'abbé Baudeau : *les Éphémérides du citoyen ou Chronique de l'Esprit national*, qui devint la *Bibliothèque raisonnée des Sciences morales et politiques*. Ce journal, très important, reprit vie en 1775 sous le nom de : *Nouvelles Éphémérides économiques*. Il forme 69 volumes en 34 tomes (Hatin, III, 153-162).

LES JOURNAUX POLITIQUES. — En 1700, il n'en existait encore que deux : la *Gazette* et le *Mercure*. En 1704 naquit le célèbre *Journal de Verdun*, de Claude Jordan, dont l'auteur avait couru le monde[3].

C'est en 1772 que Panckouke obtint de faire imprimer, sous la rubrique de Genève, le *Journal historique et politique*. — C'était la concurrence au *Journal de Bouillon*. — Il avait l'homme, il créa le *Journal de Bruxelles*, avec Linguet (25 octobre 1774, remplacé par Laharpe, en 1778). Ce n'est pas ici le lieu de raconter les avatars du journal ou les aventures de son rédacteur. Mais il convenait de rappeler la place tenue par le *Journal de Genève*, sous des noms divers, pendant vingt ans. Il forme une vaste collection de près de 80 volumes.

LES JOURNAUX TECHNIQUES. — Il en est un au moins qui mérite sa

---

1. Publié par une société de gens de lettres : Pierre Rousseau, Castilhon, Chamfort, Duruflé, etc. Voltaire dit qu'il est « le premier des 173 journaux qui paraissent tous les jours en Europe » (*L'Ecossaise*, Préface). Il paraissait tous les 15 jours.
   Interdit à Liège en 1759 en raison de ses idées, il fut transporté à Bouillon, où l'éditeur et rédacteur en chef, Pierre Rousseau, fonda la « Société typographique de Bouillon », qui publie des périodiques spécialisés : jurisprudence, littérature, médecine, et la « Gazette des Gazettes », connue vulgairement sous le nom de *Journal de Bouillon* (1764-1793).
   Toute l'entreprise passa sous la direction de M. Weissenbruch, beau-frère de Pierre Rousseau, à la mort de celui-ci, en 1785. Elle disparaît en 1793.
2. Relevé par l'abbé Rozier en 1771-1772, il devient alors d'in-12 un in-4°. C'est une collection de *Mémoires*, traduits de toutes les langues d'Europe.
3. Publié à Luxembourg, à partir de 1704.
   Le premier titre du recueil est : *La Clef du cabinet des princes de l'Europe*. Elle dure jusqu'en 1773, et forme 138 volumes. Après cette date elle devint *Journal historique et littéraire*, 60 volumes jusqu'en 1794 (Hatin, III, 288-295).

place dans une Histoire de la langue, c'est le *Journal de la langue française* de Domergue[1], dont les principaux rédacteurs furent avec Domergue, Fr. Thurot, Boinvilliers, J.-B.-M. Gense, Marmontel, Fariou de Saint-Ange, J.-F.-R. Mahéroult, Fr. de Neufchateau.

Peut-être faut-il aussi mentionner particulièrement les premiers essais de bibliographie périodique, tels que *Les Annales typographiques* (1758), qui rendaient compte sommairement des ouvrages publiés en toutes langues dans le monde entier (Hatin, III, 190). Elles durèrent jusqu'en 1762[2].

Assurément, beaucoup de ces journaux spéciaux ne méritent point de mention dans l'histoire littéraire. Cela ne signifie nullement qu'ils n'ont pas eu d'influence sur la diffusion de la langue. Je citerai par exemple les journaux de modes, tel le *Journal des Dames*, fondé en 1759, qui passa par toutes sortes de péripéties, avant d'être, en 1777, entre les mains de Dorat (Hatin, III, 216). Il forme 50 volumes in-8°, qui, étant appropriés aux lectrices, ont été très maniés. En 1768, on annonce un *Courrier de la Mode, ou Journal du Goût,* mensuel. Grimm s'en amusait; ses railleries soulignent l'intérêt qu'il a pour nous : « Si l'auteur... veut encore, comme il le doit, avoir soin d'employer avec précision et exactitude la véritable nomenclature de chaque chiffon, nous aurons à la fin de l'année un dictionnaire des modes des plus curieux, et un monument éternel des richesses de la langue française »[3] (Hatin, III, 223). Il n'est pas sûr que ce journal ait vécu. Mais le *Cabinet des Modes* commença en 1785[4].

Laissons de côté, en renvoyant à Hatin, le journal de marine, les journaux militaires, les journaux d'apologétique chrétienne et de piété (*Hist. Pres.*, III, 167)[5]. Ce que nous venons de dire suffit à marquer quel fut le foisonnement de périodiques. Il alla au point qu'on

---

1. Domergue était né à Aubagne (Provence), en 1745. Il vint de bonne heure se fixer à Lyon, où il publia, à partir du 15 mai 1773 deux fois par mois la *Feuille littéraire de Lyon*, dédiée à M. de Villeroy. Elle cessa le 1er mai 1774. Voir Latreille et Vignon : *Les grammairiens lyonnais à la fin du XVIIIe siècle* (*Mél. Brunot*, 237).

Son journal a d'abord paru à Lyon sous le titre de *Journal de la Langue française, soit exacte, soit ornée* (Vve Réguillat, puis Aimé de la Roche). Le 1er numéro serait d'après Vingtrinier du 1er septembre 1784. — Domergue se transporta à Paris à la fin de 1790. Le *Journal* dura jusqu'à mars 1792.

Le *Journal de Monsieur* avait pensé aussi à jeter un regard sur la langue : « Nous observerons, lorsque l'occasion s'en présentera, les changements arrivés dans les mots, et surtout dans la manière d'en faire usage ».

2. Elles furent suivies du *Catalogue hebdomadaire*, connu aussi sous le nom de *Journal de la Librairie* (1763). Recueil médiocre, mais qui dura.

3. A la suite du 1er numéro, il dit : Je vois avec étonnement que les *hollandaises* et les *tronchines* sont écrasées par le négligé dit *polonais*; que les bonnets *à la sultane*, *à la rhinocéros* ont été exterminés par les bonnets *à la clochette* et par ceux *à la débâcle...*

4. Voir Hatin, *Bibl.*, 598.

5. On trouvera un tableau récapitulatif des *Journaux qui circulaient à Paris en 1779* dans Hatin, III, 313. Cf. *Bibliogr.*, p. 83.

sentit le besoin de Revues des Revues, telles que *l'Esprit des Journaux*[1]. Voici ses rubriques : l'Esprit des journaux : Critique littéraire, Causes célèbres et Questions de droit ; — Mélanges ; — Poésies fugitives ; — Académies, Sociétés ; — Spectacles ; — Histoire Naturelle, Physique, Chimie, Botanique ; — Médecine, Chirurgie ; — Agriculture, Économie, Industrie, Commerce ; — Traits de bienfaisance, de justice, d'humanité ; — Anecdotes, singularités ; — Bibliographie de l'Europe ; — Musique ; — Catalogue des livres nouveaux.... Le recueil, commencé à Liège en 1772, s'est prolongé jusqu'en 1818[2] (Hatin, III, 197-199).

Pour donner une idée juste de l'ensemble, il faudrait encore rappeler les *nouvelles à la main*, de chez Mme Doublet ou d'ailleurs. Quoique manuscrites, elles couraient les provinces. Enfin il faudrait tenir compte des journaux étrangers en français, qui circulaient alors en France, avec ou sans autorisation de la censure.

Sans doute beaucoup de ces publications ne vécurent qu'une vie bien courte ; certaines ont été des puissances — et durables. Nous reparlerons de leur rôle dans la diffusion de notre langue en Europe. Elles ont eu une action très forte, en France aussi, sur les idées des gens qui voulaient être « au courant »[3].

Succès DES JOURNAUX. — La plupart des journaux dont nous venons de parler étaient mensuels, seules les *Gazettes* avaient une périodicité plus fréquente ; mais en 1772 les quotidiens s'annoncèrent. L'exemple fut donné par le *Journal de Paris, ou Poste du Soir*, qui lança son prospectus en novembre 1776. Il parut en 1777, le 1er janvier (4 p. in-8°). Il coûtait 24 livres à Paris, 31 l. 4 sous pour la province (Hatin, II, 18-23). Un *Abrégé* (4 vol. in-4°) résuma les cinq années du journal. Pour se faire une idée des matières contenues, énumérons brièvement les chapitres : I. Météorologie ; II. Poésies fugitives ; III. Extraits et Notices de livres ; IV. Découvertes et Observations sur les Sciences et les Arts ; V. Beaux-Arts ; VI. Événements et Cérémonies publiques ; VII. Anecdotes, bons mots, traits intéres-

---

1. Fondé à Liège, en 1772, publié à Paris, 1782-1793. Un numéro de 400 p. par mois.

2. Dans le même genre : le *Littérateur impartial, ou Précis des ouvrages périodiques*, 1 seul volume, 1760 ; — le *Conservateur*, 1756-1761 ; 38 vol. in-12 ; — le *Journal des Journaux*, janvier-avril 1760, 2 vol. in-8° ; — le *Journal de Monsieur*, à la fois rétrospectif et d'actualité (Hatin, III, 200, 208).

3. Il y a eu également, et en grand nombre, des journaux en province. Presque chaque ville importante eut ses *Affiches*. Certaines de ces feuilles ont eu leurs bibliographes. Voir Vingtrinier, *Hist. des journ. de Lyon* (Charléty, *Bibliographie critique*, n° 2792). Colomb de Bâtines, *Mélanges biographiques*, Valence et Paris, 1838 (sur les journaux du Dauphiné). Ar. Crapet, d'après de Saint-Léger, *o. c.*, p. 78, sur les journaux lillois.

sants ; VIII. Administration ; IX. Variétés ; X. Nécrologie ; XI. Spectacles ; XII. Concert spirituel. Le Journal avait en outre un article *Tribunaux,* un article *Modes* et des *Mercuriales* (Hatin, II, 28 et suiv.).

C'était là la consécration du *journal,* arrivé à sa forme type, et en possession de la réaliser, grâce à la transformation qui s'était produite dans le service des postes. Pareille nouveauté avait pour la langue une portée incalculable.

Mais la presse n'attendit pas cette transformation pour prendre de l'importance. Beaucoup de journaux ne réussissaient pas, d'autres les remplaçaient ; il s'en créait toujours. Nous manquons de renseignements sur leurs chiffres d'abonnés. Quelques-uns en tous cas furent vraiment très répandus. Fréron passe pour s'être fait vingt mille livres de rente avec sa feuille. « Il y a cinquante ans, dit d'Argenson, le public n'était aucunement curieux de nouvelles d'Etat ; aujourd'hui chacun lit sa gazette, même dans la province. On raisonne à tort et à travers sur la politique, mais on s'en occupe. La liberté anglaise nous a gagné » (I, 137, dans Hatin, III, 320).

Les feuilles qui s'occupaient des lettres et des sciences n'intéressaient pas moins que les autres. Dans *l'Esprit des Journalistes de Trévoux* (4 vol. in-12) il est dit : « Avant cet établissement, les bons ouvrages n'étaient connus et lus que des véritables savants. Aujourd'hui les gens habiles ou curieux de le devenir ne les étudient pas moins ; les autres, en très-grand nombre, ont la facilité d'apprendre les particularités les plus importantes de la littérature, et de s'en procurer une connaissance qui, quoique superficielle, est bien supérieure à l'ignorance où l'on était auparavant comme obligé de vivre » (dans Hatin, II, 278).

« Nous n'examinerons point, disait de son côté Querlon, en 1771, quels sont les grands fruits que les lettres tirent des journaux, ni si, depuis leur invention, il s'est formé par leur secours ou se forme encore de plus habiles gens. Il paraît que les connaissances sont au moins par là plus répandues. Si l'on objecte que plus les journaux semblent en faciliter l'accès, plus aussi le goût du travail a sensiblement diminué, comme on s'en aperçoit de reste au ton superficiel ou frivole de la littérature moderne, eh ! n'est-il pas bien commode et bien agréable de savoir tout, sans rien apprendre ; de pouvoir, avec peu de fond et beaucoup de montre ou de surface, figurer parmi les gens instruits? Voilà le mérite particulier de notre âge ; on ne peut trop l'en féliciter. Tant que nous aurons des *journaux* et des *dictionnaires portatifs,* il n'y aura, dans aucun ordre, d'ignorance absolue ; tout le monde aura l'air d'être instruit » (cité par Hatin, II,

128). Même constatation sous la plume de Garat : « un journal de tous les matins était tellement approprié au goût des Français et à la vie de Paris, qu'on ne faisait plus de déjeûner où celui-là ne fût à côté du chocolat ou du café à la crème. On s'étonnait qu'on eût pu vivre si long-temps sans journal » [1].

Du point de vue qui nous occupe, c'est surtout en province que le développement de la presse devait avoir de grandes conséquences. Sous ce rapport, les mœurs provinciales elles-mêmes avaient changé assez vite. La Harpe a comparé plusieurs fois son temps à l'époque antérieure et constaté les nouvelles habitudes : « Les ouvrages périodiques, si multipliés depuis, dit-il, étaient alors assez rares en France : il n'y avait guère que le *Mercure* et le *Journal des Savants*. Le *Mercure* était en possession de louer tout, et le *Journal des Savants* n'était fait, comme il l'est encore, que pour très-peu de lecteurs. Un ouvrage de pure critique devait donc être fort goûté ; il fournit des jugements à l'ignorance, des armes à la malignité et à l'envie, des consolations à la médiocrité. Dans les provinces surtout, les bourgeois qui lisent sont fort aises que quelqu'un se charge de leur indiquer quelles nouveautés il faut faire venir de la capitale et ce qu'il en faut penser » [2].

1. *Mém. sur le XVIIIᵉ s. et sur M. Suard*, II, 298.
2. *Corr. Litt.*, lett. 43, dans Hatin, II, 382. Cf. « Dans les provinces on est bien aise d'être au courant (quoique un peu tard) de toutes les nouvelles de Paris » (*Corr. litt.*, let. 61 ; cf. Hatin, II, 457).

CHAPITRE VII

BIBLIOTHÈQUES ET CABINETS DE LECTURE

LECTURES ET LECTEURS. — Nous connaissons mal, il faut bien le dire, les Bibliothèques d'avant la Révolution. Nous savons qu'il en existait en nombre immense dans les villes, les couvents, les établissements ecclésiastiques, les châteaux, les maisons particulières. On en signale à Abbeville, Aix, Lyon, Orléans, Besançon, Douai, Reims, Limoges, La Rochelle, Lille, Provins, Saint-Quentin, Strasbourg, Versailles, etc., etc.[1], où le public était admis.

La ville de Dijon pouvait s'appeler par excellence la ville des bibliothèques. Sans parler de la plus importante, celle du président Bouhier, il y avait à Dijon la bibliothèque de Godeau, évêque de Vence; celle de l'abbaye de Saint-Benigne; celle des Jésuites, qui a formé le noyau de la bibliothèque de la ville ; celle de Du Tilliot, celle de Fontette, qui passa depuis dans la bibliothèque de l'Arsenal; celle de M. de Quintin, composée de près de 20 000 volumes; celle de M. Bouhier de Chevigny, une des seules que Dijon ait conservées (elle appartient à MM. de Vogüé), et enfin la collection des livres de l'Université, fondue aussi actuellement dans la bibliothèque de la ville (Foisset, *Le Prés^t de Brosses*, 82, 83 et notes).

A la Rochelle, dès le xvie siècle, le Consistoire, avec l'aide d'un élément laïque, avait pris la direction des études et des idées et avait formé une première bibliothèque publique. Des confiscations qui survinrent lors des persécutions religieuses arrêtèrent pour longtemps le mouvement intellectuel dans la ville vaincue. L'idée reparut au xviiie siècle.

A Besançon, l'abbé Boisot, dont nous avons parlé, avait légué sa bibliothèque aux religieux de l'abbaye, à la condition de l'ouvrir librement.

A Provins, en 1681, François d'Aligre avait fondé une bibliothèque publique qui a survécu à la Révolution (Copie de la lettre des

1. Voir Bailly, *Notices historiques sur les Bibliothèques*, Paris, Rousselon, 1828, in-8°, p. 160 et suiv. ; cf. 193, Table alph. des villes de France qui possèdent une bibliothèque.

Membres du Conseil d'Arrond. de Provins, Arch. Nat., F¹⁷ 1317⁸, dossier 43).

A Lille, c'est le Magistrat lui-même qui achetait des livres pour les habitants (Ar. Crapet, d'après de Saint-Léger, o. c., p. 76 et suiv.).

Plusieurs Académies pensèrent aussi à établir des Bibliothèques, ainsi celle de Périgueux[1]. La proposition ne fut pas réalisée là, elle le fut ailleurs, par exemple à Bordeaux (1740). Il n'y a aucune vraisemblance qu'à cette époque pareille initiative fût destinée à mettre à la disposition des lecteurs un fonds d'œuvres périmées.

A Nancy, lorsque Stanislas fonda l'Académie, il affecta une somme annuelle de 3 000 livres à l'achat d'ouvrages pour la bibliothèque publique, dont les « censeurs » furent les premiers académiciens. Il réduisit bientôt cette somme à 2 000 livres par an, afin d'aider avec le reste à la fondation d'un hôpital[2]. En 1761, la Bibliothèque ne recevait plus que 1000 livres. Mais elle continua d'exister.

On vit aussi des philanthrophes, dans un esprit qui est déjà l'esprit révolutionnaire, fonder des bibliothèques pour répandre les « lumières » et les idées nouvelles. Ainsi le futur créateur de l'Académie Delphinale, H. Gagnon, à Grenoble. En 1772, il persuada à ses concitoyens d'ouvrir une souscription. Elle produisit près de 68 000 livres et permit d'acheter les 34 000 volumes de feu l'évêque Jean de Caulet[3] († 1771).

1. En 1718, La Grange Chancel y fonda une Académie littéraire. Toute la noblesse de la contrée, ainsi que l'évêque du diocèse se réunissaient chez la marquise d'Arco, et l'on s'y adonnait aux bouts-rimés, aux acrostiches, et aux madrigaux.

La Grange Chancel ayant été obligé de s'exiler par suite de la divulgation de ses odes satiriques contre le Régent, l'Académie périgourdine cessa de vivre, malgré l'essai que tenta encore en 1756 La Grange Chancel, après son retour à Périgueux.

Une quatrième tentative fut faite en 1780 par le marquis de La Douze et l'abbé de Taillefer. Cette nouvelle société littéraire compta une cinquantaine de membres appartenant au clergé, à la noblesse, à la magistrature, au barreau et à la bourgeoisie. Elle avait pour but de fonder une bibliothèque publique. Cette bibliothèque fut en effet fondée, mais on reprocha à cette Société de ne l'ouvrir que deux fois par semaine au public (Bulletin de la Soc. hist. et arch. du Périgord, t. X, 597-598 ; cf. Notices hist. sur les Soc. des Lett., Sc. et Arts de La Rochelle, La Rochelle, 1873, p. 9).

Comme chaque membre correspondant était tenu d'envoyer à l'Académie tout ou partie de ses œuvres, ce fut là le commencement d'une bibliothèque, qui s'enrichit des dons des membres résidants. Un des membres, M. Richard Desherbiers, en quittant La Rochelle, donna à la ville la plus grande partie de sa bibliothèque, qui cependant ne fut publique qu'au bout d'un nombre d'années. D'un autre côté, le testament de M. Lafaille ayant mis l'Académie en possession de ses collections, de ses livres et de son cabinet d'histoire naturelle, la Ville et l'Académie s'entendirent pour faire de ces différents dons des instruments d'étude mis à la disposition du public (Ib., 14-15).

2. Voir Dʳ Edmond Simonin. Coup d'œil sur l'Hist. de la Société des Sciences, Lettres et Arts de Nancy, pendant un siècle (1750-1850), dans Mémoires de la Société des Sciences, Lettres et Arts de Nancy, 1850.

Cf. Druon, Stanislas et la Soc. roy. des Sc. et B. Lettres, dans Mémoires de l'Acad. de Stanislas (1892), CXLIIIᵉ année, 5ᵉ série, t. X, Nancy, 1893.

3. Prudhomme, Hist. de Gren., 553 ; cf. Revilloul, L'Anc. Ac. delphin., Gren., 1859.

En se servant du Relevé des catalogues des bibliothèques monastiques fait sur les inventaires des municipalités en 1790-1791 (A. N., F¹⁷ 1167, 1168-1179), on pourrait reconstituer la liste de ces dépôts et connaître leur composition. Les saisies faites chez les émigrés et les condamnés fourniraient des renseignements précieux sur les collections particulières (A. N., F¹⁷ 1188-1200). La République eut — il ne faut pas l'oublier — un Comité de conservation.

Mais supposons que nous ayons cette liste, et que nous sachions quels étaient ceux de ces dépôts qui étaient ouverts, qui nous renseignera sur les gens qui les ont fréquentés ?

Les Toulousains, désireux d'obtenir un lycée, affirment non seulement que « quatre belles et riches bibliothèques publiques offrent à ceux qui sont avides d'instruction, des secours de toute espèce » ; mais qu'on ne peut voir sans admiration le nombre, l'assiduité et le recueillement des lecteurs[1]. Etait-ce vrai en ces temps de Révolution et, si c'est vrai, qu'en peut-on conclure pour les années antérieures ?

A la même date, la ville de Guingamp, pour obtenir un collège, avait imaginé de donner une raison opposée. On y pouvait trouver réunies, disait-elle, de belles Bibliothèques de plusieurs communautés de moines, dont les livres étaient « dans le meilleur état, attendu qu'on ne les lisoit que rarement »[2].

Enfin et surtout, pour juger de notre point de vue du rôle de ces dépôts, il faudrait savoir ce qu'ils renfermaient. A côté d'un fonds merveilleux, comme celui du Président Bouhier, qui attirait de toute l'Europe des pèlerins de lettres[3], ou de la Méjanes d'Aix, combien de collections anciennes ne devaient renfermer que des livres de théologie ou d'érudition, latins pour la plupart ! Toutefois il convient de ne pas généraliser, et aucun raisonnement ne remplace en ces matières un catalogue. C'est une étude à faire que celle de ces anciennes maisons, dépôts publics et privés, qui demandera de longues recherches, et qui ne pourra jamais être complète.

M. Mornet, qui l'a entreprise d'après cinq cents catalogues de bibliothèques particulières, est arrivé à des résultats extrêmement

---

1. *Considérations sur les Lycées surtout par rapport aux départemens du Midi*, par Phil. Picot (Lapeyrouse), Toulouse (A. N., F¹⁷ᴬ 1348).
2. *Mém.* du 15 fév. (A. N., F¹⁷ᴬ 1309, doss. 6). A Clermont, la bibliothèque du chapitre était ouverte au public deux fois par semaine. Un témoin nous dit qu'elle restait deux fois vide.
3. Voir sur cette collection célèbre E. de Broglie, *Les portef. du Président Bouhier*, Paris, 1896, in-8°, p. 21.
Le Cardinal Quirini, qui passa trois ans en France, de 1711 à 1714, ne tarit pas d'éloges sur la bibliothèque du Président Bouhier. Les manuscrits surtout le frappèrent d'admiration, et il appelle la collection des pièces relatives à l'histoire de la province *le trésor de la Bourgogne* (E. de Broglie, *o. c.*, 22).

intéressants pour l'histoire littéraire[1]. Des dépouillements analogues permettraient de suivre la pénétration des diverses œuvres dans les villes, les châteaux, etc.

Dès maintenant, il est hors de doute que le goût des curieux avait changé, et qu'on se précipitait — le mot n'est qu'exact — sur les livres de science et de philosophie, presque tous français. Il y en avait un peu partout. Besnard, à la Chartreuse de Saint-Denis-d'Orques, trouva Voltaire et Rousseau (*Souv. d'un Nonag.*, I, 340). A Dijon, voici les auteurs et les œuvres que l'on rencontrait dans des bibliothèques privées : le P. Bouhours, Mme Dacier, d'Ablancourt, La Motte, Racan, Segrais, Boursault, le *Dictionnaire néologique* de Desfontaines, Mmes de la Suze et Deshoulières, les *Poésies* de Pellisson, St-Evremont, Bussy-Rabutin, Fléchier, Benserade, les *Oraisons funèbres* de Bossuet et les *Dialogues sur l'Éloquence* de Fénelon, sans compter Rabelais, la *Satyre Ménippée*, le *Roman comique* et les *Provinciales*. Mais Mme de Sévigné, dont les premières et si incomplètes éditions datent du ministère de Fleury, n'avait place que dans les bibliothèques patriciennes, chez quelques parlementaires d'élite, comme M. de Neuilly, M. de la Marche et Charles de Brosses[2], et naturellement le président Bouhier, qui fut l'un des premiers à apprécier les *Lettres* et à en comprendre la valeur[3].

Il serait à souhaiter que nous eussions en abondance des études telles que celle de J. M. Richard, *La vie privée dans une province de l'Ouest, Laval aux XVIIe et XVIIIe siècles*[4]. Elles nous permettraient de suivre mieux la transformation de la curiosité scientifique et littéraire dans les petites villes provinciales. Le chapitre ix, intitulé « Les livres et la culture littéraire », fondé sur des documents originaux tels que les inventaires des ventes, permet d'apercevoir très nettement le changement qui survient alors. Le fond des bibliothèques était demeuré longtemps avec son caractère catholique et humaniste, mais vers 1750 on commence à lire du nouveau. Nous avons conservé le « procès-verbal d'une visite que fit en janvier 1756 le juge Le Pannetier des Salles... en la librairie de Louis Ambroise », à l'effet de recevoir sa déclaration sur le nombre et la qualité des livres « qu'il a ou doit avoir pour le service public et l'usage des différents états, d'ecclésiastiques, personnes de robe et de médecine, pour l'usage des collèges et des écoles particulières... Le juge lui expose la plainte dont il est saisi : il ne peut... fournir des livres à

1. *Rev. d'Hist. litt.*, 1910, p. 449 et suiv.
2. Foisset, *Le Présidt de Brosses*, p. 75-76.
3. E. de Broglie, *Les portef. du Prést Bouhier*, p. 13.
4. Paris, 1922, 8o, 394 pages.

tous ceux qui en ont besoin et souhaiteroient en acheter, à quoy ledit Ambroise a répondu que si on lui demande quelqu'un, il le fait venir de Paris » (*Ib.*, 243). Visiblement il n'ose pas se hasarder[1].

Mais dans une vente de 1756 apparaît pour la première fois une collection de nos classiques. Elle faisait partie de la bibliothèque de Jean Salmon, avocat fiscal. Il possédait Patru, Corneille, Racine, Scarron, La Bruyère, Massillon. Il est très intéressant qu'on trouve aussi chez lui Vertot, le *Dictionnaire de Trévoux*, celui de Bayle (*Ib.*, 253).

En 1757, chez feu Pourat de la Madeleine, directeur du bureau des Aides, on constate la présence du *Charles XII* de Voltaire, de l'*Esprit des Lois*, du *Traité des Études* de Rollin.

François Delaporte, blanchisseur († 1771) possédait Crébillon, du Rousseau, du Voltaire.

Bientôt le mouvement se précipitera. Duchemin de Mottejean écrit à un ami, négociant à Paris, le 6 septembre 1789 : « nous recevons ici toutes les semaines toutes les brochures qui se font à Paris » (Richard, *o. c.*, 255, note 1). Admettons qu'il y ait là quelque exagération ; le renseignement reste précieux, on s'abonne aux périodiques.

Chez son oncle, le comte de Tilly, au milieu d'un fatras, découvre Buffon[2].

On trouvera dans divers recueils des faits du même ordre[3]. En 1751 le curé de Dirinon (Finistère) est décédé. Il possédait : les *Conférences de Luçon*, les *Instructions de saint Charles Borromée*, les *Statuts du diocèse de Quimper*, le *Catéchisme de Nantes*, la *Nouvelle Pratique* de Lange, la *Maison Rustique*, le *Parfait missionnaire*, un livre *Pour les sages-femmes*, un manuscrit sur *les Sacrements*, quatre autres sur la *Philosophie*, cinq volumes dont un est *La Vie de saint Corentin*, en breton (p. 176-177). Un de ses confrères, en 1786, avait l'*Encyclopédie*, les *Œuvres de Voltaire*, les *Pensées* de Pascal, l'*Histoire naturelle* de Buffon, les *Lettres* de Lady Montague, etc.

Un notaire, en 1781, parmi ses quelques volumes, a le théâtre de Voltaire.

1. J'ai eu moi-même l'occasion de cataloguer la Bibliothèque du Château de Lys, près Tannay (Nièvre), qui appartenait à une vieille famille parlementaire. Elle était restée intacte et contenait près de 1000 volumes. Les livres classiques s'y réduisaient à rien.

2. « Je commençai par passer en revue la bibliothèque, qui méritait tout le mal qu'on m'en avait dit. Quelques livres mystiques, quelques romans de *La Calprenède*, le *Père Daniel*, deux ou trois volumes de *Corneille*, le *Parfait Maréchal*, le *Grand Jardinier*, la *Cuisinière française* en faisaient le fond. Heureusement que *les Provinciales* et une édition telle quelle de Buffon s'y trouvaient aussi » (de Tilly, *Souven.*, 269).

3. Voir dans *Mél. hist. de la Soc. des Bib. Bretons*, II, 175 et suiv., de curieux inventaires, cités par Audran.

Au château de Saint-Alouarn, qui appartenait à un capitaine des vaisseaux du roi, un seul livre latin, Lucrèce, mais plusieurs manuels pratiques en français, le *Bon Ménage des campagnes,* le *Jardinier solitaire,* etc., les *Voyages de Moncouis,* les *Sermons* de Bourdaloue et de Massillon, l'*Histoire de Charles XII,* le *Théâtre italien,* la *Philosophie* de Lesclache, les *Pensées* de Pascal[1].

LES CHAMBRES DE LECTURE. — Aux Bibliothèques proprement dites il faudrait ajouter les « Chambres de lecture », qui paraissent avoir été communes à toutes les grandes villes de France. C'est ce que nous appellerions des Sociétés de lecture, dont les livres ne se partageaient pas entre les abonnés, mais demeuraient et servaient peu à peu à former un fonds. A Nantes, la « Chambre » avait trois salles, une pour lire, une pour la conversation, et la troisième pour la bibliothèque ; « on y trouvait dans l'hyver de bon feu et de la bougie » (Young, *Voy.*, I, 266). Celle de Metz était moins bien montée (Id., *Ib.*, *ib.*, 400). A Pau le libraire Despax avait fondé un *Cabinet littéraire* en 1782 (Lacaze, *Les impr. et les libr. en Béarn,* 266)[2].

Ailleurs, des magasins servaient aux mêmes usages. Dans un de ses prospectus, l'imprimeur Lefebvre, de Nevers, annonce qu'on trouve chez lui « la Gazette de France et celle de Hollande, le Journal de Verdun, celui de Trévoux, celui des Savants, le Journal étranger, le Moniteur François, les Annales typographiques, le Conservateur, le Mercure de France, l'Année littéraire de Mr Fréron, la Religion vengée, le Journal de Médecine, le Journal encyclopédique »[3]. On venait là feuilleter, en causant, les nouveautés à vendre.

Ou bien il se trouvait dans la localité un particulier qui, étant amateur de lettres, de science, de philosophie, faisait centre, recevait des livres ou en prêtait. Un inventaire après décès, fait chez Nicolas Motin, en 1783, à Nevers, le montre en possession de 4 000 volumes ou brochures de caractère religieux, littéraire ou historique. Le défunt possédait l'*Encyclopédie,* l'*Esprit des Lois,* plusieurs collections des œuvres de Voltaire[4]. Nul doute que tout cela ne fût le bien commun « Motini et amicorum ».

---

1. Un curieux qui a fouillé — postérieurement, il est vrai — les greniers, dit : « les œuvres de Racine et de J. B. Rousseau, trois ou quatre livres d'histoire profane et d'apologétique religieuse, avec quelque vade-mecum de médecine constituaient la modeste librairie du bourgeois lettré de la ville épiscopale » (F. Duine, *Hist. du livr. à Dol,* Ann. de Bret., XXI, p. 435, n. 1).

2. On signale une « chambre » à Quimper, dont Jacq. Et. Bérard demande le 26 pluv. an II la transformation en Bibliothèque publique (A. N., F[17] 1009[a], 2048).

3. Guéneau, *Organisation du travail à Nevers,* 449.

4. Guéneau, *o. c.,* 449.

CHAPITRE VIII

LA LECTURE AU VILLAGE[1]

LES BIBLIOTHÈQUES DES PAYSANS. — Nous n'avons jusqu'ici parlé que des villes. Mais où en étaient les campagnes ? Lisaient-elles et que lisaient-elles ? C'est ici, on s'en rend compte, que toute réponse qui aurait un caractère général serait assurée d'être fausse. Entre le fermier émancipé, élevé à l'état de petit propriétaire, comme dans certaines contrées, et le malheureux courbé sur la glèbe, où La Bruyère avait peine à reconnaître un homme, il y avait, à des étages bien différents de culture, des hommes, des familles, des villages.

Young a été très surpris de ce qu'il a vu à Mareuil-sur-Marne, en Brie. Il dînait chez un éleveur de moutons. « En passant par Mareuil, dit-il, il a l'apparence d'un petit hameau de médiocres fermiers, avec les chaumières de leurs ouvriers... qui se seroit jamais imaginé d'y trouver deux familles opulentes, et dans l'une d'elles mademoiselle le Blanc, qui chante et s'accompagne sur le cistre ; et dans l'autre, madame B., jeune, belle, et jouant sur un excellent forte-piano d'Angleterre ? »[2] Ces musiciennes lisaient aussi, sans aucun doute. Mais pareils exemples étaient-ils communs ? Où l'étaient-ils ?

On ferait, à l'aide des lettres adressées à Grégoire, un piquant — et pitoyable — tableau des livres qui étaient entre les mains des paysans, ou que les curés pouvaient leur prêter.

Ce sont à peu près exclusivement des livres de piété : les *Heures du diocèse*, le *Catéchisme*, le *Petit Paroissien*, des *Vies de Saints*, l'*Ancien Testament* de Royaumont, l'*Évangile*, l'*Imitation*, des *Livrets de Mission*, les *Conférences d'Angers*, le *Chemin du Ciel*, les *Sept Trompettes*, *Pensez-y bien*.

Il faut y ajouter des Almanachs : l'*Almanach Liégeois*, le *Messager boiteux*, des livres de la Bibliothèque Bleue, tels que les *Quatre fils*

1. Voir plus loin, liv. II, *Les Écoles. La Lecture*.
2. *O. c.*, I, 390.

Aymon, *Robert le Diable*, *Richard sans peur*, bref tout ce qu'on pourrait appeler la littérature des hottes[1], qui arrivait au village par les « besouards » ou colporteurs, la plupart Savoyards[2]. Les errants avaient du reste mieux que cela. Le commerce de détail de la librairie se faisait en grande partie par eux. Il ne faut pas croire que leur clientèle rurale n'eût pu leur acheter que ces pauvretés. Mais achetait-elle ?[3]

Les Lettres à Grégoire ne le laissent guère supposer. Leurs auteurs craignent d'embellir la vérité, en laissant croire à l'existence de sortes de bibliothèques même mesquines, et réduites, qui auraient existé dans les campagnes. La réalité, ils l'affirment, était bien loin de là. Seules quelques rares familles avaient un livre ou deux. L'immense majorité n'en possédait aucun. Et le curé n'en prêtait pas, faute d'en avoir lui-même. Pour édifier ou instruire ses fidèles, il en était réduit à sa parole et à sa vie.

Voici les textes : « On lit très peu dans nos villages : quelques livres de piété y forment toutes les bibliothèques ; les curés n'ont pas de livres à prêter » (Montpellier, *Lett. à Grég.*, p. 11).

« Les gens de la campagne n'ont pas le goût de la lecture. On trouve plus communément chez eux l'*Almanach de Liége*, de *Lar-*

---

1. Voir Ch. Nisard, *Hist. des liv. popul.*, I, ch. i. et ii, p. 1 à 150. La Bibliothèque bleue a été l'objet de recherches très érudites. Consulter Assier, *La Bibl. bleue depuis Jean Oudot Iᵉʳ jusqu'à M. Baudot* (1600-1863), Paris, 1874. Il y a un catalogue de *la Bibl. bleue* (1711-1742) à Troyes. Cf. Corrard de Breban, *Recherches sur l'établissement et l'exercice de l'imprimerie à Troyes*, 3ᵉ éd., donnée par Ol. Thierry-Poux, Paris, 1873, 8°.

Les Troyens n'avaient pas la spécialité de ces livrets. Toutefois il convient de mentionner au moins ici les noms des Garnier et des Oudot. Ceux-ci ont formé une véritable dynastie, comme les Estienne, moins érudite, mais au moins aussi connue, *l'Arrivée du Toulousain* ayant plus de succès que le *Thesaurus græcus*. Le dernier des Oudot ne laissa qu'une fille qui épousa un Truelle. Le fonds passa aux Garnier. Les deux affaires furent réunies par Baudot.

Gust. Carré, dans l'*Hist. popul. de Troyes*, dit que les Garnier, successeurs des Oudot, tiraient jusqu'à 150 000 exemplaires tant du *Dieu soit béni* que de l'*Almanach des Bergers* (p. 461).

2. Il y a dans un livre du xviiᵉ un curieux passage sur ces colporteurs : « Proprement qu'est-ce qu'un Colporteur ?

« C'est un mercerot, qui porte un panier pendu à son col, garni de rubans de soye, de fleuret, ou de laine, lacets, aiguillettes, peignes, petits miroirs, estuys, aiguilles, aggraphes, et autres semblables chosettes de petit prix.

« Il y en a d'autres, qui portent çà et là des Almanacs, livrets d'Abecé, la gazette ordinaire et extraordinaire, des legendes et petits Romans de Melusine, de Maugis, des quatre fils Aymond, de Geoffroy à la grand'dent, de Valentin et Ourson, des Chasse-ennuys, des Chansons Mondaines sales et villaines dictées par l'Esprit immonde, Vaude-villes, villanelles, airs de Cour, chansons à boire, le tout composé par les sacrificateurs et prophetes d'Apollyon, inspirez par cest Ange de l'Abysme, à l'usage de ceux, qui ont devotion à son service » (Daniel Martin, *Parlᵗ nouveau*, Strasb., 1660, p. 387-389).

3. Béranger, avant d'arriver à Carpentras, rencontre à Pernes, petite ville, un colporteur. Il lui achète l'Eloge de Fléchier, les Œuvres de Sabathier de Cavaillon (*Soirées prov.*, I, 29).

rivay, le Messager botteux » (*Lett. à Grég.*, p. 81, n°ˢ 36 et 37. Languedoc).

« Ce qu'ils ont c'est le Catéchisme, Almanach, heures du diocèse, Imitation de J. C., et autres livres de piété, l'Histoire des quatre fils Aymon » (Carcassonne, *Ib.*, p. 20, n° 37).

« La bibliothèque des savants consiste dans quelque prôneur ou sermonnaire et les Conférences mensongères d'Angers » (Rodez, *Lett. à Grég.*, p. 60-61, n° 35).

« Les gens de la campagne ne connaissent que le *Chemin du Ciel* ou le *Pensez-y bien* » (*Lett. à Grég.*, p. 61, n° 37).

« Ne sachant pas lire, ils ne sauraient avoir le goût de la lecture ; et, s'ils savent épeler quelques mots, ils n'ont entre les mains que les *Heures* du diocèse. On trouve cependant chez quelques-uns l'Abrégé de l'Ancien Testament de Royaumont, l'Evangile et l'Imitation de J. C. Mais cela est très rare ».

« Nos curés n'ont pas non plus un assortiment de livres à leur prêter ; mais ils leur deviendraient inutiles, vu le petit nombre de ceux qui, dans nos campagnes, pourraient en profiter, car ceux-là ne forment pas la douzième partie de nos laboureurs » (Agen, *Lett. à Grég.*, p. 119-120).

« Parmi les paysans de ce département, j'ai assez communément trouvé le *Paroissien romain, Les Comptes faits* de Barême, les *Noëls nouveaux,* des *Livrets de Mission, les Sept Trompettes* (l'éd. Gazier dit *Tempétes*), ...une traduction gauloise de la *Bible,* la *Vie des Saints,* l'*Almanach des Dieux,* le *Catéchisme du diocèse,* quelques ouvrages de la Bibliothèque bleue ; point d'ouvrages d'agronomie ni de chirurgie domestique. Les livres des paysans sont toujours en mauvais état, quoique exactement serrés. Ils se les transmettent en héritage. Dans les longues soirées d'hiver, on lira pendant une demi-heure, à toute la maison assemblée, quelque vie des saints ou un chapitre de la Bible » (Rép. de Bernadau, de Bordeaux, *Lett. à Grég.*, p. 143, n°ˢ 37-43).

Qui nous dira si ce tableau était chargé ? Des voyageurs en font un tout semblable. Legrand d'Aussy a parcouru l'Auvergne en 1787 et 1788. Il a publié son récit en l'an III. L'état des esprits l'a-t-il influencé ? En tous cas il écrit : « Dans les chapitres et les cures de certaines villes, par fois même dans les cures de campagne, j'ai rencontré, avec plaisir, quelques individus instruits ; mais ces rencontres ont été infiniment rares. C'était presque un prodige que de trouver un livre chez les gens de cette classe » (*Voy.*, III, 272).

Même, en pays de langue d'oui, l'absence d'une instruction élémentaire empêchait la presque totalité des campagnards de prendre goût à la lecture. Une phrase revient comme un refrain : Les gens de campagne n'ont point le goût de la lecture, parce qu'à peine savent-ils lire.

Encore n'est-ce là peut-être qu'une des raisons. Si difficile que fût la lecture pour beaucoup, ils fussent parvenus à s'en tirer avec plus d'aisance, si on les eût poussés à s'y exercer. Mais des préjugés que nous retrouverons bien ailleurs que chez des recteurs de campagne poussaient à les détourner de toute vie intellectuelle.

« La majeure partie des pasteurs, écrit Bernadau à Grégoire... ne songent pas à l'influence des lectures utiles qu'on pourrait y faire. J'ai eu toutes les peines du monde à faire adopter dans l'école du village où j'ai quelque possession la lecture de la *Science du bonhomme Richard*, et d'obtenir qu'il serait distribué tous les ans un *Avis au peuple sur sa santé, le Manuel du cultivateur*, aux trois garçons les plus studieux de l'école, et aux trois plus sages filles, une traduction du *Nouveau Testament* et l'*Avis aux bonnes ménagères*. Le curé prétendait qu'inspirer aux enfants le goût de la lecture, c'était chercher à leur donner sur leurs compatriotes une supériorité contraire à la modestie chrétienne, et que les filles liseuses étaient de méchantes femmes. On doit juger si, avec de pareils préjugés, les curés songent beaucoup à prêter à leurs paroissiens d'autre livre que l'*Ordinaire de la messe* et le *Petit Paroissien* » (Bord., *Lett. à Grég.*, p. 142, n° 31-35)[1].

L'auteur développe un peu plus loin sa pensée : « Généralement parlant, les ecclésiastiques des campagnes ne prêtent point de livres à leurs paroissiens ; ceux qui font exception à la règle ne leur en fournissent que d'ascétiques, ne croyant pas que des paysans puissent perdre leur temps à lire des livres qui ne parlent pas de la religion, ou qu'ils aient assez d'intelligence pour se servir utilement d'ouvrages importants. Cependant la lecture des livres d'économie rurale, de vétérinaire, d'hygiène leur conviendrait infiniment ; mais peu de curés en ont d'aussi véritablement utiles. Je connais assez l'état du diocèse pour assurer que la bibliothèque de nos curés de campagne se borne aux quatre tomes du *Bréviaire*, au *Parfait Cuisinier*, aux *Ordonnances synodales*, à la *Théologie* de Collet ou Habert, au *Concile de Trente*, à des *Méditations et Sermons* jésuitiques, au *Code des curés sur les dîmes*, etc. ; aux *Cas* de Pontus, au *Mercure* et aux *Actes des Apôtres*...

1. L'auteur continue : « Le catéchisme et quelques livres d'église, voilà les livres que l'on trouve chez ceux qui peuvent en faire usage » (Mâconnais, *Lett. à Grég.*, p. 223, n°s 36-37).
Cf. « Ils [les paysans] aiment beaucoup les histoires des Vies des Saints et de la Bible ; lorsqu'ils ont des livres, ce sont de ceux-là et rarement des autres » (Note du curé d'Arnay-le-Duc, *Lett. à Grég.*, p. 226, n° 37).

« Ceux des gens de la campagne de ce district qui savent lire aiment volontiers la lecture, et, faute d'autre chose, lisent l'*Almanach des Dieux*, la *Bibliothèque bleue* et autres billevesées que des colporteurs voiturent annuellement dans les campagnes. Ils ont la fureur de revenir vingt fois sur ces misères, et, quand ils en parlent (ce qu'ils font très volontiers), ils vous récitent pour ainsi dire mot à mot leurs livrets. J'ai remarqué que, quand un paysan a un livre à sa disposition un jour de fête, il en préfère la lecture au cabaret, quoique l'usage lui en soit fort familier les jours de repos. Il serait donc facile, avec ce goût, d'éclairer, jusqu'à un certain point, l'intelligence du paysan, de lui faire perdre l'habitude de la débauche et des querelles qu'enfante l'ivrognerie. *Hic labor, hoc opus*.

« Les livres que j'ai le plus familièrement trouvés chez les paysans sont des *Heures*, un *Cantique*, une *Vie des Saints*, chez les gros fermiers, qui en lisent après souper quelques pages à leurs travailleurs. Je me rappelle à cet égard quelques vers d'un ouvrage sur la vie champêtre qui concourut, il y a sept ans, avec l'églogue de *Ruth*, de M. Florian. Les lectures du soir chez les paysans y étaient bien décrites ; elles ne le sont pas avec moins d'énergie dans *La Vie de mon père*, de M. Rétif » (Rép. de Bernadau, *Lett. à Grég.*, p. 146, n° 5)[1].

Je vois bien qu'un évêque a fait distribuer dans la campagne de Saint-Claude « beaucoup de livres », et que les gens lisent ou font lire par leurs enfants, en hiver principalement, des livres ascétiques. Mais n'est-ce pas qu'il a paru nécessaire à ce prélat de réagir contre les livres que le voisinage de Voltaire et de Rousseau avait répandus dans la contrée, et dont le magistrat correspondant de Grégoire déclare avoir désabusé ces égarés ?[2] Comment les prêtres se fussent-ils jetés dans les témérités, alors que les maires eux-mêmes se défiaient des œuvres profanes les plus innocentes, voire de Berquin ?[3]

Visiblement, dans les familles de la campagne, jusqu'à la fin du régime, on lut peu. La curiosité n'était point éveillée ; on considérait une heure donnée à la lecture comme une heure donnée à la paresse, on n'avait à peu près pas de livres, presque personne ne lisait couramment. En général la langue française ne s'est point répandue par là dans les villages.

---

1. En effet, chez le père de Restif de la Bretonne, le chef de famille lisait à voix haute, et le personnel de la maison écoutait. Ces mœurs patriarcales étaient-elles ordinaires ?
2. Joly, Saint-Claude, *Lett. à Grég.*, p. 210, n°s 34-35 et 35.
3. « J'ai proposé le nouvel ouvrage de Berquin (*Bibl. des villages*) à quelques maires de campagne, qui ne s'en sont pas soucié... Le plus petit nombre....lit dans ses *Heures*, et c'est tout. Les exceptions sont infiniment clairsemées » (Saint-Claude, *Lett. à Grég.*, p. 206, n°s 35-36).

CHAPITRE IX

LE THÉÂTRE

Scènes et troupes. — On serait étonné que je ne fisse pas mention du théâtre et de l'influence que les représentations données en français ont eue sur l'extension de la langue. Mais j'en parlerai très brièvement, car j'estime qu'elle n'a pas été bien considérable.

Assurément, dans presque toutes les villes, des troupes sédentaires ou des troupes de passage vinrent jouer. C'était un usage fort ancien, mais qui se développa. Quelqu'un avait même eu l'idée d'une Comédie ambulante, qui eût circulé de ville en ville, apportant aux provinciaux des promesses de talents, et fournissant aux débutants l'occasion de se former[1].

A défaut de cette organisation régulière et systématique, des entrepreneurs qui voulaient gagner de l'argent et en perdirent le plus souvent, risquèrent l'aventure. L'histoire générale de ces tentatives n'est pas faite, mais il existe pour chaque province des études partielles[2], et un de mes anciens étudiants, qui a réuni les documents nécessaires à un tableau d'ensemble, M. Fuchs, m'a

---

1. C'est à Monnet qu'appartenait le projet : « L'Opéra ambulant qu'on a proposé peut servir de modèle pour une Comédie ambulante qui rouleroit avec ce premier spectacle.

« Cette comédie seroit une école propre à former des sujets pour les Comédiens français de Paris... On rassembleroit pour cet établissement les meilleurs sujets des provinces, et même des Cours étrangères...

« L'Opéra ambulant s'établiroit tour à tour dans les trois villes du royaume les plus propres à soutenir ces spectacles, telles que Lyon, Marseille et Bordeaux, et ne resteroit qu'une année dans chacune.

« Pour ne point laisser de vuide dans les représentations, on prendroit la quinzaine de Pâques (tems où les spectacles cessent partout) pour aller d'une ville à l'autre. Comme l'Opéra ambulant et la Comédie ambulante ne pourront occuper que deux villes, la troisième aura toujours un spectacle que l'entrepreneur s'obligera de fournir » (Projet envoyé à M. de Bachaumont, Bibl. de l'Arsenal, ms. 4041, f°, dans Arthur Heulhard, *Jean Monnet*, Paris, 1884, 8°, p. 37 et suiv.).

2. Voir Lanson, *Manuel bibliographique de la litt. fr.* D'autres ouvrages, de toutes sortes, particulièrement les monographies des villes, nous renseignent. Voir par exemple pour Nevers, Guéneau, o. c., 440 et suiv. — Pfister, *Hist. de Nancy*, au chap. xv, donne la liste des représentations théâtrales de Pâques 1756 à P. 1757 (III, 651-657). Pour le théâtre à Dijon, voir des détails dans Micault, *Merc. Dijonnois* (*Mém. de l'A. de Dijon*, 1885-1886).

permis de fouiller librement dans son répertoire. Il résulte de
l'examen que j'ai fait de ces dossiers, d'abord que partout à peu
près, de Strasbourg à Pau et de Lille à Marseille, parurent des
artistes français. De grandes villes, Lyon, Bordeaux, Dijon,
Nantes, Amiens, Marseille, Aix, Angers, Grenoble, Nevers, Nîmes,
Toulouse, Montpellier, Rouen, Strasbourg avaient un théâtre per-
manent.

Ailleurs, c'étaient des troupes de passage, qui donnaient une ou
plusieurs représentations. On en signale à Abbeville, Agen, Arles,
Arras, Avignon, Bayonne, Besançon, Brest, Calais, Cambrai,
Clermont, Douai, Dunkerque, Le Puy, Lunéville, Metz, Morlaix,
Nancy, Pau, Rouen, Sarrelouis, Saint-Étienne, Saint-Quentin,
Toulon, Valence, Valenciennes[1], etc. Fêtes, solennités, réceptions
quelconques s'accompagnaient de représentations.

Le théâtre et la langue. — La difficulté est de savoir dans quelle
mesure ces représentations servaient à répandre la langue. Avant
d'en juger, il faudrait d'abord étudier à fond le répertoire. Il semble
que l'opéra, l'opéra-comique, le ballet, etc., aient tenu dans ces
spectacles au moins autant de place que la comédie[2]. Une jolie
ariette, nous dit-on, charmait plus qu'une belle tirade[3].

En outre, il faudrait qu'on nous dît si la salle se remplissait, et à
voir le nombre de directeurs de troupe qui ont fait de mauvaises
affaires, on a l'impression que le spectacle était loin d'être assuré
du succès[4].

Enfin il faudrait connaître le public. Souvent les spectateurs
étaient des gens qui n'avaient plus rien à apprendre, même en fait
de langage raffiné : la cour des gouverneurs et des intendants, la
magistrature, les officiers de la garnison[5].

1. Plusieurs de ces villes ouvrirent des salles de spectacle spéciales au cours du
xviiie siècle, ainsi Besançon, Abbeville, Nancy.

2. A Saint-Quentin, en 1746, on mélangeait encore comédie, opéra-comique,
marionnettes.

3. Dans le Nord, les opéras italiens alternaient avec des pièces françaises, ainsi à
Valenciennes (G. A. J. H[écart], Rech. hist. sur le th. à Valenc., 1816, p. 81).

4. Vers 1720, à Lyon même, la comédie, au dire d'un contemporain, n'attirait que
« des libertins et des filles de joie ». Les prohibitions de l'Eglise en étaient-elles cause ?
Au contraire vers 1750 l'empressement tournait à l'enthousiasme (Vingtrinier, Le
théâtre à Lyon, 1879, p. 73 et 92).

5. On vit à Valenciennes une troupe d'amateurs, formée de perruquiers, jouer Zaïre
et La Mort de César (G. A. J. H., Rech. hist. s. le th. à Valenc., p. 53). On imitait les
rhétoriques du pays flamand.
Un critique du crû trouvait à redire à Racine : « Ces Pièces seraient parfaites
(Esther et Athalie), si les Cantiques étaient d'un langage intelligible. Qu'ap-
pelez-vous, dis-je alors en l'interrompant, un langage intelligible ? Celui qu'on parle
à Valenciennes et en Artois, répondit-il en colère ; et c'est là le véritable Français.

Admettons que le public remplissait le reste de la salle, quand elle était pleine. Ce n'était tout de même qu'un public urbain. De sorte que le théâtre, s'il a agi, a surtout agi sur les petites gens des villes. Les campagnes étaient à peu près en dehors de son action, sauf, bien entendu, quand le spectacle — ce qui arrivait — se donnait pendant les foires, ou à une des occasions quelconques qui attiraient en ville les campagnards.

C'est le langage des Gaulois nos anciens Pères que certains réformateurs appelés Académiciens qui ne servent dans l'état qu'à mettre les points sur les 1, corrompent depuis fort longtemps » (*Ib.*, p. 162-163).

CHAPITRE X

ACADÉMIES[1]

Le xviiie siècle a été l'âge d'or des Académies. Non pas que les membres ou les candidats aient alors fait preuve des vertus simples et hautes de l'homme des légendes : esprit d'équité, amour du prochain, renonciation à soi-même, etc. Je veux dire seulement qu'en ce temps de carence des Universités, encore toutes gothiques, elles ont été des foyers de vie intellectuelle[2].

Quelques-unes — sans parler de celles de Paris — existaient avant la mort de Louis XIV[3], les autres ont été fondées au cours du xviiie siècle[4]. Toutes en général, les nouvelles comme les anciennes, ont servi la science et la nation; je voudrais faire voir qu'en même temps elles ont servi la langue française.

Les études de langue. — Deux ou trois d'entre ces Compagnies, Arles, Soissons, avaient gardé la prétention d'être des succursales de l'Académie française; elles firent de leur mieux dans ce rôle, dont nous avons montré la difficulté[5]. Amiens prétendit au même honneur. Dans les Statuts figurait expressément l'obligation de faire des conférences sur la langue, et de choisir « entre les différents grammairiens qui ont traité cette matière, les règles qui paraissent les plus

---

1. Cf. tome V, p. 66-79.
2. Voir la Bibliographie dans le P. Lelong, *Biblioth. histor.*, éd. Fevret de Fontette, IV, 70 et suiv.

Il renvoie souvent à Piganiol de la Force, *Description de la France*, éd. de 1753, et à la *France Littéraire*, année 1769, qui contient les renseignements les plus détaillés.

Presque toutes ces Académies ont leur histoire, quelques-unes leur bibliographie, ainsi celle de Lyon. Voir S. Charléty, *Bibliographie critique de l'hist. de Lyon des origines à 1789* pub. par les *Annales de l'Univ. de Lyon*, (1902), n°s 2707 à 2740.

3. Soissons (1674), Caen (1676), Nîmes (1682), Angers (1684), Toulouse (1694), Villefranche (1695), Lyon (1700), Montpellier (1706), Marseille (1706), Bordeaux (1712).

4. Pau (1720), Béziers (1725), Marseille (1726), Toulouse (1729), Montauban (1730 et 1744), La Rochelle (1732), Arras (1737), Dijon (1740), Rouen (1744), Clermont (1747), Auxerre (1749), Amiens (1750), Nancy (1751), Besançon (1752), Metz (1759), Périgueux (1780).

5. Tome V, p. 75 et s.

conformes à la droite raison et au bon usage ». On prit au sérieux cette disposition. Après un discours, un membre devait commenter Restaut. La chose eut lieu le 14 mars 1746, et elle semble même s'être renouvelée plusieurs fois[1].

Peu d'Académies avaient la chance de posséder un Vallart ou un Wailly comme membres, un Duclos comme membre honoraire. Toutefois elles recherchaient les grammairiens, loin de les fuir. La considération qui s'attachait à leur art avait fait entrer Froment, l'auteur des *Réflexions sur les fondements de l'Art de parler* (1756) à l'Académie de Rouen, Harduin à la Société littéraire d'Arras[2], Beauzée à la Société royale des sciences et arts de Metz. Le même était des sociétés littéraires d'Arras et d'Auxerre. M. de Soubeiran de Scopon, qui a commenté les *Remarques de grammaire sur Racine* de l'abbé d'Olivet, était un membre distingué de l'Académie des Jeux Floraux[3]. A Metz, en mai 1765, Henrion de Pansey fit un jour une communication sur des synonymes mots (*sic*) : *disgrâce, traverse, guignon, infortune, adversité, revers, calamité, catastrophe* (*Mém.*, 1876, p. 660). A Orléans, on discuta sur *je vas* et *je vais* (Loisel., *Les arch. de l'Acad. d'Orl.*, dans *Mém. de la Soc. d'Orl.*, XIV, 53). A Dijon, on compara *anoblir* et *ennoblir* (1753)[4]. Dans une des séances publiques de l'Académie de La Rochelle, Dupaty lut des *Observations relatives aux Commentaires de Voltaire sur Corneille* (20 avril 1766). On pourrait citer vingt communications analogues.

LA GRAMMAIRE CÈDE A L'ÉRUDITION. — Toutefois, il importe de le remarquer, la plupart des études de langage qui se firent dans les Académies étaient relatives aux idiomes locaux, à l'étymologie, à l'érudition, plutôt qu'à l'usage du français. Ainsi à Dijon, La Monnoye avait apporté le goût du vieux français et des patois. M. de Brosses y proposa un travail commun sur la langue celtique et sur l'analogie des mots de cette langue avec ceux de la nôtre et surtout du patois bourguignon[5]. Il est vraisemblable qu'il y parla souvent de son

---

1. En février 1746, dit Leleu, fut fondée la Société littéraire d'Amiens, avec seize membres au début, qui se proposaient de se réunir pour travailler conjointement à tout ce qui peut perfectionner la langue, former le goût et cultiver l'esprit (*L'A. d'Amiens*, dans *Mém. de l'A. des Sciences, des Lettres et des Arts d'Amiens*, XLVIII, 133). C'est en 1750, que, sous l'influence de Gresset, des lettres patentes accordèrent à la Société le titre d'Académie. Montesquieu y avait été admis comme membre, en février de la même année (Id., *Ib.*, 144-145).
2. Harduin a écrit des *Remarques sur la prononciation et l'orthographe*. Il était secrétaire perpétuel (1745).
3. Voir les *Observations critiques à l'occasion des remarques de grammaire sur Racine*, Paris, Prault, 1738.
4. Voir Deberre, *La vie litt. à Dijon*, 255-257.
5. Id., *Ib.*, 91, 93.

grand traité sur la mécanique des langues, qui parut dans les *Mémoires* en 1769. Michaud y disserta sur l'étymologie des mots en *age*. De même, à Orléans, l'historien local Polluche présenta un mémoire sur Jargolium [1]. Une autre fois on examina longuement le *Glossaire angevin* du P. du Pinaut. Un peu partout les procès-verbaux des Compagnies mentionnent des études de cette espèce. Elles portent, comme les autres, la marque d'un siècle de science [2].

LES OCCUPATIONS DES ACADÉMIES. PRÉFÉRENCE POUR LES SCIENCES. — Il est temps du reste d'ajouter que les recherches philologiques ne sont que des curiosités ; on s'y intéresse, elles paraissent néanmoins accessoires. L'esprit général a changé. D'autres sujets attirent et paraissent plus importants. Comme le dit le marquis d'Argenson, dans ses *Mémoires*, à propos du Club de l'Entresol, la question qui se posait à l'époque était « relative à la préférence qu'il convient d'accorder à savoir bien sa langue ou à s'occuper des moyens de rendre les peuples heureux » (éd. elz., I, 101). Le siècle de l'*Encyclopédie* avait son choix fait.

Quelques Académies étaient ouvertement et exclusivement une extension de l'Académie des Sciences de Paris. Ainsi celles de Montpellier et de Bordeaux [3]. Mais la règle générale semble avoir été plus large. Elle était en somme dès cette époque ce qu'elle est restée depuis. On formait des sociétés mixtes dont aucune recherche n'était exclue. Les noms des Compagnies, à eux seuls, marquaient leur caractère. Pour une qui, comme celle de Caen, porte le titre d'Académie des Belles-Lettres, dix s'appellent : des Belles-Lettres, Sciences et Arts, ou des Sciences, Belles-Lettres et Arts.

A Marseille, un des membres, Rigord, dans une lettre adressée

1. *Jargolium* devait devenir *Jargueil* et non *Jargeau*. L'auteur prouve l'existence de la forme normale. Voir J. Loiseleur, *Les archives de l'Acad. d'Orléans*, dans *Mémoires de la Société d'agriculture, Sciences, Belles-lettres et Arts d'Orléans*, XIV, 4e série, 1872, p. 53.
2. A Metz, en janvier 1763, un des membres, Chenu, présente un travail *Sur l'étude de la grammaire ;* on février Bertrand de Boucheporn parle *Sur les grammairiens qui ont vécu avant Aristote*, et enfin en décembre, Bardou-Duhamel s'occupe de l'*Etymologie du mot grammaire*.
Un des membres de l'Académie, Dom François, publia au XVIIIe siècle un *Dictionnaire roman, wallon, celtique et tudesque* (*Mém. de l'Ac. de Metz*, 1876, p. 5).
Cf. Dommanget, *Docum. biogr. concernant l'anc. Soc. roy. des Sc. et Arts de Metz*, dans *Mém. de l'Ac. impér. de Metz*, XLIXe année, 1867-1868, p. 246-249.
Beauzée faisait partie de la Compagnie.
3. Les sciences physiques et naturelles, la chimie, la médecine, l'hygiène, l'agriculture, l'histoire, la musique et les beaux-arts formaient les sujets des études auxquelles les académiciens se livrèrent ; leur bibliothèque contenait les ouvrages publiés en France ou à l'étranger sur les questions qu'ils étudiaient. C'était avant tout une Académie des Sciences (*Bordeaux*, publ. par la Mun. bordel., III, 130).

au protecteur, le Maréchal de Villars, indique nettement les sujets
qui obtiennent ses préférences : « Il faudrait... qu'une bonne
partie des académiciens s'appliquât aux sciences et aux arts, à la
physique, aux mathématiques, à l'histoire naturelle, à la chronologie,
à la géographie, à l'histoire ancienne et moderne, même à la botanique, à la chimie, à l'anatomie... Les arts mécaniques même ne
sont pas une occupation indigne d'un Académicien... car on se lasse
bientôt de ce qui n'est qu'esprit, phrases bien tournées et une
diction correcte » [1].

La dernière phrase semblerait signifier qu'on fit bon marché des
questions de langage. Il ne faudrait pas s'y tromper. Telle n'avait
pas été la pensée des fondateurs. On s'adressa même à l'Académie
française pour obtenir d'elle une sorte d'affiliation, tout au moins
de patronage. Et à cet effet on lui remontrait que si l'Académie
française avait assuré le bon goût dans le cœur du royaume, il
restait à faire à Marseille. Il s'agit de « pourvoir à la frontière ».
Nous sommes, disent humblement les postulants, « des plus exposés,
et l'abord des étrangers que le commerce attire ici attaque également la politesse de l'esprit et du langage. Nous ne saurions nous
en garantir qu'en nous mettant nous-mêmes sous vos auspices et
en nous engageant à ne jamais vous perdre de vue » [2]. Cette pro-
messe de déférence avait son prix. Venue de gens qui le plus souvent parlaient provençal, qui préparaient leurs travaux dans cet
idiome [3], elle était au moins un engagement de rester fidèle à la
langue nationale en séance, et cet engagement, à pareille époque,
n'était pas sans valeur. Il ne préjugeait rien pour la direction générale du travail dans la Compagnie [4]. L'Académie de Marseille,
malgré les compliments qu'elle s'est faits, n'a jamais été une Compagnie littéraire et grammaticale.

Donnons quelques autres exemples. Une des Académies qui a

1. Lautard, *Histoire de l'Académie de Marseille, depuis sa fondation en 1706 jusqu'en 1826*, 3 vol. in-8°, I, p. 33-34; cf. Dassy (l'abbé L. T.), *L'Académie de Marseille, ses origines, ses publications, ses archives, ses membres*, Marseille, 1877, in-8°, p. 189.
2. Lettre écrite le 12 Janvier 1726 par seize Marseillais à l'Académie française pour demander l'adoption, voir Dassy, *o. c.*, p. 39-40.
3. Voir plus loin. « Les académiciens, eux-mêmes, qui parlaient toujours ce langage, dans leurs familles, avouaient qu'ils pensaient en provençal en composant, et qu'ils étaient ensuite obligés de se traduire » (Lautard, *o. c.*, I, 50-51, d'après le discours du marquis de Pennes, de 1786).
4. La Bibliothèque de l'Académie de Marseille garde le manuscrit d'un ouvrage de Cary, membre de cette Académie, et de celle des Inscriptions et belles-lettres de Paris : *Dissertation sur les langues qui ont été en usage à Marseille*. Y est-il question du français, et à quel point de vue Cary s'en est-il occupé ? Son œuvre n'a point été imprimée comme la plupart de celles qu'ont pu écrire les Académiciens de Marseille, et des autres Académies de province (Dassy, *o. c.*, p. 68). Cary (mort en 1754) laissa de nombreux ouvrages inachevés, entre autres un *Dictionnaire provençal-français*.

montré le plus d'activité, c'est l'Académie des Sciences, Arts et
Belles-Lettres d'Orléans (1784), transformation de la *Société agro-
nomique* de 1762. On pourrait croire qu'en devenant Académie, elle
a élargi son horizon et a étendu en tous sens son action. Il n'en est
rien. En rapport avec les autres Sociétés agronomiques, celles de
Paris, de Rouen, de Nantes, de Bordeaux, etc., elle s'appliquait à
apprendre et à vulgariser des procédés nouveaux. On la voit fonder
des prix pour les auteurs des meilleurs mémoires qui seront écrits
sur les questions d'économie politique qu'elle se réserve de proposer; d'autre part, elle ouvre des cours publics, mais ils sont uniquement consacrés aux Sciences : physiologie, minéralogie, etc.
Au contraire, pour ce qui est de la langue, l'Académie d'Orléans
n'a rien fait qui vaille la peine d'être cité[1].

On voit fort bien le mouvement de transformation s'accuser, si
on suit l'histoire de quelques-uns de ces groupements, tels que la
Société littéraire d'Arras, fondée en 1737. Au début, les règlements
renferment plusieurs paragraphes témoignant de la résolution de
s'occuper de la langue française :

§ 7. « L'objet des assemblées sera de travailler à connoître les
principes, le génie, le goût et les délicatesses de la langue françoise,
et d'approfondir l'histoire, ce qui fera le partage du temps des
assemblées ».

§ 8. « Le directeur chargera... des académiciens qu'il jugera à
propos, pour faire l'étude de la langue et proposer aux assemblées
leurs recherches et leur compilation sur les meilleurs auteurs qui
ont traité de la grammaire françoise et qui ont fait des remarques
sur la langue »[2].

1. Une première société littéraire avait été fondée à Orléans en 1589 ; après sa
disparition, il s'en forma une autre, vers 1615, et elle tint ses réunions chez M. de
Heere, doyen de l'église Saint-Aignan. En 1618, furent publiées en un petit volume
quelques-unes des productions de cette Société, et l'on y trouve avec étonnement un
discours sur *La mobilité de la terre*. Cette question, considérée cependant comme
subversive, a été traitée librement dans une réunion à laquelle assistait un évêque,
et cela en 1618, donc quinze ans avant l'époque où Galilée fut condamné à se ré-
tracter (J. Loiseleur, *o. c., Société d'Agric., Sc., B.-Lett. et arts d'Orléans*, t. XIV,
41).
2. Van Drival, *Histoire de l'Académie d'Arras, depuis sa fondation en 1737 jusqu'à nos
jours*, Arras, 1872, in-8°, p. 4, 6, 7.
Au § 14 on lit : « Les réceptions seront publiques... et l'on proposera des dissertations de demi-heure sur la langue et sur l'histoire » (p. 8).
Pour « ne pas laisser les bonnes volontés s'éparpiller sur divers sujets » on avait
fixé comme sujets pour la langue : « de quel genre sont les mots *amour, alcôve, automne,
délices, épitaphe, épitalame, équivoque, horoscope, couple, légume, orgue, œuvre*; s'ils
peuvent être employés au masculin et au féminin indifféremment, ou en quel cas ; et
désigner les autres mots qui ont la même prérogative, appuyés d'exemples des meilleurs
auteurs ».
MM. Delestré, Manchon, de la Fertée et de Wismes furent désignés pour s'occuper
des questions de langue (Van Drival, *o. c.*, 17). Une autre question dont la Compagnie

Mais une fois transformée en Académie (1773), la Compagnie
s'occupa surtout d'agriculture et d'éducation.

Dans la première Académie de Dijon, celle d'Hector B. Pouffier
(janvier 1741), on avait établi deux classes de sciences (médecine,
physique) contre une classe littéraire (morale)[1]. Richard de Ruffey
essaya au milieu du siècle d'y assurer une part égale aux lettres et
aux sciences[2]; mais les sciences reprirent rapidement la prépon-
dérance[3].

Tout ce qui précède ne va pas à nier le rôle des Compagnies
dont il vient d'être question dans le développement de la langue
française. Il s'agit seulement de le préciser. Ce n'est pas l'Académie
de Marseille, quelque mérite qu'on lui ait accordé, qui a répandu
le français à Marseille[4]. Mais il n'était nullement indifférent qu'il

s'occupa en 1739 fut la suivante : « La langue françoise est-elle parvenue au point de
sa perfection ? Et s'il se trouvait de la difficulté à se prononcer affirmativement sur ce
point, est-il à souhaiter ou non, pour le bien de la république des lettres, qu'on
l'augmente encore par de nouveaux termes, et qu'on en proscrive d'autres ? »
C'est MM. de Cauchy et de Grandval qui lurent, dans la séance du 6 février 1740,
deux dissertations sur le sujet proposé.
Le 13 février 1740, on proposa d'étudier si la langue française s'est « véritablement
accrue ou perfectionnée depuis le siècle de Louis XIV, c'est-à-dire depuis Boileau,
Bossuet, Racine et Fléchier ? » De plus, l'on convint pour la langue « que ceux qui
auront quelques doutes... les proposeront aux jours d'assemblées ordinaires » (Id.,
Ib., 20-21).
En 1744, la Société littéraire d'Arras prit la résolution de « travailler, sans interrompre néanmoins les ouvrages commencés, à un petit Dictionnaire des termes, soit
d'arts et de sciences, soit du langage ordinaire, qui sont propres et particuliers au pays
d'Artois. Pour cet effet on mettra sur le bureau un registre divisé par ordre alphabé-
tique, où les associés écriront leurs remarques, et on conférera chaque samedi sur les
observations de ce genre, qui auront été faites pendant la semaine ».
Quelques membres de la Société littéraire d'Arras ont laissé certains travaux sur la
langue ; ainsi, M. de Consturelle a écrit un Discours sur l'excellence de la langue française (1759) ; de M. Campo on a des Observations sur l'origine et l'étymologie de plusieurs
noms de lieux en Artois (1755).
1. Il n'est pas nécessaire de rappeler le fameux concours de 1749 : Le progrès des
sciences et des arts a-t-il contribué à corrompre ou à épurer les mœurs ? Il commença une
grande renommée littéraire. Ce n'était point pourtant d'un prix de littérature qu'il
s'agissait.
2. Voir une curieuse publication : Lange, Histoire secrète de l'Académie de Dijon
(1741-1770), par le Président Richard de Ruffey, Paris, 1909, 8°.
3. Legouz de Gerland fit présent à la Compagnie de son cabinet d'Histoire naturelle.
Le 10 août 1770, il lui donna un jardin botanique, où le 20 juin 1773 le Dr Durande
inaugura un cours. Elle eut en 1776 un Observatoire. La même année, Guyton de
Morveau y professe un cours de chimie. Son premier volume de Mémoires paraît en
1769. Buffon y a lu des extraits de son œuvre.
4. « Ses fondateurs (de l'Académie de Marseille), profondément pénétrés de cette
idée : que l'usage habituel de la langue provençale était pour leurs concitoyens un
obstacle à la réalisation de tout progrès littéraire et social, — se proposèrent pour but de
leurs travaux, le renversement graduel de cet obstacle et le triomphe du français dans
la vieille société marseillaise.
« Ce but... l'Académie l'a poursuivi avec toute la puissance que donnent l'association
et l'esprit de corps, — et je me hâte d'ajouter, Messieurs, qu'elle a eu la gloire de le
réaliser, — aussi complètement qu'il pouvait être donné de la faire, — à une époque
antérieure à la révolution de 89...
« Moins d'un demi-siècle après la fondation de l'Académie, — il semblait étrange,

existât dans les villes de provinces des réunions d'hommes cultivés qui, même s'ils ne traitaient pas de la langue, en avaient le respect, et cherchaient à la propager, ne fût-ce que par l'exemple. Ils ne cultivaient pas les grâces, ils aimaient la correction, la clarté, la justesse de l'expression, suprême élégance d'un exposé scientifique, et qui était alors l'idéal de la prose littéraire.

sinon incroyable, à la nouvelle génération, que l'ancien ordre de choses eût jamais existé. » (*Disc. de récep.* de M. Bory, séance du 5 juin 1859, *Mém. Ac. de Mars.*, 1864, p. 198).

Là-dessus l'orateur cite le marquis de Vento des Pennes (Disc. du 25 août 1786) : « Quoique la Provence fût réunie à la monarchie depuis plus de deux siècles, la langue française y parvenait à peine. — Nos citoyens les mieux élevés ne parlaient que provençal parmi eux, et l'abord des étrangers n'étaient (sic) pas assez fréquent pour affaiblir un usage aussi favorable au génie du pays... Quelque singulier que puisse paraître ce que je vais dire.. très peu de femmes entendaient le français; et il fallait parler leur langue pour en être écouté ; — celles même qui recevaient la meilleure compagnie, n'avaient jamais parlé que le provençal... » (*Ib.*, 199). (Cf. plus haut, p. 59).

CHAPITRE XI

AUTRES SOCIÉTÉS

Il a existé, en dehors des Académies reconnues et patentées, une foule d'autres Sociétés. Celles d'agriculture ne se comptent pas. Et il est visible, quand on parcourt leurs travaux, qu'il ne s'agit pas de simples groupements de praticiens, mais de réunions d'hommes qui lisent, qui cherchent, qui expérimentent. Les résultats des essais les intéressaient plus que la langue des exposés, soit. C'est tout de même en français et par le français que pénétraient les théories d'économie rurale, si chères aux physiocrates.

De nombreuses villes, grandes et petites, ont eu leurs clubs. A la fin du xviie déjà, le Conseiller J.-P. de Valbonnays tenait chez lui à Grenoble des conférences d'histoire et de littérature, qui devinrent bientôt plus fréquentes [1].

En septembre 1684, il existait à Périgueux un véritable cercle, dans la maison d'un sieur Blanchard, et plusieurs notables de la ville s'y réunissaient pour y lire, causer et échanger les nouvelles du jour. Ce cercle ayant été fermé par ordre de la police, ce fut, dit un relateur « un résultat déplorable... en ce qu'il ajourna à cent ans et plus l'établissement des philologies » dans la ville de Périgueux [2].

« A Dijon, à l'hôtel de la rue Saint-Fiacre, situé dans le quartier aristocratique, se réunissait... tout ce que la ville contenait de gens de lettres ou de beaux esprits, société un peu provinciale peut-être, assez étroite de jugement et de goût, mais où cependant l'esprit, et même la préoccupation de l'esprit, les nouvelles littéraires, les livres nouveaux et les petits vers obligés ne faisaient pas défaut » [3].

A Lille, la société littéraire du Brunin, éphémère il est vrai, fut

1. *Nouv. de la Rep. des Let.*, 1732, p. 6-8.
2. *Le Chroniqueur du Périgord et du Limousin*, 1853, 6e livraison, 130.
3. E. de Broglie, *Les portef. du Prést Bouhier*, 4; cf. 14 et suiv.

un centre de culture[1]. Les Poitevins paraissent avoir aimé particulièrement ces réunions[2]. A Laval, en 1755, Pichot de la Graverie
avait fondé un cercle qui comprit d'abord 50 associés, puis 80. En
1763, il s'en créa un autre[3]. On y recevait les Gazettes de France
et de Hollande. On y débitait des pièces à la main, des galanteries,
de petits vers. C'était le type du « Salon », institué avec le but
avoué d'inspirer la politesse et le bon goût. Provins avait une
Société philanthropique : *La Lanterne,* qui donnait des Almanachs
(1780-1781)[4]. Le nombre des Sociétés créées après 1750 est considérable.

Certes, il n'y a point lieu de se fier aux noms et aux titres. Qui de
nous n'a connu des Cercles prétendus littéraires, qui ne portaient
ce titre que pour obtenir une autorisation de police, et dont les
réunions se bornaient à former quelques tables de jeux autour de
boissons diverses? Néanmoins il faut attendre l'histoire critique de
ces réunions avant de juger leur action.

LES LOGES MAÇONNIQUES. — Je serai aussi réservé en ce qui concerne
les loges maçonniques, dont le nombre a été alors immense[5]. A
Paris, c'est à la *Loge des Neuf Sœurs* qu'on doit *Le Musée,* où des
hommes de lettres, des savants, des amateurs venaient donner des
lectures[6]. Au moment de la scission du Grand-Orient et de la Grande
Loge, un rite particulier se fonda, celui des Philalèthes, dont le
programme ne se bornait plus aux œuvres de philanthropie, mais
où on prétendait coopérer à la recherche de la vérité![7]

Il serait très important que ceux qui peuvent avoir à leur disposition les documents nécessaires voulussent bien étudier de près ce
sujet, parce que les Loges, au rebours des Académies, admet-
taient des membres de toute catégorie sociale, dont plusieurs étaient
certainement très frustes et presque dépourvus de culture[8].

1. Ar. Crapet, d'après de Saint-Léger, *o. c.,* p. 60.
2. Boissonnade, *Hist. du Poitou,* 1914, 253.
3. J. M. Richard, *o. c.,* 260.
4. Maur. Poinsignon, *Hist. gén. de la Champ. et de la Brie,* Paris et Châlons,
1886, III, 437.
5. Voir Bord, *La fr.-maç. en France,* I, Paris, Nouv. libr. natle.
6. Amiable, *Une loge maç. av. 1789 ; La Loge des Neuf Sœurs,* Paris, 1896.
7. Les loges de Lille ont été bien étudiées. On a marqué le mouvement créé par les
Philalèthes en faveur de l'instruction et des études scientifiques (Ar. Crapet, d'après
de Saint-Léger, *o. c.,* 84).
8. On peut voir par la *Société encyclopédique* de quels éléments disparates se com-
posait une loge. J'y trouve : deux naturalistes, un maître d'escrime, deux maîtres de
mathématiques, un tourneur, un machiniste (ces deux ont peine à signer), un ingénieur
des Ponts et Chaussées, un peintre d'histoire, un dessinateur, deux graveurs, un professeur vétérinaire, un docteur en médecine, un fabricant d'étoffes de soie, un sculp-

Après cet exposé, mon lecteur apercevra sans doute déjà quelques causes du développement du français dans la bourgeoisie des villes, et c'était chose importante, au moins dans le Midi, mais il ne nous semble pas que la vie intellectuelle, si intensifiée qu'elle fût, ait pu produire de grands effets au village. Cherchons ailleurs.

teur en marbre, un jardinier botaniste, un menuisier mécanicien, un maçon, un plâtrier, un architecte, un professeur de l'art du trait pour la coupe de pierre et bois, deux horlogers, un luthier, un marbrier, un écrivain, un arquebusier, un professeur de géométrie, un constructeur de navire, un « aparailleur », un géomètre, un ferblantier, un brodeur, un professeur de physique expérimentale, un musicien basson, un professeur pour le lavis, un graveur de monnaie, un violon, un bibliothécaire du Collège, un coutelier, un imprimeur, un distillateur, un tailleur de pierre (qui signe difficilement), un peintre de genre, un maître à danser, un sellier, un membre de la Manufacture anglaise.

Au commencement de 1787, la Société encyclopédique de Toulouse, pour être autorisée à tenir ses séances, avait pris la dénomination de Loge et Soc. Encyclopédique et tous les emblèmes de la Franc-maçonnerie (Voir son adresse du 15 av. 1792, A. N., F 17ᴬ, 1309, doss. 6).

CHAPITRE XII

LA VIE RELIGIEUSE

L'ÉGLISE ET LE LATIN. — Je ne voudrais pas que mon lecteur se trompât à ce titre. La vie religieuse n'était en aucune façon renfermée dans le culte public, dont j'ai l'intention de parler ici. Elle était restée un élément essentiel de la vie intellectuelle et la base de l'éducation. Aussi en a-t-il été question dans les pages qui précèdent, et en sera-t-il question dans celles qui suivent.

En effet, parmi la multitude des livres, des brochures, des articles dont j'ai traité, une foule se rattachent aux questions de religion. La controverse avec les protestants tient peu de place. On a d'autres moyens alors d'agir sur eux et contre eux. On les poursuit, on les traque, on pend au besoin les pasteurs. Les enfants sont amenés de force aux écoles, enlevés quelquefois. On fait pour tous ces nouveaux convertis des livres d'édification, mais on ne discute guère. Encore ne faut-il pas oublier le bruit fait par des procès comme les affaires Calas et Sirven. Le débat était déplacé. Mais justement il ne pouvait plus finir avant le jour où les principes de tolérance auraient triomphé.

. En attendant la paix ne règne pas dans les âmes catholiques. Un ennemi vaincu, il en surgit un nouveau, autrement redoutable : le philosophisme. Il faut lutter contre l'impiété, et les croyants y emploient toutes leurs forces apologétiques. C'est une bataille ardente, acharnée, dont l'âme de toute une nation est l'enjeu, et à cette date il ne fût venu à l'esprit de personne qu'on pût la gagner en latin.

D'autre part des sectes déchirent l'Église. La « Constitution » n'a pas éteint les disputes. Molinistes et jansénistes se combattent à coup de volumes comme de miracles. Marie Alacoque et le diacre Pàris ont chacun leurs croyants. S'il ne paraît rien qui rappelle les *Petites Lettres* par l'esprit et le style, la quantité au moins ne fait pas défaut. C'est une Bibliothèque énorme qui s'accumule. Et il ne faudrait pas s'imaginer que la masse demeurait indifférente à tout cela. En dehors des ecclésiastiques, des parlementaires, des bourgeois, on se passionne pour et contre l'un et l'autre parti, en province aussi bien qu'à Paris. L'affaire La Cadière ameuta tout le Sud-Est.

LES CULTES PRIVÉ ET PUBLIC. — Ces observations faites, je voudrais restreindre le présent exposé à son objet particulier : les pratiques, les offices, les prières. Il n'y a point de doute que les « Versions » avaient fait leur effet, malgré la bulle. Dans nombre de familles le culte privé s'en était trouvé modifié. On lisait non seulement des livres pieux, mais des textes en français, surtout le Nouveau Testament. Il arrivait même dans un certain nombre de maisons, que le chef de famille en faisait la lecture devant les domestiques, qui ne savaient pas lire.

Mais à l'Église les anciens usages n'avaient guère changé. Nous avons raconté comment le catholicisme refusa de suivre dans cette voie les Réformés (Voir tome II, p. 14; tome V, p. 25). Quelques concessions consenties par la suite n'avaient point changé son attitude. L'Église demeurait la forteresse du latin dans le village.

Je n'irai pas jusqu'à dire que les gens éclairés n'en éprouvaient aucun regret. Si l'Église constitutionnelle, ainsi que nous le verrons plus loin, songea à franciser la liturgie, c'est que l'idée avait longtemps germé. Nous avons du reste des affirmations positives. L'auteur — laïque — d'une *Dissertation* que nous citerons ailleurs *sur la célébration de l'office divin en langue vulgaire*, a été témoin de l'expérience faite avec deux amis, dont l'un « que toute la ville d'Auxerre regrette », mort à Paris, en 1781, l'autre mort au diocèse de Meaux, en 1795. Chargés des écoles de charité de S¹ Médard et ensuite de S¹ Étienne du Mont, de 1726 à 1744, ils chantaient les vêpres avec les enfants, un dimanche en français, un dimanche en latin. Le zèle des « *agneaux de bon appétit* » qui leur étaient confiés, en devenait merveilleux (*Diss.*, p. 29). Peu à peu, l'auteur a été amené à adopter cette idée, d'abord effrayante, par le vénérable Guigot, avec lequel il a vécu depuis 1766 jusqu'à 1781. Les cérémonies en français, les chants, on l'a constaté, faisaient en effet grande impression sur diverses personnes. Le « célèbre Tingault », curé de Coulanges-la-Vineuse, en souhaitait vivement l'extension (*Diss.*, p. 30). Mais ce sont là des tâtonnements obscurs. La discipline semblait commander à tous d'observer la tradition. On l'observait. Les livres de prières devenaient de plus en plus souvent bilingues, les hymnes, les psaumes, l'office restaient latins.

L'ÉGLISE ET LES PATOIS. — Il y avait pourtant un très grand nombre d'occasions où le curé, forcé d'entrer en communication avec ses ouailles, devait leur parler une langue intelligible; sermons, instructions, confessions, exercices de toute sorte, catéchismes des enfants et des adultes devaient se faire et se faisaient en idiome vulgaire, du moins dans les parties où les fidèles devaient répondre.

L'Église, comme l'école (il faudrait plutôt dire : l'école comme l'Église), uniquement préoccupée, ainsi que cela est naturel, des intérêts religieux des fidèles, n'allait pas mettre entre elle et eux l'obstacle d'un second idiome, un peu moins étranger que le latin, étranger tout de même à beaucoup. Le latin était d'obligation stricte, non le français.

Le Concile de Trente avait laissé toute latitude. Les explications nécessaires sur les sacrements pouvaient, si cela était nécessaire et commode, se donner en langue vulgaire, de même les instructions qui se mêlaient aux offices[1]. A aucun moment le pouvoir laïque ne songea à interpréter l'article en sa faveur, et ne proposa de comprendre uniquement sous le nom de langue vulgaire la langue du Roi. Il n'eût jamais imaginé, même s'il y avait trouvé intérêt, de gêner ainsi la propagation de la foi. Comment l'autorité ecclésiastique eût-elle eu, elle, l'idée de se créer à elle-même des empêchements de cet ordre ?

J'ai cité au tome V (p. 49) un texte montrant que l'évêque du Vivarais ne considérait pas qu'on pût obtenir un effet sérieux des prédications en français. En voici un autre qui confirme le premier : « ces sermons ne font guère de fruit, parce que la plupart des prédicateurs qu'on envoie ne savent pas parler le patois, et que les paysans et les artisans ne les entendent pas quand ils prêchent en françois » (Let. de l'évêque d'Apt au Contrôleur Général des Finances, 1er juin 1709, dans de Boislisle, *Corrce des Contrôl.*, III, p. 147, col. 2).

Pour les provinces de langue étrangère, la question ne se posait pas. L'Église y parlait la langue du pays. En Bretagne, on ne prêche qu'en patois, dit Lequinio[2]. De même en Alsace ou en pays basque.

1. Præcipit S. Synodus Episcopis omnibus ut non solùm, cum hæc per se ipsos erunt populo administranda, prius illorum vim et usum pro suscipientium captu explicent ; sed etiam à singulis parochis pie prudenterque etiam lingua vernacula, si opus sit et commode fieri poterit, servari studeant, juxta formam a sancto Synodo in catechesi singulis sacramentis praescribendam, quam Episcopi in vulgarem linguam fideliter verti, atque a Parochis omnibus populo exponi curabunt : nec non ut inter Missarum solemnia, aut divinorum celebrationem, sacra eloquia, et salutis monita eadem vernacula lingua, singulis diebus festis vel solemnibus explanent (Sessio XXIV, cap. VII).

2. *Lett. à Grég.*, p. 287, n° 20. Cf. De tout temps l'on prêcha dans les campagnes en breton. Les villes mêmes partagent leurs conférences dans les deux idiomes, pour la commodité ou l'ensemble ; cet usage se perpétue (*Ib.*, p. 282).

Là où un dialecte roman était d'usage général, on s'en servit aussi, souvent. Un des correspondants de Grégoire pose nettement la thèse : « Il serait impossible de le détruire (le patois) et de lui substituer la langue française. La religion et les mœurs y perdraient, si dans ces pays-ci, comme dans ceux où c'est l'usage, les curés, catéchistes et confesseurs, cessaient de parler au peuple le langage qu'il entend le mieux, le patois » (de Valence d'Agen, 27 fév. 1791, signé Grégoire ; *Lett. à Grég.*, p. 123). « J'ai ouï dire, remarque un autre, qu'en quelques maisons de village on priait Dieu en patois, ou du moins on faisait en patois certaines prières ; cet usage est beaucoup plus raisonnable que celui de lui parler latin quand on ne le sait pas » (Saint-Claude, *Lett. à Grég.*, p. 203, nº 20).

Il y a cependant des distinctions à faire à ce sujet entre pays de langue d'oc et pays de langue d'oui. Dans les pays de langue d'oui, la situation, même là où on parlait un patois, se présentait certainement de façon plus favorable pour le français. Il arrivait souvent que, même dans les villages, il fût assez répandu. Si on ne s'en servait pas dans la conversation, du moins on le comprenait.

Les curés ne pouvaient dès lors manquer de remarquer les inconvénients qu'il y avait à transporter les mystères dans une langue inférieure, appropriée surtout à la vie rurale, dépourvue du lexique nécessaire. Des conseils, des récits pieux, des paraboles, des histoires de saints, des entretiens édifiants et moraux s'accommodaient de l'idiome local ; la vraie théologie, même adaptée au peuple, y répugnait. Elle avait un mal extrême à passer dans ces parlers simples, sans y subir un véritable travestissement, qui menaçait de tourner à la farce et à la parodie.

Dans les pays de langue d'oc eux-mêmes, des curés avaient eu de ces scrupules : Notre patois n'est pas digne de Dieu, proclame l'un d'eux[1]. Et un autre : « J'ai peu de connoissance... (du patois) n'étant habitué qu'au françois, feuzant (*sic*) dans cette langue toutes les instructions, car quoique les gens parlent mal le françois, ils l'entendent cependant, et j'ai remarqué dans les instructions familières qu'ils me comprenoient bien mieux qu'en parlant leur jargon » (Verdier, curé de Tauves, P.-de-Dôme, 31 août 1790, *Lett. à Grég.*, ms., p. 33).

Toutefois en général, dans le Midi, les patois faisaient plus noble figure ; ils n'apparaissaient point absolument impropres aux élévations de l'âme ou incapables de toute dignité. N'insistons pas trop néanmoins sur cette supériorité des patois méridionaux. Des évêques

1. Auch, *Lett. à Grég.*, p. 94, nº 29.

affectaient de ne la point voir. M. P. d'Apchon s'était appliqué à ce que la doctrine se fît en français dans le diocèse d'Auch. Et son successeur, M. La Tour du Pin-Montauban semble avoir voulu l'imiter en cela seul (*Lett. à Grég.*, p. 95, n° 30). De même, en 1763, l'évêque de Limoges considérait comme choquant qu'un curé de campagne ne parlât que le patois limousin[1].

Ces contradictions se comprennent et s'expliquent. Les évêques étaient moins près du peuple que leurs curés ; beaucoup, souvent absents de leur diocèse, mêlés à la vie de cour, au mouvement des lettres et des sciences, se rendaient moins bien compte des nécessités où l'ignorance de leurs ouailles mettait les prêtres. En outre, leurs fréquentations mondaines les avaient rendus plus dédaigneux des parlers grossiers des campagnes. Ceux qui étaient à la tâche et peinaient sur le sillon pensaient autrement.

D'après Brun, la question avait été mise à l'ordre du jour des conférences ecclésiastiques du diocèse de Vence en 1719-1720 : Les curés sont-ils obligés de comprendre la langue de leurs paroissiens ? Réponse : il suffit qu'ils aient un secondaire qui la sache parler[2]. En fait les deux langues se partageaient les rôles. On possède un recueil de sermons de Mathieu Olive, qui fut curé de Saint-Ferréol (1727-1747). Ils sont en provençal. L'oraison funèbre de Lebret, prononcée devant les notabilités de la ville en 1735, est aussi en provençal. Un sermonnaire inconnu, dont les discours ont été retrouvés à Solliès-Pont (Var), donne ses raisons. D'abord il ne se sent pas capable d'écrire bien en français. En outre, destiné à évangéliser des populations provençales, il sait que prêcher en français, c'est « perdre sa peine et ne faire presqu'aucun fruit ».

Ces pieux soucis, si respectables, et qui répondaient sûrement aux vœux des habitants, commençaient à être contrebalancés par le désir de paraître. L'abbé Sauvages parle de prêtres qui « se piquent de beaux discours français »[3]. Il y avait, nous l'avons vu, chez ceux qui francisaient, des motifs plus nobles que la vanité.

ATTITUDE DES AUTORITÉS. — Il est à propos de rapporter ici un incident caractéristique qui se produisit en 1752 entre les gens de Capbreton, d'une part, l'intendant et l'évêque de l'autre[4].

1. *Mémor. de vis. past.*, dans Leroux, *Chartes, chron...*, p. 420.
2. *Rech. hist.*, 459. L'auteur cite l'*Inv. somm.*, Arch. dép. Alp.-Marit., série G G 1306.
3. *Dict. Langued.*, Nîmes, 1785, art. *tria.* dans Brun, *Rech. hist.*, 460, note 4.
4. Voir tome V, p. 49.
Le bourg de Capbreton, dans les Landes, avait joui d'une grande prospérité, lorsque dans son hâvre, alors célèbre, il pouvait armer jusqu'à cent vaisseaux ; la décadence

L'évêque de Dax avait donné l'ordre aux curé, vicaire et régent de Capbreton de n'user que du gascon pour l'instruction de la jeunesse « quoyque dans tous les tems on ait fait usage de la langue françoise à l'instar de ce qui se pratique à Bayonne ». Les jurats et les habitants de Capbreton protestèrent contre cette mesure, et envoyèrent un placet au Secrétaire d'État de la Marine, Rouillé, qui en écrit à M. d'Étigny, intendant de la province[1].

L'intendant confère avec l'évêque de Dax par l'entremise de son subdélégué, Labèque, le 23 février 1752. Le subdélégué répondit : « Il est vray, Monseigneur, que M. l'évêque a ordonné aux curés et vicaires de la campagne et même aux maîtres d'école d'enseigner son chatéchisme (sic) et de prôner en idiome du païs, attendu que dans chaque parroisse il y a peu ou point d'habitans qui entendent le françois, et que, dans les lieux où il se rencontre des particuliers qui, par leur état et par l'éducation qu'ils ont reçue, savent la langue française, ils entendent en même tems l'idiome gascon : par ce moyen les uns et les autres sont à portée de profiter des instructions. Quand au régent, M. l'évêque n'empêche pas qu'il donne ses leçons en françois, qu'il fasse lire et écrire ses écoliers, dans quelle langue les pères trouveront à propos. Il n'empêche pas même qu'il explique en particulier son catéchisme en françois, ainsi qu'il est écrit, aux enfans » (Vte Sérurier, *Inst. prim... spéc^t en Béarn...*, Pau, 1874, extrait du *Bull. de la Soc. d. Sc., let. et A. de Pau*, 1874, p. 9).

La conclusion de l'autorité civile est que « les plaintes contenues dans ce placet n'ont d'autre solidité qu'une sote et petite vanité de la part de quelques bourgeois de Capbreton qui pensent que leur lieu, qui a été autrefois fameux, mérite une distinction sur les campagnes des environs. Ils croyent que c'est les dégrader et mépriser de leur faire prêcher en idiome gascon ». Au surplus « les bourgeois de Capbreton peuvent faire apprendre à leurs enfans toute sorte de langues. M. l'évêque ne s'y oppose pas et ne peut y porter aucun obstacle ». La conclusion est : Je pense que ce placet ne mérite aucune attention (Ib., *Ib.*, p. 9).

L'évêque écrit de son côté à l'intendant (D'Acqs, 24 février 1752) : « M. de La Beque vous marquera sans doute, Monsieur, combien cette plainte est ridicule de la part de ces gens-là qui méri-

était venue au xvie siècle, après que Louis de Foix eut construit devant Bayonne une digue par laquelle il détourna l'Adour de Capbreton. La décadence du français semble liée à celle du port.

1. La lettre de M. d'Étigny à M. Rouillé, secrétaire d'État de la marine a été publiée et commentée par M. Villain (*Bull. soc. arch. du Gers*, 1901, p. 102-108). Elle reproduit en grande partie la lettre du subdélégué Labèque.

teroit répréhension. Les instructions, les cathéchismes que font les pasteurs et les régents ne se firent jamais pour enseigner une langue, mais pour faire comprendre et retenir la religion, ce qui ne peut et ne doit se faire que dans la langue que les peuples entendent et parlent eux-mêmes. Or tous entendent le gascon à Capbreton et à peine y a-t-il douze personnes qui sachent le françois, encore moins qui se confessent en françois, la totalité presque des habitants de 40 ou 50 maisons qui forment aujourd'huy cette paroisse étants ou vignerons ou pescheurs. Dans mon diocèse et de tout tems, les bons pasteurs ont instruit, cathéchizé et fait cathéchizer leur peuple en gascon; mes prédécesseurs ont même fait imprimer des instructions en cette langue. Je n'ai trouvé l'ignorance la plus grossière des plus essentielles vérités de N^e S^{te} religion que dans certaines paroisses où l'on n'instruisoit qu'en françois. Le tems qu'on donne à l'instruction est d'ailleurs bien court, il faut l'employer utilement et ce serait le perdre en entier que d'y parler un langage que presque personne n'entend; ces bonnes gens mêmes qui ont fait dresser le placet entendent si peu le françois, qu'en se plaignant que je leur ai envoyé depuis peu un cathéchisme gascon d'un idiome différent du leur, il faut ou qu'ils mentent bien légèrement, ou qu'ils prenent le françois pour du gascon, car il est deffendu d'enseigner dans ce diocèse d'autre cathéchisme que celui que j'ay fait imprimer et dont vous voudrés bien agréer un exemplaire, je crois que vous le trouverés en langue françoise, il est vray que les curés, vicaires et régents doivent le rendre et l'expliquer en langue vulgaire, sans quoy les peuples ne comprennent rien dans leur religion » (Vte Sérurier, o. c., 10).

Acceptons pour vraies les accusations dédaigneuses du subdélégué Labèque. Voilà des bourgeois qui, ne sachant pas eux-mêmes le français, désirent par vanité qu'on s'en serve avec eux, à l'église, et dans les écoles où on enseigne à leurs enfants — c'est un sentiment qui se développera et se généralisera plus tard, et qui a été une des causes principales de la décadence du patois — leur évêque ne voit et ne signale que des inconvénients à adopter la langue nationale, et l'intendant accepte sans réserve aucune son raisonnement. On passerait le français à l'école. A l'église le gascon s'impose. Les curés ont le devoir de se servir de cet idiome, puisqu'il assure mieux la diffusion du catéchisme français de leur évêque [1].

1. On trouvera sur les catéchismes en dialectes du Midi des renseignements étendus dans Brun, Rech. hist., 461.

CHAPITRE XIII

LES EXERCICES RELIGIEUX ET LA LANGUE FRANÇAISE

I. LES SERMONS. — Comme en cette matière les correspondants de Grégoire étaient bien informés, ils ont fourni des renseignements nombreux et positifs. Voici leurs témoignages :

(Carcassonne) « On prêche en français dans la ville, dans les villages voisins et dans les bourgs ; mais l'usage de prêcher en patois est usité » (*Lett. à Grég.*, p. 17, n° 20).

(Limoges) « il n'y a pas encore un siècle que les prières publiques se faisaient en patois au prône de l'église de Saint-Pierre, première paroisse de la ville de Limoges... les prédications se font encore actuellement en patois par les curés de campagne, et... les missionnaires n'y parlent pas d'autre langue » (*Ib.*, p. 171).

(Mont-de-Marsan) « L'on prêchait jadis et l'on ne prêche encore qu'en gascon dans nos campagnes. Cet usage existe même encore dans quelques villes » (*Ib.*, p. 150, n° 20).

(Gers) « On n'a prêché et on ne prêche qu'en patois. Il serait bien temps que l'on prêchât en français, et la langue de la raison » (*Ib.*, p. 90-91, n° 20).

(Ib.) « On prêche encore en patois presque partout » (*Ib.*, p. 105).

(Périgord) « Grâces à Dieu, nos curés prêchent peu. Quand ils arrivent du séminaire, c'est en français ; ils citent même du latin et on les admire ; mais, quand ils veulent être entendus, ils parlent périgourdin » (Lett. de La Charmie, dans *Lett. à Grég.*, p. 155).

(Languedoc) « L'usage de prêcher en patois était général, en certains endroits il est encore suivi » (*Ib.*, p. 81).

(Auch) « Quant aux sermons, nous doutons que nos curés se donnassent la peine d'en écrire dans aucune langue, mais encore moins en patois. Les missionnaires de Garaison eux-mêmes, qui passaient leur vie à donner des missions en patois... ont toujours eu trop d'amour-propre pour rien faire imprimer » (*Ib.*, p. 91-92).

« L'obligation où nous sommes de prêcher en catalan, me facilite beaucoup le moien de vous etre utile dans cette partie. » (*Lett. à*

Grég., ms., p. 303). On peut juger d'après cette réponse, combien il y a lieu de se défier des notes de l'Administration, et de ses rapports optimistes. M. Raymond de Saint-Sauveur, intendant du Roussillon, disait en effet dans son *Compte d'administration* (1790, p. 56) : « [En Roussillon] on y parle encore le catalan assez générale-lement ; on y testoit, on y prêchoit en catalan, mais une déclaration du Roi l'a prohibé »[1].

Rien de semblable hors du pays de langue d'oc :

(Poitou) « En Poitou, comme en Artois, les sermons en patois ont disparu » (*Lett. à Grég.*, p. 277, n° 20).

(Dauphiné) « On a prêché en patois ; mais depuis plus de trente ou quarante ans, l'usage en est aboli, excepté dans le district de Nions (*sic*), voisin de la Provence, où il arrive, mais rarement, de prêcher en patois » (*Ib.*, p. 176).

(Saint-Claude) « Je n'ai connu qu'un curé qui ait prêché patois ; il est mort » (*Ib.*, p. 203).

(Salins) « Je n'ai jamais entendu dire qu'on prêchât ni qu'on ait prêché en patois dans le pays » (Rép. de Rochejean, dans *Lett. à Grég.*, p. 214, n°s 20 à 26).

(Saint-Omer) « Je présume fortement [que l'on prêchait jadis en patois] ; on m'a lu quelquefois des fragments de sermons que l'on m'assurait avoir été prêchés » (*Ib.*, p. 257).

II. LES CATÉCHISMES. — C'était le domaine propre du patois, que l'instruction se fît à l'église ou à l'école :

(Gers) « Nous n'avons pas besoin de dire qu'ils (les curés) le fai-saient (le catéchisme) en patois... Nous ne voyons pas qu'on ait enseigné autre chose dans nos écoles » (*Lett. à Grég.*, p. 96).

(Bordeaux) « Les instructions du catéchisme s'y font dans cet idiome, dans presque toutes les paroisses de campagne » (*Ib.*, p. 139).

(Auch) « Quant au catéchisme, les curés l'ont toujours enseigné fort exactement... Nous n'avons pas besoin de dire qu'ils le faisaient en patois » (*Ib.*, p. 96, n° 33).

III. LES PRÔNES[2]. — (Aveyron) « Les prônes se font partout en

---

1. Ailleurs, le patois n'était plus d'usage général, ou même il était abandonné :
(Bordeaux) « On ne se rappelle pas avoir jamais entendu prêcher en patois dans ce district » (*Lett. à Grég.*, p. 139, n°s 20, 27).
(Rodez) « Tous les sermons de parade se font en français, et ceux qui l'entendent n'y assistent que rarement » (*Ib.*, p. 58, n° 20).
(Limagne) « Rares sont les pays du Midi où l'on ne se rappelle plus le temps des prêches en patois » (*Ib.*, p. 161).
2. Là, cependant, le curé était chargé de donner les informations les plus diverses, sur les événements publics. De même dans les monitoires, où il faisait l'agent d'infor-

patois, excepté à Rodez, à Villefranche et à Milhau, ainsi que les catéchismes » (Rodez, *Lett. à Grég.*, p. 58, nº 20).

(Limoges) « Il n'y a pas dix ans que le prône se faisait en patois aux premières messes des trois principales paroisses, auxquelles assistaient les domestiques et les artisans » (*Ib.*, p. 171).

(Agen) « On est obligé de faire les prônes, les instructions et les catéchismes en patois » (*Ib.*, p. 115).

(Rodez) « Le curé, dit Chabot, fait tous les ans, la nomenclature de tous les patriarches et des dons qu'ils ont faits à l'œuvre. Cette légende est en patois... le reste est en français » (*Ib.*, p. 54).

(Saint-Omer) « J'ai connu dans ma jeunesse un curé picard, d'un village entre Amiens et Breteuils, prônant en patois de la manière la plus risible. Cet usage a cessé » (*Ib.*, p. 257, nº 20).

IV. LES PRIÈRES. — Ici le vrai concurrent du français était le latin, comme nous l'avons dit plus haut. Les fidèles disaient couramment en latin le Pater, l'Ave, le Credo et d'autres oraisons, même sans avoir été à l'école. Il n'était pas rare pourtant qu'on priât en patois[1].

« Les gens de la campagne font leurs prières en patois » (Agen, *Lett. à Grég.*, p. 117).

« Le patois n'est bon que pour piétiser ou pour prier » (Auch, *Ib.*, p. 89, nº 11).

V. LES CANTIQUES. — Les psaumes des vêpres étaient en latin. Mais dans toutes sortes d'offices, s'y ajoutaient des cantiques en langue vulgaire, que les fidèles savaient par cœur et chantaient chez eux. La plupart étaient dans l'idiome du pays, soit qu'ils eussent été composés exprès, soit que des curés ou des missionnaires les eussent adaptés[2].

Le Club de Carcassonne signale à Grégoire des traductions en patois du *De Profundis*, et de la *prose des Saints, Lauda Sion* (*Lett. à Grég.*, p. 18, nº III). Rien n'indique qu'elles aient été chantées à l'église. En revanche, on signale des cantiques un peu partout :

(Périgord) « On a... composé à l'usage du petit peuple quelques cantiques dans ce langage, mais on ne les chante nulle part » (*Ib.*, p. 155).

---

mations judiciaires. Quoiqu'il ne fît que communiquer, il est fort vraisemblable qu'il traduisait en patois.

1. Pressac, curé de Saint-Gaudant, signale des noëls, prières, sermons, chroniques en patois (*Lett. à Grég.*, p. 272).

2. « Nous n'en connaissons d'imprimées (des prières) que celles qui se trouvent dans les livres des missionnaires. Ces livres sont bien en patois ; ils contiennent plus de cantiques que de prières. Nos prêtres nous traduisent le français en patois avec une grande facilité » (Auch, *Lett. à Grég.*, p. 91, nº 23).

(Valence-d'Agen) « Des cantiques en patois soñt... très communs dans la Gascogne ; il me serait très-aisé de vous en procurer » (*Lett. à Grég.*, p. 123).

(Bordeaux) « Trois *Cantiques* qui se trouvent dans un petit recueil de noëls fort fameux dans ce pays, et dont mon père m'a dit avoir connu l'auteur, maître d'école à Blaye » (*Lett. à Grég.*, p. 140)[1].

Beaucoup de rapports officiels, nous le verrons, font allusion, sous l'Empire, aux pratiques dont nous venons de parler. Puisqu'elles duraient encore vers 1807, on a assurément lieu de supposer qu'elles n'étaient pas tombées en désuétude 20 ans plus tôt, et les témoignages que nous venons de citer s'en trouvent confirmés.

L'impression qui résulte de ces renseignements fragmentaires, mais formels, est très nette. Au Nord, il est rare qu'on prêche ou qu'on catéchise en patois. A dire vrai, personne presque ne nous affirme positivement que le français règne à l'Église. Mais si c'était le contraire, nous aurions eu cent occasions de l'apprendre. Ainsi en Bourgogne, les prêtres se plaignent que l'instruction religieuse soit si vite oubliée parce qu'on ne peut la relire, ils nous auraient dit que les paysans ne la lisent pas, parce qu'ils ne comprennent pas les livres français. Mieux que cela, quelqu'un d'entre eux eût pensé à faire une instruction en patois. Or rien ne fait croire que cette difficulté de langue ait existé. Enquêtes archi-diaconales, règlements diocésains ou ordonnances synodales, requêtes des communautés, plaintes des habitants contre le maître d'école, sollicitations aux intendants, dans tous ces documents, pas un texte, pas un mot qui laisse soupçonner que les villageois manquent de la connaissance essentielle, celle de la langue commune, pour accomplir leurs devoirs religieux.

Au contraire, au Sud de la Loire, si on a presque cessé en ville de parler patois aux fidèles, on continue de le faire à la campagne. Là même où on emploie le français dans des prêches solennels, on se sert du patois pour les catéchismes et menues instructions. L'Église tend plutôt à user du français ; elle n'entend pas en presser l'usage en risquant les intérêts de la foi.

---

1. Il est fait allusion au livre des cantiques (Limagne, *Lett. à Grég.*, p. 163, nᵒˢ 15 et 23-25).

On signale du Poitou des cantiques et prières d'église en patois (*Lett. à Grég.*, p. 277, nᵒ 23).

Se reporter à ce qui est dit au chapitre III des noëls, p. 24-25.

LIVRE II

L'ÉDUCATION

A. — LE FRANÇAIS ET LES COLLÈGES

CHAPITRE PREMIER

LES PREMIÈRES ANNÉES DU XVIIIe SIÈCLE [1]

LES RÉFORMATEURS. — Par un contraste dont les contemporains eux-mêmes furent frappés, pendant que notre langue étendait ses conquêtes d'un bout à l'autre du monde civilisé, elle n'arrivait que difficilement à se faire admettre dans ces « pays latins » que formaient en France même les diverses Facultés ; recherchée partout ailleurs, elle devait vaincre ici de haute lutte. Malgré les exemples et les professions de foi dont j'ai parlé (tome V, chap. VII)[2], quoi-

---

1. *BIBLIOGRAPHIE.* — La Bibliographie a été faite avec une louable conscience par un panégyriste convaincu de l'ancien état de choses, A. Silvy, Dir. honoraire du ministère de l'Instruction publique. Voir son *Essai d'une bibliographie historique de l'enseignement secondaire et supérieur en France avant la Révolution*, Paris, Soc. Gén. d'éducation, 1892. — La collection d'ouvrages et d'articles réunis par cet auteur est devenue propriété privée. Mais le Musée pédagogique possède la plupart des imprimés. Le Catalogue en a été dressé par M. J. Bézard sous ce titre : *Documents et monographies sur l'histoire d'établissement secondaire français d'enseignement secondaire qui se trouvent à la Bibliothèque du Musée pédagogique* (Melun, Imprim. adm^{ve}, 1904).

Nous regrettons seulement de n'avoir pas pu prendre connaissance des cent notes manuscrites, tirées des comptes rendus faits en 1763 par les divers Parlements et cours de justice.

Aucun livre ne domine mieux le sujet que la courte brochure de M. Silvy, *Les Collèges en France avant la Révolution*, Paris, 1885.

Pour les détails, on en trouvera beaucoup dans le livre de Sicard, *Les études classiques avant la Révolution*, Paris, Perrin, 1887, in-12, et surtout dans les très nombreuses histoires de collèges auxquelles renvoie Silvy, telles que Quicherat, *Hist. de Sainte-Barbe*, Gaullieur, *Hist. du Collège de Guyenne*, Paris, 1874. Il en paraît souvent de nouvelles : Clément Simon, *Hist. du Coll. de Tulle*, Paris, 1892 ; Bellier Dumaine, *Hist. du Coll. de Dinan*, 1897 ; Dupont-Ferrier, *Hist. de Louis-le-Grand*. Voir les indications dans Bézard, *o. c.* Cf. Chabot et Charléty, *Hist. de l'enseign^t secondaire dans le Rhône de 1789 à 1900*, Lyon, 1901.

Sur le sujet particulier qui nous occupe, consulter Gust. Carré, *La lutte du latin et du français au collège de l'oratoire de Troyes*, 1882 ; *Revue de l'enseignement secondaire*, 15 juillet, 1er août 1885 ; Delvaille, *A propos de la crise du français* (*Rev. Univ.*, 15 juil. 1911).

2. Ajouter un renseignement : En 1709, un prêtre nommé Tabourin, ouvrait une

que le désir des parents se manifestât de temps en temps, et que des exemples vinssent de l'étranger[1], tout restait à gagner dans la plupart des collèges et des écoles.

Les pédagogues novateurs ne manquaient pas. Un des plus hardis fut l'abbé de Pons. Dans son *Nouveau Système d'éducation* (1718), il fait commencer son disciple à peu près exclusivement par le français.

ROLLIN. — Malgré cela, pour entraîner un mouvement, même partiel, il fallait un homme d'un mérite peu commun, joignant à l'indépendance de l'esprit une autorité déjà reconnue. Cet homme se trouva, ce fut Rollin[2]. On sait ce que Voltaire pensait de lui. Il le considérait comme le premier qui, dans l'Université, eût écrit avec pureté et noblesse. Il est peu vraisemblable qu'il ait subi l'influence de Locke, hostile au latinisme pour des raisons tout utilitaires. Il est bien plus probable qu'il s'est éclairé à la lumière de ses maîtres de Port-Royal, dont nous avons marqué la bienfaisante influence.

Quoi qu'il en soit, une première fois, dans une circonstance solennelle, le 19 décembre 1719, le jour où il avait été chargé de remercier le roi d'avoir institué la gratuité de l'instruction dans les collèges, il avait hasardé cette idée de faire marcher de front l'étude des trois langues. Après avoir affirmé, cela se comprend, que la jeunesse devait être formée par une large et sérieuse étude des écrivains anciens, maîtres incomparables, il soutenait hardiment que la France en avait de modernes, excellents en tout genre, et qu'il importait que les jeunes gens n'eussent plus l'air d'étrangers et d'hôtes dans leur langue maternelle[3].

Il reprit cette thèse dans le *Traité des Études* (1726), qui a fait époque dans l'histoire de l'Université et de la pédagogie. Le chapitre premier du livre II a pour titre : « *De l'étude de la langue fran-*

école sur la paroisse de Saint-Etienne du Mont, puis une autre en 1711 dans le Faubourg Saint-Antoine, où les programmes de lecture et d'instruction mettaient en pratique les idées de Port-Royal.

1. A Kœnigsberg, en 1715, Lilienthal faisait son cours en allemand, comme Thomasius avait fait le sien à Halle, dès 1690.

2. Rollin était né en 1664. Sur son œuvre, voir Wölker, *Rollin als Pädagoge*, 1880 ; cf. Ferté, *Rollin, sa vie, ses œuvres et l'Université de son temps*, Paris, Hachette, 1902.

3. Cum ideo mittantur in scholas nostras adolescentes, ut poliendos se nobis limandosque tradant, et ad omnem vitae humanae cultum quodam urbanitatis sale condiantur, unde etiam Literae nostrae politioris humanitatis nomen obtinent, diligenter curamus eos imbui multa et accurata veterum quidem praesertim scriptorum lectione, quibus constat non posse praestantiores formandis ingeniis magistros reperiri, sed recentium etiam et nostratum, quos fere in unoquoque genere excellentes habemus, ne in patria demum lingua peregrini et hospites esse videamur.

çoise ». C'était une insurrection. Après avoir constaté combien peu
de gens la savent « par principes » — qu'on prenne garde à cette
expression, qui reviendra pendant tout le siècle — et combien « il
est rare qu'on s'applique à en aprofondir le génie, et à en étudier
toutes les délicatesses », il reconnaît qu'on en ignore souvent jusqu'aux règles les plus communes, « ce qui paroit quelquefois dans
les lettres même des plus habiles gens ». Rollin va plus loin. Il
examine les exercices qui peuvent être employés pour apprendre
solidement le français : composition, traduction, lecture expliquée,.
la connaissance des règles.

Pour arriver à un résultat utile, il préconise ces quatre moyens..
Mais les deux qu'il met au premier rang sont la connaissance des
règles, et la lecture des livres français.

1° *Connaissance des règles*. — Rollin veut que l'enfant apprenne
sur la langue française les premiers éléments du discours, par la
théorie et la pratique. C'était renverser l'usage de toutes les écoles.
Je reviendrai à ce sujet. Ensuite « un Maître judicieux saura faire
bon usage des savantes remarques que tant d'habiles gens nous ont
laissées sur ce sujet ». C'était faire entrer Vaugelas et Bouhours au
collège. Il s'agit de faire un choix, de consulter les élèves « par
forme de conversation », mais en somme il faut leur donner « une
profonde connaissance de la langue ».

L'orthographe doit être très étudiée. Là où elle n'est pas unique,
que les professeurs d'un même collège s'entendent entre eux. Rollin
est admirablement au courant. Il sait que l'orthographe académique
est inacceptable et inacceptée. Il la rejette implicitement. Ce vieil-
lard est l'homme de tous les progrès.

2° *Lecture des livres français*. — Rollin recommande la Grammaire de Régnier-Desmarais, la Grammaire d'Arnauld, Vaugelas,
Th. Corneille, le P. Bouhours, Ménage, et « d'autres écrivains habiles,.
que le Maître lira en particulier, et dont il extraira les regles le
plus importantes et qui sont le plus d'usage ». Il serait du reste à
souhaiter qu'on composât une grammaire abrégée. Rollin, le « bon.
Rollin », devance la Convention.

Une fois que les élèves auront quelque teinture de grec et de latin,.
on leur fera comparer ces langues avec le français. Et Rollin lui-même
fait la comparaison, en concluant que « par d'heureuses compensa-
tions, elle [notre langue] se dédommage de ce qui peut lui manquer, et... devient en état de le disputer aux plus riches langues de
l'antiquité ». Il faut aussi remarquer « la propriété, la justesse, la
force, la délicatesse des expressions et des tours... Notre langue
nous fournit un grand nombre d'excellens ouvrages, propres à leur-

former le goût [des élèves] ; mais le peu de temps qu'on peut donner à cette étude, et le peu de dépense que peuvent faire la plupart des écoliers, obligent de se fixer à un petit nombre ».

Rollin propose donc quelques *Vies* de M. Fléchier, l'*Histoire abrégée* de Bossuet, l'*Histoire de l'Académie Française* de Pellisson, celle de l'*Académie des Inscriptions* par M. de Boze, celle du *Renouvellement de l'Académie des Sciences* par Fontenelle. On a des panégyriques et des oraisons funèbres. Les deux tragédies d'*Esther* et d'*Athalie* et des pièces de vers de Boileau suffiront pour la poésie ; la traduction de Longin pour la rhétorique ; les *Essais de Morale* de Nicole, les *Pensées* de Pascal, la *Logique* de Port-Royal pour la philosophie.

Rollin donne un type d'explication française, en prenant pour thème un morceau de l'*Histoire de Théodose* de Fléchier. Et il conclut avec une candide simplicité : « Je ne pense pas qu'il y ait personne qui puisse croire qu'*une demie heure employée chaque jour, ou au moins de deux jours l'un,* à l'étude de la langue du pays, soit un temps trop considérable... j'ai bien plus lieu de craindre qu'on ne nous reproche d'y en donner trop peu ».

Les deux autres moyens préconisés par Rollin sont les exercices de traduction et les compositions. Ce chapitre est très court ; ce n'est visiblement pas là le point essentiel, suivant l'auteur[1].

Il m'a semblé que ce plan, qui appartient proprement à l'histoire pédagogique, devait trouver place ici, étant le premier qu'on ait proposé pour une étude rationnelle de la langue nationale. On y notera l'importance donnée à l'explication de textes, devenue enfin aujourd'hui un exercice essentiel, et dont Rollin, avec une rare intuition, propose déjà un modèle presque satisfaisant.

D'Aguesseau le raillait en lui disant qu'il parlait le français comme si c'était sa langue naturelle[2]. En réalité il avait été, comme tout le monde, soumis à la routine et aux préjugés régnants, mais la réflexion et la raison, un sentiment méritoire des réalités pratiques, l'avaient peu à peu émancipé[3]. « Quelques personnes croioient

---

1. « Quand les jeunes gens seront en état de produire quelque chose d'eux-mêmes, il faudra les exercer dans la composition françoise, en les faisant commencer par ce qu'il y a de plus facile... Ils doivent être aussi formés de bonne heure au stile épistolaire, qui est d'un usage universel pour tous les âges et pour toutes les conditions ».

« A ces premières compositions l'on fera succeder des lieux communs, des descriptions, de petites dissertations, de courtes harangues, et d'autres choses pareilles ».

2. Cf. Sicard, *o. c.*, 56.

3. *De la manière d'enseigner et d'etudier les belles-lettres...*, par M. Rollin, Paris, J. Estienne, 1726, IV, 598-599. Voir aussi la lettre citée par l'abbé Froment, p. xxxvi, et la préface (datée du 19 juin 1741) de ses *Réflexions sur les fondements de l'art de parler*, Paris, Prault, 1756. Cf. Ferté, *Rollin*, p. 237.

qu'on devroit faire parler latin dans ces exercices (les exercices publics). J'ai été moi-même quelque tems dans cette pensée et dans cette pratique : mais l'expérience m'a fait connoître qu'elle étoit moins utile aux jeunes gens. Le principal but qu'on se propose, c'est de les préparer aux emplois qu'ils doivent un jour exercer ; instruire, plaider, faire le raport d'une affaire, dire son avis dans une Compagnie. Or tout cela se fait en françois... D'ailleurs croit-on qu'il soit facile, ni même possible, à un jeune homme, de s'expliquer élegamment en latin ? Quelle gêne, quelle contrainte pour un écolier !... Enfin nous est-il permis de négliger absolument le soin de notre langue, dont nous devons faire usage tous les jours, et de donner toute notre application à des langues mortes et étrangeres. Le sentiment du public sur ce point n'a pas été douteux ».

Les jeunes filles, elles aussi, devraient, suivant Rollin, étudier leur langue. Elles font des fautes grossières d'orthographe ; on les préviendrait, en leur faisant apprendre la grammaire française, non dans toute son étendue, mais en abrégé, pour distinguer les différentes parties du discours, pour savoir décliner, conjuguer et ponctuer. Une maîtresse habile ferait le choix des règles les plus utiles, et en très peu de temps, mettrait les élèves en état d'écrire très correctement[1].

Les successeurs de Rollin. Quelques progrès. — On pense bien que de pareils conseils furent entendus hors du collège de Beauvais et de l'Université de Paris. Gaullyer, dès 1719, faisait une analyse pénétrante et impartiale des méthodes de grammaire en usage, de Despautère à Bretonneau, en passant par Lancelot, et il écartait comme absurde l'idée de faire apprendre en latin, même les règles du latin. Loin d'exclure des petites classes la langue vulgaire, il en combinait l'étude avec celle du latin, en faisant une large place à la grammaire et à la versification françaises[2].

Les idées de Rollin avaient obtenu l'approbation d'universitaires notoires. Crousaz, en 1722, dans son *Traité de l'éducation des enfants*, déplorait le temps que la jeunesse passait « presque uniquement dans

---

1. *Traité*, éd. Didot, t. I, 79. On consultera utilement l'édition donnée par Guéneau de Mussy et A. Rendu à Paris, 1805, du traité : *De la manière d'étudier et d'enseigner les humanités.* Elle contient une vie de Rollin et des observations importantes.

2. Il a exposé et discuté ses principes dans *Regles pour la langue latine et françoise* (on remarquera la faute faite ici contre une règle de Vaugelas) *divisées en cinq parties à l'usage des Colleges de l'Université de Paris* (Paris, J. B. Brocas, 1716-1719, 5 vol. in-12, Préf. générale, t. V, p. I-LXXI). Comparer d'autres ouvrages analogues, par exemple *Grammaire double franco-latine*, adaptée au système de Rollin, etc., par un curé du diocèse de Montpellier [l'abbé Alvernhe, curé de Cournonsec], Avignon, 1771, in-8, Steng., Cat., n° 406.

l'étude de la langue latine »[1]. En 1720, Pourchot proposait même, dans un *Projet de nouveaux Statuts pour la Faculté des Arts,* de sérieuses concessions. Tout en préconisant une étude approfondie du latin, seul employé dans les hautes écoles et nécessaire en raison de sa généralité, et quoiqu'il exigeât qu'on continuât à le parler en classe, il acceptait qu'on n'ignorât pas le français, et, reprenant l'expression de Rollin, que les enfants n'eussent pas « l'air d'hôtes et d'étrangers dans leur pays ». Il demandait donc qu'on leur apprît *aussi* les éléments du français, et qu'on les exerçât à parler avec élégance et pureté, au moyen d'exercices écrits ou oraux[2]. Pourchot donne les noms de collègues qui l'approuvent : Dupuis, ancien recteur du Collège Mazarin, Grenan, professeur du Collège d'Harcourt, Heuzet et Le Vasseur, du Collège de Beauvais, Marin de la Thiberge, Lestendu et Piat, du collège Du Plessis[3]. Les « Commentaires de l'Université » engagent tous les Maîtres à ne pas employer d'autres livres que ceux de Rollin pour l'éducation de la jeunesse[4].

Au nombre des bons disciples du grand pédagogue, il faut compter Gédoyn. Celui-là n'est pas suspect. Il fut de l'Académie des Inscriptions, il est l'auteur du *Quintilien* et du *Pausanias ;* cependant il reprend les idées de Rollin et même enchérit sur elles, très hardiment[5] : « Figurons-nous, dit-il, un homme tel que Despréaux qui enseigneroit l'Eloquence et la Poësie Françoise à de jeunes gens déja parfaitement instruits de leur langue, et accoutumez à la bien parler ; qui liroit avec eux tout ce que nous avons de bons écrivains, et leur en feroit remarquer les beautés et les défauts... Avec quel plaisir et quel fruit, de jeunes gens recevroient-ils ces leçons, et tant d'autres, d'un si judicieux Critique », tandis qu' « au bout de dix ans que ces enfants ont passez au Collége, temps précieux et le plus précieux de leur vie, qu'ont-il appris ? que savent-ils ? Quelque peu de latin, que la pluspart oublient bien-tôt après... Pourquoi ne leur pas apprendre leur propre langue, cette langue dans laquelle

1. Sicard, *o. c.,* 59, Cf. p. 271 : « une faute très commune et universelle même, c'est de négliger la langue de son pays ».

2. Cap. III, art. xii. Ne tamen vernaculam linguam ignorent, et in sua patria hospites sint et peregrini, Gallicae etiam linguæ elementis imbuantur, et Gallicis tum lectionibus, tum scriptionibus accurate et pure loquendi facultatem excolent (dans Jourdain, *Hist. de l'Univ. de Paris,* P. just., 167 ; cf. 173).

3. Gaullyer, t. V, p. lxxii.

4. Cf. « Il faut ajouter l'étude à la pratique de la langue ; celui qui ne lit presque point est toujours borné dans ses pensées, ou dans ses expressions ; les conversations ordinaires et choisies donent beaucoup, mais elles ne donent pas tout, parce qu'elles ne roulent presque jamais que sur les mêmes matieres. On peut dire en général que l'étude de sa propre langue est fort negligée, bien de grans hommes s'en sont plains, et ont conseillé de cultiver la langue françoise, en donant tant d'anées à la langue latine » (*Le Sist. du bur. tipografique,* I, 148).

5. Voir ses *OEuv. div.,* Paris, de Bure l'aîné, 1745, p. 19.

ils doivent faire briller leur esprit et leur talens, s'il en ont, cette langue qui a pris l'ascendant sur toutes les autres, cette langue qui se parle dans toutes les Cours, qui est devenue, ou peu s'en faut, la langue universelle de l'Europe, et qui a produit tant de bons ouvrages, aussi goûtez des Etrangers, que des François mêmes ? ». [1]

« Qu'y auroit-il aussi de plus naturel et de plus sensé que de leur apprendre notre Littérature Françoise ?... N'est-il pas honteux que nos jeunes gens après dix et douze ans d'étude n'ayent aucune notion... ni de notre théâtre, ni de nos écrivains François ?... Qu'arrive-t-il au contraire de l'usage qui a prévalu, de ne leur point enseigner leur langue ? Il en arrive qu'ils ne la savent jamais bien, excepté un très-petit nombre qui dans la suite s'adonnent à écrire ; encore quel temps ne leur faut-il pas pour former leur stile, par combien de doutes et d'incertitudes ne sont-ils point arrêtez tout court dans la chaleur de la composition, et quelle peine ne leur coûte point une diction pure et régulière ? Tout cela parce que dans leur jeune âge ils n'ont pas lu nos bons écrivains, et qu'au lieu d'avoir dans la tête toutes les expressions de notre Langue, il n'y en ont que la moindre partie » [2]. Et son plan d'études est conforme à ces idées : mener comparativement l'étude des trois langues, lire Molière, la Poëtique de Despreaux [3].

Opinions. — L'opinion d'un certain nombre d'hommes de lettres était faite. On connaît celle de Voltaire. « Je savais du latin et des sottises ». L'abbé Prévost a fait dire à Cleveland : « Je n'appris point le Latin. C'est une Langue, disoit ma Mere, qui n'est nécessaire... qu'aux Critiques ou aux Maîtres d'Ecole. Toutes ses beautés ont été transmises dans les Langues vivantes par le moyen des traductions. Le tems qu'un enfant perd à l'apprendre peut être employé plus utilement à l'acquisition des connoissances solides...

« Elle se contenta de me faire apprendre ma langue naturelle dans la derniere exactitude, parce qu'il est nécessaire à un homme de quelque naissance de s'exprimer poliment, et de savoir écrire de même » [4].

« L'instruction publique ne me satisfaisoit pas, opine de son côté Digard [5].... Bien des parens sont surpris qu'il y ait si peu de

---

1. P. 30-31.
2. *Ib.*, p. 31-34.
3. *Ib.*, p. 42. On pourrait citer pas mal d'autres noms. Froment, qui a écrit les *Réflexions sur les Fondements de l'Art de parler* (1756), a été professeur au Collège de Pontoise et a fait partie de l'Université de Paris.
4. *Le philos. angl.*, éd. d'Utrecht, 1741, t. I, p. 11-12.
5. *Mém. et Avent. d'un bourgeois qui s'est avancé dans le monde*, La Haye, 1750, in-12, p. 7-9.

jeunes gens qui fassent des progrès solides dans l'étude des beaux-Arts...

« Une science puérile de sillabes et de mots plonge sa mémoire dans un cahos de paroles... Pour le priver même du seul fruit qu'il pourroit retirer de cette étude pénible, en l'instruisant soigneusement des langues anciennes qu'il n'aura peut-être pas deux fois en sa vie occasion de parler avec des vivans, on s'en rapporte à l'expérience pour lui apprendre sa langue maternelle, qui lui est d'un usage indispensable et continuel ».

Du français, de la danse, beaucoup de mœurs, peu de latin, écrivait, en 1751, Duclos à Mme d'Epinay. La Condamine s'apitoyait sur les enfants appliqués neuf heures par jour pour apprendre un peu de latin, lire le grec, et rien de plus. Bref, la plainte commençait à être générale.

ATTITUDE DES PHILOSOPHES. — Les encyclopédistes poussaient aux audaces. D'Alembert, après avoir rendu justice à Rollin, et à quelques novateurs qui à Paris le suivent « et commencent à enseigner le françois » ajoute, dans les termes mêmes de Gédoyn: « Il me semble qu'il ne seroit pas impossible de donner une autre forme à l'éducation des *colléges*: pourquoi passer six ans à apprendre, tant bien que mal, une langue morte? Je suis bien éloigné de desapprouver l'étude d'une langue dans laquelle les Horaces et les Tacites ont écrit; cette étude est absolument nécessaire pour connoître leurs admirables ouvrages : mais je crois qu'on devroit se borner à les entendre, et que le tems qu'on employe à composer en latin est un tems perdu. Ce tems seroit bien mieux employé à apprendre par principes sa propre langue, qu'on ignore toûjours au sortir du *collége*, et qu'on ignore au point de la parler très-mal. Une bonne grammaire françoise seroit tout à-la-fois une excellente Logique, et une excellente Métaphysique, et vaudroit bien les rhapsodies qu'on lui substitue ».

« J'ai entendu... regretter les theses qu'on soutenoit autrefois en grec; j'ai bien plus de regret qu'on ne les soûtienne pas en françois ; on seroit obligé d'y parler raison ou de se taire »[1].

« On commence à substituer des compositions françoises aux compositions latines dans l'Université de Paris ... on y tient...

---

1. Douchet, avocat au Parlement, qui avait donné des articles de grammaire avec Beauzée, à l'*Encyclopédie*, après la mort de Du Marsais, traite la question dans la préface de ses *Principes... de l'orthographe franç*. Il déplore l'abandon où on laisse les études de langue française. Même lamentation chez l'abbé de la Chapelle, dont l'*Art de communiquer ses idées*, paru en 1763, avait été composé plus de dix ans auparavant.

encore au latin par préférence, mais enfin on commence à y enseigner le françois » (*Encycl.*, art. Collége).

Diderot ne renonce nullement à l'étude de l'antiquité, mais, avec
ses idées utilitaires, il les réserve à une toute petite élite : « A qui
ces langues anciennes sont-elles d'une utilité absolue ? J'oserais
presque répondre : à personne, si ce n'est aux poètes, aux orateurs,
aux érudits, et aux autres classes des littérateurs de profession[1],
c'est-à-dire aux états de la société les moins nécessaires » (*Ib.*)[2].

PREMIÈRES CONSÉQUENCES. — S'il est facile de ramasser des propositions de novateurs, il est en revanche fort difficile de savoir où en
étaient les choses. Les collèges n'étaient pas d'accord, ni les maîtres
dans les collèges. A entendre Gaullyer, les écoliers de son temps
« sçavoient les principes de leur langue, l'ortographe et la prononciation, la versification, les élegances de la Langue Latine ; com-
posoient fort joliment en François et en Latin »[3]. Au contraire,
en 1730, Restaut affirmait, — est-ce parce qu'il est un spécialiste
de la grammaire française, tout épris de son art ? — qu'il était
ordinaire de trouver des rhétoriciens qui n'avaient aucune connaissance des règles les plus essentielles[4].

Toutefois, pendant les années qui suivirent, les progrès semblent
s'être accentués. En 1750, Batteux pouvait proclamer, à la distribution des prix du Concours général, que les lettres françaises tenaient
très grande place dans les études. Tandis que lui-même avait fait
toutes ses classes sans entendre parler de La Fontaine, de Corneille,
de Racine, de Despreaux[5], ses élèves, plus heureux, voyaient les
grands écrivains français reçus dans l'Université, non « en hôtes mais
en citoyens, non pour chasser les anciens de leur asile, mais pour y

1. Il faut noter ces exceptions. Diderot ne comprend guère un homme de lettres ou
un Académicien sans latin. Il avait oublié Conrart (Tall. des R., *Hist.*, IV, 170-171).
   Marmontel aussi trouvait étrange qu'on « se fourrât dans les Académies » sans savoir
ni grec ni latin, comme faisait le comte de Caylus (*Mém.*, 236). Mais, chez lui, pareille
opinion était toute naturelle. Il était élève des Jésuites, et en certaines matières, gardait l'empreinte.
2. Dans Liard, *L'ens. sup.*, I, 102. Cf. son *Plan d'Université*, et Avédik Mesrobian,
Les concept. pédagog. de Diderot, Paris, 1913, p. 8, (Thèse) ; Dreyfus-Brisac, *Pet. probl. de
bibl. pédag.*, dans *Rev. Intⁱᵉ. Ens.*, oct. 1892. Rousseau, lui, n'était pas parmi les novateurs. Dans le plan d'éducation pour le fils de M. Dupin, qui précéda l'*Émile* de dix
ans, il recommande que l'élève étudie le français ; il préfère néanmoins qu'on commence par la grammaire latine. Ceux qui n'ont pas appris le latin ne sont pas les moins
enclins à attribuer à cette étude toutes sortes de vertus.
3. *Méthode pour commencer les humanités...*, par M. Le Fevre de Saumur, avec des
notes..... par M. Gaullyer, professeur en l'Université de Paris, au College de Plessis-.
Sorbonne, Paris, Vve J. B. Brocas et Cl. Simon, 1731, p. 82 ; cf. 109, 131.
4. *Gram.*, Préf., IV.
5. *Traité de l'arrangement des mots* (Suite des *Principes de Littérature*), Paris, 1788,
Lett. à mes neveux, II, IX, X.

être adoptés à titre d'alliés, l'étude des uns devant compléter celle des autres »[1].

En effet, peu à peu — des faits de divers ordres le montrent — le français, qui se faisait déjà tolérer ci et là, commença à se faire reconnaître[2]. Au Concours Général, qui venait d'être institué[3], il y eut en rhétorique, dès 1749, un prix de discours français[4]. L'Université renonça aussi à imposer le latin à ses suppôts[5]. Enfin, et surtout, elle laissa tomber en fait l'obligation de parler latin au collège; la raison en est sans doute que la règle ne pouvait plus être observée[6]; il n'en est pas moins significatif qu'on se soit résolu à l'abolir. On faisait les concessions de mauvaise grâce, mais on les faisait, en exhalant ses regrets dans de solennelles harangues[7].

Le jour de la distribution des prix du Concours général, Fr. Nicolas Guérin prononça à la Sorbonne, le 4 août 1749, un discours où il fit l'apologie des services rendus au français par le latin et montra que les plus grands écrivains français étaient nourris de latinité : Polignac (!) et Rollin. L'année suivante, c'était au tour de Batteux de parler. Il prit comme sujet : *De gustu veterum in studiis literarum retinendo...* (12 août 1750).

Il faut ajouter que pour tous ces Universitaires convertis, la langue

---

1. *De gustu veterum in studiis literarum retinendo Oratio,* Parisiis, 1750, apud Ant. Boudet, p. 16. « Ingerant commenta ejusmodi falsa et vana, nec velint oculis suis videre quod omnes boni vident, et verò probant maximè, Gallicarum literarum plurimam mentionem fieri in studiis nostris : poëtas nostrates, oratores, scriptores rerum... pridem receptos esse intra Academiam : eos cognatos antiquis, eâdem màgistra naturâ educatos, iisdem alimentis enutritos, haberi apud nos et habitare ; non tanquam transfugas in castris alienis, aut hospites externâ in domo, sed tanquam cives in suo ; coloris, saporis, formæ naturæ similitudine in jus et corpus veteris literaturæ cooptatos ac translatos ; studio denique eodem et pari diligentiâ observatos à nobis et cultos. Non sic quidem ut Veteres moverint loco, aut sedibus suis ejecerint ; sed ita æquatis ab ipsâ Academiâ fœderum et societatis legibus, ut ex antiquis id màxime ostendatur, quo ingenio, quo delectu rerum et verborum dicendum sit ; ex recentioribus verò, quâ moderatione et prudentiâ mos veterum sit usurpandus, ingeniisque nostris adhibendus ».

2. En Mayenne on voit les habitants d'Évron choisir, pour le collège, en 1725, un prêtre, nommé Louis Foucher, comme très habile « tant en sa langue latine que françoise, poisye, arriméthique et écriture » (Piolin, *Instr. en Mayenne.* 118).

3. (1746). La première distribution eut lieu le 23 août 1748.

4. 6, f° in Rhetor. Primum orationis gallice scriptae praemium meritus et consecutus est Joannes Baptista Boullemer de la Martinière, è collegio Sorbonae Plessae.

5. Le 4 nov. 1741, elle accepte que les procès-verbaux d'enquête relatifs aux collèges, où peuvent figurer toutes sortes de personnes, soient en langue française (Jourd., o. c., P. just. CLXXXII).

6. Pluche, dans le *Supplément à la mécanique des langues*, 1753, p. 3, dit : Parmi nous, dans nos meilleurs collèges, soit de séculiers, soit de réguliers, on a enfin reconnu l'inconvénient de parler perpétuellement une langue qu'on ne sait pas, et l'on en a supprimé la coutume (Sicard, o. c., 54). Et cependant Pluche est un latiniste impénitent. Il voudrait arrêter à presque rien l'éducation des filles, et malgré cela ne déconseillerait pas de leur apprendre le latin des bons auteurs et des prières (*Spect. de la Nature*, VI, 89, éd. 1755).

7. *In instituam solemnem praemiorum distributionem oratio, habita jussu et nomine Universitatis*, Paris, Thiboust Regis, 1749.

française n'est et ne doit être qu'une introduction à la latine[1]. C'est sans aucun doute ainsi que l'entendait Crevier. Il commence par remarquer que longtemps « on ne s'était pas... avisé de penser que la langue française méritât d'être étudiée, ni que cette étude entrât dans le plan de l'éducation. C'était une erreur générale dont aujourd'hui on est bien revenu. Aussi la grammaire française s'est-elle heureusement introduite dans quelques-uns de nos collèges, et nos poètes et nos auteurs français tiennent compagnie dans les hautes classes à Cicéron et à Virgile ». Mais les craintes qu'on ne veuille déposséder les Anciens suivent aussitôt[2].

HORS DES UNIVERSITÉS. — Les choses allaient donc leur train, même chez les Jésuites. Quand on parle d'eux, il ne faut pas avoir sans cesse à l'esprit le Collège de Clermont. La société, tout en maintenant les règles adoptées, a toujours eu l'art de les plier aux lieux et aux circonstances. Dans les collèges dont les élèves habitaient en ville, comment leur eût-on imposé de parler latin, même si la vieille obligation eût été théoriquement maintenue ? En fait, l'usage même de faire la classe en latin avait peu à peu disparu. Marmontel nous a laissé une image fidèle du petit collège de Mauriac. Il n'y a pas grande différence entre les classes d'alors et les classes de ma jeunesse. C'est un parent qui l'exerça à parler latin, en promenade. Et le jeune homme apprécia fort cette occasion, « lorsqu'en philosophie, dont le latin était la langue », il se trouva comme dans un pays où il était naturalisé[3].

L'Oratoire, nous l'avons dit, avait, dès le XVIIe siècle, montré une grande hardiesse. En 1723, l'Oratorien anonyme qui a donné la *Manière d'étudier et d'enseigner les humanités,* proclamait résolument : « Je compte l'étude du français parmi les langues qu'il faut apprendre. C'est une étude qu'on néglige trop parmi nous... Je ne crois pas que l'on prenne de soi même sans étude cet air soutenu et suivi que demande un discours de longue haleine, et je crois encore moins qu'on sache employer les richesses et les agrémens de notre langue sans les avoir étudiés »[4]. Or ce livre resté manuscrit doit être de l'époque de la Henriade.

---

1. Les *Leçons de grammaire française* de Carpentier, Maître ès Arts de l'Université de Paris et Professeur de Géographie et d'Histoire (Paris, 1775), sont considérées par l'auteur comme une introduction à la langue latine.
2. Crev., *H. de l'Université*, VII, 65-66, dans Ferté, o. c., 249-250.
3. Marmontel, p. 32. Il était né en 1723, et entré au collège en 1734. C'est la date où changent les mœurs sur ce point. Son parent parlait latin. Lui est obligé de l'apprendre hors du collège.
4. Dans Carré, *L'ens^t sec^{re} à Troyes*, 228.

Dix ans plus tard on distribuait des prix de français dans les classes et sans plus aucune des réserves antérieures. En 1750, l'amplification française s'ajoutait en rhétorique à la liste des exercices en usage[1]. Quelques années après, la fable et la narration françaises prenaient place en seconde à côté de la fable et de la narration latines.

Au Collège de la Flèche, on enseignait aussi le français avec le latin et le grec. En seconde commençait la composition française, exercice surérogatoire pourtant. En rhétorique, cette partie des études semble avoir été assez soignée, quoique tout l'ensemble de l'enseignement restât latin, comme ailleurs[2].

UN ENSEIGNEMENT SANS LATIN. — Depuis Fleury, l'idée avait fait son chemin.

Le créateur du *Bureau tipographique* écrivait dès 1733 : « Malgré tout le bien qu'on a dit, et qu'on dit encore des langues mortes ou des auteurs de l'antiquité, il ne seroit peut être pas mal que le grand nombre renonçât à cete étude à present que l'on a la traduction des meilleurs ouvrages. Il seroit peut-être mieus de n'étudier que les langues vivantes les plus nécessaires pour la societé, pour le commerce entre les peuples de la terre, et enfin pour les arts et pour les sciences. Il semble que donant de bone heure son aplication à l'étude des choses les homes en deviendroient plus savans qu'ils ne le peuvent être en donant la fleur et le plus beau tiers de leur vie, à la simple étude des mots, ceci va paroître un blasfeme aus adorateurs de l'antiquité païene ; mais ne peut-on pas faire à l'égard des livres païens et profanes, ce que nous avons bien osé faire à l'égard de la Bible, dont on peut dire que les versions tienent lieu de l'original, et que le plus grand nombre de gens d'église regarde à present presque come inutile l'étude du grec et de l'ébreu ? Est-ce raison, goût, délicatesse ou préjugé qui font respecter, lire, et étudier les originaux profanes plus que ceux de la religion ? Quand notre vie seroit aussi longue que celle des premiers patriarches, à peine sufiroit-elle pour le tems que demandent les arts et les sciences. Cependant toute courte qu'elle est, on en passe la moitié à l'étude materiele des mots et des faits dont chacune a son académie... Ainsi ce ne seroit pas sans raison que je plaindrois le tems que l'on met à l'étude du latin s'il n'y avoit pas de bons livres modernes écrits en cete langue, et si le latin n'étoit pas devenu la langue de l'église, et celle du comerce literaire et politique dans toute l'Europe »[3].

1. Carré, *o. c.*, 226.
2. Clère, *Hist. de l'École de la Flèche*, 1853, 228-229.
3. *Le sisteme du bureau tipographique*, I, 137, dans *La Bibl. des enfants*, 1733.

C'est aux Bénédictins qu'appartient le grand honneur d'avoir institué un enseignement sans latin[1]. Il ne s'agissait pas bien entendu, d'abolir l'ancien ordre d'études, mais de supprimer un monopole. La nouvelle classe était une sorte de classe à côté, destinée à ceux qui n'avaient pas pu, pour des causes diverses, suivre le cours régulier des études. Elle fut créée dans l'illustre maison de Sorèze en 1759. En 1767, il y avait 36 de ces « Palatins », sur 220 élèves[2].

On pense qu'une pareille abomination ne passa pas sans protestations. Toute une polémique s'éleva à ce propos contre les Pères, qu'on ne pouvait cependant accuser d'ignorance ni de mépris pour l'antiquité[3]. Le latin, s'écriait l'auteur de la *Lettre d'un professeur émérite de l'Université de Paris* (Bruxelles et Paris, 1777, p. 121), ce n'est pas seulement la langue des Universités, c'est la langue de la religion. Ses adversaires s'imaginent, en la faisant tomber, détruire ces corps et enlever à l'Eglise la plus grande partie de ses ministres.

Dom Ferlus, qui avait l'envergure d'un Rollin, n'était point homme à s'effrayer. La maison continua à faire du « latin court », à employer des méthodes vivantes, à préférer des textes aux règles, à garder des programmes libres et neufs. Le vers latin n'y rentra pas — les jeunes gens ont des choses plus essentielles à faire ou plus utiles à apprendre — le français ne fut pas exclu. On ne perdit pas de vue cette haute pensée énoncée dans un exercice public : « que depuis près de deux siècles on ne s'applique qu'à étudier des mots et à s'en former une idée confuse dans l'esprit ». Il était bon que l'humanisme de surface des Jésuites fût condamné par les savants dont les travaux sont passés en proverbe[4].

1. Au lieu de fermer la porte à ceux qui savent à peine lire, et qui veulent passer peu de temps au collège, ou même à ceux qui ont un « dégoût incurable pour les classes de latinité » ne vaut-il pas mieux les accueillir, leur apprendre la langue française, la géographie, l'histoire, et des principes de littérature ? « Si vous saviez, ajoute Ferlus, avec quelle répugnance nous nous sommes prêtés à cette innovation, dans quelles bornes étroites nous l'avons renfermée, et avec quelle attention l'on veille à ce que le privilège ne dégénère pas en abus » (Réponse, p. 88, dans Sicard, *o. c.*, 461).

2. Certains d'entre eux figurent avec honneur dans le *Mémorial de Sainte-Hélène*. Ils avaient fait leur chemin, déjà !

3. Voir Sicard, *o. c.*, 459. Un des principaux opposants fut l'abbé Leroy, avocat de l'Université. On trouvera un résumé de cette polémique dans Anach. Combes, *Hist. de l'École de Sorèze*, Toulouse, 1847, 34.

4. Dans un mémoire présenté en 1756 à l'assemblée générale des Bénédictins réunis à Marmoutiers, dom Fougeras, qui en était l'auteur, s'exprimait ainsi : « Par le plan que l'on propose, les enfants ont deux classes par jour, de deux heures et demie chacune. Le régent en emploiera un peu plus de la moitié à l'étude du latin, y compris un quart d'heure de grec ; le reste de la classe sera gracieusement occupé de géographie, de marine et de blason, un quart d'heure à chacune de ces petites sciences. Chaque classe aura une étude de cinq quarts d'heure pour faire les devoirs. Voilà près de cinq heures employées au latin, n'est-ce pas bien assez ? » (Sicard, *o. c.*, 457-458).

CHAPITRE II

APRÈS 1762[1]

LES PARLEMENTAIRES ET L'ÉDUCATION. — L'année 1762 est l'année climatérique de l'ancienne pédagogie. C'est l'année de l'*Emile* et l'année de la fermeture des collèges des Jésuites dans le ressort du Parlement de Paris. De vieux problèmes se posaient dès lors de façon nouvelle.

Dans l'entourage immédiat du Roi, les inquiétudes étaient grandes. Qu'allaient devenir les 113 collèges des Pères ?[2]. Pourraient-ils survivre et à qui les confierait-on ?[3]

Les Parlements furent chargés d'y pourvoir. Je n'ai pas à raconter ici comment ils réglèrent la dévolution des biens, ni quelle série de mesures ils prirent en vue de l'organisation administrative. Tout le monde sait comment des Bureaux furent chargés de la Direction. Mais cette révolution n'allait-elle pas entraîner un changement absolu dans le vieux système d'éducation et une refonte des programmes ? La disparition des principaux tenants de l'humanisme ne devait-elle pas amener la chute de l'humanisme lui-même ?[4]

Parmi les parlementaires, beaucoup étaient Jansénistes et n'avaient oublié ni l'ancien exemple des Petites Ecoles ni les récents conseils de Rollin. Le public instruit avait conçu de grandes espérances[5]. Le mot *abus* dont il sera fait bientôt un si grand usage était couramment appliqué à l'éducation traditionnelle[6]. Les demandes de réforme devenaient plus nombreuses et plus vives[7].

1. Voir Letaconnoux, *Les projets de réforme scolaire à la fin de l'ancien régime*, Journ. de psych., janv. mars 1924, p. 244.
2. Liste des collèges occupés par les Jésuites en France en 1762 dans Crétineau-Joly, *Hist. d. Jés.*, V, 148.
3. Il y aura lieu de consulter, quand le catalogue en sera terminé, le fonds Joly de Fleury, à la Bibl. Nationale. Voir en attendant Molinier, *Invent. sommaire de la Coll. Joly de Fleury*, Paris, Picard, 1881, p. 50 et suiv.
4. Voir Max. Targe, *Prof. et régents de collège*, Paris, 1902, p. 269.
5. Bachaumont, *Mém. secrets p. servir à l'hist. de la Rep. des Let.*, Lond., 1780, 24 fév. 1762 (I, 49).
6. Voir Prés^t Rolland, *Plan d'éduc.*, 543, 579, 747, 739.
7. Voir Bernardin de Saint-Pierre, I, 238, 709.

Personne qui ne donne là-dessus son avis, depuis l'érudit comte
de Tressan, aïeul des romanistes [1], jusqu'aux femmes du monde. Le
Journal des Dames insère dans son numéro de septembre 1764 une
lettre de Sautreau, analysant le prospectus d'une maison d'éducation où il est dit : « Les changements considérables survenus dans
une grande partie des Colleges du Royaume, et l'*Emile* de M. Rousseau, semblent avoir tourné tous les esprits vers cet objet ».

Quand « vous demandez à vos élèves pourquoi Dieu les a mis au
monde, s'écrie Vanière, que ne leur faites-vous dire : c'est pour
apprendre la Langue latine » [2]. « Dans les écoles Modernes, écrit de
son côté Serres de la Tour, les Disciples sont uniquement occupés
des langues mortes... On leur défend jusqu'à la lecture des leurs (de
leurs auteurs). Rien de si commun que des jeunes gens qui ne savent
ni parler, ni écrire leur Langue, après dix ans d'études... Les
Grands parlent par routine, et avec une facilité qu'ils acquierent
dans le commerce du beau monde. L'usage supplée en eux à la
connaissance des règles. Quand la plùpart prennent la plume, leur
style révolte les étrangers même » [3].

Les savants font chorus : « Tous nos Maîtres nous enseignent le
Latin et le Grec, qu'on ne sait jamais qu'imparfaitement et qu'on
oublie bientôt entièrement ; aucun ne nous apprend à nous rendre
utiles à la patrie, en appliquant notre tems, notre argent, nos talens
et nos études à des choses d'usage » [4].

L'ENQUÊTE PARLEMENTAIRE. PROJETS FAVORABLES AU FRANÇAIS. — Disons
tout de suite qu'il ne fut pas donné officiellement complète satisfaction à ces plaintes. Des hommes de loi, comme cela était naturel,
commencèrent par les questions juridiques et administratives, et
s'attachèrent surtout à celles-là. Il est juste aussi de considérer que,
formés eux-mêmes à l'ancienne mode, ils n'ont ni pu ni voulu con-
damner absolument une forme de culture qui était la leur. Enfin et
surtout leur action fut dès le début contrariée par l'opposition du
haut clergé resté attaché aux Jésuites. Pendant les vingt ans qui
précédèrent la Révolution, l'histoire de l'enseignement présente
l'image d'une mêlée confuse, où s'entrechoquent des intérêts de
maisons, en même temps que des doctrines pédagogiques. On en
trouvera dans le livre de l'abbé Sicard un tableau d'ensemble.

1. « Ce n'est point à l'étude des langues mortes, ce n'est point à cette rhétorique si
souvent ampoulée, prolixe, et qui ne fait que de faux beaux esprits... que vous devez
vous attacher » (Cte de Tressan, *OEuv*., éd. Campenon, Paris, 1823, in-8, IX, 341).
2. *Deuxme disc. sur l'édn*, 1763, p. 43.
3. *Du bonheur*, Londres et Paris, 1767, p. 363-365.
4. Bertrand, *Dict... des fossiles*, La Haye, 1763, in-12, XXXII.

Les Parlements ouvrirent d'abord une large enquête. Certaines des réponses qui leur parvinrent ont, pour l'objet qui nous occupe, une importance extrême.

Les officiers municipaux de la Flèche désirent qu'on enseigne aux enfants leur langue naturelle en même temps qu'on leur apprend la langue latine (Prés^t Rolland, *Plan d'éduc.*, 543).

Les officiers du Baillage de Tours font la même demande, espérant « que nous touchons à l'époque desirée qui va mettre fin aux abus de l'éducation » (Id., *Ib.*, 739).

A Montpellier, on constate que l'étude du français est réclamée de toutes parts : « S'il y a quelque chose de surprenant dans les plaintes que l'on entend à cet égard, dit un Mémoire de 1762, c'est qu'on ait pris la peine d'accumuler les raisons qui établissent la nécessité de cette étude »[1].

Les magistrats d'Orléans ont examiné à fond le problème, et soumettent un véritable programme : « Comme les premiers élémens du discours sont communs jusqu'à un certain point à toutes les langues, il est naturel de commencer l'étude des enfans par les règles de la grammaire françoise, dont les principes leur serviront aussi pour l'intelligence du latin et du grec, et paroîtront moins rébutans, puisqu'il ne s'agit que de leur faire ranger dans un certain ordre des choses qu'ils savoient déjà, quoique confusément.

« On leur apprendra d'abord les différentes parties qui forment un discours... On leur fait articuler distinctement toutes les sillabes, sur tout les finales, afin de leur faire éviter tous les défauts d'une prononciation vicieuse.

« A mesure qu'ils croîtront en âge, et que leur jugement se perfectionnera, les réflexions sur la langue doivent être plus importantes ; et c'est alors qu'un maître judicieux doit faire usage des savantes observations que plusieurs habiles gens nous ont laissées à ce sujet. L'ortographe ne doit pas être négligée ; il faut suivre à cet égard l'usage, qui est le maître souverain en cette matière.

« Il seroit à souhaiter qu'on donnât dans les classes plus de temps qu'on a coutume de le faire à l'étude de la langue françoise ; une demie-heure de tems donnée à cette étude, deux ou trois fois par semaine, pourra suffire, pourvue qu'elle se continue pendant le cours de toutes les classes.

« Les ouvrages les plus propres pour apprendre les élémens de la langue françoise sont la *Grammaire* de Restaut, les *Observations* de Vaugelas avec les notes de Thomas Corneille, celles de l'Aca-

---

1. Drevon, *Hist. du collège de Bayonne*, dans Brun, *o. c.*, 446.

démie françoise, celle du P. Bouhours, le *Traité des sinonimes françois* de l'Abbé Girard, etc... Ce sont des livres dont les maîtres
doivent faire usage pour bien instruire leurs disciples en ce genre ;
ils auront soin d'y joindre le *Dictionnaire de l'Académie françoise* ou
celui de Furetière de l'édition de Basnage.

« Les ouvrages françois propres à former le goût sont les *Figures
de la Bible*, les *Mœurs des israélites et des chretiens*, les *Vies* composées par Fléchier et Massolier, l'*Histoire de l'Académie françoise*
par Pelisson, *celle de l'Académie des Sciences* par M. Fontenelle,
celle de l'Académie des belles-lettres par M. de Boze, les *Oraisons* de
Fléchier et de Bossuet, les *Pensées* de M. Paschal, les tragédies
d'*Athalie* et d'*Ester (sic)* de Racine, et plusieurs poësies de Boileau »[1].

Dans la région lyonnaise, mêmes préoccupations. Les officiers
de la Sénéchaussée de Lyon[2] apportent un système minutieusement
construit. Tout au début, il est dit que l'Université « réservera peut
être à la philosophie l'étude approfondie des principes de la langue
françoise dont la science paroit liée à celles de la logique et de la
métaphisique » (315). Mais il ne faut pas s'effrayer, c'est la philosophie de la langue qui est ajournée. Les rédacteurs veulent assurer
fermement « la connoissance des premiers principes de la langue
françoise » (316).

Dans la classe de septième, pendant les cinq premiers mois, une
heure et demie sera donnée aux éléments de la grammaire. On se
servira de l'abrégé de Restaut, que le professeur simplifiera encore,
s'il est possible (318).

En sixième, on ne négligera pas la grammaire (319).

En cinquième, on étudiera l'orthographe et la prosodie française
(321).

En quatrième, on mettra entre les mains des élèves les *Synonymes*
de l'abbé Girard. « Des esprits fort bornés ont retiré le plus grand
succès de la lecture de cet ouvrage » (322).

En troisième, on fera des vers français. Il y aura un prix pour le
vocabulaire concernant les arts (323).

En seconde, les enfants se mettront à la lecture des *Vrais principes* de l'abbé Girard (324).

En rhétorique, on discutera les beautés des poètes et des orateurs
français. On composera des discours français. On continuera les
Vrays principes. On combinera avec eux la Grammaire de Port-Royal

1. Liard, *Ens^t sup.*, I, 342-343 (comparez p. 80 la liste de Rollin).
2. *Mémoire présenté au Parl. par les officiers de la Sénéch. de Lyon, sur la manière
d'enseigner dans les nouveaux collèges de cette ville* (Sorb., ms. XV, 98, dans Liard, o. c.,
I, 313 et suiv.).

et celle de Restaut. On dit beaucoup de bien, ajoutent les magistrats, de l'œuvre de Wailly. « Il en doit paroître une de M. Bauzé, proffesseur à l'Ecole Militaire » (325).

Les deux premiers prix iront à une harangue française, le cinquième et le sixième à la narration française, le septième aux vers français. Tout cela sera combiné avec des thèmes, des versions, des exercices de récitation. « Nos jeunes gens égaux sans le moindre effort en ce qui concerne leur langue aux Romains qu'on cite pour exemple, accoutumés à rechercher dans la traduction l'expression propre, qui, presque toujours est unique, repris des plus légères fautes par des régents éclairés, possédant par la lecture répétée des *sinonimes* les nuances les plus délicates des termes de notre langue, n'ont pas besoin, pour s'aider à parler, du secours de la sintaxe, il leur faut une saine métaphisique qui dévoile et qui développe le mécanisme de notre langue, on n'ose même pas espérer que les jeunes rhétoriciens, après une étude de deux ans, entendent tous parfaitement la grammaire de M. l'abbé Girard, l'esprit seul ne suffit pas, il faut peut-être du génie à cet âge pour saisir les principes de cet admirable ouvrage ; il est le fruit de la logique la plus saine et de la métaphisique la plus déliée et la plus fine » (327).

Les 3000 vers appris lentement par cœur fourniront « plus de citations qu'il n'est permis d'en employer dans le monde »[1].

La Chalotais et Guyton de Morveau. — Deux magistrats de l'époque méritent une mention particulière dans l'histoire de ce mouvement : l'un est La Chalotais, l'autre Guyton de Morveau. La Chalotais, alors procureur du roi, déposa, le 24 mars 1763, au Parlement de Rennes un plan d'études, conformément à ses réquisitoires du 7 décembre 1761 et du 24 mai 1762. Cet *Essai d'éducation nationale* dépasse en hardiesse les réformes généralement demandées[2]. « La première institution nationale est demeurée la même, dit l'auteur, et on y a tout asservi : elle est restreinte partout à l'éducation des Colleges, et cette éducation a été bornée à l'étude de la langue Latine » (11). « A

---

1. Les officiers municipaux de Montbrison demandent eux aussi dans leur Mémoire du 31 décembre 1762 : « que l'on s'occupât d'apprendre aux Enfans leur Langue et l'Histoire de leur patrie » (Prés^t Rolland, 717). A Roanne de même ; on manifeste le désir que la langue soit enseignée par principes. Voir les *Comptes rendus aux Chambres Assemblées par MM. les Commissaires des différents établissements des ci-devant soi-disans Jésuites*, Paris, Simon, 1762, 4 vol. ; les *Comptes rendus aux Chambres Assemblées par MM. les Commissaires nommés par les arrêts du 6 Août 1762 et 24 mars 1763 des différents Collèges du ressort qui n'étaient pas occupés par les ci-devant soi-disans Jésuites*, Paris, Simon, 1763.

2. La Chalotais, *Essai d'éduc. nationale*, 1763 ; le dépôt est du 24 mars. Signé : de Caradeuc de la Chalotais.

l'exception d'un peu de Latin qu'il faut étudier de nouveau, si l'on veut faire quelque usage de cette langue, la jeunesse est intéressée à oublier, en entrant dans le monde, presque tout ce que ses prétendus Instituteurs lui ont appris » (*Ib.*, 11-12).

« Un Etranger à qui on en expliqueroit les détails (de notre éducation), s'imagineroit que la France veut peupler les Séminaires, les Cloîtres et des Colonies Latines » (*Ib.*, 13).

« Je joins ensemble l'étude des Langues Françoise et Latine » (*Ib.*, 70). « Dans toute institution il faut donner le pas à la Langue maternelle : elle est la plus nécessaire dans tout le cours de la vie. Il est donc déraisonnable de la négliger, sous prétexte qu'on l'apprendra toujours assez bien par l'usage » (*Ib.*, 71).

« L'expérience apprend qu'on ne la sçait jamais parfaitement si on ne la (*sic*) pas étudiée... Les Grecs et les Romains cultivoient la leur préférablement aux Langues étrangeres. De cent étudians il n'y en a pas cinquante à qui le Latin soit nécessaire, et à peine en compteroit-on quatre ou cinq à qui il puisse être utile, dans la suite, de le parler et de l'écrire... il est donc contre la raison de dresser un Plan d'éducation générale pour ce petit nombre de personnes » (*Ib.*).

« ...il seroit bon que les écoles du matin, par exemple, fussent pour le François, et celles du soir pour le Latin, jusqu'à la Philosophie qui doit, malgré le mauvais usage, être traitée en François » (68-69). « *Il se trouveroit des enfans qui n'ayant besoin ni de Latin ni de Grec, suivroient seulement celles de François : et je ne regarderois pas comme un mal, que cet usage pût s'introduire* » (*Ib.*). « Sçavoir sa Langue, ce n'est pas un petit mérite ; et on ne peut négliger la diction, sans avoir en même temps de l'indifférence pour les pensées même » (*Ib.*, 83).

Ces vues d'hommes d'État s'aboutaient à celles de Richelieu et de Colbert. Un esprit pratique marquait la possibilité et la nécessité d'adapter l'enseignement à la vie [1].

1. Sur la pédagogie même de la langue française, voici quelques-unes des idées de La Chalotais « On a une très-bonne Grammaire générale de Lancelot, avec les notes d'un Académicien... Il ... seroit ... aisé ... de la mettre à la portée des enfants », puis de les exercer sur un livre français à apprendre la grammaire par la pratique (74-75).

« On les fera ressouvenir (les jeunes gens) que pour apprendre la Langue, trois choses sont nécessaires ; le commerce des gens instruits, la lecture des bons Auteurs, et celle des Livres qui ont traité de la Grammaire. Ils liront les *Tropes* de M. du Marsais, ouvrage très-philosophique de Grammaire et de Rhétorique ; la *Préface de la Traduction de l'Orateur* de Ciceron, par l'Abbé Collin, qui suffit pour les préceptes ; le *Traité des Etudes* de Rollin, et ils en suivroient les pratiques ; les Livres de M. de Fénelon sur l'Eloquence ; le *Cours de Belles-Lettres* de l'Abbé le Batteux, les *Réflexions* de l'Abbé Dubos ; les *Réflexions et Remarques* de Gillet ; la *Prosodie* de M. l'Abbé Dolivet » (83).

Cf. : « Un autre exercice à joindre à celui des définitions, ce seroit de comparer les mots qui paroissent synonymes, de marquer leurs différences... Il seroit bon aussi de marquer les véritables opposés, quand cela se peut » (*Ib.*, 88).

L'influence de La Chalotais se fit sentir d'abord surtout à Rennes, comme il est naturel. Dès le début, elle entraîna jusqu'à la Faculté de Droit qui, dans un Mémoire adressé au Parlement, se plaignit qu'un étudiant sorti du collège après huit ans, ne fût pas en état de lire un livre français dans une compagnie d'honnêtes gens[1]. De même, ajoute l'historien auquel j'emprunte ces détails, par l'organe de Le Meur, Procureur Général syndic, le Bureau servant de la Communauté de Rennes constatait qu'il était ridicule de n'avoir qu'une connaissance superficielle et grossière de sa propre langue[2]. Quand fut publié l'*Essai d'éducation nationale* dont nous parlons plus haut, le retentissement dans toute la France en fut considérable. Les démêlés de La Chalotais et du Parlement de Rennes avec le Roi détournèrent l'attention d'un autre côté.

Guyton de Morveau, avocat général au Parlement de Bourgogne, est d'idées tout aussi hardies. Dans son Mémoire, qui est de 1764, non seulement il émet l'avis de faire marcher de front les trois langues — « encore eût-il mis la Française la première, s'il eût voulu marquer par cet ordre son utilité et la préférence qu'elle mérite » — mais il pose fermement ce principe déjà entrevu par d'autres, et auquel il a eu l'honneur de donner quelque temps son nom, que « toute instruction, qui a pour but d'orner la mémoire, ou d'acquérir des connoissances, doit être faite dans la Langue maternelle. Sinon l'étude en devient plus longue, parce que l'intelligence est retardée par l'embarras d'un langage étranger ; elle est plus pénible, parce qu'à l'objet principal se joint un travail de pure forme ; elle est moins fructueuse enfin, parce que, pour s'approprier réellement ces connoissances, il faut les acquérir dans la Langue, où l'on aura plus d'occasion d'en faire usage » (*Mém. sur l'éduc. publ.*, p. 172-173). Guyton de Morveau va plus loin, il déclare que s'il « n'y avoit pas trop à risquer de discontinuer aussi-tôt l'usage des Langues sçavantes, il ne faudroit pas hésiter de rendre la Rhétorique toute françoise pour les compositions ; on ne peut justifier l'usage contraire que par l'observation lumineuse de M. Fleury qu'il s'est introduit dans le tems où le latin étoit vulgaire » (*Ib.*, 207).

On trouve des observations analogues sur la poésie. Il faut étudier l'art en français « pour cultiver... l'idiome maternel et acquérir cette érudition nationale si nécessaire à tout François »

1. Le Mémoire, adopté dans la séance du 25 mars 1762, est aux Archives d'Ille-et-Vilaine. Voir J. Delvaille, art. *La Chalotais éducateur*. Paris, 1910, in-8, p. 68 et suiv. « Il seroit ridicule d'avoir étudié les Langues d'Athènes et de Rome, et de n'avoir qu'une connoissance superficielle, aveugle et grossière, de sa propre Langue, dont le besoin se fait sentir dans toutes les circonstances de la vie » (*Mém. du bureau serv.*, 16).
2. Mémoire de 34 pages, 1762, Rennes, Vatar, 16, Id., *Ib.*

(*Ib.*, 221). L'auteur étend même nettement et franchement ses propositions à la philosophie. Elle doit être en français, pour que l'élève ne soit pas occupé des mots en même temps que des choses, ensuite dans l'intérêt du bon latin, enfin pour la philosophie elle-même, parce que le peu de justesse et de clarté dans l'expression ne peut manquer d'entraîner l'erreur ou le vide total des idées (*Ib.*, 227).

CONVERSION DE PRINCIPE DE LA FACULTÉ DES ARTS DE PARIS. — A ces hommes célèbres se joignirent des hommes obscurs aujourd'hui, mais connus de leur temps : le P. Navarre[1], du Collège de Toulouse, Dom Rivard[2], le P. Papon, du Collège de Lyon, Mathias, principal de Langres, etc.

A Paris, la Faculté des Arts se prononça, en partie au moins, pour les nouveautés. Si les professeurs de philosophie restèrent fidèles au latin, cherchant seulement à l'épurer[3], les professeurs de rhétorique eux-mêmes jugèrent qu'il était à propos de faire une loi de ce qui avait été « dès longtemps introduit par l'usage » ; ils dressèrent une liste d'ouvrages à lire en prose et en vers et admirent à côté de la version, la composition française, soit comme devoir, soit comme exercice public.

La délibération prise en exécution de l'arrêt du 3 septembre, porte la date du 1er décembre 1762. Il est dit à l'article VIII : « Sur l'étude de la langue françoise, nos statuts gardent le silence ; ils ont été dressés dans un temps où il ne venoit en l'esprit à personne de penser que notre langue vulgaire meritât des soins. Depuis que cette erreur est dissipée, la sagesse de nos prédécesseurs et leur zèle pour tous genres de littérature a suppléé à ce qui manque à nos statuts ; il est à propos de faire une loi de ce qui a été dès longtemps introduit par l'usage ».

---

1. *Discours qui a remporté le prix... aux Jeux Floraux...* 1763, in-12, B. N., Inv. R. 22143, p. 7 : l'auteur se demande souvent comment il est possible qu'on ait « négligé jusqu'ici dans les Collèges d'étudier les principes de notre Langue, qu'on ambitionne de parler dans les plus brillantes cours de l'Europe ».
   Le très grand nombre de jeunes gens sort des classes fort ignorants, surtout des choses les plus d'usage et les plus nécessaires, à savoir comme l'orthographe, la prononciation, l'histoire, le français (*Réfl. sur le plan d'ét. de Poitiers*, A. de l'Univ., XV. 100, Liard, *Ens* sup., I, 52).
   2. *Mémoire sur les moyens de perfectionner les études publiques et particulières*, 1769 (écrit en janv. 1763), Paris, Vve Méquignon, 10, 30, 31. Cf. *De l'éducation publique*, Amsterdam, 1763, et *Lettre où on examine quel plan d'études on pourroit suivre dans les écoles publiques*, in-12, 1762, p. 3. « Presque personne, dit l'auteur, n'a mis à exécution le plan de M. Rollin ; personne n'a profité des leçons qu'il a données en composant ses deux histoires. Où sont les collèges où l'on apprenne aux enfans la langue françoise par principes ? » (Jourdain, *o. c.*, 440, note 3).
   3. Dans le plan de l'enseignement de la philosophie, il est longuement question de la méthode d'un livre collectif à faire. Rien du français (*Arch. de l'Univ.*, Bibl. Sorb., ms. XV, pièce 91).

Histoire de la langue française. VII.   7

Qu'il soit donc ordonné de lire les orateurs et les poètes et d'exercer fréquemment les écoliers à la composition française. Les orateurs sont Bossuet, Fléchier, Mascaron, d'Aguesseau, Massillon, ceux qui leur ressemblent et leur ressembleront. On souhaite qu'il soit donné un recueil des meilleurs avocats.

Les poètes désignés sont Boileau, qui doit accompagner Horace, Racine avec *Esther*, *Athalie*, les *cantiques sacrés* ; on recommande aussi le poème de la *Religion* de Racine fils, les *Odes* de Rousseau tirées des psaumes, et tous les ouvrages qui réunissent au génie de la poésie le mérite de la religion et de la vertu[1].

Mêmes propositions pour les classes de grammaire et d'humanités.

Le projet de règlement d'études met en œuvre ces propositions. Il répartit et dispose les matières, les auteurs par classes et par âges[2]. Il est dommage que ce règlement n'ait pas été adopté.

« On ne peut trop s'étonner, observait-on[3], combien la litterature françoise est negligée pendant le cours des études. Il semble que l'on destine les jeunes gens à se mettre en état de quitter leur patrie

1. *Ib.*, pièce 90. Liard, *Ens[t] Sup.*, I, 338.
2. Quelques articles donneront une idée de l'importance désormais accordée au français :
Art. 4-8. Apprendre une portion de l'évangile de St Mathieu en français, en 5e, lire l'*Abrégé d'Histoire ancienne* de Rollin. En 4e, les *Révolutions romaines* de Vertot, en 3e, l'*Histoire de France*, en 3 volumes, de Chalons.
Art. 11. L'étude de l'Histoire finissant en seconde, on « occupera le même temps et plus si le professeur le juge a propos, a la lecture de bons livres de litterature française que l'on neglige beaucoup trop dans les études ordinaires, et qui est cependant aussi interessante que la littérature ancienne, et aussi capable de former le gout ».
Art. 14. Dans les 1[eres] classes principalement, le professeur fera quelques reflexions grammaticales sur la lecture, il fera remarquer le genie de la langue françoise, les differents tours, la proprieté des termes, etc.
Art. 24. On fera choix d'une grammaire françoise la plus simple que l'on pourra trouver; on peut choisir l'*Abrege de la grammaire françoise* de Restaut... On insistera... (en 6e) sur les regles qui sont communes a toutes les langues, on en fera ensuite l'application à la langue latine.
Art. 30. On apprendra aux enfants à ecrire correctement le français et le latin, en corrigeant leurs fautes contre l'orthographe.
Art. 54. On lira aussi des morceaux choisis de *Télémaque*, quelques oraisons funèbres, quelques sermons de Massillon, des odes de Rousseau, les plus belles fables de La Fontaine, Epîtres et satires de Boileau.
Art. 55. « On pourra multiplier les exercices en françois pour les jeunes gens qui ne feront ni grec ni vers ».
Art. 58. On fera des compositions et amplifications latines et françaises.
Art. 59. On apprendra les regles de la versification française.
Art. 67. On fera des vers latins et françois. En effet, s'il est utile de faire des vers latins pour gouter les bons poètes, il semble qu'il est egalement à propos de tourner des vers françois.
3. *Projet de Reglement d'études pour les colleges* (Arch. Sorb., XV, pièce 95, s. d., mais probablement de fin 1762 ou commencement 1763). Cf. art. 67. Dans le plan d'études présenté par la Cie des M[res] èz-Arts et de Pension de l'Université de Paris (Sorb., ms. XV, pièce 96), il n'est question de français que pour l'orthographe qu'on fera apprendre en 6e et 5e à l'aide de dictées.

aussitôt après, pour passer dans un païs où les langues mortes seront en usage ».

LE PRÉSIDENT ROLLAND ET SON ŒUVRE. — Le président Rolland d'Erceville, qui fut jusqu'en 1789 une sorte de Directeur de l'Enseignement secondaire dans le ressort du Parlement de Paris, s'est plaint à diverses reprises de l'hostilité ou de l'indifférence qu'avaient rencontrées les idées de progrès des parlementaires : « je ne puis m'empêcher, dit-il, de regretter le peu de soin qu'on se donne pour apprendre aux enfans leur langue naturelle. L'Université annonce, à la vérité, qu'elle ne néglige point cette Etude, mais j'en appelle encore à l'expérience, et quoiqu'il soit question de la Langue Françoise dans le Plan proposé par l'Université, je ne vois point que les Professeurs en doivent suivre les leçons avec exactitude ; je ne vois pas qu'elle marche d'un pas égal avec la Langue Latine, et que dans les versions on soit aussi attentif à la pureté du style, qu'à la fidélité de la traduction. Il me semble que l'etude des Langues Françoise, Grecque et Latine, devroient aller de niveau, que ce seroit à la première qu'on devroit faire l'application des Principes de la Grammaire, qu'ils seroient alors plus faciles à entendre et à retenir, et que dans tout le cours des etudes, la Langue naturelle devroit être le point de comparaison auquel les autres seroient nécessairement rappelées. Il est utile pour quelques-uns de connoître les Langues anciennes ou étrangeres ; il est nécessaire pour tous de savoir leur Langue naturelle, et les fautes de langage dans lesquelles nous tombons tous les jours, nous doivent rendre attentifs à préserver les Ecoles d'une négligence aussi funeste et aussi inexcusable. En un mot, pour que les jeunes gens sachent bien, tant leur Langue, que ce qu'on leur montre, j'adopterois, sans aucune restriction ni modification, le Principe que M. de Morveau a établi dans plusieurs endroits de son Mémoire sur l'Education, *qu'il est nécessaire d'apprendre en François ce qu'on apprend pour les choses mêmes.* Si on s'occupoit davantage, dans les etudes de la Langue Françoise, les Maîtres et les Ecoliers se familiariseroient avec elle ; nous ne leur verrions pas donner en toute occasion la préférence à la Langue Latine ; soutenir, par exemple, que les Inscriptions ne peuvent être rédigées qu'en Latin » [1].

Malgré ces exhortations, beaucoup de gens avaient de plus en plus peur « que l'étude du François prenant la place de celle du Latin et

---

1. Prés^t Roll., *Plan d'éduc.*, p. 127. On trouve à la suite une dissertation sur ce dernier point.

du Grec, ne fasse négliger entièrement l'étude de ces deux Langues, auxquelles les Langues Modernes doivent tant »[1].

APPLICATIONS. — Si les programmes n'occupent pas dans les règlements promulgués après 1762 la place que des professionnels leur eussent attribuée, il ne faudrait pas pourtant méconnaître l'importance de prescriptions telles que celle-ci (qui concerne le Collège Louis-le-Grand). Art. XIV. « Ils (Les Maîtres, dans leurs répétitions) auront soin... de les leur faire rendre (les Auteurs qu'ils doivent expliquer en classe) dans notre langue d'une maniere facile et correcte. Ceux des classes de grammaire leur feront remarquer l'application des regles, qu'ils leur enseignent » (*Réglement pour les Exercices intérieurs du College de Louis-le-Grand*, dressé en exécution des Arrêts de Nosseigneurs de Parlement des 18 janvier et 28 Août 1769, Titre X, p. 153, dans *Recueil de toutes les Délibérations*).

On peut dire qu'à cette date, en théorie, la réforme était faite. Elle eût peut-être abouti en pratique, sans les événements qui survinrent. Mais on sait la suite, les Parlements traqués à leur tour, obligés en 1776 d'enregistrer sur lettre de jussion les nouvelles déclarations du Roi, les collèges et même les écoles militaires donnés aux congrégations, tout programme d'un plan général d'organisation administrative de l'instruction *publique* abandonné, l'Eglise projetant de reprendre à son compte ce plan qu'elle interdisait à l'Etat (1780). Le règne des parlementaires n'aboutit donc pas à une de ces mesures décisives, comme on en verra tant bientôt.

FORMATION DES MAÎTRES. L'AGRÉGATION. — Le malheur fut surtout qu'on ne prit pas, pour former un personnel imbu d'idées nouvelles les mesures qu'il eût fallu prendre. Un programme pédagogique vaut surtout par la manière dont il est appliqué. Or, lorsqu'on organisa le recrutement des maîtres par concours, c'est sur des épreuves latines qu'on continua à les juger[2].

Dans le règlement de l'agrégation, tel qu'il avait été institué en 1766 (Let. pat. du 3 mai et du 10 août), on voyait figurer des thèmes et des versions. Aucun exercice de composition française, les deux dissertations des philosophes étaient en latin[3].

Les aspirants pour la rhétorique avaient à faire un discours latin et une pièce de vers; les aspirants pour la grammaire une version

1. *Journal des Sav.*, mars 1763, p. 151.
2. Voir le *Recueil de toutes les Délibérations importantes prises depuis 1763 par le Bureau d'Administration du College de Louis-le-Grand et des Colleges y réunis*, Paris, P. Guil. Simon, 1784, in-4°.
3. Titre IV, art. 2 et 3.

latine, un thème latin, une version grecque. Pas trace d'un exercice de composition française. Rien non plus à l'oral[1].

LES LIVRES ET LES PROGRAMMES. — C'est un événement minime au premier abord, grave pourtant, que l'introduction par l'Université de Paris du livre de de Wailly : *Principes généraux et particuliers de la langue française,* au nombre des livres recommandés pour l'instruction de la jeunesse. Le 3 août 1765, l'Université en avait accepté la dédicace[2].

Toutes sortes d'autres observations qu'on peut faire sur les collèges des provinces les plus éloignées témoignent d'un changement notable et général dans les idées et les pratiques à partir de cette date.

A Draguignan les enfants apprennent la Grammaire française de Restaut, la Prosodie de d'Olivet, la Rhétorique de Batteux, des auteurs français tout modernes, tels que Montesquieu.

Dans le règlement pour le collège de la ville d'Arbois, à l'article 7, il est dit que les maîtres enseigneront à leurs écoliers, « selon la portée des classes dont ils seront chargés... l'orthographe, la prononciation, la grammaire françoise et latine... la connoissance des bons auteurs »[3].

A Aix, en 1763, on met au programme de la 6e à la 4e : La Fontaine, en 3e la prosodie française, en rhétorique l'Art poétique de Boileau[4].

A Brioude, on se préoccupe de donner aux enfants « l'intelligence de la langue françoise »[5].

---

1. Le règlement de 1770 pour la préparation de l'agrégation prévoyait, pour les rhétoriciens, une amplification française. Il ne fut jamais appliqué (Dupuy, dans *Le Cent. Éc. norm.*, 16). Nous avons conservé les statuts de la corporation des maîtres grammairiens et d'école de Dijon, arrêtés par la Chambre de Ville le 23 juin 1764. Ils montrent ce qu'on demande aux futurs professeurs (Arch. mun. de Dijon, B. 398, fol. 101 et suiv.) :

« Art. 10. — Les aspirants grammairiens subiront 3 examens à 3 jours différents :

« Le 1er jour le récipiendaire répond sur les principes de la langue latine et de la langue française, et fera une traduction de français en latin.

« Le 2e jour choisi pour la 2e expérience, il sera remis entre les mains du récipiendaire un auteur latin tel que Cicéron ou Virgile pour l'expliquer, indépendamment d'une traduction de latin en français.

« Le 3e jour indiqué pour la 3e expérience, l'aspirant répondra sur les règles de la poésie latine, sur les figures de rhétorique, et fera une composition de vers hexamètres et pentamètres.

« Les deux traductions de français en latin et de latin en français et la composition des vers seront dictées telles qu'elles le sont dans la classe des humanités ».

2. Wailly était élève de Vallart, d'Amiens.

L'abbé Goujet parlant de la Grammaire de Restaut, dit qu'elle est acceptée par l'Université de Paris (*Bib. fr.*, I, 73). J'ignore sur quoi est fondée cette assertion.

3. Arch. d'Arbois, G. G., 1195, dans J. Feuvrier, *L'anc. coll. d'Arbois*, Dôle, 1899, p. 24.

4. *Revue Sextienne*, II, 1881, p. 133.

5. Inv. som., Arch. dép. P.-de-Dôme, V, 330.

A La Flèche, les officiers de la sénéchaussée avaient demandé qu'on suivît les idées de Rollin[1]. Batteux donna un plan d'études, que du reste les Pères de la doctrine chrétienne ne suivirent pas[2].

LES EXERCICES PUBLICS. — Je n'attribue pas une très grande importance, je l'avoue, aux représentations publiques où le désir d'attirer du monde et de l'intéresser avait depuis longtemps obligé à des concessions. Disons-en pourtant quelques mots. En général, en rhétorique, le français tient une place. Au discours on ajoute quelques vers, souvent une représentation[3]. Ainsi à Sainte-Barbe, les élèves jouent, en 1785, le *Bourgeois Gentilhomme*. De même un peu partout.

A Saint-Gaudens, la noblesse, composée de francs-maçons, ayant représenté *Zaïre* et *Arlequin Hulla*, les philosophes et les rhétoriciens représentèrent *Mérope* et les *Fourberies de Scapin*. Un répétiteur des basses classes fit jouer par ses écoliers la *Mort de César* et le *Malade Imaginaire* (19 et 22 août 1753)[4].

La *Mort de César* fournit bien ailleurs le morceau de résistance des jours de réunion. Elle fut jouée jusque dans de petits collèges, comme à Vitry-le-François (1786).

La Société de l'Académie de l'Aube conserve dans ses archives un mince cahier sur lequel sont inscrites les compositions lues en 1765 et 1766 par les rhétoriciens de collèges, réunis en société académique : sur 45 discours environ, il y a 1 pièce de vers et 3 discours en latin.

Ce n'est pas un médiocre signe du changement survenu dans l'esprit des enseignants et du public que l'exercice qui eut lieu au collège de Castres, le 2 août 1770. C'était un Essai « sur la troisième partie de la Rhétorique ». Le programme n'en pourrait être exécuté dans aucune classe d'aujourd'hui. Il comprenait une foule de questions : « 1° Qu'est-ce que l'élocution ? — 2° En quoi consiste ce qu'on appelle pureté de langage ?... — 8° En quoi consiste le style laconique ? — 11° Qu'est-ce que les figures de rhétorique ?... »[5].

Dans tout l'exercice les exemples français et les exemples latins étaient mêlés. Or de deux choses l'une, ou bien l'exercice était improvisé, il eût alors supposé chez les jeunes gens une instruction peu commune, ou, ce qui est plus probable, on l'avait longuement préparé.

---

1. Jules Clère, *Hist. de l'École de La Flèche*, 1853, 177 et suiv.
2. Id., *Ib.*, p. 227-228.
3. Voir Tranchau, *Et. sur les repr. théâtral.*, Orléans, 1887, in-8.
4. Decap, *Quelques mots sur les anc. coll. de Saint-Bertrand et Saint-Gaudens*, 1905, p. 10.
5. Voir Poux, *Hist. du Coll. de Castres*, Paris et Toulouse, 1902.

Ceci suppose de nombreuses répétitions où le français et les écrivains français n'avaient pu manquer d'avoir une part considérable.

Il faut aussi, quand on parle collèges, consulter les discours de distribution de prix. On y entend souvent l'écho des débats pédagogiques.

Au collège de Limoges, les discours, après 1774, sont en français : celui de 1780 porte même sur l'excellence de la langue française[1].

A Rouen, en 1771, quoique le règlement prescrivît un discours public en latin, à la séance de rentrée du collège, l'abbé Auger professeur de rhétorique, parla en français, et s'écria : « Je suis Français et je parle à des Français, dois-je aujourd'hui me justifier devant eux de les entretenir dans leur langue maternelle... une langue polie que tous les étrangers se font un devoir d'apprendre et un plaisir de parler ? ».[2]

Non moins significatives que ces cris de révolte sont les récriminations des traditionalistes. Au Collège d'Autun, en 1788, le discours public roula sur le peu d'ardeur des jeunes gens pour l'étude de la langue latine. — Au Collège du Mans, en 1771 discours : *De utilitate linguæ latinæ.* — En 1778 : *De linguæ latinæ præstantia et ipsius detractorum confutatione.* — En 1783 : *Uter nostratum tutius famæ consulat an qui scribit latine, an qui gallice?* — En 1789 seulement l'orateur fait volte-face : *Quam immerito quidam latinæ poeseos nimium studiosi a gallica abstineant?*

LA CLASSE EN FRANÇAIS. EN PHILOSOPHIE. — Mais voici la grande nouveauté. On fit la classe en français. Il semble que ce soit en philosophie d'abord que cette rupture avec le passé s'imposât. Les sciences expérimentales qui commençaient à s'introduire pressaient l'abandon du latin.

Malgré cela on s'arrêta longtemps encore aux demi-mesures. On accorde un enseignement en français, puis on le reprend, on marchande, on discute, effrayé du succès des leçons. Ainsi au collège d'Amiens (le président Rolland était membre de l'Académie de cette ville), le 4 juillet 1783, afin de donner aux jeunes gens qui n'auraient point fait leurs classes les moyens d'étudier les mathématiques et les parties de la philosophie qui leur seraient nécessaires, le Bureau autorisait un des deux professeurs de philosophie à enseigner soit en latin, soit en français. Le professeur de logique

1. Inv. somm. des Arch. de la Haute-Vienne, série DD, 47, dans Brun, *Rech. hist.*, 447, n. 2. Dans ce collège un enseignement systématique du français avait d'ailleurs été organisé (Sicard, *o. c.*, 403).
2. Gautier, *Le collège de Rouen*. Paris, 1876, in-8, p. 34.

métaphysique et morale seul était tenu d'enseigner en latin. La décision fut homologuée par le Parlement le 16 février 1784. Mais le cours de M. Reynard attirant trop d'auditeurs et tournant à la conférence, le principal s'émut. On dressa mémoire de part et d'autre. « Enfin, par délibération du 4 mars 1785 les administrateurs décidèrent... que le professeur de philosophie fixé à la physique pourrait enseigner en français les mathématiques et ce qui concernait les séances publiques de physique expérimentale, qui avaient lieu à la fin de chaque cours, mais qu'il enseignerait en latin la physique générale et particulière, pourquoi il dicterait des cahiers en latin » ou suivrait un livre latin, s'il n'aimait mieux faire imprimer un livre; qu'il disposerait les matières de façon à employer la moitié du temps à expliquer la philosophie en latin et à exercer en cette langue ses écoliers [1].

De même encore au Collège des Bons-Enfants de Reims. Le premier volume de la philosophie de l'abbé Migeot est encore en latin, l'autre est seul en français avec cet exposé des motifs : « L'étude des Mathématiques et de la Physique faite en français épargnera beaucoup de peines et de dégoûts. L'auteur en a fait l'expérience pendant seize ans. Il l'assure » [2].

Malgré tout, pareils exemples ne furent pas perdus. Les avis des savants, des vrais, étaient unanimes [3]. A Draguignan, en 1770, le cours de physique est en français. « Nous avons cru, disent les Doctrinaires, devoir nous affranchir de cette servitude (l'enseignement de la physique en latin) à l'exemple de la première Université du royaume où l'on a donné la préférence à la langue française. Une science aussi généralement utile et intéressante mérite bien d'être mise à la portée de tout le monde et ne retarde-t-on pas les progrès des élèves en la leur présentant dans une langue qui leur est presque toujours étrangère ? » [4] Les sciences, ces humanités du monde moderne, forçaient la porte.

Coyer, lui, eût voulu aller jusqu'à la logique. « Faut-il traiter la Logique en Latin ou en Français ? L'usage est pour le Latin ; d'où il arrive qu'une bonne partie des Disciples, faibles Latinistes, n'entendent pas le langage du Maître, soit qu'il dicte, soit qu'il explique. D'ailleurs, on s'apperçoit dans les Theses publiques que le

1. Darsy, *Les Écoles et les Collèges du diocèse d'Amiens*, Amiens, 1881, 137 et suiv.
2. Abbé Cauly, *Hist. du coll. des Bons Enf.*, Reims, 1885, in-8, p. 586.
3. Dès que l'on sera d'accord « de l'enseigner (la physique) en Langue vulgaire, il n'y aura plus à craindre que l'on perde un tems aussi considérable à la Physique générale, étude vraiment digne du temps où l'on croyoit que la nature ne pouvoit agir que suivant les principes d'Aristote » (Guyt. de Morveau, *Mém. s. l'éduc. publ.*, 271).
4. Poupé, *Hist. du Coll. de Draguignan*, dans Brun, *Rech. hist.*, 447.

Latin couvre trop la déraison scholastique. Le Français déchirerait le voilé, et on rougirait de déraisonner dans un idiôme intelligible à tout l'auditoire. Cette innovation révolterait sans doute les gens de Collège »[1].

EN GRAMMAIRE ET EN HUMANITÉS. — En bas, personne presque ne persévérait plus dans la méthode archaïque qui consistait à jeter les enfants dans le latin avant qu'il sussent un peu de français[2]. L'abbé Proyart, dont je parlerai plus loin, signale le changement et y acquiesce. « Il y a long-temps, dit-il, qu'elle (l'Université de Paris) a renoncé au ridicule usage de mettre entre les mains d'enfants qui entendent à peine le François des Livres élémentaires écrits en Latin[3] ».

On tendait ainsi visiblement à mettre sur un pied d'égalité le latin et le français. A Langres, par exemple, dans toutes les classes on analysait les historiens, soit latins, soit français, qu'on expliquait, on comparait les pièces « qui ont des correspondances dans les deux Langues ». Et pour trouver le temps de ces exercices, on avait supprimé les vers latins[4]. Caen, Compiègne[5], Valenciennes, Gray[6], etc., etc., avaient fait des réformes plus ou moins radicales, toutes favorables au français.

Je ne citerai plus qu'un seul fait. Mais il prouve le prix qu'on attachait désormais à la langue vulgaire dans beaucoup de collèges. Le premier livre écrit pour préserver les provinciaux des fautes de langue propres à leur contrée, *Les Gasconismes corrigés* de Desgrouais, dont nous avons parlé (1768), est l'œuvre d'un des maîtres du Collège Royal de Toulouse et il est dédié au Bureau d'Administration du Collège.

1. *Plan d'éd.*, éd. 1770, in-12, p. 166.
2. Voir pourtant le récit de Cassanyès : « M. Pérone, dit-il, de Canet, m'enseigna à lire en français, mais à peine je commençais à lire passablement, que, sans mesurer mes forces, il me donna les rudiments de la langue latine dont toutes les regles étaient en latin, sans un mot de français ; et comme je ne comprenais rien de ce que je lisais, je faisais tellement de progrès que j'aurais finis (*sic*) par ne pas savoir lire mon livre si on m'avait continué cette méthode... (Son successeur, M. Argiot), me fortifia dans la lecture du français, me donna quelques leçons d'écriture en gros... Heureusement, il y avait d'autres élèves qui n'apprenaient qu'à lire en latin et en français, auxquels il donnait les principes d'écriture et d'arithmétique, de manière qu'en écoutant les leçons de ceux-ci, j'apprenais ce qu'on ne m'enseignait pas, et je ne comprenais pas ce qu'on prétendait m'enseigner » (*Cassanyès et ses Mémoires inédits* par P. Vidal, cité par Torreilles et Desplanq., *L'Enseig[t] élém[re] en Roussillon*, 262).
3. *De l'Educ. publ.*, p. 115. L'abbé, pour défendre les pratiques en usage, exagérait l'optimisme. Il dit ailleurs : « L'élève sort du college très-bien instruit de sa langue » (120).
4. Prés[t] Rolland, *Plan d'éduc.*, 145.
5. Plion, *Hist. du collège de Compiègne*, p. 195.
6. Godard, *Hist. du Collège de Gray*, 1887, p. 94.

CHAPITRE III

LE FRANÇAIS ET LES COLLÈGES A LA FIN DE L'ANCIEN RÉGIME

TABLEAU GÉNÉRAL. — J'aurais voulu pouvoir établir à l'aide de documents postérieurs, les seuls dont on dispose, une statistique exacte des Collèges où le français était enseigné vers 1789. Mais les données de l'enquête de l'an IX (celle de 1790-1791 ne fournit rien) sont d'abord trop sommaires; il se peut très bien que le français n'ait pas semblé valoir la peine d'être mentionné parmi les matières d'enseignement, que, d'autre part, les rapports s'appuient surtout sur des souvenirs que la passion colore. Dans leur lointain, les collèges, que l'on regrette alors, se parent de rayons empruntés; on est en pleine réaction politique et religieuse, on voit le passé en beau. Donc un certain nombre de témoignages sont suspects[1]. Ces réserves faites, voici, tels quels, les résultats de l'enquête ordonnée par Chaptal, le 15 Ventôse an IX (Archiv. de l'Univ., carton 27, et A. N., F[17] 1317[8]).

DÉPARTEMENTS.	UN ENSEIGNEMENT DU FRANÇAIS EST EXPRESSÉMENT MENTIONNÉ COMME AYANT EXISTÉ DANS LES COLLÈGES A :	IL N'EST FAIT AUCUNE MENTION DE L'ENSEIGNEMENT DU FRANÇAIS A :
Ain :	Bagé, Bourg, Châtillon-sur-Chalaronne, Montluel, Nantua, Pont de vaux, Pont de veyle, Trévoux.	Belley, Culoz, Jujurieux, Lagnieu, St-Rambert, St-Trivier de Courtès, Thoissey.
Aisne :		Laon, Saint-Quentin, Vervins.
Alpes (Basses-) :	Annot, Castellanne, Entrevaux, La Mure, Senez, Soleilhas[2].	Barcelonnette.
Alpes (Hautes-) :	Embrun.	Briançon, Gap.

1. Il n'est pas besoin d'ajouter que le tableau est incomplet. Il y avait beaucoup de collèges, dont il n'est pas fait mention ici. Mais certaines régions en étaient très pauvres. Quand on fit, sous la Révolution, une première enquête, le magnifique tableau envoyé à Sauveterre d'Aveyron, avec colonnes pour indiquer les fondations, revenus, etc., revint blanc, avec cette mention dans la colonne des observations : La négative du tableau cy-joint répond à celui-cy (sic). Il n'y a aucun établissement d'éducation dans le district de Sauveterre ny revenus qui y soint attachés. Sauvet., 5 fév. 1792. Signé Dupuis.

2. Obs. du 2e Cons[l] d'arr[t] des Basses-Alpes, séant à Castellanne. A. N., F[17] 1318[8].

DÉPARTEMENTS.	UN ENSEIGNEMENT DU FRANÇAIS EST EXPRESSÉMENT MENTIONNÉ COMME AYANT EXISTÉ DANS LES COLLÈGES A :	IL N'EST FAIT AUCUNE MENTION DE L'ENSEIGNEMENT DU FRANÇAIS A :
Aube :		Ervy, Troyes.
Aude :	Carcassonne, Castelnaudary, Montréal.	
Aveyron :		Millau, Nant.
Calvados :	Bayeux.	Lisieux, Pont-l'Évêque.
Cantal :	Aurillac, Mauriac.	Saint-Flour.
Charente :		Angoulême [1].
Charente-Inf^re :		La Rochelle, Saintes.
Corrèze :		Brive.
Côte-d'Or :	Beaune.	Arnay, Châtillon-sur-Seine, Dijon, Saulieu, Semur.
Côtes-du-Nord :	Lannion, Saint-Brieuc, Tréguier.	
Creuse :		Felletin.
Deux-Sèvres :	Melle, Niort, Saint-Maixent, Thouars.	Bressuire, Parthenay.
Dordogne :	Domme, Sarlat.	Bergerac [2], Mussidan, Périgueux.
Doubs :		Pontarlier.
Drôme :		Montélimar.
Eure :		Bernay, Conches, Évreux, Gisors, Vernon.
Finistère :	Morlaix, Quimper [3].	
Gard :	Alais [4].	Bagnols, Beaucaire, Le Vigan, Nimes, Roquemaure, Saint-Hippolite, Sommières, Uzès, Villeneuve.
Gers :	Lectoure.	Auch.
Gironde :		Bazas, Bordeaux, Cadillac.
Golo (Corse) :		Bastia, Calvi, Cervione.
Hérault :		Saint-Pons.
Ille-et-Vilaine :	Rennes.	Dol, Vitré.
Indre :		Aigurande, Argenton, Buzançais, Chatillon, Clins, Issoudun, La Châtre, Le Blanc, Levroux, Neuvy,

1. L'instruction que deux ou trois enfans recevaient à Larochefoucault était absolument nulle (Rapp. du Préfet de la Charente, 5e comp^re an 9). Le Collège d'Angoulême était dans une décadence totale ; on n'y comptait en 1789 qu'une vingtaine d'élèves (Ib.). « L'instruction consistait à se traîner sur les traces de la routine, dans l'étude du latin, qu'on y apprenait guère plus que le français » (Ib.).

2. Bergerac : Quelques principes de latin formaient la Science unique des Eleves (Arr^t Berger., Cons^l Arr^t, 5 germin. an IX, A. S., XXVII).

3. Au Collège de Quimper, on se servait de la Grammaire de Vailly (Rapport du Préfet du Finistère, 11 Vendémiaire an X, A. N., F^17 1317^8 dossier 46).

4. « On y apprenoit avant 1786 les langues grecque, Latine et française, l'histoire, a Poësie, les belle-lettres (sic), et les principes de la morale (A. S., XXVII)

DÉPARTEMENTS.	UN ENSEIGNEMENT DU FRANÇAIS EST EXPRESSÉMENT MENTIONNÉ COMME AYANT EXISTÉ DANS LES COLLÉGES A :	IL N'EST FAIT AUCUNE MENTION DE L'ENSEIGNEMENT DU FRANÇAIS A :
Indre (suite) :		Palluau, Saint-Gauthier, Vatan, Valençay.
Indre-et-Loire :		Bouchard (île), Chinon, Loches, Richelieu, Tours.
Isère :	Vienne.	Grenoble, La-Tour-du-Pin, Saint-Marcellin.
Jura :	Arbois, Dôle, Lons-le-Saunier, Orgelet [1], Poligny, Saint-Amour, Saint-Claude, Salins.	
Loir-et-Cher :	Blois, Pont-le-Voy, Vendôme.	
Loire :	N.-D. de Grâce, à Montbrison, Roanne.	
Loire (Haute) :	Le Puy [2].	
Loire-Inférieure :	Couëron, Guérande.	Nantes.
Loiret :		Meung, Orléans.
Lot :	Cahors.	Figeac.
Lozère :		Mende.
Maine-et-Loire :	Angers, Beaupréau.	Beaugé, Doué, Saumur.
Manche :	Coutances, Mortain, St-Lô [3].	Avranches, Valognes.
Marne :	Épernay, Reims, Sainte-Menehould, Vitry.	Châlons.
Marne (Haute) :		Bourmont, Chaumont, Joinville, Langres, Montiérender, Saint-Dizier, Vassy, Villé-sur-Anjou.
Mayenne :	Ernée, Lassay, Villaines.	Mayenne.
Meurthe :	Nancy.	Pont-à-Mousson.
Meuse :	Bar, Clermont, Ligny, Varennes, Verdun.	Commercy, Montfaucon, Saint-Mihiel, Stenay.
Nièvre :	Clamecy, Corbigny, Tannay.	Nevers.
Nord :		Archies, Armentières, Avesnes, Bailleul, Bergues, Bouchain, Cambrai, Cassel, Douai (3 collèges), Dunkerque, Estaires, Hazebrouck, Honds-

1. A. N., F17A 1314n.
2. Dans le Collège du Puy la langue latine « avec ses dépendances... mais on y avait formé un pensionat de 100 à 120 élèves : aux quels indépendemment des cours ordinaires on enseignoit encore la versification française ». — De même à Brioude.
3. A Saint-Lô « des exercices à la fin de l'année scolastique sur les parties cydessús et sur la langue française... on y jouait des comédies analogues aux circonstances et aux facilités que présentaient les élèves » (A. S., XXVII, 349).

Départements.	Un enseignement du français est expressément mentionné comme ayant existé dans les collèges a :	Il n'est fait aucune mention de l'enseignement du français a :
Nord (suite) :		choote, La Bassée, Landrecies, Le Catteau, Le Quesnoy, Lille, Maubeuge, Merville, Tourcoing, Valenciennes.
Oise :	Compiègne, Senlis.	Beaumont, Clermont, Noyon.
Orne :	Mortagne.	Alençon, Argentan, Domfront, Séez.
Pas-de-Calais :	Béthune, Lens, Saint-Omer.	Aire, Arras, Bapaume, Boulogne, Calais, Hesdin, Montreuil, St-Pol.
Puy-de-Dôme :	Clermont, Thiers.	Riom.
Pyrénées (Basses) :	Bayonne, Larressore.	Lescar, Mauléon, Pau, Sainte-Marie près Oloron.
Pyrénées-Orien^les :	Perpignan.	
Rhin (Bas) :	Molsheim, Strasbourg.	
Rhin (Haut) :	Montbéliard, Porrentruy.	
Rhône :	Lyon (2 collèges).	
Saône-et-Loire :	Charolles, Cluny, Cuiseaux, Cuisery, Louhans, Mâcon, Maraigny, Paray, Tournus.	Autun, Chalon
Sarthe :	La Flèche.	
Seine-Inférieure :	Aumale, Dieppe, Eu, Rouen.	Gournay, Le Havre, Neufchâtel.
Seine-et-Marne :	Coulommiers, La Ferté-Gaucher, Meaux, Nemours, Provins, Rozoy.	
Seine-et-Oise :	Pontoise.	Versailles.
Somme :	Roye.	Montdidier.
Tarn :	Albi, Lavaur.	Castres, Gaillac.
Tarn-et-Garonne :	Caylus, Lauzerte, Moissac, Montauban.	
Var :	Toulon.	Draguignan.
Vienne :	Montmorillon.	Châtellerault, Loudun, Poitiers.
Vienne (Haute) :		Bellac, Eymoutiers, Limoges, Rochéchouart, Saint-Yrieix.
Vosges :	Épinal.	Mirecourt, Neufchateau, Remiremont, Saint-Dié, Senones.
Yonne :	Auxerre, Joigny.	Avallon, Noyers, Sens, Tonnerre, Vézelay.

CHAPITRE IV

DANS LES FACULTÉS « SUPÉRIEURES »

PERSISTANCE DES PRÉJUGÉS ET DES COUTUMES ANCIENNES. — Un gros obstacle à une réforme générale semble avoir été, comme au XVIe siècle, l'obstination des Facultés dites supérieures. Rolland le voyait bien. Il cite timidement l'exemple de Vienne, où la feue impératrice-reine, avait décidé en 1778, que des sept professeurs, celui de théologie polémique enseignerait en langue vulgaire[1]. Mais il sait qu'en France la tradition demeurait inébranlable[2], et il se rend compte que la Faculté des Arts, même si elle avait eu vraiment la volonté de donner en français l'enseignement philosophique (c'est-à-dire, ne l'oublions pas, l'enseignement de certaines sciences aussi bien que de la philosophie proprement dite) n'eût guère pu y persister. « Il faut que les disciples des autres Facultés s'accoutument de bonne heure à parler la langue qui y est en usage ». On ne saurait « concevoir, observe-t-il tristement, combien cet usage est nuisible à la perfection de notre langue, qui s'enrichirait par l'exercice, et que l'argumentation pourroit rendre plus claire et plus précise ». Malgré tout, il n'ose rien demander, sinon une réforme de détail, peut-être intéressante en ce qui concerne la politique, insignifiante autrement[3]. Pour l'ensemble il se résigne : « Je croirois utile, dit-il

1. Prést Roll., o. c., 116, n. 2.
2. Combalusier, de la Faculté de Médecine, dans son *Memoire... sur les moyens de pourvoir à l'instruction de la jeunesse*, Paris, 1762, in-12, se montrait réfractaire, Grimm lui reprochait vivement ses opinions (*Corresp.*, 1er mai, 1er juillet 1762, éd. Tourneux, V, 78 et 109). Le Roy, *Let. d'un professeur émérite de l'Univ. de Paris*, Bruxelles, 1777, in-8°, p. 279, dit : « Ces traités (de philosophie) doivent être en Latin, pour bien des raisons. C'est la langue des théologiens, c'est celle des institutes, des canonistes ».
   Cf. Un jour, à l'abbaye de Fontevrault, il y eut soutenance en français ; il y avait des dames. « J'ai même été désigné une fois par elle (Madame d'Antin) en 1778 ou 1779, pour faire l'ouverture d'une thèse, soutenue par deux jeunes religieux de son ordre et qui lui était dédiée. Je me rappelle même, que j'eus l'idée de prononcer le discours d'ouverture en français, dont la prose, entremêlée de quelques strophes de vers, parut lui faire plaisir, et plus encore aux dames religieuses dont elle était accompagnée, attendu qu'elle savait assez de latin pour me comprendre, si je m'étais exprimé dans cette langue, et que ces autres dames l'ignoraient » (Besnard, *Souv. d'un nonag.*, I, 270).
3. Le 8 mars 1764 les professeurs de Bourges demandent seulement au Parlement

en propres termes, de laisser à ces Ecoles leur ancien usage ».
Peut-être sentait-il que les vieux organismes des Universités, à peu
près morts, comme les études de Liard l'ont montré, étaient incapables d'une transformation aussi radicale.

L'exemple de ce qui se passait dans les Facultés de Droit le prouve
surabondamment. Ainsi que nous l'avons rapporté (tome IV, p. 59 et
Erratum), Colbert y avait créé des cours de droit français et avait
imposé l'obligation de les faire en français (1680)[1]. Mais le professeur royal, mal payé, placé dans une situation inférieure, ne pouvait
guère pousser à une modification générale des usages. A Dijon, en
1725, Davot fut chargé de faire en latin le discours d'ouverture des
Ecoles. Il refusa, s'en prétendant exempt. Condamné à le faire par
les magistrats directeurs et protecteurs de l'Université, il dut
s'incliner, mais prévint qu'il prononcerait son discours en français.
Pour ne pas enfreindre les traditions, un régent romaniste lui fut
substitué et parla latin[2]. On préférait céder et sauver la langue sacrée.

En médecine le latin fit aussi une belle défense[3]. Hecquet n'écrivant presque qu'en français, en fut blâmé par ses confrères. Il s'en
justifia. « Feu M. Hecquet, dit Goujet, voulant s'excuser de ce qu'il
n'écrivoit presque qu'en François, ce qu'il publioit sur la médecine,
contre l'avis de plusieurs de ses amis qui auroient voulu qu'il n'eût
composé qu'en Latin, fit aussi une dissertation où il s'attache principalement à montrer, que notre langue n'étant ni moins riche, ni
moins abondante que la Latine, on peut s'y exprimer avec la même
clarté, et traiter avec la même solidité quelque sujet que ce soit ;
que depuis longtems d'ailleurs le François est devenu en quelque
sorte la langue de tous les païs. Qu'il imite en cela les médecins les
plus célebres de l'antiquité, dont chacun a écrit en la langue qui
étoit vulgaire de son tems, et en son païs, le Grec en Grec, l'Arabe
en Arabe, le Latin en Latin. J'ai lû cette dissertation avec plaisir ;
non pour le style ; M. Hecquet écrivoit fort mal ; mais pour le fond

---

d'ordonner que l'un des quatre professeurs et docteurs régents ès droit civil et cano-
nique enseignent en français le Droit public, les Libertés de l'église gallicane, et les
quatre propositions du clergé de 1682 (Prés[t] Rol., o. c., 485). « Si l'on adoptoit... ce
qu'a proposé, relativement aux quatre articles du Clergé, le Baillage de Tours, on pourroit ordonner qu'ils seroient traités, discutés et soutenus dans notre Langue naturelle ;
il me semble que ce « mezzo termine » concilieroit tout » (Id., ib., 2e partie, Méth., 143).

1. Sur les professeurs de droit et leurs mss, voir Alfr. de Curzon, l'Enseignement du
droit fr., Librairie du Recueil Sirey, 1920. Cf. Chéron, Les prof. de Droit fr. de l'U.
de Bourges..., Nouv. Revue Hist. du droit, même librairie, 1921.
A Avignon, — était-ce tradition ecclésiastique ? — en 1788, le programme au
moins du cours était en latin (Curzon, o. c., 79).
2. Curzon, o. c., 49. Davot s'en plaignit et le Chancelier d'Armenonville lui donna
gain de cause.
3. Goujet, Bibl. fr., I, 28-30.

des choses et la solidité des raisonnemens, et il seroit à souhaiter que l'on en fit part au public ». Hecquet trouva parmi les médecins quelques hommes qui partageaient ses opinions. Ils étaient rares encore.

LE COLLÈGE DE FRANCE. — Il se montrait, lui aussi, singulièrement timide. Il avait été de nouveau défendu, le 9 janvier 1684, nous l'avons noté, de « dicter ny expliquer en françois ». Et l'affiche resta en latin jusqu'en 1791[1]. Ce n'est qu'in petto et dans les délibérations, que l'on abandonnait la vieille langue classique, comme les registres en font foi. Quand le 20 juin 1773, une innovation grave se produisit, elle vint du dehors. Un arrêt du Conseil substitua à la chaire de philosophie grecque et latine une chaire de littérature française « à l'usage des étrangers qui sont attirés dans la capitale par le désir de connoître nos meilleurs écrivains, et de ceux des François qui veulent perfectionner leur style, et acquérir une connaissance raisonnée de leur langue »[2].

Mais, à la veille de la Révolution, point de chaire de langue française. Le *Journal de la langue françoise* de Domergue, le 1er février 1785, en était encore réduit à en demander avec instance la création : « Il n'est pas étonnant que, dans l'origine, le collège royal n'ait pas joint une chaire de langue françoise à ses chaires différentes, parce qu'à l'époque de sa fondation, notre langue étoit encore barbare : Malherbe ne lui avoit pas encore donné la clarté, Corneille la noblesse, Boileau la correction, Racine l'élégance, Quinaut la douceur, J. J. l'énergie ; le commerce, la politique, les mœurs françoises et nos chefs-d'œuvre n'en avoient pas fait la langue universelle de l'Europe. Mais aujourd'hui que le françois est une langue classique, aujourd'hui que du Volga à Dublin et des campagnes d'Enna aux glaces d'Islande, tous les honnêtes gens apprennent le françois, comme à Rome ils apprenoient le grec, comme parmi nous ils étudient le latin, une chaire de la langue françoise manque dans la métropole de la France, pour la gloire de la nation et l'instruction des étrangers.

« Cet établissement ne peut être retardé, dans un siècle de lumières, et sous un ministère empressé d'accueillir tout ce qui est utile. Nous nous plaisons même à croire que l'amour de notre langue, répandu

---

1. Il y a au XVIIIe siècle des programmes en français, celui de Priset de Molière (Physique, 1736), celui de Jean Darcet (Médecine, 1775-1776).
2. Isambert, *Rec. des anc. L. fr.*, XXII, 558 et suiv. Six ans plus tard, dans une circonstance solennelle, après une longue délibération, le collège, ayant à faire l'éloge du duc de La Vrillière, se prononça en majorité pour le français, malgré la tradition.

d'une extrémité du royaume à l'autre, fera un jour ériger dans la capitale de chaque province une chaire consacrée à en développer les règles et les beautés »[1].

Ces dernières années de la monarchie furent du reste marquées par des progrès accomplis ailleurs. Au jardin du Roi, Buffon organisa l'enseignement de la chimie, de la botanique et de l'astronomie. L'État créa en 1778, l'École de minéralogie docimastique; en 1783 l'École des mines. Dans ces instituts, auxquels il faut ajouter l'École du génie de Mézières, personne ne songea à enseigner en latin.

1. De Piis (*Harmon. im. de la l. fr.*, p. 5, v. 4 et suiv.) s'élevait avec vigueur contre les tyrannies des pédants :

> Dînez s'il faut, de grec, et soupez de latin,
> Mais aux mânes plaintifs de ces deux langues mères
> Ne sacrifiez pas la langue de mes pères.

Une note corrige du reste ces apostrophes virulentes que l'Université ne mérite plus (p. 71).

CHAPITRE V

AUTRES TYPES D'ÉDUCATION

ÉDUCATIONS PRIVÉES. — Si les Universités et les congrégations enseignantes avaient en général laissé passer une occasion unique de se renouveler, leur timidité n'arrêta pas d'autres initiatives. Après l'*Émile*, il était impossible qu'il ne se produisît pas une fermentation pédagogique. Combien de familles où on a essayé de former de petits Émiles, combien surtout où l'on a tout au moins pris souci de combiner les traditions avec les goûts et les besoins nouveaux! A en croire les dithyrambes de divers polémistes du temps, l'éducation privée eût réalisé l'idéal[1].

Le débat fut long et âpre. Sans vouloir prononcer, nous devons reconnaître que les éducations privées, nécessairement plus enclines à innover, contribuèrent puissamment au mouvement en avant[2].

---

1. « A moins de 14 ans, avoir lû, méthodiquement, et de façon, par conséquent à retenir tout ce qu'il faut scavoir de l'Histoire ancienne, entendre parfaitement et rendre sans peine tout ce qu'il y a de plus célèbre en Auteurs Latins, Virgile, Horace, Juvenal, Perse, Tite-Live, Saluste &c., sentir la différence des styles, avoir un goût déjà marqué de la belle Littérature Françoise, critiquer déjà avec assez de finesse ce qui se présente de nouveau ; tout cela n'est encore qu'une partie de leur sçavoir. La Géographie ancienne leur est familière comme la nouvelle ; la Généalogie des grandes Maisons de l'Europe, les intérêts généraux des Princes, les caractères des peuples divers leur sont connus ; le commerce, la nature, l'utilité de chaque État par rapport à la société, tout, en un mot, ce qui peut servir à soutenir une utile conversation, a été mis à leur portée ; ils en parlent avec discernement. Les sciences abstraites n'ont plus pour eux les difficultés qui empêchent d'en approcher : joignez à cela l'étude des Langues étrangères & vivantes qui se succèdent les unes aux autres » (*Disc. sur l'éducation particulière et sur l'éducation des Collèges*, Paris, J. B. Herissant, 1670, 8°, p. 67). L'auteur du *Bureau tipographique* en avait déjà développé en termes énergiques tous les avantages : « D'où vient que la métode de Port-royal a u plus de cours dans les maisons particulieres que dans les coleges ? c'est que dans chaque famille on est moins prevenu, et que l'interêt que l'on a d'avancer les enfans, s'y fait sentir plus vivement que dans des lieus où le nombre est plus éclatant et plus avantageus que le merite, ce sont les maîtres de dehors qui enseignent à écrire, à chanter, à danser, à dessiner, etc. toutes choses qui font briller les enfans ; le colege montre les langues, la filosofie, la religion, il reste à savoir combien il en sort d'écoliers savans sur ces trois poins, et s'ils ont plus de mœurs, de sentimens et de pieté que ceus qui sont élevés dans une maison particuliere » (I, 135).

2. Mme de Genlis avait été chargée d'un de ces préceptorats. Avec quelle liberté d'esprit elle l'entreprit : « Je donnai à mes jeunes princesses, dit-elle, une femme de chambre anglaise, et une autre qui savait parfaitement l'italien, de sorte qu'à cinq ans elles entendaient trois langues et parlaient parfaitement bien anglais et français. Il

L'éducation, de verbale qu'elle était, tend à devenir réelle. On commence à mener les enfants aux cabinets de physique, d'histoire naturelle, dans des manufactures.

Bérenger prétend qu'à Marseille « l'éducation particuliere et solitaire prévaut de jour en jour sur l'institution publique » (*Soir. prov.*, I, 137)[1].

LES ÉCOLES MILITAIRES. — Parmi les grands établissements d'éducation en commun dont la vogue allait toujours croissant, se placent au premier rang les Écoles militaires. Leur clientèle augmentait d'année en année[2]. Était-ce simple vanité des parents et des

est vrai que, pour perfectionner en elles cette habitude, j'avais imaginé de mettre une petite Anglaise à peu près de leur âge auprès d'elles.

« Je fis faire… un petit jardin pour chacun de mes élèves ; ils y travaillèrent et le plantèrent eux-mêmes. J'avais pris un jardinier allemand, qui ne leur parlait que dans sa langue ; il les suivait à leurs promenades du matin avec le valet de chambre allemand, et l'on ne parlait qu'allemand à ces promenades ; à celles du soir on ne parlait qu'anglais, ainsi qu'au dîner ; on soupait en *italien*.… J'attachai en outre à leur éducation un pharmacien… bon botaniste et excellent chimiste. Il suivait les princes à toutes leurs promenades, pour leur faire cueillir des plantes et leur apprendre la botanique… Enfin j'attachai encore à leur éducation un Polonais… qui avait le plus grand talent pour le dessin… Le Polonais leur montrait l'histoire à la lanterne magique. Par dessus le marché tous les enfants apprirent des travaux manuels ; ils faisaient des lacets, des rubans, de la gaze, du cartonnage, des plans en relief, des fleurs artificielles, du papier marbré, la dorure sur bois, des ouvrages en cheveux, les garçons la menuiserie. Le Duc de Valois arriva à faire des meubles pour une famille » (*Mém.*, 189-190, 193 et suiv.).

Cf. « J'ai donné à ma fille Pulchérie les meilleurs maîtres… je ne négligeai point de lui apprendre l'histoire et les différentes choses qui peuvent orner l'esprit ; elle apprit aussi avec succès l'anglais et l'italien » (Mme de Genlis, *Mém.*, 188).

Cf. « Une institutrice attachée aux deux filles, leur enseignant l'histoire, la géographie, l'arithmétique, l'italien, et plus soigneusement encore les règles de la langue française, en les exerçant tous les jours à l'écrire correctement » (Marmontel, *Mém.*, 291).

1. Stanislas de Girardin avait appris l'allemand avant sa langue maternelle. Il avait voyagé en Italie, passé un an à Oxford. Il était sportif (Aul., *Orat. de la Rév. Legisl. et C.*, I, 107).

2. Sur ces écoles, voir Sicard, *o. c.*, liv. II, p. 430 et suiv. Les compagnies de cadets, fondées sous Louis XIV en 1682, réorganisées sous Louis XV en 1726, avaient fait place en 1751 à l'École militaire, qui devait prendre 500 élèves. On trouvera tous les détails nécessaires sur la réforme tentée alors et sur celle qui suivit dans Léon Mention, *Le Comte de St Germain et ses réformes*, Paris, 1884. Cf. aussi le *Recueil des Edits… concernant l'Ecole militaire*, Paris, 1782, 2 vol. in-4°, et F. Dumas, *La Génér. de Tours*, p. 123 et suiv. — D'après l'édit de 1751, l'École était destinée à 500 enfants de famille noble et pauvres ; ils y entraient entre 8 et 11 ans, en sortaient à 18 ou 20, pour être employés dans l'armée.

L'enseignement de l'École, dit Mention : « comprenait, avec l'écriture, le français, le latin, l'Histoire, la géographie, les mathématiques, le dessin et deux langues étrangères, l'italien et l'allemand » (p. 57). Il renvoie à un dossier des Arch. Nat., κ 149. Cf. aussi les ouvrages indiqués dans le P. Lelong, *Bibl. hist.*, t. III, nos 32438-32442.

En 1764 (Edit du 7 Avril), le Collège de la Flèche étant vacant par suite du départ des Jésuites, on y établit une école préparatoire pour les enfants de la noblesse pauvre (de 8 à 14 ans). Il y avait 250 places. A leur sortie, ceux d'entre eux qui avaient des aptitudes militaires étaient reçus à l'École royale militaire, qui cessait désormais de recevoir des enfants au-dessous de 14 ans. Le Règlement fut complété par lettres patentes du 20 février 1772.

Une transformation fut encore faite par le comte de St-Germain à son arrivée au

enfants, désireux de faire leurs études dans des établissements fréquentés par une aristocratie, comme des adversaires l'ont prétendu ? Il semble bien difficile de l'admettre, s'il est vrai que les onze écoles militaires créées en 1776 aient recruté en onze ans 2775 élèves[1]. N'était-ce pas plutôt que leurs programmes étaient mieux accommodés aux goûts modernes ? Là en effet on n'apprenait plus le latin que pour « la simple intelligence des auteurs classiques » ; c'est le français qui était la langue essentielle[2], et qui devint à la fois l'instrument et un des objets de l'enseignement,

ministère (ordonnances des 1er février et 28 mars 1776). L'École de La Flèche n'est pas assez grande, et pas à portée de toutes les régions de la France. On veut donc « distribuer les élèves dans plusieurs collèges de plein exercice, situés en différentes provinces du royaume où ils seraient plus à portée de leurs familles, et où ils recevraient la même éducation et les mêmes instructions que les autres pensionnaires » ; ils seraient au nombre de 600.

Ces collèges nouveaux, qui vont prendre le titre d'Écoles militaires, « ne sont pas la propriété du roi », dit Mention : ils appartiennent à des congrégations religieuses. L'ordce du 28 mars en désigne 10 :

Bénédictins : Sorèze. — Tiron. — Rebais. — Beaumont. — Pontlevoy.
Oratoriens : Vendôme. — Effiat. — Tournon.
Minimes : Brienne.
Chanoines réguliers du St Sauveur : Pont-à-Mousson.
On y ajoute postérieurement les écoles d'Auxerre et de Dôle.
Chacune de ces écoles reçoit 50 à 60 élèves, pensionnaires du roi. Ils y sont élevés jusqu'à 14 ans.

Au sortir de l'école, ils passent dans les « Cadets-gentilshommes » des régiments, s'ils ont des aptitudes militaires, ou dans la magistrature, l'église, etc.

Le roi abandonne aux directeurs de ces Écoles la direction des études, le choix des maîtres, la discipline, etc., se réservant seulement de contrôler le travail des pensionnaires et la préparation à l'examen de cadet-gentilhomme.

L'Enseignement y comprenait : l'Écriture, les langues française, latine, allemande, l'histoire, la géographie, les mathématiques, le dessin, la danse, la musique, l'escrime. Le roi fait composer des manuels nouveaux pour ces écoles.

Mention (p. 66) analyse un palmarès de l'école d'Effiat, en 1782, où on indique les matières enseignées : on y voit des explications d'auteurs latins, mais pas de français ni d'allemand.

A 14 ans donc les élèves passent l'examen pour être cadets-gentilshommes. A cet examen peuvent aussi concourir les jeunes gens de famille noble non pensionnaires du roi.

Une partie de ces Pensionnaires du roi, s'ils n'ont pas d'aptitudes militaires, sont versés dans l'Église ou la magistrature : ils sont envoyés, à 14 ans également, au Collège de La Flèche, réorganisé à cette fin par lettres patentes du 20 mai 1776.

Ce collège a été concédé aux Frères de la Doctrine chrétienne, qui enseignent aux jeunes gens : philosophie, humanités, allemand, italien, physique, droit, etc.

Le collège est affilié à l'Université d'Angers. Il prépare aux grades de Licencié et de Docteur. Le roi s'y réserve de surveiller l'administration du collège et l'instruction des élèves.

On voit que ces écoles n'ont guère de militaire que le nom. Elles préparent à l'état militaire les nobles de famille pauvre. Ce sont en somme des collèges ordinaires auxquels le roi confie ses boursiers.

1. Silvy, Hist de l'éduc., 21.
2. Le mathématicien Lacroix (Essais sur l'enseign. en général, 1805, 57-58) dit : « Le gouvernement s'écarta, en faveur des jeunes élèves destinés spécialement à la profession des armes, de la routine, et associa l'étude des mathématiques, de la physique, de l'histoire et de la langue maternelle, à celle des langues anciennes, renfermée dans de justes limites » (dans Sicard, o. c., 431, n. 1. Cf. Arch. Sorb., XXVII, Puy de Dôme).

même en philosophie. Le cours de Batteux, si raillé par Hugo, a été dans son temps, une nouveauté hardie.

Autres maisons. — Une fois confié aux Bénédictins, le collège, s'il échappa à l'inondation de littérature française dont l'accablait le régent de rhétorique du temps des Éducateurs, garda tout de même une allure moderne. On y apprenait à lire en français, à l'aide du *Bureau tipographique*. Dans la classe des commençants, on étudiait les *Fables* de La Fontaine. Dans les classes de grammaire ou d'humanités, la langue nationale avait sa place. En somme, sauf quelques lacunes, c'était, comme partout chez les Bénédictins, un programme du xixᵉ siècle [1].

Le rôle joué par ces congrégations a plusieurs fois été mis en lumière. Mais pour se rendre un compte exact des progrès de l'éducation, il faudrait suivre en outre le développement de beaucoup de maisons, qui n'étaient ni des collèges, ni des écoles du type ordinaire, fouiller leurs archives, là où elles existent, savoir le nombre des élèves, découvrir des documents qui fassent connaître les résultats obtenus. Une des plus célèbres est ce séminaire des Frères, institué à Saint-Yon, près Rouen, par de la Salle, où on enseignait aux jeunes gens de la bourgeoisie « le commerce, la finance, le militaire, l'architecture et les mathématiques, en un mot tout ce qu'un jeune homme peut apprendre à l'exception du latin », sorte d'école moderne d'enseignement spécial ou technique en même temps qu'école normale des Frères.

Celle-là est célèbre, mais il y en a eu beaucoup d'autres. Ainsi, à Bordeaux, des écoles se créèrent, avec la permission des jurats, pour enseigner les mathématiques, le génie, l'arpentage, le nivellement, la géographie, l'astronomie, la cosmographie, *la langue française*, l'anglais, le hollandais, la musique vocale. Et leur succès fut tel que le Collège se vida et que les jurats, en 1769, considérèrent comme juste de faire une pension de retraite à un des maîtres « arithméticiens ». L'esprit des affaires gagnait, pendant que les collèges classiques se mouraient de scolastique [2].

1. Lespy, *Hist. du Collège de Pau*, Pau, 1890, 94 : pour « les principes de la langue françoise, géographie, histoire, ils en estiment les leçons aux amusemens des jours de congé »... tandis que les Bénédictins joignent au latin et au grec « la connoissance de l'anglais, de l'espagnol, de l'italien ; ils ajoutent divers exercices journaliers propres aux arts les plus utiles et les plus agréables tels que le dessin, la musique ».
2. Gaullieur, *Hist. du coll. de Guyenne*, 512.
J'ai systématiquement laissé de côté les gens qui, comme Maubert de Gouvest, sont ou ont été à l'étranger. Leur opinion comptait pourtant, dans ce temps de cosmopolitisme.
Le conseiller Sahler à Montbéliard, signalait le vice de l'éducation ordinaire : « Il faut,

LES PENSIONNATS. — Dans cette transformation, le rôle des pensionnats fut de tout premier ordre. Il ne faudrait pas croire que ce fussent seulement des internats, chargés de nourrir et d'héberger des élèves de collèges non boursiers. Il y en avait de ce type, mais la pension a joué en France et à l'étranger au xviiie siècle (et aussi au xixe) un tout autre rôle.

De procès en procès, et d'arrêts en arrêts, les maîtres de pension finirent par se faire reconnaître le droit d'enseigner même les éléments du latin (jusqu'en 5e)[1]. A plus forte raison enseignaient-ils d'autres choses dont on ne se réservait pas le privilège, parmi lesquelles le français. Certains avaient institué un cours d'études complet, si bien qu'on vit se reproduire entre Collèges et Pensions une lutte analogue à celle des maîtres d'école et des maîtres écrivains[2].

Pour se faire une idée du nombre de ces maisons, il suffit d'indiquer qu'en 1779, il y avait vingt-deux pensions autour du seul Collège de Rouen. Mais c'est leur programme qui importe. Il est bien évident qu'il n'était point le même partout. Chacun faisait à sa guise, les timides comme les hardis. Dans le pensionnat annexé au collège d'Eu, le cours de langue française était seulement admis, avec d'autres, à faire l'objet de conférences spéciales qu'on nommait Académie, et qui avaient lieu quatre fois par semaine. Il était bien spécifié que ce n'étaient pas là des classes, mais des réunions (1779)[3].

Ailleurs, on allait résolument de l'avant. Quelques noms, à eux seuls, en disent long. Trotet, l'auteur de *L'Art de bien enseigner à lire*, 1734, avait été maître de pension. Dumarsais, le célèbre gram-

pour chaque génération, à Montbéliard, une sixaine de bons latinistes, trois ou quatre qui sachent le grec, un ou deux pour l'hébreu... Mais le plus grand nombre est destiné aux arts, au commerce et à leur perfectionnement : il faut leur enseigner des connaissances « usageables ». Le mot est à retenir (Godard, *Essai sur le gymn. de Montbéliard, Mém. de la S. d'émul. de Montbéliard*, XXIII, p. 114-115, 1893).

Cf. *Le gouverneur ou Essai sur l'éducation* par Mr D. L. F. [de la Fare], ci-devant gouverneur des Princes Ducs de Sleswig-Holstein Gottorp. Londres, Paris, 1768. Dédié à S. M. Cath. II.

L'auteur veut que son élève sache anglais, allemand et italien sans grammaire. « Quant au latin je suis assurément loin d'exiger qu'il le parle ; il me suffit qu'il entende tant soit peu une langue que dix sept siècles nous ont fait oublier, et dont aucun de nous ne sent la millième partie des beautés, dans les ouvrages qui nous en sont restés ». (149-150).

1. Voir Arrêt de la Cour pour Etampes du 1er Août 1768 et du 27 Août 1770. Cf. Arrêt de la Cour de Parlement de Bar, 2 Avril 1784 (M. P., 19289).

2. Voir L. Maître, *L'instr. publ. dans les villes... du Cté nantais avant 1789*, Nantes, 1882, p. 179-180.

3. Cf. Robill. de Beaurep., *Rech. sur l'Instruction publique dans le diocèse de Rouen*, 1872, p. 86 et note 1. De même dans le pensionnat du Val-aux-Grès, le prospectus de 1787 fait mention de 3 conférences, dont l'une pour l'étude de la langue française (Id., *Ib.*, 94).

mairien, le fut, Auverni l'était également[1]. Or son livre, auquel nous avons renvoyé ailleurs, sorte de manuel d'enseignement spécial, où on étudie à la fois l'arithmétique, le toisé, la comptabilité, voire la fortification et la tenue des écritures publiques, est le type du manuel fait pour enseigner tout le nécessaire, depuis les débuts de la lecture, y compris le français.

Domergue, le créateur du *Journal de la langue*, fut maître de pension. Venu à Lyon, il y fonda un « Lycée ». Parmi les idées nouvelles qu'il se proposait de réaliser, il y a lieu d'en citer deux, qui commencent alors à faire fortune : *l'École à la campagne* et *l'École en plein air*.

C'est un maître de pension du collège Boncourt, M. Le Ronce, qui imagina une revue pédagogique, le *Journal d'Éducation* (1768-1778)[2], laquelle eut l'honneur de l'approbation de Buffon, et tant bien que mal, vécut jusqu'à la Révolution.

Je n'hésite pas à croire que la généralité de ces maisons fournissait désormais le type, devenu peu à peu cher à la bourgeoisie française, d'établissements d'éducation dite libérale, où sur un fond de doctrine religieuse, on greffait des arts d'agrément qui allaient de la grammaire à la danse honnête, et que l'orthographe y était le piano du temps. Il faut en parler sans dédain, car ce milieu était infiniment plus favorable que d'autres au progrès. C'est là en particulier qu'a fructifié l'idée de commencer par la grammaire française, même pour ceux qui devaient se hausser jusqu'au latin. Douchet nous le dit, et fonde là-dessus ses espérances[3]. Ce n'est plus une théorie « restreinte à la simple spéculation : on la met en pratique dans presque toutes les éducations particulières ; on commence pareillement à la suivre dans nos meilleures Pensions, dans quelques colleges de Province, et il y a lieu de présumer qu'elle passera insensiblement dans ceux de l'Université. Il pourra même arriver, et cette époque n'est peut-être pas bien éloignée, qu'à l'exemple des Grecs et des Romains, on établisse des Écoles publiques, ou du moins une ou deux classes

1. C'était un ancien maître d'écriture, reçu en 1739.
2. On trouve dans ce *Journal d'Education* (janv. 1778) le Plan du pensionnat, dirigé par M. Félix à Bordeaux : « On a cru jusqu'à présent que l'étude de la langue latine donnoit l'entrée à toutes les Sciences, qu'on ne pouvoit rien sans elle, et qu'il falloit tout lui sacrifier. Faut-il s'en étonner ? L'opinion est une idole impérieuse ». Cf. p. 28 : « quelques Instituteurs... ne sont pas assez persuadés que les connoissances dont on occupe la jeunesse, pendant le temps destiné à son Education, doivent être relatives aux divers états qu'on peut avoir à remplir dans le commerce de la vie ».
« La langue Française mérite plus qu'aucune autre une étude particulière ; et pour la parler correctement, l'usage et l'habitude ne seront jamais si sûrs que les regles et les principes » (*Ib.*, p. 42).
3. Douchet, *Princ. généraux et raisonnés de l'orth. fr.*, Paris, 1762, Préf., IV.

dans chaque Collège, qui seront consacrées à l'étude de notre Langue »[1].

On pourrait citer en foule noms et faits, prouvant que la prophétie commença bientôt à se réaliser un peu partout. Le 8 Mars 1769, la Municipalité de Dijon délègue deux échevins pour assister aux exercices semi-publics des élèves de Mlle Anna Viennois, qui lui avait adressé requête. Cette requête était accompagnée du programme des exercices hebdomadaires auxquels les commissaires étaient invités, et du prospectus de l'école « où l'on enseignait... les vrais principes de la lecture ou prononciation, de la conjugaison et de la grammaire française suivant l'usage, et où, par une méthode simple, exacte, aisée, Mlle Viennois donnait à ses élèves non seulement une connaissance solide des raisons de l'idiôme national, mais aussi celle des principes fondamentaux de la traduction des langues étrangères »[2]. C'était encore une maîtresse de pension.

Un aucien maître de pension de Paris, nommé Marcel Barret, se fait autoriser en 1778 à ouvrir des classes à Donnemarie pour la lecture, l'écriture, l'orthographe, la grammaire française et les humanités. Il espère « donner des leçons particulières pour l'histoire sacrée et profane, la géographie et les Fables de La Fontaine »[3].

Chez M. de Longpré, maître de pension à Paris, le latin n'occupe les élèves que deux ou trois ans tout au plus. Le prospectus de M. Félix, à Bordeaux, s'élève avec véhémence contre l'omnipotence du latin. Sautreau organise à Paris, avec l'appui de d'Alembert et la sympathie du *Journal des Dames*, une Maison d'éducation où huit élèves, payant dix mille livres par an, seront élevés selon des méthodes qui doivent beaucoup à Rousseau.

A Clermont-Ferrand, la *Feuille* du 18 mars 1787 annonce un

---

1. Il est cependant remarquable que, même dans les villes où on venait, soit de France, soit de l'étranger, un mouvement ne se soit pas dessiné pour franciser nettement l'éducation, ainsi à Angoulême et à Blois :

« La Situation d'Angoulême, le Bon air qu'on y respire, la pureté du langage sans accent, y attiraient du ci-devant Limousin, de la Guyenne, du Périgord une affluence de jeunes gens » (Rapp. du Préf., le 5e Comp[re] an 9e, Arch. Sorb., XXVII, Charente).

Pour Blois, nous n'avons pas de documents officiels aux Archives de la Sorbonne, mais des propositions de Mannapier, Directeur de *La Jeunesse*, qui a inventé l'éducation par la vue, les leçons de choses et les images : le Musée magique.

Il insiste sur les avantages du langage.

Celles (les maisons d'éducation) de Vendôme et de Pont-le-Voi « ont encor une célébrité qui y attire beaucoup d'étrangers, des Espagnols, des Amériquains, des Anglais, des Allemans, etc. Les habitans de la ville de Blois jouissent de la réputation d'y parler mieux français qu'ailleurs, ce qui y attire aussi beaucoup d'Etrangers, en temps de paix » (6 floréal an IX, Arch. Sorb., XXVII).

Si le « Lycée de la jeunesse » a eu un enseignement spécial du français, il est étrange qu'on ne le fasse pas valoir.

2. Ch. Muteau, *Les Ecoles et Collèges en province*, 584.

3. Lhuillier, *Rech. hist. sur l'ens. prim. en Brie*, Meaux, 1884, p. 84.

« Cours public et complet d'études... Il enseigne par les principes les plus clairs, les plus sûrs, et les plus prompts, les langues française et latine »[1].

A Abbeville, la Bibliothèque conserve un prospectus d'un maître de pension dont le programme d'études comprend : Latin, Langues française et italienne, Histoire, Chronologie, Règles de la poésie française, Mythologie, Géographie, Mathématiques, Connaissance de la sphère, Éléments de physique, Dessin, danse, armes, blason, Musique vocale et instrumentale (1788)[2].

A Auriol (Bouches-du-Rhône), le 22 sept. 1784, dans une lettre, l'abbé Lambert, maître de pension à Tourves, offre ses services : « Je seray de la dernière attention à dicter dans tous les devoirs la ponctuation et l'orthographe, si nécessaires dans l'écriture. Enfin nous n'oubliérons rien pour leur apprendre la religion, les langues latine et française et l'urbanité »[3].

A Angers on lance dans l'*Almanach d'Anjou* de 1772 le prospectus d'une entreprise dont les *Affiches* parlèrent souvent. Elle échoua d'abord. Mais l'idée fut reprise en 1783. Il s'agissait d'une *Institution académique et militaire de la jeune noblesse.* C'est le sieur Besnard, m[e] ès arts, d'écriture, de mathématiques, de grammaire française qui la reprenait[4]. On lit à la page 256 : « Dans l'éducation de routine on donne uniquement du latin ; et de tous ces gens qui ont appris le latin, combien en trouvez-vous qui sachent parler et écrire correctement le français, leur langue nationale ? Les connaissances les plus sublimes sont aujourd'hui traduites en français : pourquoi donc s'obstiner à apprendre des mots tandis qu'on peut apprendre des choses ? Par ce qu'il dit ici, ledit sieur n'entend point exclure de l'éducation publique la langue latine ni les autres langues ; il convient que toutes ont leur utilité. Il prétend seulement qu'elles ne doivent y entrer que pour faciliter la connoissance profonde de la langue nationale. Un Allemand doit savoir l'allemand, un Français le français..... les élèves sauront... par-dessus tout, le français »[5].

L'abbé Uzureau a publié dans les *Mémoires de la Société d'Agriculture... d'Angers* (tome V, 1902, p. 207 et suiv.) des notes extraites

1. Jalombre, dans Brun, *Rech. hist.,* 456.
2. Prarond, *Les grandes écoles et le collège d'Abbeville,* Paris, 1888, p. 334.
3. Raimbault et Busquet, *Invent. somm. des Arch. comm. d'Auriol,* Marseille, 1921, p. 340.
4. *Mem. Soc. d'Agr. d'Angers,* tome V, 1902, p. 255.
5. Naturellement, beaucoup de ces maisons ne prospérèrent pas. En 1777 l'abbé de Marsanne avait ouvert brillamment avec 100 élèves. Malgré les « exercices littéraires », la vogue de l'établissement ne dura pas. En 1780 l'abbé, au-dessous de ses affaires, est menacé de voir saisir ses meubles (Proudh., *Hist. de Gren.,* 541).

des affiches, prospectus, etc., de la fin de l'Ancien Régime. Le
français a sa place presque partout. Mais tandis qu'elle est très
modeste dans les collèges, — on n'en fait mention qu'à Baugé, à
Chemillé, à Cholet[1], à Précigni[2], à Sablé, à Saumur, — il en est
autrement dans les cours particuliers : chez M. Ribault, prêtre à
Chalonnes-sur-Loire (p. 225), chez M. Houdet à St Maurille de
Chalonnes (ib.), chez le sieur Trioche, maître de langues et de
pension à Angers (p. 250), à l'Institution académique et militaire
de la jeune noblesse (p. 255), chez le sieur Guillonneau (Angers)
(p. 265), chez M. de la Brude, où on apprendra la grammaire, l'orthographe et la versification française (p. 267), chez M. de Bois-
leroi, qui enseigne le dessin et l'arithmétique, en même temps que
la grammaire et l'orthographe (267), même chez les professeurs de
latin le sieur Naquefaire, prêtre, et le sieur Blouin, maître ès arts
(272), comme chez le sieur Muzet, maître ès arts et le sieur Noirot,
dragon au régiment Dauphin (273). Le sieur Perrier, « convaincu
que les enfants n'apprennent facilement la langue latine qu'autant
qu'ils possèdent les principes de celle qui leur est naturelle, les
familiarise de bonne heure avec la langue française » (273-274).

Il y a même un s[r] Demoulin, élève de Louis-le-Grand et de l'Académie de l'Université des Arts de Louvain, qui enseigne les langues
française et latine par principes (p. 274).

EFFROI DU CLERGÉ. — Rien ne marque mieux le succès obtenu par
ces nouveautés que les protestations des adversaires. Un cri d'alarme
retentissant fut jeté par l'Abbé Proyart, porte-parole de l'Assemblée
du Clergé[3].

1. Là on ne s'en tient point au latin seul, comme on fait presque dans toutes les
autres maisons d'institution (p. 234).
2. Le principal fera tout ce qui dépendra de lui pour que tous les enfants que l'on
aura conduits jusqu'en cette classe (la 2e) soient munis de principes sûrs d'orthographe, de
grammaire latine et française, dans lesquels il aura soin de les affermir, de manière qu'en
sortant de chez lui ils puissent écrire et parler correctement ces deux langues (p. 247).
3. Proyart était principal du Collège du Puy. Son livre, très intéressant, est intitulé
*De l'éducation publique et des moyens d'en réaliser la réforme projetée dans la dernière
assemblée du Clergé de France* (Paris, 1785, in-12, XVI-220 p., Bibl. nat., Inv. R. 23023).
Naturellement Proyart n'était pas seul à soutenir la tradition. On comparera Poncelet,
Principes généraux pour servir à l'éducation des enfants..., Paris, 1763, in-12 : « Je le
crois nécessaire (le latin) à bien des égards ». L'ouvrage est daté du 26 août 1660,
Il fait déjà une large place aux sciences, II, 237.
Voir aussi Crevier : « il y a quelque langue à apprendre outre la Nationale ; car tant
qu'il restera établi que les Chrétiens prieront Dieu dans une langue qui n'est point leur
langue, et que les François se régiront par des loix qui ne sont pas leurs loix, le Latin
sera une langue nécessaire... de plus une langue commune à tous ces peuples [de
l'Europe], et partant une preuve d'Éducation et une ressource aux Voyageurs ». Mais
l'auteur ajoute que l'économie du temps doit le borner au langage commun et à l'intelligence des livres d'usage (*De l'éduc[n] publique*, Amsterd., 1762, p. 10-11).
De même dans le *Journal des dames* (sept. 1764, p. 32), Sautreau, rendant compte

C'est aux pensions qu'il attribue la perversion des programmes
et l'amour des nouveautés qui s'est emparé des familles.

« De-là, dit-il, ces annonces pompeuses que nous voyons circuler
dans le Public, ces plans d'études *abrégés*, ces *méthodes sûres et
faciles* pour former la Jeunesse : de là ces enseignes scholastiques,
qui nous frappent surtout à l'entrée de nos grandes Villes : ici c'est
un *Cours de Mathématiques* ; là, une *Pension Militaire,* ou bien une
Ecole Académique ». Il doute si le moins estimé des collèges n'est
pas préférable à la Pension la plus vantée[1].

Le mal qu'il constate partout et qui l'inquiète vient de la décadence du latin : « Bientôt nous vîmes éclore les projets d'éducation
les plus propres à satisfaire les goûts les plus bizarres ; et il n'est
pas jusqu'à ces parens qui veulent que l'ignorance soit héréditaire
dans leur famille, qui n'aient trouvé pour leurs enfans un plan d'éducation qui remplit leur vœu, en excluant toute étude du Latin.

« Généralement parlant, nos nouveaux spéculateurs sur l'éducation paroissent faire très-peu de cas de la Langue des Romains...
ils ne demandent de leurs Eleves qu'une étude très-légere de cette
Langue, et par-là même inutile ; ils ne savent pas, sans doute, *qu'on
apprend à parler en François en lisant les Latins*[2] ; mais peuvent-ils
ignorer que la connoissance de leur Langue n'est pas seulement
nécessaire dans l'Eglise et dans la Magistrature, qu'elle est nécessaire encore pour les professions et les emplois qui sont de quelque
importance dans la société, qu'elle est nécessaire même, ou si utile
du moins au Militaire, que le Roi veut qu'elle fasse une partie essentielle des connoissances de la jeune Noblesse qu'il fait élever pour
ses armées ? » (*Ib.*, 98-100).

Il n'est partout question que de nouvelles disciplines : Sciences
naturelles, chimie, français, langues ; Proyart les cite avec effroi[3].

d'un projet : « Il paroît assez extraordinaire que l'étude de la Langue Latine n'entre
pour rien dans celles qu'on se propose de faire faire à ces nouveaux Elèves. Un jeune
homme, auquel on n'a appris que le Latin, est sûrement très-mal élevé. Mais si la
Langue Latine est celle de tous les gens instruits, si elle a été celle de tous les peuples
pendant douze ou quinze siècles, si elle est absolument nécessaire pour l'intelligence de
tous les monuments anciens et modernes ; la connoissance de cette langue n'est-elle
pas indispensable dans une bonne éducation ? » Cf. abbé Augé, *Projet d'éducation...*,
Paris, 1789, 8º, p. 50 et s.

1. *De l'éduc. pub.*, 14-15.
2. C'est la première fois que j'ai rencontré nettement formulé cet argument, qui sert
encore.
3. Et néanmoins lui-même convient que la grande réforme attend encore son orga-
nisateur, celui qui rétablira l'ordre en unifiant les programmes, en faisant une École
normale supérieure, qu'il appelle Maison d'Institution, au-dessous de laquelle devraient
s'ouvrir des noviciats pour former les Maîtres des petites écoles (p. 152, note). Il renvoie à divers ouvrages : *Cours d'éducation* de l'Abbé de Wandelaincourt, *Exposⁿ du plan
de l'U. de Paris* par M. d'Alembert ; *Cours d'études* par M. l'Abbé de Condillac ; *Exer-*

Les angoisses et la diatribe de ce chanoine se comprennent. La concurrence ne cessait de croître, les collèges étaient désertés, tandis que la maison de Sorèze où il y en avait pour tous les goûts, regorgeait[1].

La jeunesse était fourvoyée. C'était bien la catastrophe annoncée par Valard dans une scène digne du *Malade imaginaire* et racontée par le comte de Vaublanc. Le pauvre homme, craignant que le latin serait banni de l'École militaire, « réunit sur une charrette ses vieux livres, ses cahiers, tout ce qu'il possédait. Il s'assit sur ce monceau en désordre ; il partit au moment où les élèves étaient en récréation. Ils s'assemblèrent autour de la charrette ; il leur criait : Vous êtes perdus ! Vous allez croupir dans l'ignorance, vous ne serez bons à rien. On chasse de l'école Virgile, Horace et Cicéron ; je les emporte avec moi ; l'antiquité vous abandonne. Oui, pauvres infortunés, vous êtes perdus »[2]. Ne rions pas trop haut. La pathologie mentale a enregistré tout récemment des cas graves du même délire.

cices des *Elèves* de Sorèze ; *Exercices des Elèves* de La Flèche ; *Traité sur l'Education des Collèges* par l'Auteur de *l'Education du peuple* (p. 100-102).

1. Sorèze possédait « un cabinet de physique, un laboratoire de chimie, un observatoire, une collection d'histoire naturelle, un salon d'exposition, un bassin de natation, un arsenal ». On y enseignait « la lecture, l'écriture, l'arithmétique, la géométrie, l'algèbre, l'analyse, la statique, la navigation, la géométrie descriptive, la stéréotomie, l'art de lever les plans, la fortification, l'architecture, la physique, la chimie, l'astronomie, l'histoire naturelle et ses branches, la géographie, la statistique, l'histoire générale, la chronologie, les différentes parties de la littérature, la déclamation, le grec, le latin, le français, l'anglais, l'allemand, l'italien, l'espagnol, le dessin de figure et de paysage, la peinture au pastel et en miniature, le lavis à l'encre de Chine et en couleur, la topographie, le dessin d'architecture et de fortification, la musique vocale, le violon, le violoncelle, le haut-bois, la clarinette, la flûte, le cor, le clavecin, la danse, l'escrime, les manœuvres militaires et la nage » (Sicard, *o. c.*, 481).

2. *Mémoires du comte de Vaublanc* (Bib. des Mémoires relatifs à l'histoire de France pendant le xviiie siècle, pub. par Barrière), t. XIII, Paris, Didot, 1857, p. 3.

CHAPITRE VI

A LA VEILLE DE LA RÉVOLUTION

Persistance du « vieux système gothique ». — La meilleure preuve
qu'il n'y avait pas eu dans l'éducation des jeunes gens la transformation qu'exigeait l'opinion, c'est que les lamentations continuent
à retentir, toujours plus aiguës et plus pressantes. « On entend...
les premiers hommes de l'état, confesse l'abbé Le Roy, les plus
élevés en dignité, mêler leurs plaintes à celles de nos prétendus
philosophes »[1]. L'auteur est loin de proscrire les langues anciennes,
mais il admet qu' « il convient de donner la préférence à l'étude de
sa langue maternelle », qu' « il est plus avantageux et plus hono-
rable de prendre une parfaite connoissance du français devenu la
langue générale de l'Europe », enfin « qu'on est justement rebuté
de l'abus qu'on a fait du latin ».

La décadence du latin a été étudiée et expliquée dès l'époque par
Grivel (*Théorie de l'éduc*ⁿ, III, 158).

Marmontel, d'éducation jésuite, écrit : « Qu'il me soit permis
de dire un mot de ce qu'il nous reste à souhaiter. A Paris, les
Humanités, que l'on croit bonnes, seraient encore meilleures, si on
y enseignait la langue française avec le même soin que les langues
savantes ; si, en cultivant la mémoire, on s'appliquait de même à
former le goût » (Panckouke, *Encycl. méth.*, *Gr. et Litt.*, 1782,
article Ecole).

Brissot[2] parle avec une grande aigreur de son séjour chez son
premier maître de pension, et au collège, où il passa « sept années
consacrées à se perfectionner uniquement dans l'art de faire des
thèmes, des versions et de mauvais vers latins... mannequin auquel
on soufflait les pensées et les paroles... machine à plagiat », obligé
de composer, et n'ayant point d'idées. Brissot a toujours eu
la passion des langues ; polyglotte lui-même, il espère les faire
apprendre à ses enfants, mais l'ancienne éducation lui paraît stérile.

1. *O. c.*, p. 247-248.
2. *Mémoires*, éd. Perroud, Paris, 1910, I, 34 et suiv.

et coupable. Le cours de physique lui-même a tourné au pur verbiage.

Pour se donner une idée de l'exaspération de certains contre la routine, il faut lire le *Plan d'éducation* de l'abbé Coyer. Tout le livre peut-on dire, est dressé conre le latin. Mais c'est l'article XXIII qui est le plus piquant. Il est intitulé : *Du Latin*. « Qu'apprend on en sixiéme ? Du Latin. En cinquiéme ? Du Latin. En quatriéme ? Du Latin. En troisiéme ? Du Latin. En seconde ? Du Latin. Nulle connaissance de la Nature, des Arts, des Sciences utiles. Point de choses, mais des mots ; et encore quels mots ? Pas même la Langue Nationale, rien de ce qui convient le plus à l'homme. Et on appelle ce long et précieux espace de tems, le cours des *Humanités*. Voilà des Humanités bien sauvages !

« L'Eleve, farci de Latin, bon ou mauvais, passe en Rhétorique. C'est alors qu'on l'oblige à produire quelque chose de soi-même. Peut-etre produirait-il en Français : mais le Latin augmente la difficulté de l'enfantement ; et le fruit est manqué.

« La Philosophie vient couronner cette éducation, et c'est aussi en Latin qu'elle rend ses oracles. Mais enfin, après tant de Latin, je prends au hasard cent de vos Eleves. J'ouvre Cicéron, Tite-Live, Tacite, Horace, Juvénal, et je ne trouve pas dix de vos Latinistes qui les entendent » (189).

La conclusion de Coyer est terrible : « Le Français tend à devenir, comme le Latin, une Langue universelle ; et ce sont les Français qui s'y opposent » (p. 167-168)[1].

Quelques textes encore. Bérenger : « Je sçais tant bien que mal traduire en prose latine un fragment françois ; mais mêlant, fondant et confondant ensemble Horace et Virgile, Ovide et Térence, Séneque et Cicéron, pour former ce qu'on appelle *des Périodes*, je suis probablement aussi ridicule dans mon style barriolé, que si je commençois en françois une oraison funebre d'un Prélat vertueux et regretté, avec le début de la fable *du pauvre Robin mouton*. Pourquoi, tandis que je passois pour sçavoir écrire en latin, ne pouvois-je par-

---

1. « Quant aux fautes d'orthographe qui échappent aux Maîtres, elles restent pour le compte des Disciples. De-là vient que dans les Colleges, leurs thêmes et leurs versions fourmillent de fautes contre le Français ; et on ne les corrige point, parce qu'on ne fait attention qu'au Latin » (p. 129).

« Tous ceux qui ont traité de l'Education, depuis que la Philosophie nous éclaire, Etrangers et Nationaux ; Milton, Locke, l'Abbé Fleury, l'Abbé Gédoyn, sont étonnés de voir, dans les Colléges, la Latin sur l'autel, sans qu'on ose partager son culte entre cette Langue étrangere et la Nationale » (p. 119).

« Notre Langue est devenue la Langue universelle de l'Europe. Elle pourrait perdre de cet avantage, si nous ne la soutenons dans ce degré de gloire, par l'importance et l'élégance de nos compositions. Elle a peut-être à se plaindre de nous. Nous gravons encore nos inscriptions publiques en Latin » (p. 120).

venir à traduire le latin en françois avec élégance et correction ?
Quelle idée la plupart de mes Maîtres donnoient-ils de leur goût,
lorsqu'ils écrivoient quelques mots dans notre langue, eux qui
lisoient les Ouvrages modernes avec une si dédaigneuse indifférence ? Ah ! sans doute notre langue, la plus nécessaire pour nous,
est aussi la plus difficile de toutes. Hélas ! et c'est celle dont j'ignore
les regles, les principes, les analogies, les ressources et les divers
caracteres. Loin de sçavoir écrire, je ne sçais pas même traduire.
Ignoré-je en effet les deux langues ? La langue Françoise étant
nécessairement claire, *et expliquant toujours quand elle traduit,* me
laisse dans un doute cruel sur mes prétendus progrès. Je compose
au besoin (et pourvu que d'autres aient pensé pour moi) des Vers
latins... mais n'est-il pas visible que mes imitations sont des paro-
dies, mes vers heureux de vrais plagiats, et le tout ensemble un
assemblage incohérent, désassorti, bizarre, *et sans aucune utilité
dans l'usage de la vie.* Cependant je ne sçais pas même lire les Vers
de Racine et de Boileau »[1].

Philippon de la Madelaine : « Nos Colléges semblent n'avoir été
construits que pour former des Théologiens, des Médecins et des
Légistes. On n'y professe que le latin et un peu de grec. De quoi
servent-ils au Militaire, au Financier, au Commerçant, au Bourgeois,
à l'Artiste ?

« ... ces deux langues... sont nécessaires à quelques classes de
citoyens, agréables à toutes : mais d'où vient s'y borner » (sic).

Et l'auteur préconise les langues vivantes : « Apprenez à l'enfant
ce qu'il lui importe de savoir étant homme »[2].

Nicolas Adam : « Le premier vice, c'est l'ignorance de la Langue
françoise par principes » (p. 5).

Parmi les moyens de Salut, il convient d'ordonner irrévocablement
ce qui suit :

Art. I. — « Nul maître ou maîtresse d'école, de pension, de
communauté réguliere ou séculiere, soit à Paris, soit en Province,
ne pourra s'ingérer dans l'éducation de la jeunesse de l'un et l'autre
sexe, sans avoir préalablement fait preuve de capacité et de connoissance suffisante dans la Grammaire françoise, pardevant l'inspecteur commis à cet effet par les supérieurs.

« En conséquence de ce premier article, il sera composé une Grammaire françoise élémentaire, courte, claire, et facile, pour les maîtres

---

1. *Soir. prov.*, Paris, Nyon, 1787, in-12, III, p. 235-236, Treiz^me lett. à un jeune
prof^r de Toulon.
2. *De l'Ed^n des coll.*, 1784, p. 87 et 89.

et maîtresses, qui, après l'avoir bien et dûment étudiée et apprise, la transmettront à leurs élèves.

« Il seroit à propos que les évêques ou seigneurs de paroisse, curés ou bénéficiers, procurassent ce livret aux maîtres et maîtresses d'école de leurs villages, qui l'enseigneroient aussi; et par là, on feroit disparoître peu-à-peu le vilain jargon des campagnes, et l'on y introduiroit l'orthographe » (p. 18-19)[1].

Art. III. — « Nuls élèves ne seront admis à l'étude du latin, ou autre Langue etrangere, sinon ceux qui sauront parfaitement la Grammaire Française élémentaire » (p. 22).

L'auteur veut un enseignement uniforme — à Paris deux collèges seulement — l'un de garçons, l'autre de filles (auxquelles du reste il réserve un enseignement du latin, par sa méthode, qui suit[2]).

PROJETS D'HUMANITÉS FRANÇAISES. — Coyer en parle nettement. Il connaît la tentative de Richelieu, l'approuve et explique pourquoi elle n'a pas réussi (p. 167). Or Coyer n'était point seul, tant s'en faut. Nous avons déjà donné l'opinion de la Chalotais. Voici celle de Gosselin, qui rêve le système que nous verrons peut-être établir, d'un enseignement à plusieurs formes, amenant toutes aux hautes études[3]. « Afin d'éviter le reproche, qui n'est que trop fondé, d'avoir appris des langues étrangeres, tandis que l'on ignore celle de son propre pays, on commencera par celle-ci. Il pourra même arriver que plusieurs soient bornés à cette seule langue. L'on ne permettra de passer à d'autres, qu'à ceux qui joindront à beaucoup d'ardeur pour le travail, une grande et heureuse mémoire... Quiconque aura moins de part à ce don de la nature, restera dans les écoles Françaises, pour y achever ses humanités, jusqu'à ce qu'il soit jugé digne d'entrer en Philosophie, où se réuniront pour lors les écoliers de toute espece, les François, les Grecs et les Latins; parce qu'on n'y parlera plus qu'une seule et même langue, comme avant la tour de Babel, bien entendu que cette Langue sera la nationale. N'est-ce pas assez que des jeunes gens travaillent à combiner des idées, sans vouloir

---

1. En attendant, se servir de la *Grammaire des dames*, chez Morin. Voir Buisson, *Dict. de pédag.*, art. Adam. Il a écrit: *La vraie manière d'apprendre une langue quelconque, vivante ou morte, par le moyen de la langue française*, 1787, et *Essai en forme de mémoire sur l'éducation de la jeunesse* (1787). Ce Nicolas Adam avait été professeur au Collège de Troyes de 1780 à 1783.

2. *Essai en forme de mémoire sur l'éducation de la jeunesse*, Londres, Paris, 1787, p. 36.

3. Il dit qu'il ne veut pas bannir le Latin. « Ce que nous voulons bannir, c'est votre enthousiasme pour cette Langue à laquelle vous sacrifiez tant de choses plus utiles ». Il rappelle l'idée de Maupertuis de fonder une ville où tous parleraient latin. « J'aimerais bien mieux une Ville où tous les Citoyens apprissent à fond les regles et la pratique habituelle de la Justice » (*Plan d'éduc.*, 190).

les occuper encore à chercher des paroles qui se présentent toujours
si difficilement, quand on parle un langage étranger?

« Mais que diront sur cet article les Docteurs en Droit, en Médecine,
et en Théologie, qui tous sont dans l'usage de ne parler jamais qu'en
latin dans leurs Theses et leurs Cahiers? Ils se réformeront sur
cela, ainsi que sur beaucoup d'autres choses, s'ils le jugent à propos ;
ou s'ils persistent opiniâtrement à garder leur vieille routine, ils
n'empêcheront personne de croire que d'enseigner la Religion à
un Peuple, dans une langue qu'il n'entend pas, de dicter des loix à
une Nation, dans un idiome étranger, de faire des ordonnances inin-
telligibles pour les malades, ne soit pas le comble de l'absurdité »[1].

LE DÉGOÛT DE L'ÉDUCATION TRADITIONNELLE. — Il ne faudrait donc pas
se laisser tromper par ceux qui voudraient nous montrer la société
de 1780 emportée par un engouement irréfléchi[2]. Il ne s'agissait ni
de mode, ni d'entraînement. Ceux qui se trompaient, c'étaient ceux
qui, les yeux fixés sur la Rome éternelle « Capitoli immobile saxum »,
ne voyaient pas la marche du monde, et ne comprenaient pas que le
vieux système d'éducation était irrémédiablement démodé.

Il ne convenait plus au goût de l'époque, toute enfiévrée de connaissances, et qui espérait dans le prodigieux développement des
sciences pour renouveler le monde. Une culture fondée sur l'apprentissage de langues mortes, absorbée pendant des années par des
études de mots, des règles de grammaire et de prosodie, tandis que
les esprits étaient tournés vers les questions positives, les progrès
matériels, apparaissait comme un non-sens. En 1781, Pilâtre de
Rozier ouvrait une véritable École d'Enseignement supérieur,
d'abord sous le nom de *Musée de Monsieur,* puis sous le nom de
Lycée. Quel en était le programme? les sciences et leur application.
Ce n'est que plus tard que Garat y vint enseigner l'histoire et
Laharpe la littérature. Or le succès de cette sorte de *Conservatoire
des Arts et Métiers* fut immense. Le nombre des souscripteurs
s'élevait à six ou sept cents, parmi lesquels les femmes les plus dis-

1. *Pl. d'éduc.,* 87-88, Amsterdam, 1785. Le livre de Gosselin est dirigé contre
Rousseau et l'éducation particulière. L'auteur exècre les jésuites, les évêques, les collèges des villes. Il est pour la coéducation, les instituteurs mariés, etc.
2. « Les pensionnats privés, dit Silvy, étaient alors très nombreux dans toute la
France. Quelques-uns étaient bien tenus ; la plupart, dominés par les doctrines pédagogiques que l'*Émile* avait mises en vogue, enseignaient d'après de singulières méthodes
et ne pouvaient donner de bons résultats... C'est à ces pensionnats à la mode, dont la
caractéristique générale était de négliger ou de supprimer le latin... que faisait allusion
l'archevêque de Paris, lorsque, vers 1780, il déplorait dans un de ses mandements
« l'erreur des parents, qui, entraînés par l'esprit de système, adoptent pour leurs enfants
« des méthodes bizarres d'éducation » (*Hist. de l'éducation,* 24).

tinguées de Paris. Ce sont les marquis de Montesquiou et de Montmorin, le duc de Villequier, qui avaient recruté les professeurs et
rédigé le prospectus. Le *Lycée* tenait une telle place dans la vie intellectuelle que Grimm en parle aux souverains étrangers, ses correspondants[1]. Des tentatives analogues eurent lieu en province et réussirent. Dijon, Lille, etc. eurent leurs cours libres, où le dessin, la
chimie, les sciences naturelles furent enseignées[2]. A Bordeaux, des
cours publics étaient donnés au Musée, ainsi que des récitations.

Comment n'eût-on pas désiré pour ses enfants un régime d'études
analogue, en harmonie avec les aspirations de la génération nouvelle ?

Mercier, dans son *Tableau de Paris*, jette à ces professeurs de
l'Université qui rabaissent la langue française de cruelles apostrophes : « Il vaudroit mieux, dit-il, l'étudier que de la calomnier. Ils
affectent pour les ouvrages de nos grands écrivains un mépris superbe ; il y a fort à parier qu'ils ne les entendent pas toujours... Le
plan des études est toujours horriblement défectueux ; il se borne
à la connoissance de quelques mots latins... Le meilleur écolier
remporte au bout de dix années bien peu de connoissance en tout
genre... Cent pédans veulent apprendre à des enfans la langue latine
avant qu'ils sachent leur propre langue, tandis qu'il faut d'abord
en savoir une à fond pour en bien apprendre une autre. Comme
on s'est lourdement mépris dans tous les systèmes d'études ! »[3]

Pareils sarcasmes n'étaient que trop justifiés. Dans l'exposé qui
précède, nous avons surtout noté les progrès. Ils ne doivent pas
tromper sur l'état réel des études. Les résistances étaient loin d'être
vaincues. Une opposition entêtée maintenait que l'enseignement
secondaire, c'était avant tout l'enseignement du latin[4].

Aucune pensée directrice, aucune ordonnance générale n'avait
consacré les changements, ne les avait imposés. La monarchie

---

1. Cf. Ch. Dejob, *L'Instruction publique en France et en Italie au XIXᵉ s.*, Paris,
Colin, 1892, p. 144 et suiv., et Aulard, *Napol. et le Mon.*, 41.
2. Sur les cours de Lille, voir Ar. Crapet, d'après de Saint-Léger, *La vie à Lille*,
p. 66, 71.
3. Tome II, 46, chap. cxviii.
4. Il ne suffit pas, disait en 1768 le *Règlement des Collèges de l'Université de Douai*,
d'entendre les auteurs latins ; il est encore nécessaire de parler leur langue : elle est la
seule en usage dans nos écoles de philosophie, de théologie, de jurisprudence et de
médecine ; on la parle dans tous les exercices publics et quiconque ne s'y est pas exercé
depuis longtemps ne sauroit prétendre à l'applaudissement de ceux qui l'écoutent,
fût-il d'ailleurs un génie supérieur... Aussi l'Université veut-elle que les maîtres
parlent et obligent leurs élèves à parler latin dès le commencement de la troisième :
cette loi aura également lieu en seconde et en rhétorique et on l'aurait établie même
pour la quatrième et la cinquième si la langue française était moins négligée dans ces
provinces » (Arch. comm. de Lille, cart. 164, 13 août 1768, art. III, p. 33, dans Jos.
Peter, *L'enseign. secondaire dans le dép. du Nord pendant la Révolution*, Lille, 1912,
in-8°, p. 42-43).

n'avait point de système pédagogique. Le pouvoir royal assistait à la lutte ; il ne s'y mêlait point[1]. L'Église, si elle intervenait, exerçait son influence contre toute mesure qui tendait à déposséder sa langue de la position dominante qu'elle avait occupée depuis Charlemagne. Elle n'eut pas le temps du reste de s'organiser pour une réaction. « Le malheur des écoles françaises, disait l'Oratorien Daunou, c'est de n'être jamais au niveau de leur siècle »[2]. Personne n'entreprit de les y remettre.

Les familles, dans leur légitime inquiétude, cherchaient, tâtonnaient, envoyaient leurs enfants partout où ils avaient chance de trouver un programme rajeuni, adapté aux idées modernes. Nous reverrons ces poussées dans quelques années. Aucune contrainte ne prévaut longtemps contre les mouvements de la nature et de la vie.

1. Lamoignon avait eu l'idée de reprendre la question de l'instruction publique et de la régler. Il demanda un plan à Marmontel. Mais sa chute rapide l'empêcha de rien tenter. « L'une des vues de ce ministre [M. de Lamoignon] était de réformer l'instruction publique, et de la rendre florissante ; mais comme il n'avait pas lui-même les connaissances nécessaires pour se former un plan, un système d'étude qui remplît ses intentions, il consulta l'abbé Maury... Celui-ci, ne se croyant pas assez instruit sur des objets dont il ne s'était pas spécialement occupé, lui conseilla de s'adresser à moi... Dans l'entretien que nous eûmes ensemble, je vis qu'en général il concevait en homme d'État, et dans toute son étendue, le projet qu'il avait formé ; mais les difficultés, les moyens, les détails, ne lui en étaient pas assez connus. Pour nous assurer l'un et l'autre si j'avais bien saisi son plan, je le priai de me permettre de le développer dans un mémoire que je lui mettrais sous les yeux ; mais je le prévins que, dans les réformes, rien ne me semblait plus à craindre que l'ambition de tout détruire et de tout innover ; que j'avais beaucoup de respect pour toutes les anciennes institutions ; que je déférais volontiers aux leçons de l'expérience ; et que je regardais les abus, les erreurs, les fautes passées, comme ces mauvaises herbes qui se mêlent au pur froment, mais qu'il faut extirper d'une main légère et prudente, pour ne pas nuire à la moisson.

« Mon mémoire fut divisé en huit articles principaux : la distribution des écoles et des objets de l'enseignement, selon l'utilité commune ou les convenances locales ; les établissements relatifs à l'un et à l'autre de ces objets ; la discipline ; la méthode ; les relations graduelles, et l'exacte correspondance des extrémités à leur centre ; la surveillance générale ; les moyens d'encouragement ; la connaissance et l'emploi des hommes que l'instruction aurait formés.

« Dans l'ensemble et dans les rapports de cette vaste composition, j'avais pris pour modèle l'institut des jésuites, où tout était soumis à une règle unique, surveillé, maintenu, régi par une autorité centrale, et mis en action par un mobile universel. La plus grande difficulté était de substituer au lien d'une société religieuse, et à l'esprit de corps qui l'avait animée, un motif d'intérêt et un ressort d'émulation qui réduisît la liberté aux termes de l'obéissance ; car les mœurs et la discipline à établir dans la classe des maîtres, comme dans celle des disciples, devait être la base de cette institution. Le garde des sceaux approuva mon plan dans toutes ses parties..... Je compte sur vous, Marmontel ; comptez sur moi de même, et pour la vie... Et, en achevant de développer et de perfectionner mon plan, je crus travailler pour sa gloire » (Marmontel, *Mém.*, 434-435).

2. Voir sa *Let. sur l'Éducation*, 1789, dans le *Journal encyclopédique*, 103, 281, 465. « Le jargon demi latin de nos écoles devait-il donc subsister jusqu'à la fin du XVIII⁰ siècle ? Pourquoi, lorsque la langue française est si propre aux matières philosophiques, s'obstiner à les revêtir de la plus insipide latinité ? N'est-il pas évident, que, sans cet usage ridicule, on peut apprendre très solidement la langue de Cicéron et de Virgile ? »

B. — LE FRANÇAIS ET LES PETITES ÉCOLES

CHAPITRE PREMIER

LES ÉCOLES

Il n'est pas contestable que, dans leur ensemble, les écoles ont quelque peu servi à répandre la connaissance du français. Mais il faut se garder de faire aucun rapprochement entre une époque comme celle-là et la nôtre. Une école d'aujourd'hui est une maison où on enseigne, une école de jadis était un endroit où on gardait et où on élevait des enfants.

Les principales raisons qui ont réduit le rôle des écoles dans la propagation de la langue sont les suivantes : nombre d'écoles insuffisant, insuffisance des maîtres, programmes — si on ose employer improprement un mot si ambitieux — conçus sans aucun souci de former l'enfance à la pratique de la langue française, enfin, là comme ailleurs, influence réduite, mais pernicieuse tout de même du latin.

LE NOMBRE DES ÉCOLES. — On débattra longtemps encore sur l'état scolaire de la France dans les derniers temps de l'ancien régime [1]. Il semble impossible de s'en rapporter aux témoignages que les correspondants de Grégoire ont fourni quelques années plus tard. A les en croire, il n'aurait été à peu près rien enseigné, dans les villages au moins [2].

---

1. Voir tome V, p. 34 et suiv.
2. « Il s'en faut bien qu'en Périgord chaque village ait son maître d'école ; je ne crois pas qu'il y en ait plus de 40 à 50 dans les 700 paroisses qui le composent ; on est trop pauvre pour les nourrir. Quelques-unes enseignent les premiers éléments de la langue latine » (*Lett. à Grég.*, p. 156).
  Dans le Gers : « Il n'y a peut-être pas une seule maîtresse d'école dans tous les villages du département du Gers ; il y en a peu où il y ait des maîtres » (Auch, *Ib.*, p. 95, n° 32).
  En Poitou : « Il y en a autant (de villages) qui en manquent qu'il y en a qui en possèdent » (*Ib.*, p. 278, n° 30).
  En Sancerrois : « il n'y a que les villes qui aient des maîtres et des maîtresses d'école

Il faut évidemment se défier des exagérations que pouvait inspirer à des hommes qui croyaient à l'école, qui espéraient en elle
pour répandre les idées nouvelles, l'insuffisance incontestable de
l'organisation scolaire de l'ancien temps. Leur zèle voyait grand et
les portait presque inconsciemment à juger misérable tout ce qui
avait été fait jusque-là.

Mais comment expliquer, si tout était pour le mieux, les réclamations si nombreuses qu'on trouve dans les *Cahiers*? Admettons
qu'une folie réformatrice sévissait dans les milieux pensants. Mais
avait-elle gagné les villages? Combien y en a-t-il qui demandent
comme Havrincourt (Pas-de-Calais) « un maître... sachant bien sa
religion, le françois et autres sciences nécessaires aux gens de la
campagne »[1]. Il suffit de lire leur modeste requête pour voir quel
sentiment inspire les gens de Gouzeaucourt, quand ils souhaitent
« qu'ils soit destiné un fonds annuelle (sic) pour l'etablissement
d'une écolle gratuite et publique pour l'instruction des pauvres, tenu
par un maître... scachant bien la religion et le français »[2]. Passion
politique. Qui le croira? A l'autre bout de la France, les mêmes
besoins suggèrent mêmes plaintes. Et le clergé de Dax, la noblesse
d'Albret joignent leurs voix à celles du Tiers[3].

en règle ; on y enseigne seulement à lire, écrire, chiffrer, et le catéchisme. Ces écoles,
ordinairement, sont surveillées par les curés, qui n'ont aucun assortiment de livres à
prêter à leurs paroissiens. Quelques bourgs ont des maîtres d'école que le hasard procure ; les gens de la campagne ont beaucoup le goût de la lecture ; l'Evangile et quelques livres de piété forment leur petite bibliothèque. Les plus aisés d'entre eux envoient
tous les jours leurs enfants à la ville pour s'instruire ; les curés instruisent aussi quelques petits paysans » (*Lett. à Grég.*, p. 270).
    Mazille, près Cluny : « Il n'y a point de maîtres d'école dans nos villages. Les gens
de la campagne aiment beaucoup la lecture, et, s'ils ne font pas instruire leurs enfants,
c'est qu'ils n'ont point de maîtres d'école. Ceux qui peuvent le faire les mettent pendant
l'hiver dans les villes voisines, mais le nombre en est petit ». (*Ib.*, p. 228, n° 32 et
n° 36).
    En Dombes, Mâconnais, Bresse : « Très peu de villages sont fournis de maître d'école ;
on n'en trouve que dans les paroisses considérables ou dans lesquelles il existe des fondations à cet effet » (*Ib.*, p. 223).
    Cependant, dans d'autres pays du Sud-Est, de l'Est et du Nord, la situation est reconnue meilleure.
    Dans le Dauphiné : « Les villages un peu considérables ont des maîtres d'école
depuis la Toussaint jusqu'au printemps... Il n'y a point de maîtresses d'école » (*Ib.*,
p. 176).
    Dans le Jura : « Il y en a dans tous les chefs-lieux de paroisse, mais ceux qui ne le
sont pas n'en ont qu'en hiver... Quelques cantons éloignés du chef-lieu donnent des
maîtres avec l'approbation de l'ordinaire. Ils enseignent garçons et filles, parce qu'il
n'y a pas de personnes assez instruites pour faire les fonctions de maîtresse d'école »
(Joly, Saint-Claude, *Ib.*, p. 205-210, n° 32).
    « Il y a un maître d'école dans chaque paroisse et le plus grand nombre de villageois
sait lire » (Rochejean, Salins, *Ib.*, p. 216, n° 32).
    Saint-Omer : « Il y a des maîtres dans tous les villages, excepté les hameaux ; les
maîtresses d'école y sont moins communes et plus ignorantes » (*Ib.*, p. 259, n° 32).
    1. Loriquet, *Cahiers ... du Pas-de-Calais*, Arras, I, 351.
    2. Ib., *Ib.*, p. 317.
    3. Puech, *Hist. de la Gascogne*, 1914, in-12, 400.

Les enquêtes postérieures ne laissent point de doute. Dans un trop grand nombre d'endroits, affirmons-le sans crainte d'être démentis, l'instruction des masses était nulle. A Genolhac, district d'Alais (Gard), « dans une partie des communautés, il n'y a point d'Établissements publics, on n'y enseigne pas même à lire » (Enq. de 1791. A. N., F17A, 1313). A Vic, Hautes-Pyrénées, même réponse (Ib., 1316). De plusieurs districts le tableau où doivent être inscrits les établissements d'instruction arrive au Comité vierge ou à peu près.

Au reste, d'innombrables études sur l'instruction primaire avant 1789 permettent aujourd'hui de se faire une idée à peu près exacte des institutions scolaires. Il y a lieu de se défier autant des apologies que des dénigrements systématiques[1]. Pour un peu, certains nous démontreraient que l'instruction publique a baissé depuis un siècle[2]. Le difficile en ces matières, c'est qu'il faut se méfier même des statistiques. Toutes ne prouvent pas. On a compté les époux sachant signer, c'est bien. Encore faudrait-il voir quelle est leur écriture. Puis, à tout prendre, on peut signer son nom, sans savoir vraiment écrire[3]. Si l'on a simplement dénombré les témoins des actes, s'est-on toujours assuré qu'ils n'avaient pas été choisis justement en raison de leur instruction?

Ceci dit, il me suffira de donner quelques aperçus des résultats auxquels leurs études ont conduit les chercheurs. Prenons d'abord une région très « avancée ». Il a été dressé récemment des statistiques précises pour la Bourgogne, par Champeaux. Il en résulte que dans 10 archiprêtrés de Bourgogne (Arnay-le-Duc, Avallon, Beaune, Couches, Duesme, Flavigny, Nuits, Pouilly, Semur et Touillon),

1. Le rapport de Sauvestre sur l'enseignement primaire en France avant 1789 (Mus. Pédagog., Ms. 35, anc. 362), demeure un très consciencieux résumé d'une enquête faite dans toute la France, par les soins des inspecteurs primaires et des instituteurs. Sur le nombre des écoles il est un guide indispensable. Toutefois les études postérieures ont apporté beaucoup de renseignements nouveaux. L'enquête de 1790-1792 en fournirait encore (A. N., F17, 1344-1367).

2. « Pour tout homme de bonne foi il est incontestable qu'en somme, depuis un siècle, le niveau de l'instruction publique a baissé en proportion de l'accroissement de la population... les enfants fréquentaient l'école plus longtemps que de nos jours, leur intelligence en était plus développée, et leur application mieux soutenue » (Abbé Portagnier, Ét. hist. sur le Rethélois, Au Châtelet-sur-Retourne, 1874, p. 274).

3. Dans la rédaction des Cahiers on voit clairement que l'instruction est fort peu répandue. « Le cahier d'une paroisse qui compte 1500 ou 1600 communiants, c'est-à-dire qui compterait aujourd'hui près de 500 électeurs, n'est en général revêtu que d'une douzaine de signatures lisibles, les autres signatures, peu nombreuses du reste, sont grossièrement tracées et il est évident que les paysans qui les ont apposées ne savent que signer. Pourtant tous les paroissiens aisés... tous ceux qui ont pu recevoir quelque instruction sont présents à l'assemblée, comme l'indiquent les procès verbaux.

« Quelques cahiers portent même la mention que tous ceux qui savent ont signé.

« Le cahier de St-Jean de Béré-lès-Chateaubriant (art. 16) nous dit que « la plus grande partie des paysans ne sait ni lire ni écrire » (E. Dupont, La cond. des pays. de la Sénéchaussée de Rennes, d'après les cahiers des paroisses; Ann. de Bret., XV, 1899-1900, p. 54).

sur 275 paroisses, 221 au moins avaient une école. Dans les
7 doyennés de l'ancien diocèse de Dijon, sur 192 paroisses qu'on a
étudiées, il est sûr que 154 — peut-être plus — avaient une école
au xviiie siècle[1]. Dans l'élection de Sens, en 1789, d'après un état
des paroisses dressé en vue de l'établissement de l'impôt, il y avait
presque autant d'écoles que de communes[2]. L'Avallonnais comptait
25 écoles pour 30 paroisses[3]. Dans l'Aube, de 446 communes, 403
étaient pourvues d'écoles[4].

Mais ailleurs les chiffres sont bien différents : Sur 199 paroisses
que comptait le diocèse d'Albi en 1789, 21 seulement avaient des
écoles. En Auvergne, il en existait à peine dans un sixième des
paroisses. Dans le Limousin et la Marche, à la même date, on en
constate moins encore[5].

Je m'abstiendrai donc de donner aucune moyenne générale.
Moins prudents, des hommes assurément passionnés, mais sincères,
comme MM. Maggiolo ou Allain, ont affirmé que le nombre des
écoles semblait avoir été de 2 pour 3 paroisses. A bien compter, il
en eût fallu six, mais, en dépit des Conciles, on réunissait les
sexes. En revanche, il n'est pas dit que là où une école manquait,
l'instruction manquait nécessairement aussi : les élèves allaient au
village voisin, on « géminait »[6]. En tous cas, les chiffres donnés
ci-dessus sont des chiffres maximum. Ils ne doivent pas éblouir.

La situation, pour d'autres causes encore, était très mauvaise.

LES RÉALITÉS. LA FRÉQUENTATION SCOLAIRE. — D'abord la répartition des écoles, faite au hasard, n'avait rien de régulier. Certaines
régions étaient à peu près pourvues, dans d'autres les écoles manquaient complètement[7]. Ensuite une école pouvait n'exister que vir-

1. J. Garnier et Champeaux, *Introd. aux Chartes ... en Bourgogne*, ch. xix, 754.
2. Quantin, *Rech. sur l'Inst[on] primaire dans le Dép[t] de l'Yonne*, Auxerre, 1874, in-8°,
64 ; cf. p. 67, sur le Tonnerrois.
3. Charmasse, *État de l'Inst[on] primaire dans l'ancien diocèse d'Autun*, Paris et Autun,
1871, p. 41.
4. Champeaux, *o. c.*, 752, n° 5.
5. Inventaire sommmaire des Arch. départ[les] H[te]-Vienne, série E, Préface, p. xvii
et suiv.
6. Voir l'abbé Allain, *Contrib[on] à l'hist. de l'inst[on] primaire dans la Gironde*, 1895,
p. 111.
7. « Quand l'opinion générale, en haut, en bas, est contraire absolument à l'instruction du paysan et conspue, comme des perturbateurs publics, les Frères ignorantins,
quand le désordre et la ruine sont partout dans les fabriques et dans les cloîtres, comment aurait-on pu préserver ces mêmes rentes, tombées aux comptes de bénéfices en
commande d'étrangers ? Dans la ville même abbatiale de Saint-Florent-le-Vieil, toutes
les grandes fondations, dont l'œuvre s'exerçait devant la porte même de l'abbaye, sont
déchues ; le logis de l'École est rasé depuis la fin du xvie siècle ; et, si l'on voit encore
nommer un et même deux maîtres au milieu du xviie siècle, il n'y avait plus, un siècle
plus tard, et depuis de longues années déjà, ni maître, ni école, ni revenus religieux

tuellement, restant des années sans maître, ni élèves. Nous en avons souvent la certitude. On trouve un procès-verbal qui témoigne qu'elle a été fondée. Oui. Mais quand le maître désigné a cessé ses fonctions, a-t-il été régulièrement remplacé ? C'est chaque fois une série entière de procès-verbaux ou de comptes qu'il faudrait produire. Et on pense bien que nous n'en sommes pas là. Beaucoup de papiers ont disparu, et là où ils sont conservés, ils ne fournissent pas la suite de documents sur lesquels on devrait pouvoir s'appuyer pour conclure avec quelque certitude à la permanence de l'école.

Ce ne sont pas là des raisonnements en l'air. Ils sont confirmés par des faits. A Saint-Cyr (diocèse d'Auxerre), il n'y eut que cinq maîtres de 1668 à 1791, et ceci ne s'explique pas par des cas de longévité. A Bourgneuf, d'après un procès-verbal de 1749, les enfants restèrent dépourvus d'instruction pendant 20 ans[1]. Mêmes interruptions, plus ou moins longues à Missilac, autour de 1787[2], à Port Saint Père, en 1761[3], à Vue, en 1781[4], pour ne parler que de Nantes et des environs. On ne se pressait pas d'y pourvoir, des bénéficiaires profitant dans l'intervalle des revenus de la fondation.

Les crises économiques aussi affectaient profondément la vie scolaire. L'instruction était un luxe sur lequel on retranchait. L'évêque d'Auxerre, M. de Caylus, visitant les paroisses de 1705 à 1712, avait trouvé les écoles dans un état lamentable. A Chateauneuf (archiprêtré de Pouilly en Auxois), en 1708, il y a un maître d'école « à qui personne n'envoye des escoliers, crainte de le payer »[5].

Enfin la fréquentation scolaire était très irrégulière. Sauf les tout petits, qui ne pouvaient point rendre de service aux champs, personne n'allait à l'école à partir du printemps. Les écoles de l'Ancien Régime

qui y pourvussent. C'est en 1757 qu'une dame charitable, en créant une rente de 150 livres pour la fondation d'une pauvre aumônerie, imposa à la sœur grise qui en prit la charge, l'obligation gratuite de tenir de plus une petite école — sans autre revenu. Une école existe encore en 1768 à la Salle-de-Villiers ; elle n'existe plus en 1789. Villedieu, centre ancien d'une commanderie, n'en avait pas... Dans tout le district de Cholet — Cholet compris, — on en pourrait compter dix ou douze autres, vivant sur des fondations de 10 à 250 livres de rente. Autant peut-être dans celui de Beaupréau ; et pour le reste, une vingtaine en tout d'écoles, — et quelles écoles ! — soutenues au jour le jour, selon que se rencontrait quelque bonne âme enseignante. Montjean, qui avait des écoles de filles et de garçons, n'ose demander « d'écoles publiques » que dans les gros bourgs et les petites villes ; et Saint-Christophe, tout aux portes de Cholet, qui n'avait rien et qui se disait « en proie aux désordres les plus affreux de la jeunesse », n'en espère qu'en différents endroits. D'autres voix plus nombreuses heureusement réclament, mais quelques unes sans grande insistance (car il n'y a guère d'espoir), que dans toutes les paroisses il soit établi des écoles... des écoles de charité ! » (Port, *La Vendée Angevine*, I, 72-73).

1. Bénéfices (Arch. de l'Hôpital), dans Léon Maître, o. c., p. 29.
2. Id., *Ib.*, 59.
3. Id., *Id.*, 85.
4. Id., *Ib.*, 102.
5. Charmasse, o c., 80.

étaient des écoles d'hiver, auxquelles le beau temps faisait plus de tort encore que le mauvais.

Progrès. — Le mal diminua pourtant peu à peu au cours du siècle. Il est exact de dire que les améliorations s'expliquent surtout par le mouvement général des idées au xviiie siècle[1]. Seulement il faut bien se garder de rien affirmer à priori et de considérer qu'à tout progrès de la « philosophie » correspondait un désir de répandre « les lumières ». Telle école, tel penseur a pu être extrêmement philosophe, et n'avoir aucunement mis dans son programme de progrès la généralisation de l'instruction première. Voltaire, le jour où il manquait de main-d'œuvre agricole, était « obscurantiste », et il n'y a pas dans son œuvre de plaidoyer en faveur de l'éducation de la masse. Rousseau n'en a pas parlé non plus, même dans l'*Emile*, et le Réformateur de l'instruction secondaire, La Chalotais, ne se soucie en aucune façon d'étendre l'influence de l'école, tout au contraire. Il adoptait la vieille thèse, qu'on risquait en instruisant le peuple, de le détourner de son rôle et de sa destinée. « Les Frères de la Doctrine Chrétienne, qu'on appelle *Ignorantins*, écrit-il, sont survenus pour achever de tout perdre ; ils apprennent à lire et à écrire à des gens qui n'eussent dû apprendre qu'à dessiner et à manier le rabot et la lime, mais qui ne le veulent plus faire. Ce sont les rivaux ou les successeurs des Jésuites. Le bien de la Société demande que les connoissances du Peuple ne s'étendent pas plus loin que ses occupations. Tout homme qui voit au de-là de son triste métier, ne s'en acquittera jamais avec courage et patience. Parmi les gens du Peuple, il n'est presque nécessaire de sçavoir lire et écrire qu'à ceux qui vivent par ces arts, ou que ces arts aident à vivre » (*Essai d'Éduc*ⁿ *nationale*, p. 24-26).

C'est en récompense de cette déclaration que Voltaire écrivait à l'auteur (28 fév. 1763) : « Je vous remercie de proscrire l'étude chez les laboureurs. Envoyez-moi surtout des frères ignorantins pour conduire mes charrues ». Absence d'esprit démocratique ? Préjugés de bourgeois ? Incompréhension de ce que l'école pouvait faire de l'esprit public, étant donné ce qu'elle en faisait alors ? Il y a de tout cela sans doute dans ces doctrines de malthusianisme intellectuel[2].

---

1. A Grenoble, dès 1704, on voit une réunion de magistrats et d'ecclésiastiques fonder une confrérie pour l'instruction des enfants du peuple (Prudh., *o. c.*, 531).

2. Rousseau a dit dans l'*Émile* (liv. I) : « Le pauvre n'a pas besoin d'éducation. Celle de son état est forcée, il ne saurait en avoir d'autre ». On comparera les idées exprimées par L. Philipon de la Madelaine dans ses *Vues patriotiques sur l'éducation du*

L'ÉTAT CONTRE L'ÉCOLE. — Il arrivait que les intendants s'occu-
passent de la question des écoles. Ainsi Moulins de la Porte, dernier
intendant de la Lorraine et du Barrois, qui arrivait de Perpignan en
juin 1778 et qui entra en fonctions le 12 mai 1779. Presqu'aussitôt
en possession de sa charge il ouvrit une enquête[1].

Mais pareils soucis paraissent avoir été assez rares. Si un ecclésiastique déclare que les femmes liseuses sont de méchantes femmes,
l'Intendant de Provence, Desgalois de la Tour, écrit le 26 juillet 1782
au Ministre Joly de Fleury à propos de l'école de Carnoules : « Non
seulement le bas peuple n'en a pas besoin, mais j'ai toujours trouvé
qu'il convenait qu'il n'y en eût point dans les villages. Un paysan
qui sait lire et écrire quitte l'agriculture pour apprendre un métier
ou pour devenir un praticien, ce qui est un très grand mal. C'est un
principe que je me suis fait et je suis parvenu à empêcher bien des
établissements de cette nature dans des lieux où ils tirent à conséquence » (Lhuillier, o. c., 88).

Cette manière de penser est loin d'être rare à l'époque[2]; on peut
presque dire qu'elle était officielle. Nous citerons, parmi d'autres,
une lettre de l'Intendant d'Etigny à Goyeneche, syndic des Etats de
Navarre (29 juillet 1759). L'Intendant avait refusé d'approuver des
crédits que les communes de Navarre voulaient s'imposer pour
l'entretien des écoles. Goyeneche lui avait adressé une protestation.
D'Etigny montre par sa réponse à quel point l'autorité méconnaît la
nécessité de répandre l'instruction. « Je ne crois pas qu'il soit nécessaire de faire de grands raisonnemens pour prouver l'inutilité des
régens dans les villages. Il y a de certaines instructions qu'il ne
convient pas de donner aux paysans; rien n'était plus commun
lorsque je suis arrivé dans cette généralité que de voir des enfants
de petits laboureurs, vignerons, même de journaliers, abandonner
leurs vilages pour chercher à sortir de leur état, soit en apprenant à
écrire pour pouvoir entrer chés des procureurs ou dans des bureaux,
soit en se donnant au latin, pour devenir avocats ou prêtres, ce qui
peuplait le pays de fainéants et de mauvais sujets, qui, en diminuant

peuple. Cf. Buisson, *Dict. de péd.*, I, 2360-2363. Crevier, dans les *Difficultés proposées
à M. de Caradeuc de La Chalotais*, Paris, 1763, p. 12 et suiv., a vivement combattu
cette idée qu'il ne fallait pas instruire le peuple.

1. Dans plusieurs réponses on lui signale non seulement la nécessité d'organiser le
recrutement, de régler la situation des maîtres, mais de créer un séminaire (Saint-Dié),
d'imposer un examen passé au chef-lieu (Sarreguemines et Gondrecourt). On lui dit
en outre — chose à noter — à peu près la même chose que ses correspondants disent
à Grégoire sur l'état misérable de l'instruction (Creutzer, *Des intendants de Lorraine*,
34-36).

2. Voir un mémoire de l'Abbé Terrisse à l'Académie de Rouen, 1746, *Précis des
trav. de l'Ac. de Rouen*, I, 181-188 : Est-il avantageux ou préjudiciable au bien de
l'Etat que les gens de la campagne sachent lire et écrire ?

le nombre des cultivateurs, augmentoient celui des gens inutiles et
sans ressources pour la société. La vanité domine dans ce canton,
et s'il n'y était pas mis ordre, les terres seroient bientot aban-
données, faute de monde pour les cultiver. Dans l'exacte vérité, l'on
se plaint dans presque tout mon département qu'on ne trouve pas
d'ouvrier pour travailler les fonds. Ce seul article demanderait qu'on
empêchât les paysans d'apprendre à lire et encore moins à écrire :
aussy est-ce une des principales raisons qui me font prendre le
party de supprimer les regens surtout dans les endroits qui ne sont
habités que par des laboureurs, vignerons ou journaliers...

« Il est naturel que les habitans qui ont de la fortune et qui sont
en état de donner de l'éducation à leurs enfans, cherchent à leur en
procurer... En suprimant... les régents... j'ai toujours répondû,
lorsqu'il m'a été fait des représentations, que ceux qui vouloient
faire aprendre à lire, à écrire et le latin à leurs enfans, n'avoient qu'à
chercher des maîtres et les payer, ainsy qu'on le fait dans les villes,
où les écoles de charité ne sont que pour les pauvres gens, à qui l'on
ne doit pas interdire la lecture, comme dans les villages, eu égard
aux occupations qu'ils peuvent y trouver, au lieu que dans les campagnes rien n'est moins nécessaire au paysan que de sçavoir lire.

« Le prétexte de la religion dont se sert le sieur Goyeneche est
une vraye chimère ; il ne faut à ceux qui sont faits pour travailler les
terres que les instructions des curés ; ils en profitent mieux qu'ils ne
feroient de la lecture, et leur simplicité sur ce point est préférable
aux connoissances plus étendues et plus parfaites qu'ils pourroient
se procurer dans les livres » [1].

Peut-être l'intendant avait-il adopté de lui-même cette manière de
voir, mais elle était singulièrement fortifiée par les instructions que
lui donnait M. de Séchelles, le contrôleur général, et c'est avec la
certitude d'être approuvé de son chef qu'il déclarait triomphalement,
à propos de l'école d'Aucamville : « Je supprime toutes celles de
cette nature qui se font dans les communautés, lorsque j'en ay
connoissance » [2].

LES PHYSIOCRATES. L'ÉCOLE POUR TOUS. L'ÉCOLE D'ÉTAT. — Les hommes

---

1. *Inv^re som. des Arch. dép. du Gers*, C. 13, f° 53-54. Cf. Parfouru, *Lettres et mém.
inédits de M. d'Etigny*, Ann. du Gers, 1885, 342-344, et Puech, *Hist. de la Gascogne*,
405.
2. Parfouru, o. c., 340-341. L'auteur cite des lettres qui ne laissent aucun doute
sur les vues du contrôleur général : « Elle (la commune de Sedze-Maubec) est actuellement dispensée de cette charge par la suppression que j'en ai fait, ainsi que dans un
très grand nombre de communautés de mon département, conformément à la décision
de M. le Controlleur général... ».

qui ont vraiment formulé la doctrine révolutionnaire, en matière d'instruction, sont les Physiocrates[1].

Ils ont posé le principe que l'instruction seule pouvait régénérer le monde. Ils avaient un plan hardi de réforme, non seulement économique, mais aussi politique et moral, et il leur apparaissait clairement que les « lumières » nouvelles ne pouvaient être répandues sans le concours des écoles. D'où leur théorie de l' « instruction universelle ». En 1771, l'abbé Baudeau écrit dans son introduction à la *Philosophie économique* : « Un Etat prétendu policé, dans lequel on croirait pouvoir établir l'autorité même et ses fonctions, ainsi que l'art productif et l'art stérile, sur une autre base que celle de l'*Instruction universelle* ne serait jamais qu'une pyramide qu'on voudrait bâtir la pointe en bas ». Cette instruction a pour but « d'apprendre le mieux possible à tous les hommes à être justes et même bienfaisants, non usurpateurs ou criminels... Cette première instruction, uniforme dans son universalité, dont l'objet serait la morale économique, est la base de tout Etat policé » (*Œuvres*, collection Daire, II, 670 et suiv.).

Lorsqu'ils parlent d'instruction universelle, ils entendent qu'elle soit donnée à tous, paysans et ouvriers comme bourgeois des villes. Ne faut-il pas, dit Quesnay, « que les enfants des fermiers et ceux qui exercent le commerce rural sachent lire et écrire pour s'établir dans la profession de leurs pères... pour lire les livres qui peuvent étendre leurs connaissances sur l'agriculture ? » (*Œuvres*, éd. Oncken, p. 268). Leurs adversaires objectent que l'instruction rendra les paysans processifs, et surtout accroîtra l'exode rural. « Quand on a allégué hautement, dit un de ces adversaires, qu'en vingt ans de temps 1600 charrues avaient abandonné la terre en une seule province, on a oublié de citer les maîtres d'école à qui ce désastre devait être attribué » (*Réponse à l'Essai sur la voirie*, p. 96). A quoi Quesnay répond : « Que les paysans malheureux sachent ou ne sachent pas lire, il suffit qu'ils sachent que Paris est une ressource pour eux » (*Encyclopédie*, art. Hommes). Cf. le *Journal économique*, en 1756 : « S'il est vrai que le peu d'instruction qu'on donne à la jeunesse des villages facilite à beaucoup de paysans la sortie du lieu de leur naissance et l'entrée dans les villes, il nous semble que ce ne serait pas raisonner juste que de conclure qu'elle leur en donne l'idée.

1. Voir G. Weulersse, *Le mouvement physiocratique en France de 1756 à 1770*, 2 vol. Paris, 1910, et les ouvrages indiqués en tête de cet ouvrage, notamment ceux de Schelle, sur Dupont de Nemours, de Ripert sur le marquis de Mirabeau, de Mille sur Le Trosne. Ajouter la nouvelle édition des *Œuvres de Turgot* par Schelle, Paris, 1913-1924, 5 vol. Cf. H. Gourdon, *Les physiocrates et l'éducation nationale au XVIIIe s.*, Rev. Péd., t. 38 (1901), 377-389.

N'est-il pas plus naturel de l'attribuer à la misère, qui les assiège de toutes parts ? »[1] Il faut répandre les « lumières » sur les cultivateurs comme sur tous les autres citoyens : car indubitablement « il n'en vaudrait que mieux pour l'agriculture que chaque paysan sût lire, écrire et chiffrer »[2]. L'instruction doit donc être « universelle ».

Mais elle doit aussi avoir un autre objet : celui de former des citoyens. C'est ce qu'expose le Mémoire sur les municipalités, rédigé en 1775 par Du Pont de Nemours, sur les indications de Turgot : « Le premier bien des nations, y est-il dit, est les mœurs ; la première base des mœurs est l'instruction prise dès l'enfance sur tous les devoirs de l'homme en société... Un nouveau système d'éducation... conduirait à former dans toutes les classes de la société des hommes vertueux et utiles, des âmes justes, des cœurs purs, des citoyens actifs et zélés » (*Œuv.*, éd. Schelle, IV, 579).

Cette œuvre ne peut être réalisée que par l'État, qui seul a l'autorité et les moyens de répandre partout la bonne doctrine. L'instruction — voici la grande nouveauté — doit devenir un service public, et le premier de tous. L'abbé Baudeau fait des instructeurs le « premier ordre des mandataires du souverain ». « J'insiste, dit-il, sur l'utilité principale de ce premier devoir de l'autorité, et je prie qu'on y fasse bien attention pour concevoir le motif qui fait donner à l'ordre de l'instruction le premier rang dans la première classe des hommes qui composent un Etat policé. C'est qu'en effet tout le reste de l'art social... dépend de l'instruction » (*Œuvres*, coll. Daire, II, 780)[3].

Le gouvernement doit donc établir des écoles partout, former les maîtres, faire rédiger les livres classiques. Dupuy d'Emportes, en 1764, dresse un plan d'organisation des écoles primaires dans les 30 000 paroisses du royaume ; l'idée est reprise par l'abbé Baudeau dans les *Ephémérides du citoyen* du 7 mars 1766, et Turgot propose au roi dans le Mémoire sur les municipalités, d'organiser une administration de l'éducation nationale : « La première et peut-être la plus importante de toutes les institutions que je croirais nécessaires, dit-il, celle qui me semblerait le plus propre à immortaliser le règne de V. M. et qui influerait le plus sur la totalité du royaume serait, Sire,

1. Numéro de nov., p. 63. Cf. l'*Ami des Hommes*, par le marquis de Mirabeau (publié en 1755), éd. 1760, IV, 2ᵉ part., p. 266. *Questions intéressantes... proposées aux Académies et autres sociétés savantes des provinces.*
2. A. Leroux, *Choix de documents...*, p. 228, cité par Weulersse, I, 374, note 1.
3. On comparera ce que dit La Chalotais, *o. c.*, 17 : « Je prétends revendiquer pour la Nation une éducation qui ne dépende que de l'Etat, parce qu'elle lui appartient essentiellement ; parce que toute Nation a un droit inaliénable et imprescriptible d'instruire ses membres ; parce qu'enfin les enfans de l'Etat doivent être élevés par des membres de l'Etat ».

la formation d'un *Conseil de l'instruction nationale*, sous la direction duquel seraient les académies, les universités, les collèges, les petites écoles ». Ce conseil assurerait « l'uniformité des vues patriotiques... dans tous les enseignements qu'on donnerait à la jeunesse ». Il « veillerait à toute la police de l'éducation, » assurerait « l'instruction morale et sociale » par « des livres faits exprès, au concours, avec beaucoup de soin, et un maître d'école dans chaque paroisse, qui les enseigne aux enfants avec l'art d'écrire, de lire, de compter, de toiser, et les principes de la mécanique » (*Œuvres*, IV, 578-580).

Et ce n'est point là un rêve en l'air des économistes ; il s'agit bien d'un élément essentiel et constitutif de leur système. Ils ont calculé le produit d'une part, la dépense de l'autre ; celle-ci devra être imputée sur la propriété foncière et former une espèce de dîme (Baudeau).

Pour établir le rapport entre ces théories et les plans de la Révolution, il suffit de comparer aux textes que nous venons de citer, le *Cahier de doléances du Tiers du Bailliage de Nemours* (1789) rédigé par Dupont de Nemours (2ᵉ part.). Le Chapitre ɪɪ est intitulé : « De l'instruction publique ». En voici les doléances : « Qu'il n'y ait pas un village qui n'offre aux habitants un maître ou une maîtresse d'école capable de montrer aux enfants à bien lire et à bien écrire, ainsi que les principes de l'arithmétique, de l'arpentage et de toutes les espèces de toisé ;

« Qu'il n'y ait pas une petite ville où ne se trouve un collège dans lequel les enfants puissent recevoir, soit gratuitement, soit pour une dépense modérée, des instructions plus étendues sur les sciences utiles, et particulièrement sur les principes de la morale et la connaissance des droits et des lois » (*Archives Parlemres*, 1ʳᵉ série, t. IV, p. 163)[1].

RÔLE BIENFAISANT DE L'ÉGLISE. — Dans la pratique, c'est surtout à l'influence du clergé qu'on doit la multiplication des écoles au xviiiᵉ siècle. D'abord, là où il y avait des nouveaux-convertis, leurs enfants étaient toujours contraints de suivre l'école, destinée à leur enseigner la foi qu'on leur imposait. Comme il s'agissait de mettre l'Église romaine en possession incontestée des consciences, on ne

---

1. On comparera un rapport présenté à l'Assemblée provinciale de Berry, en 1788, sur la gratuité de l'enseignement pour le peuple (Procès-verb. Ass., provinciale du Berry, à la Bibl. Nat., LK¹⁸, 20). Lezay-Marnézia combat aussi les préjugés contre la multiplication des écoles. Il rêve le bourgeois enseignant au paysan le fruit de son expérience ; demande l'école professionnelle, etc. (*Le bonh. dans les campagnes*, 115 et suiv. Neufchâtel, 1785, in-8°).

s'embarrassait ni de ces scrupules de liberté dont on s'est tant prévalu depuis, ni de soucis financiers. Les évêques y veillaient, les
intendants tenaient la main à ce que les ressources nécessaires
fussent assurées à ces établissements de force, destinés à l'unifica-
tion religieuse du royaume. L'ordonnance de 1698, renouvelée le
14 Mai 1724, sortait son effet. Quantin a cité l'ordonnance synodale
de 1683 recommandant l'instruction de la jeunesse, particulièrement
celle des pauvres et des bergers, et invitant les curés à aller eux-
mêmes chercher ces derniers dans les champs, s'ils négligeaient
de se rendre aux leçons[1]. Il y en a vingt autres dans cet esprit. Les
visites de paroisses avaient en particulier pour objet de renseigner
les évêques sur les efforts faits en ce sens.

Mais il serait tout à fait injuste de ne pas reconnaître que l'influence du clergé fut plus large, plus générale et plus généreuse.
A diverses reprises, les autorités ecclésiastiques lui rappelèrent son
devoir : *Ite et docete*. Enseigner était une partie essentielle de la
fonction d'un prêtre, dont le rôle à l'École et à l'Église n'était pas
sensiblement différent.

Le bas-clergé n'avait du reste pas besoin de ces leçons. A Paris,
on voit les curés soutenir contre le chantre qu'il était de leur
devoir de fonder et d'entretenir des écoles de charité, c'est à dire
gratuites. Ailleurs, leurs demandes, leurs propositions, leurs
créations se multiplient d'année en année.

Voici un mémoire des curés de l'archiprêtré de Vézelay, adressé
à Mgr de Mabeuf, évêque d'Autun : « Il n'est pas possible de former
de vrais adorateurs de Dieu, de fidèles sujets du Roy, de bons
citoyens, sans le secours de l'instruction... La paroisse la mieux
preschée par le curé, s'il n'y a point d'école publique, ne sera pas
toujours la plus éclairée et la mieux réglée. Les pasteurs ont la
douleur de voir que les jeunes gens qui ne savent pas lire oublient
bientôt après leur première communion jusqu'aux premiers éléments
de la religion qu'ils avoient appris dans leur enfance ». Les curés
traitent de frivoles les prétextes qu'on apporte pour éluder l'établissement d'une école. « Dans les pays protestants, tous les jeunes
gens, ou peu s'en faut, scavent lire. Pourquoi ne pourroit-on pas
faire en France ce qu'on fait bien partout ailleurs ? Cent livres de
fixe, avec les mois des enfants suffiroient pour nourir à la campagne
un maître d'école ». « L'ignorance est une playe de l'âme, aussi
bien que la concupiscence. C'est une maladie épidémique et universelle, puisque nous l'apportons en naissant »[2].

1. *Annuaire historique de l'Yonne*, 1874, p. 77.
2. *Mém. de la Soc. éduenne*, nouv. sér., I, 27, 1872, dans Quantin, *Hist. de*

Il n'est pas possible de ne pas reconnaître dans ce morceau l'entraînement généreux qui amena le clergé dans la salle du Tiers. On pourrait en rapporter d'autres semblables. De toutes parts on signale des curés zélés pour l'instruction, qui sollicitaient des fondations, découvraient des donateurs de bonne volonté, ou à défaut, payaient de leur personne et faisaient la classe eux-mêmes[1].

LE SOUCI DE LA LANGUE. — Il était nul ou à peu près. Ce qui anime l'Église, c'est naturellement le désir de conquérir des âmes à Dieu, ce qui inspire les physiocrates, c'est de mettre le paysan à même de faire des progrès matériels et d'obtenir un bon rendement de la terre. Pour arriver à ce résultat, peu importe aux uns et aux autres quelle sera la langue véhiculaire. Cela est si vrai qu'on propose de traduire les livres en patois comme les sermons[2]. L'Assemblée Constituante et la Convention auront d'autres besoins et d'autres vues, quand elles créeront une politique de la langue française.

l'Ens[t] Sec. et sup. dans l'Yonne avant 1790, Auxerre, 1877, p. 70. Cf. l'affirmation de l'abbé Coyer, qui a une forme toute laïque : « L'éducation publique est absolument nécessaire au corps de la Nation » (Plan d'éduc., Disc. prélrs, VII).

1. Ainsi à Saint-Nazaire, en 1782 (Maître, o. c., 92), à Mauroux (Rev. de Gasc., XIV, 316), etc., etc. Il arrivait aussi que ce fût un notaire ou quelque praticien.

2. Godard voudrait charger les curés de traduire nos meilleurs livres dans l'idiome de chacune de leurs paroisses (Wculersse, o. c., I, 375).

CHAPITRE II

LES MAITRES ET LES PROGRAMMES

RECRUTEMENT. — Nous savons très exactement comment se recrutaient les maîtres et les maîtresses. Quand il y eut des journaux, on provoqua souvent les candidatures par des annonces[1]. Avant cela on attendait. Les postulants se présentaient ; la Communauté ou le corps de ville les agréait. De toutes façons l'autorisation du curé était nécessaire. Dans la plupart des cas, elle dispensait même de tout le reste. Un examen était l'exception.

D'où venaient donc ces futurs maîtres ? Il y avait des pays pépinières, tel le Briançonnais, qui fournissait la France du Sud-Est. On y devenait maître d'école[2], comme ailleurs maçon ou ramoneur. C'était un métier de la mauvaise saison.

1. Ainsi on lit dans les Affiches du Dauphiné du 12 sept. 1777 : Les officiers de la communauté de Beaurepaire demandent un Précepteur pour la jeunesse du lieu, dont les bonnes mœurs soient connues, dont les principes soient conformes aux règles de la probité et de la religion. Il enseignera à lire, écrire et chiffrer. La communauté lui payera une rétribution annuelle de 100^{lt}, et il retirera un salaire d'un très grand nombre d'écoliers. Il peut compter sur bien des avantages dans un pays où la meilleure partie des habitans accueille toujours bien les honnêtes gens, mais déteste les tracassiers. S'adresser à M. Ferrier, premier échevin du lieu.

2. Cf. Buisson, Dict^{re} de Pédagogie (éd. 1887, 1re Partie, art. Savoie (Duché), II, p. 2698) : Les Briançonnais arrivaient d'habitude vers la Toussaint. Quelques-uns portaient trois plumes au chapeau, indice de leur triple science : la lecture, l'écriture et « la chifre ». Tels d'entre eux s'annonçaient à l'entrée du village par le cri de « Maître d'école, maître d'école ! » Leur premier visite était pour le curé, qui examinait d'abord leurs certificats de foi catholique et de moralité, puis appréciait sommairement leur savoir en présence du syndic ou de « communiers » notables. Parfois le choix du maître donnait lieu à la cérémonie suivante : le curé remettait une férule au syndic qui la passait au premier notable, celui-ci au second et ainsi de suite jusqu'au dernier qui la donnait au récipiendaire, comme symbole de son autorité. Le maître d'école n'était engagé que pour un hiver. Cf. Albert, Le maître d'école briançonnais, Grenoble, 1872 et Dr Chabrand, État de l'Instruction primaire dans le Briançonnais avant 1790, Grenoble, Drevet, s. d., Mus. péd., 6390.

Il résulte d'un rapport envoyé du département du Pô sous l'Empire, que des maîtres venaient aussi, quelque étrange que la chose puisse paraître, d'au delà des Alpes. Le collège d'Oulx les fournissait : « L'instruction qu'on y recevait, sans être extremement étendue, était si solide principalement pour la partie de la morale et des langues française et latine, qu'une considérable quantité d'élèves natifs de ces vallées était chaque année attirée dans l'intérieur de la France, pour y remplir les fonctions d'Instituteur dans un très grand nombre de communes situées entre Marseille et Genève... » (B. N., ms., N. acq. fr., 5912, f° 24).

C'est un « usage antique » dit le préfet Bonnaire[1] que, dans le Briançonnais, tous les enfants apprennent à lire, écrire et même à calculer ; « tous ceux qui ne connaissent pas d'arts mécaniques s'adonnent à lire, à écrire, à l'étude de la grammaire française, même latine, et, à l'approche de la mauvaise saison, ils vont peupler d'instituteurs l'ancienne Provence et en général les pays méridionaux ». Ils se louent dans les foires, avec la plume au chapeau comme insigne. Ils travaillent pour une faible rétribution.

Ailleurs, on prenait les maîtres d'école où on pouvait.

LES FONCTIONS DES MAÎTRES D'ÉCOLE. — Il ne faut jamais perdre de vue le principe fondamental. L'école, toujours placée directement sous la tutelle des prêtres, était avant tout une école d'instruction religieuse. Aucun programme n'existait, il est vrai ; cependant, nous avons assez d'instructions données par les fondateurs, l'autorité ecclésiastique, les congrégations enseignantes, etc., pour qu'aucun doute ne puisse ni ne doive subsister à cet égard. La première condition, nécessaire — et souvent suffisante — pour un bon maître, était d'être catholique fervent, et d'avoir, s'il se pouvait, des mœurs et une conduite édifiantes[2]. Nous possédons une masse de contrats qui nous renseignent sur les fonctions de ces vicaires civils des curés. Le maître doit aider au culte, servir la messe, sonner la cloche, faire le chantre et le sacristain, en outre il enseigne les prières, prépare à la première communion[3]. Le reste, car il y a tout de même un reste, lui est demandé par surcroît.

En dehors de l'instruction religieuse et morale (dont faisait souvent partie la civilité), le programme de la classe comprenait trois articles : lecture, écriture, calcul. « La religion, puis la lecture, l'écriture, l'arithmétique et le catéchisme, voilà les bases d'une éducation ordinaire » ; l'abbé Allain ne fait aucune difficulté de

1. *Mémoire sur la statistique du dépar[t] des Hautes-Alpes*, 27 prairial an IX. C'est au collège d'Embrun « que s'élevait... cette pépinière d'instituteurs rustiques qui quittaient leur chaumière pendant l'hyver pour aller donner quelques leçons de Grammaire française et latine dans les pays méridionaux ». Voir aussi : Fauché-Prunelle, *Hist. des institutions indépendantes des Alpes Cottiennes*.

2. Les régents, précepteurs, maîtres et maîtresses d'école des petits villages seront approuvés par les curés des paroisses ou autres personnes ecclésiastiques qui ont le droit de le faire. Et les archevêques, évêques ou archidiacres dans le cours de leurs visites pourront les interroger, s'ils le jugent à propos, sur le catéchisme en cas qu'ils l'enseignent aux enfants du lieu, et ordonner que l'on en mette d'autres à leur place, s'ils ne sont pas satisfaits de leur doctrine ou de leurs mœurs (Ordonnance d'avril 1695, art. 25).

3. Un seul spécimen : Contrat entre les habitants de Mévouillon et leur instituteur, 20 août 1716 : « Il devra enseigner la lecture, l'écriture, le calcul et la doctrine chrétienne, sonner l'Angelus et la cloche en temps d'orage, et dire le chapelet après vêpres ». Traitement, 90[#], plus le droit de faire une quête dans les maisons à l'époque de la récolte (Lacroix, *Instr. prim. dans la Drôme*, p. 7).

reconnaître que c'était là le programme ordinaire, et il estime qu'il était bon[1]. Ne discutons pas, mais précisons bien.

Lire, au sens plein, c'eût été lire correctement en latin et en français, non seulement les imprimés, mais les manuscrits, même d'écriture ancienne[2]. Dans la pratique, c'était déchiffrer tant bien que mal un livre ou un papier.

Écrire, au sens plein, c'eût été non seulement peindre les lettres, connaître la ronde, la bâtarde, etc., mais avoir la possession à peu près assurée de l'orthographe. Dans la pratique, c'était pouvoir montrer les caractères les plus ordinaires, enseigner à signer son nom.

Calculer, au sens plein, c'eût été connaître non seulement les quatre opérations, mais la comptabilité, l'arpentage, les changes. En fait, c'était savoir l'addition, la soustraction, la multiplication et quelquefois la division, par écrit ou par jet.

Ces connaissances ne formaient nullement un tout irréductible[3]. Les familles et les élèves taillaient eux-mêmes dans la petite encyclopédie de l'école. A divers endroits les plus exigeants payent trente sols, ceux-là voulaient lire, écrire et chiffrer ; d'autres, moins ambitieux, ne donnaient que vingt sols, pour lire et écrire. De plus modestes encore s'en tenaient à la lecture, c'était dix sols.

LEURS CAPACITÉS. — La plupart de ces maîtres d'école étaient de pauvres hères, voire des miséreux, parfois des aventuriers. Un intendant de Poitiers, qui écrit au Contrôleur général le 4 Décembre 1701, dit que si on les impose à la taille, les paroisses n'en seront pas chargées (surchargées) parce que ces sortes de gens n'ont ni feu ni lieu[4]. Assurément, la pauvreté des gens ne préjuge rien au sujet de leurs capacités. Mais sur leur valeur intellectuelle, nous sommes également édifiés par un grand nombre de documents. Il faut dire tout de suite que le personnel était fort inégal. « Il n'y a point de marchandises qu'on puisse dire plus mêlées

1. *Contrib.* XXXIX.
2. En 1758, on avait à nommer un maître à Cadillac. L'Intendant propose un sujet ; le corps de ville dit ses exigences : il faut que le maître soit « habile dans l'écriture et l'arithmétique, ayant extrêmement à cœur que les enfans de notre ville puissent se former aux bonnes mœurs ; il ne doit pas être indifférent qu'il sache bien lire le latin et le françois, mais principalement toutes sortes d'écriture de main vieille et nouvelle » (Allain, *Contrib..* 34).
3. Chez les filles on retranchait sur l' « érudition » pour ajouter des travaux manuels. A Chateaubriant, en 1720, le syndic est arrivé à trouver deux « pauvres dévotes ». Grâce à elles, il a fait instruire et continue encore d'instruire, avec grande édification, tantôt trente, tantôt quarante pauvres enfants, de leurs prières, de leur catéchisme, à filer et à brocher (Léon Maître, *o. c.*, 38).
4. Boislisle, *Corr. des contr. gén.*, II, 344.

que celles des maîtres d'école », déclare un subdélégué de Lunéville[1]. Il se rencontrait dans le troupeau quelques phénix égarés
C'était là une aubaine rare. La plupart étaient plus que médiocres,
malgré certaines prétentions[2]. Après avoir posé en principe que
« le maître d'école doit apprendre à lire, à écrire à la jeunesse ainsy
que les principes de la religion », le subdélégué de Mirecourt,
M. Claudel, le 26 Mai 1779, ajoute mélancoliquement : « Un homme
chargé de remplir tous ces objets n'est guerre aisé à trouver »[3].
En fait, les ânes abondaient : les correspondants de Grégoire
nous le disent.

Dans la Limagne, rapporte l'un d'eux, « de vingt villages, un seul
possède un maître qui sait à peine épeler, et le curé fait répéter
les mots du catéchisme à ses paroissiens perroquets » (*Lett. à
Grég.*, p. 164, nos 32-37).

Dans le Bordelais, écrit un autre, « il n'y a que les gros bourgs
qui soient pourvus de maîtres d'école ; encore y paie-t-on depuis 15
jusqu'à 40 sous pour apprendre à nos élèves du latin et le catéchisme du diocèse. On ne trouve de maîtres d'écriture que dans nos
petites villes... Généralement parlant, les ecclésiastiques se mêlent
peu ou point du tout des écoles. Ils se bornent à l'autoriser par une
permission et trouvent toujours l'instituteur assez capable quand il
sait servir la messe et jouer au piquet » (*Ib.*, p. 141-142, nos 34-35).

Du Gers, on écrit au même : « Dans nos campagnes nous ne connaissons pas d'école fondée ou gratuite où l'on enseigne à lire, à
écrire et à chiffrer » (*Ib.*, p. 96, no 33).

On pourrait soutenir que ces lettres exagèrent. Elles généra-
lisent trop, peut-être. Pourtant il existe une foule d'autres témoignages analogues. L'abbé Allain rapporte lui-même qu'en 1771, dans
le Bordelais, à Ste Foy, il y a compétition entre deux maîtres. L'un,
le sieur Calmel, ne sait ni lire ni écrire ![4] Or les spécimens de
cette espèce, communs un siècle avant, non seulement n'avaient
nullement disparu, mais se rencontraient assez souvent[5]. On avait
vu des enfants faire l'école. En 1783, se trouvait à Champdeuil

---

1. M. Lamire, 31 mai 1779, (Creutzer *o. c.*, 23); cf. d'autres témoignages, *ib.*,
Mus. Péd., 6392.
2. Ainsi à Evron (Mayenne, 4.482 habitants), un échappé de la Faculté des Arts
d'Angers, Louis Foucher, « très habille tant en la langue latine que françoyse, poisye,
arriméthique et écriture, plainchamps et musique, et pour sa longue expérience et méthode d'enseigner la jeunesse dans la grand mère et basse classe et dans l'art horra-
toire » (Abbé Angot, *Instr. pop. Mayenne*, 118). Un certain nombre d'écoles avaient
une classe latine, embryon d'humanités.
3. Creutzer, *o. c.*, 21.
4. *Contrib.*, 59.
5. Champeaux, *o. c.*, 759, n. 1.

(S.-et-M.), pas bien loin de Paris, un maître nommé Pierre-Louis Pasquet. Ce « ci-devant jardinier » était, au dire du curé, encore plus méchant maistre d'école, car « de sa vie » il n'a su lire ni principe de lecture ni d'écriture : à peine pouvait-il connaître les lettres qui formaient son nom et le signer. Au reste le 5 Janv. 1786, il cessa ses fonctions et redevint jardinier (Lhuillier, o. c., 85). A Quiers (S.-et-M.), en 1779, à la mort de P. Couillet, le maire accepta pour le remplacer Benigne Millière, laboureur à Voinsles, qui possédait une bonne écriture, calculait suffisamment et avait de l'orthographe. Mais le curé se plaignit de lui et trouva un cordonnier, nommé Blaise Chapeau, qui était doué d'une très belle voix. Le dimanche des Rameaux, où l'office si long donne une belle occasion de s'exercer, on mit les concurrents aux prises. Ils chantèrent au lutrin et Chapeau, plus vigoureux, l'emporta. Seulement, un an après, on fut obligé de le congédier, il savait à peine lire et écrire (Lhuillier, o. c., 90).

CHAPITRE III

L'ENSEIGNEMENT EN FRANÇAIS. L'ENSEIGNEMENT DU FRANÇAIS

La question essentielle que nous devons nous poser est celle-ci. Les maîtres et les maîtresses ainsi engagés savaient-ils au moins le français ? En usaient-ils en classe ? En général, oui. Mais il est impossible de répondre affirmativement pour toutes les régions[1].

Dans les provinces de langue d'oui, sauf exception, c'était le français qu'on parlait à l'école.

Pour les provinces de langue d'oc, nous sommes mal renseignés. Quelques-uns des correspondants de Grégoire esquivent la question[2]. Les autres donnent des renseignements contradictoires. De Mont de Marsan, l'un d'eux écrit : « L'enseignement se fait en français et dans des livres français dans les écoles de campagne, mais quelles écoles et quel enseignement!... Toute leur science est de savoir lire et écrire, et encore très-mal, avec une prononciation détestable, et sans aucune connaissance d'ailleurs en aucun genre » (*Lett. à Grég.*, p. 150). Mais ailleurs : « Les enfants et les maîtres parlent patois » (Carcass., *Ib.*, p. 20, n° 31). Cf. Dans les départements du Midi, les maîtres « ne parlent ordinairement que patois, ou parlent très mal français »[3] (*Ib.*, p. 125).

En 1762 il se trouve encore à Thuir un précepteur improvisé, dont les enfants eux-mêmes ne veulent plus, parce qu'il n'a « nul usage de la langue française, même ne scait syllaber ni à peine tenir la plume aux doigts pour écrire ». On en cherche donc un. On lui enjoint « d'apprendre l'arithmétique aux enfans qui vou-

1. Nous traiterons plus loin des provinces où se parlait un idiome étranger. [L'enseignement se fait en français assez généralement, excepté dans les écoles flamandes] (Saint-Omer, *Lett. à Grég.*, p. 258-259, n° 31).
2. « Dans nos écoles de campagne, l'enseignement ne se fait ni en patois, ni en français. — Les curés... dans le fait ...se bornent à enseigner à un ou deux à servir la messe. Ces pauvres petits enfants, qui déjà sont utiles à leurs parents, ont la constance de revenir tous les jours chez leur curé, durant quatre, cinq et quelquefoix six ans, et jamais ils ne savent lire » (*Lett. à Grég.*, p. 95).
3. Au contraire : Dans les écoles de campagne, l'enseignement se fait en français. (Languedoc, *Lett. à Grég.*, p. 81, n° 31).

dront l'apprendre autant que ce régent sera en état de l'enseigner, sans que cependant on prétende exclure de la régence un sujet en état d'enseigner à bien lire et écrire et néanmoins ne scauroit pas l'arithmétique » (Torr. et Despl., *L'enseign. élém. en Roussillon,* 266).

Nous avons vu que beaucoup de curés faisaient leurs prônes et leur catéchisme en patois. Pourquoi supposer que leurs acolytes, les maîtres d'école, aient fait autrement leur classe ? Quel scrupule leur serait venu ? Qui le leur aurait inspiré ?

Un mémoire de 1789 pour les s^rs Basso, Labastide, Pédezer et Cazenave, maîtres des petites écoles à Pau (Arch. des B. Pyr., C. 1368), publié par Sérurier (*o. c.,* 21), se plaint expressément que dans la première instruction les enfants n'aient pas appris leur langue, « et se présentent dans les colléges sans sçavoir écrire leurs thèmes, et ils auront fini leurs humanités sans avoir appris l'orthographe » (p. 22). Ce n'était pas la faute des grands pédagogues. Ils avaient très bien vu que là était la base de toute l'instruction rationnelle. Rollin, on se le rappelle, voulait qu'on commençât l'étude de la grammaire par la grammaire française. Il avait en vue les jeunes gens qui se préparaient aux humanités. Nul doute que le précepte ne concernât aussi les autres. Il faut, selon lui, que la grammaire française soit « apprise aux enfants dès qu'ils en seront capables, et ils le sont pour l'ordinaire de bonne heure. Le maître prendra dans une grammaire française ce qu'il jugera le plus nécessaire »[1]. Dans ses *Principes,* Restaut disait à son tour en 1730 (p. xxii; cf. p. xv) : « Il serait aussi à souhaiter que cette étude de la Langue Françoise s'introduisît jusques dans les petites Écoles, où l'on se borne à donner aux enfants des principes de Religion, et à leur apprendre à lire et à écrire ».

Mais si de tels soucis existaient, ils n'avaient inspiré aucune organisation pédagogique. Des professeurs de collège on n'exigeait pas d'études de français. Comment se fût-on montré plus sévère pour de simples maîtres d'école ?

L'abbé Allain lui-même a constaté que diverses pièces, écrites par des maîtres, témoignent d'une ignorance absolue des premières connaissances (*Contrib.,* 51-58). On peut faire les mêmes constatations partout. En 1764, pour être maître d'école à Bourbourg, il fallait faire une dictée française et une dictée flamande, mais dans les deux langues, les copies qui nous ont été conservées sont pleines de fautes, dit M. Fontaine de Resbecq[2]. Un instituteur modèle du

1. *Traité,* éd. Didot, I, 67.
2. *O. c.,* 415-416.

Havre, vieux serviteur que la municipalité citera pour son zèle et sa valeur exceptionnelle, ne sait pas même l'orthographe des verbes. Il écrit : « Citoyen, je *voudroit* que tu me *dise* la raison pour laquelle *que tu me porte* 12 écoliers de moins »[1].

Il semble cependant qu'à partir du deuxième tiers du xviiie siècle des progrès se soient faits çà et là sur ce point. Dans la grande réforme de Démia au xviie siècle, les exercices intellectuels ne tenaient presque encore aucune place. Il n'était pas dit un mot de la grammaire dans ses Règlements. Au contraire, dans ceux de 1738, la grammaire se fait sinon une place, au moins un coin[2]. Je ne voudrais pas dire qu'elle s'impose, elle commence à se proposer : A Cassis (Bouches du Rhône) en 1775, un nommé Bellamy s'offre en ces termes : « Outre la lecture, l'écriture, l'arithmetique, je donne les principes de la latinité. Comme parisien, je leur donne l'accent français, et comme aimant les Muses, je garde le célibat » (*Inv. som. arch. commun. de Cassis*, série GG). Ailleurs les capacités sont mieux précisées : A Mevouillon (Drôme), dès 1716, Imbert de Sault disait : « J'apprends les déclinaisons et à conjuguer en françois toutes sortes de verbes, ce qui les apprend à parler comme des courtisans » (Buisson, *Dictionn. Pédag.*, art. Drôme)[3].

---

1. Gartault, *Hist. de l'ens. prim. au Havre*, Le Havre, 1889, p. 30. — On remarquera la faute, alors toute nouvelle et populaire, du présent du subjonctif substitué à l'imparfait, et le relatif : *pour laquelle que*. L'auteur n'a aucune connaissance de la syntaxe écrite.

2. Voyez *Règlements pour les maîtres et maîtresses des Petites Ecoles de lecture, écriture, arithmétique et grammaire*, Lyon, 1738 (Compayré, *Charles Démia et les orig. de l'enseig. prim.*, 98, note).

3. Nous voilà loin du temps où Raymond Chausseur, instituteur à Sahune, posait sa candidature au poste de maître d'école au Buis (Drôme), le 25 sept. 1593 : « Messieurs les conssulx, j'entends que vostre maistre d'escolle s'en va ; que me faict vous escripre la presente pour vous faire entendre la voullanté que je aurois aller fere servisse pour l'instruction de vostre jeunesse a bounnes mœurs, a lysre en latin et en françois en toute sorte de lettres. Quand à la grammere, n'y suis point fondé, fors que le commencement de conjugar et construire quelques riégles de Pellyson ; et si vous vous pouvyés comptenter de ce que je vous presente yce avec mon escripture, que vous voyez yey ma lettre courante, dont j'en feray de meilleur, et vous serviray aussi fidellement et advanceray aussy bien vos enffans de mon petit scavoyr qu'homme de lettres sauroitt fayre, sans rien tourmenter les enffans. — Et pour ce que je suis de la Relligion, vous pourriés faire difficultés, ceux qui sont cattoliqs ; mais je vous prie ne craindre rien, car je les ynstruicts aussy en leur relligion et en leur facson comme les autres, et ne cognoystries point en cella que je soie de la Relligion, comme vous en verriés bien lexperience, s'il vous playsoit m'employer a ce.

« Davantaige, sy vous avez des filhes a instruire, a lire, escripre, et a bounnes mœurs, principalément de la cordure, j'ay une femme, laquelle n'est point avecques moy, mais est a nostre pays, laquelle je feray venir, qu'elle est aussy propre qu'il en aye point en Dauphiné.

« Sera vostre bon plaisyr me faire responce par ce porteur, mon filz, car je suis a convenent asteure a St Michel de ce lieu, et ne veulx pourvoyr, sy Dieu plect, priant le Createur vous augmenter en toutes ses benedictions, et vous conserver en son amour et grace en longue bienheureuse vye, demeurant vostre tres humble et tres hobeissant serviteur » (p. p. A. Lacroix, *o. c.*, p. 16-17).

C'est un programme que plusieurs même commencent peu à peu à appliquer. En 1789, à Montpezat du Quercy, une société d'Instituteurs montre aux enfants les premiers éléments de la langue française, le calcul, l'écriture (*Bull. de la Soc. arch. du Tarn-et-Gar.*, t. 33, 1905, art. de Galabert).

UNE ENQUÊTE EXPÉRIMENTALE SUR LA PÉDAGOGIE DU FRANÇAIS. — On vit mieux encore en Lorraine, où du reste le mouvement pédagogique paraît avoir été assez intense. Une Académie procéda à une enquête sur une méthode de premier enseignement du français. Il s'agit de l'Académie de Pont-à-Mousson [1]. Les faits méritent d'être rapportés.

L'Abbé Bouchot [2], Chanoine de l'Église Collégiale de Sainte-Croix de Pont-à-Mousson, avait inventé les « principes pour enseigner à lire par les sons, et sur les premiers élémens de la Langue françoise, pour enseigner les principes de notre ortographe, et pour servir d'introduction à notre Langue, à la Latine, à la Grecque, et à toutes sortes de Langues ».

Le Musée pédagogique conserve un livret extrêmement curieux, concernant les essais. Car ce fut une véritable expérience, et une expérience répétée en présence de diverses autorités [3].

L'abbé comparut le 1er juillet 1760 devant la *Société Royale des Sciences et Belles lettres de Nancy*. Il présenta un élève de huit ans. L'Académie nomma une commission pour contrôler ce qu'on avait obtenu d'enfants ne sachant encore que leurs lettres et pris à diverses écoles. Le Roi Stanislas approuva. Les Régents furent

1. L'ancienne Université de Pont-à-Mousson avait été transférée à Nancy. Stanislas y fonde une Société royale des Sciences et Belles-lettres. Malgré l'opposition de l'intendant, la société prospéra.

2. L'abbé Bouchot est un simplificateur de la grammaire, qui juge sévèrement Restaut et Wailly. Au milieu d'un tohu-bohu d'idées, les unes excellentes, les autres naïves, qui sont relatives à l'éducation, et que nous n'avons pas à juger, revient sans cesse son universel principe, si juste : aller du connu à l'inconnu, que nous allons voir plus loin.

3. Cette méthode consistant essentiellement et en tout à aller du connu à l'inconnu, on commencera par donner à l'enfant « le Rudiment de sa langue naturelle, cette langue qu'il a apprise par l'usage, voilà le connu ; on la lui enseigne par regles, voilà l'inconnu. On commence à lui expliquer par sa langue naturelle les termes de Grammaire qui sont les mêmes dans toutes les langues. Le bon sens et la raison ne se trouvent point blessés d'apprendre par la langue vulgaire ce qui est propre à toutes les langues. On lui dévoile ensuite le génie commun de toutes les langues, c'est que nous nommons la marche générale des langues ; le génie particulier que peut avoir chaque langue, c'est ce que nous nommons la marche particulière des langues » (*L'éducation ou l'art de conduire la jeunesse à l'inconnu par le connu, depuis l'enfance jusqu'à l'âge viril*, p. 4).

On voit à la page 34 que la *Grammaire Générale* n'est pas de son goût, convenant aux seuls logiciens. Mais il y a le Rudiment françois, Paris, Merigot Père.

L'abbé n'est point un adversaire du latin, au contraire, il considère qu'on ne devrait s'occuper que du latin jusqu'aux humanités. Mais il faut se fonder sur des principes généraux qu'on doit apprendre en français. Et il fait une critique très vive des méthodes en usage.

convoqués le 22 juillet, ils présentèrent cinq garçons dont trois âgés de cinq ans, un de sept et un de dix ; les Frères 3, un de quatre ans, un de quatre ans et huit mois, un de sept ans. Après quarante-quatre jours d'instruction, donnée par M. Gauché, suivant la méthode, l'Académie les examina de nouveau, le 22 septembre. Les enfants répondirent sur les principes de la Grammaire et de la prononciation, ils lurent dans un livre latin et dans un livre français. L'Académie déclara alors que la méthode était excellente pour l'instruction particulière, et que si Sa Majesté daignait permettre qu'elle fût suivie dans les écoles publiques, « elle ne pouvait que contribuer aux progrès des Lettres, des Sciences et des Arts » (2 oct. 1760). D'autres essais et d'autres constatations eurent lieu à Pont-à-Mousson, et à Paris même, sur la paroisse St-Sulpice. On alla plus loin et l'Académie voulut revoir en 1761 l'enfant qu'elle avait écouté un an auparavant. Au bout de deux mois de latin, il avait déjà de cette langue une notion très étendue, ce qui donna lieu à des conclusions décisives, adoptées dans la séance du 27 janvier 1761, que voici : « La Méthode de M. Bouchot devroit être suivie, quand même elle n'auroit d'autre avantage que celui d'apprendre le françois aux enfans avant que de leur enseigner les principes de la Langue latine. Une partie des François ignorent la Langue nationale ; très-peu la parlent correctement : ils seroient en état de rendre compte des principes et des regles que l'on suit en parlant. La raison en est simple. Il semble, à consulter ce qui se pratique ordinairement parmi nous dans les écoles, que l'on n'étudie le latin que pour apprendre ensuite le françois par principes ; c'est un abus ! D'une Langue que l'on ne connoit pas, et qu'on parle encore moins, on en fait une introduction aux principes d'une autre Langue que l'on connoit déjà et que l'on parle habituellement. De-là l'ignorance de l'une et de l'autre » (Extrait certifié véritable le 30 janv. par le Secr. Perp. Solignac).

Peut-être trouverait-on d'autres exemples d'enquêtes pédagogiques de ce genre. Celle-ci, avec ses conclusions si nettes, appliquées à la grammaire française, m'a paru intéressante de tous points. Non seulement elle expose des vues confirmées depuis, mais elle porte la marque caractéristique d'un temps où, l'exemple de la science aidant, on voulait appliquer à la pédagogie elle-même les procédés expérimentaux. Leçon singulièrement hardie donnée par une Académie aux faiseurs d'a priori d'aujourd'hui[1].

1. En dehors de Montesquieu, firent partie de l'Académie de Nancy, son fils, M. de Secondat, le président Hénault, La Curne de Sainte-Palaye, Fontenelle, qui furent tous reçus avant la fin de 1751 (Druon, *Stanislas et la Société royale des Sciences et Belles-*

AMÉLIORATION DES LIVRES. — Autour de 1750, les livres s'améliorent visiblement. Il suffit de les feuilleter pour apercevoir l'importance qu'on commence à attribuer au français dans la pédagogie enfantine.

En 1756, Auverni publie sa *Méthode nouvelle concise et raisonnée*. Elle est faite pour « instruire facilement la Jeunesse sur les Principes de la Lecture, en commençant par l'Alphabet, sur l'Orthographe et sur la prononciation Française ; travaillée sur les Pensées et les Règles les plus délicates d'un grand nombre choisi de Grammairiens, et de l'Académie Française sur la pureté de la Langue... » (Nancy, J. J. Haener). Voir aussi et surtout « *Premiere education des enfants... dressée en faveur des Petites-Ecoles* A laquelle on a joint la petite Grammaire Françoise, pour apprendre à parler, lire, et écrire correctement: avec un choix de Maximes, Anecdotes, Fables, Pensées ingénieuses, morales instructives et amusantes ; très-propres à former le cœur, orner l'esprit et procurer tout ce qui concerne une bonne éducation. Ouvrage nécessaire aux Enfans de l'un et de l'autre sexe et aux persones plus avancées en âge qui n'ont point fait d'études, et qui veulent posseder l'Art de bien parler. Par M. Pitel-Préfontaine. A Paris Chez Melle Préfontaine, en sa maison d'Éducation, rue St-Honoré, 262 A. P. 1789 ». Dans cet ouvrage, après la lecture et la doctrine chrétienne vient un second livre (p. 71 et suiv.) « contenant la Grammaire Françoise, la Géographie, la Chronologie, l'Histoire, etc. » (1787). La Grammaire s'ouvre par une étude de la prononciation. Puis l'auteur traite des accents, de la ponctuation, des lettres capitales, de l'écriture, des nombres. Ensuite une longue série de maximes, anecdotes, fables, etc..., et un traité très réduit de civilité [1].

Malheureusement la masse des maîtres continuait à manquer de livres. Sur les onze du département de l'Aube, dont M. Babeau a parcouru l'inventaire, trois seulement en étaient pourvus ; l'un possédait un traité d'arithmétique, que l'on désignait ainsi : *une regelle de la ritmetique de Bolome ;* les autres avaient quelques livres de piété ; ainsi le recteur d'école de Pargues avait quatre volumes : *Heures de l'office paroissial,* la *Mort chrétienne, Instruction familière* et l'*Imitation.* Celui de Lesmont avait six livres de piété sur son dressoir. Et leur cerveau n'était pas mieux meublé que leur bibliothèque, au point qu'on vit les enfants faire le « tric » et refuser de suivre des maîtres ignares, incapables même de parler français [2].

Lettres. dans *Mémoires de l'Acad. de Stanislas,* CXLIII année, 5ᵉ série, t. X, 30-34).
1. Dans l'exemplaire du Musée pédagogique, la suite manque. Elle doit contenir la grammaire proprement dite (Voir n° 52766).
2. A. Babeau, *La vie rurale dans l'anc. France,* Paris, 1883, 144.

CHAPITRE IV

L'ENSEIGNEMENT DE LA LECTURE

Voici les conditions d'un contrat de louage de maître : « La troisième (condition), qu'après le premier livre qu'on donne aux enfans, appelé l'A. B. C., ou, ce qui revient au même, dès qu'ils auront fini de sillaber et qu'ils commanceront à lire les mots entiers en françois, il leur faira passer et repasser plusieurs fois d'un bout à l'autre par préférance le catéchisme du dioceze avant de leur faire voir aucun autre livre, lui donnant la liberté de faire lire en latin tout ce qu'il voudra »[1]. Le contraste est frappant : En latin tout, en français le catéchisme.

LE LIVRE A L'ÉCOLE. — Il est vraisemblable que quelques enfants achetaient des livres français. C'étaient bien entendu des livres de prière et d'édification, des livres qui ne risquaient pas de corrompre ni même de distraire les esprits.

En première ligne, dit Lechevalier[2], venaient le catéchisme, l'évangile et la civilité... La Bibliothèque bleue, éditée par la veuve Oudot, renferme Le *Grand alphabet nouveau, français et latin*, les *Psautiers*, le *Petit Office de N. D.*, le *Nouveau Testament* en français. Un grand nombre d'autres sortaient aussi de l'imprimerie troyenne. Dans le Nord, à la fin du xviiie siècle, on se servait en outre du *Double Cabinet de la jeunesse chrétienne*, de l'*Abécédaire doré* et de l'*Académie*, recueil des principales règles de la bienséance chrétienne. A Liessies (Nord), l'école était divisée en trois classes, celle de l'A. B. C., celle de la Pensée où l'on étudiait la Pensée chrétienne, et celle du grand banc dont les écoliers lisaient les manuscrits et la *Petite civilité puérile*. En Artois, on employa longtemps le *Pédagogue chrétien*, les *Sept trompettes* et l'*Introduction à la vie dévote*. Les mêmes livres étaient en usage dans la région de Bordeaux, plus les *Heures pour les commençans*.

1. Arch. Mun. du Puy et Coutures, 1783. Convention entre le régent Bouron et Boniol, curé (Allain, *Contrib.*, 265 ; cf. 267).
2. *Notices. l. maîtres écriv.*, 14. Cf. Babeau, *L'inst. prim. dans les camp. avant 1789*, p. 39.

Vers le milieu du xviiiᵉ siècle, peut-être même antérieurement, parut l'*Instruction de la jeunesse en la piété chrétienne*, ou plus simplement *la Jeunesse* de l'Abbé Gobinet, qui fut le livre de chevet de beaucoup de maîtres.

Je ne veux pas dire, ce qui serait ridicule, qu'on ne pouvait pas apprendre le français dans un livre du Nouveau Testament. Il importe toutefois de remarquer que le caractère même de semblables livres détourne nécessairement et l'enfant et le maître de s'attacher à des minuties de forme, à des règles d'accord ou à des recettes de syntaxe, qui paraissent futiles auprès des vérités supérieures qu'il s'agit d'enseigner et des pratiques auxquelles on dresse les enfants pour leur salut. Disperser leur attention, déjà difficile à obtenir, risquait de tout compromettre.

Pour élargir un peu l'horizon, quelques novateurs s'enhardirent à ajouter de courts textes profanes. « Je ne me suis pas contenté, dit un de ces pédagogues, de doner pour matière de Lectures à des commençants dans le François ou dans le Latin, l'*Oraison Dominicale*, le *Symbole des Apôtres*, et les autres premiers éléments de la Religion, dont j'ai séparé chaque mot par une virgule et chaque syllabe par un tiret... J'ai encore ajouté, suivant le conseil de gens éclairés, d'autres sujets de Lectures en vers, particulièrement des Fables. J'avois trouvé que deux Auteurs modernes avoient mis de même des Fables à la suite de leurs premiers éléments de la Lecture, mais j'ai donné à celles de M. Vaudin la préférence sur celles de M. La Fontaine et de M. Richer; parce que ne contenant chacune que quatre vers, il est plus aisé de les faire aprendre par cœur aux Enfants; j'ai suivi en cela leur exemple: j'ai cru cependant qu'il falloit les faire précéder de quelques morceaux de Poësie pieuse. Tout cela est suivi d'un petit extrait de l'Histoire Sacrée en prose et de quelques maximes tirées de l'Ecriture Sainte » (*Méthod. nouv. pour apr. à lire.*, par S. Ch. Ch. R. C. de N. et d. P., Paris, Lottin, 1755, Préf. p. xv).

D'autres manuels contiennent aussi des fables, des maximes, de petits récits historiques et moraux. Tout cela était une leçon de langue, et certainement, s'ils eussent été pratiqués généralement, on devrait conclure qu'une matière suffisante était donnée.

ENSEIGNEMENT DE LA PRONONCIATION. — Je dois à la vérité de dire que parfois la lecture donnait lieu à des observations sur la prononciation. L'auteur de l'*Ortographe*, qui publie en 1723 une édition revue de son manuel, et qui a étudié probablement à la fin du xviiᵉ siècle, dit textuellement: « Je me souviens que je commençois mes études, lorsque ce changement arriva (*entroit* > *entrét*, *François* > *Francés*) et que nos Maîtres nous exhortoient à nous roidir contre, et à retenir l'ancienne prononciation » (p. ix). Il y avait donc dans l'école que fréquentait l'auteur des lectures, tout au moins des conversations en français, et on s'y attachait à prononcer correctement, ce qui indique un certain raffinement.

Les frères des Écoles chrétiennes paraissent mériter sur ce point comme sur tant d'autres de grands éloges. Ils considèrent qu'une bonne prononciation n'est point chose méprisable. Diverses prescriptions de la *Conduite des Écoles* sont à retenir[1] : Il faudra que le maître sache parfaitement le petit traité de prononciation... On exercera les élèves à toutes les règles de la prononciation française, à la manière de bien prononcer les syllabes et les mots et à faire sonner les consonnes à la fin des mots quand le mot suivant commence par une voyelle.

Le maître enseignera ces choses aux écoliers quand ceux-ci liront. Il leur fera remarquer toutes les fautes qu'ils commettent contre la prononciation, en les reprenant exactement et sans en laisser passer aucune[2].

Les Frères, qui ne recrutaient pas sur place les maîtres qu'ils affectaient à leurs 116 maisons, avaient eu l'occasion de noter les accents provinciaux, de les confronter, et l'idée de les corriger chez ces maîtres, et, s'il se pouvait, chez leurs élèves, devait leur venir. Les parents, dans certains endroits, y tenaient peut-être. On peut le soupçonner d'après les termes employés par quelques-uns de ceux qui offraient leurs services et posaient leur candidature dans les paroisses, nous l'avons vu. Ce n'était pourtant pas un mince mérite que d'apercevoir l'intérêt que présentait une lecture correcte. Et les Frères, autour de 1789, étaient au nombre d'au moins mille.

LE VICE ESSENTIEL DE PRATIQUES USUELLES. LA LECTURE EN LATIN. — J'ai parlé au tome V (p. 39) de la détestable routine, qui persistait, de commencer par apprendre à lire en latin. Les historiens de l'enseignement, même les plus indulgents pour l'école de l'Ancien Régime, n'ont pas pu cacher cette erreur[3].

1. Dans le traité de Civilité du V^ble de la Salle, il y a un chapitre, le ixe, qui traite du parler et de la prononciation.
2. *Cond. des Écoles*, 35, dans [Le F. Lucard] *Vie du V^ble J.-B. de la Salle*, Rouen, Fleury, 1874, 344.
3. « L'enfant, dit Babeau, apprenait ses lettres dans un alphabet, dit *Croix de Jésus*, ou *Croix de par Dieu*.
« A la suite de l'Alphabet se trouvaient les prières en latin ; c'est dans cette langue que, d'après un usage immémorial, l'enfant commençait d'ordinaire à épeler. Il se servait aussi pour l'épellation de deux livrets connus l'un sous le nom de *petit latin* ou lou-

Telle était en effet la règle traditionnelle : « On apprendra pre-mièrement (à lire) en latin, puis en françois, et la lettre romaine plustost, puis l'italique et *enfin encore la françoise, si on le treuue bon* » (Institut des Rel. de N. D. de Bordeaux, Allain, *Contrib.*, 205).

Cette manière de faire avait pour elle l'usage, mais surtout elle était liée au système qui faisait de l'école « un second catéchisme, où l'enfant s'initiait avant tout à la lecture d'offices et de prières en latin. Si on l'eût abandonnée, si on eût commencé par la lecture en français, on courait le risque que l'enfant quittât l'école avant de se mettre au latin, c'est à dire manquât l'objet principal de son instruc-tion. C'était la conséquence de la décision qu'avait prise l'Église de s'en tenir au latin pour les rites.

Rollin lui-même acceptait qu'on commençât par la lecture en latin, plus facile (Supp[t], chap. 1er, § 2)[1], « sauf pour les enfants qu'il est à présumer qu'on retirera trop tôt des écoles », qui ne sachant pas lire en français seraient « privés pour toute leur vie de l'avan-tage qu'ils tireroient pour leur salut de la lecture des livres de piété ». C'est aussi l'avis de l'auteur des *Méthodes nouvelles* (Chap. VII), Dumas, l'inventeur du *Bureau tipographique*. L'*A. B. C. Royal* (dédié aux enfans de France, duc de Berry, comte de Provence, comte d'Artois, 3e éd., 1761, Mus. péd., 12982), dont la méthode est nouvelle, ne donne pas un exemple en français. Rien que les prières en latin, quoiqu'il indique la double valeur de certains signes, suivant qu'il s'agit du français ou du latin[2].

CONTRE LA LECTURE EN LATIN. — La routine fut énergiquement com-battue, non seulement par des utopistes comme l'abbé de Saint-Pierre, mais par des hommes d'expérience. On peut voir là-dessus la *Methode* du S[r] Py-Poulain De Launay, ou l'*Art d'aprendre à lire le François et le Latin*[3]. « Il faut commencér les enfans par le François,

---

guotte, l'autre de *petit français*. Le *petit français* dont le vrai titre était *Tresor dévot*, était un recueil de pensées pieuses imprimées en lettres romaines d'un gros caractère et dont les syllabes étaient séparées les unes des autres » (*Instruct. prim. dans les campagnes av. 1789 dans le dép. de l'Aube*, 38).

1. Cf. Fertó, *Rollin*, 245.
2. Il mêle les deux langues : « Qu'est-ce que la Diphtongue d'écriture ? C'est celle dont on n'entend le son d'aucune Voyelle écrite ; mais on entend le son d'une qui n'est pas écrite. Exemple *Paulus* en Latin, les François ne prononcent ni *a*, ni *u*, mais ils prononcent un *o* long qui n'est pas écrit. *Mais* en François, on ne prononce ni *a*, ni *i*, mais on prononce un *e* ouvert qui n'est pas écrit » (p. 25). Trotet, lui (*L'art d'enseigner à lire*, 1734), souhaite seulement qu'on se mette d'accord pour commencer ou par le français ou par le latin.
3. La méthode du sieur Py-Poulain de Launay a été imprimée à Paris chez Nic. Le Clerc, 1719, et souvent réimprimée (Voir Barb., *Anon.*, 1875, III, 294). Goujet (*Bib. fr.*, I, 117-118) dit : « Quand il présenta sa méthode en 1713 à M. l'abbé Bignon, ce Savant... applaudit au zéle et aux vûës de l'Auteur. Cette methode eut ensuite d'autres

dit l'auteur de ce manuel célèbre ; comme ils entendent prononcér dans la conversation une bonne partie des mots, la connoissance qu'ils en ont, soulage leur mémoire, aide leur intélligence, leur donne du goût pour la lécture, et ils font dans la lécture du François un progrès bien plus rapide, que si on commençoit par célle du Latin. Ils se plaisent à trouvér dans le François des mots qui leur sont connus, au lieu que le Latin étant pour eux une langue barbare, la lécture en est, dans les commencemens, plus dificile et plus rebutante » (De Launay, *Alphab. p. les enf.*, 4ᵉ éd., 1750, in-12, 21)[1].

Aucune plainte n'est plus vive que celle qu'on trouve dans un livre qui cependant n'a pas été écrit par un philosophe, je veux parler de l'*Ecole chrestienne* : « Les parents retirent leurs enfants aussitôt qu'ils peuvent en tirer quelques services, de sorte que ces enfants sont privés pour toute leur vie de l'avantage qu'ils retireraient pour leur salut de la lecture des livres de pieté... Cet entêtement de commencer par le latin est une des sources de l'ignorance des artisans et de la plupart des gens de la campagne... On est convaincu par expérience que quand les enfants savent lire le françois, ils peuvent aisément lire le latin, mais quand ils ne savent lire que le latin, ils ne peuvent pas lire le françois »[2].

Les Frères des Écoles chétiennes étaient en cela aussi parmi les novateurs. Tel avait été l'avis de leur fondateur. Alors que le chantre de Notre-Dame tenait pour l'apprentissage de la lecture en latin, « qui est le fondement de la françoise », alors même qu'il proposait de leur donner des livres latins mal imprimés pour les rompre à cet exercice, de la Salle tint bon. Comme Mgr Godet des Marais insistait pour l'ordre ancien, il lui demanda instamment d'introduire dans les petites écoles de Chartres le système heureusement expérimenté à Reims, à Rouen, à Paris. Et les fortes raisons sur lesquelles il s'appuyait méritent d'être rapportées. « L'expérience m'a prouvé, disait-il, que les enfants qui savent bien lire dans leur langue maternelle apprennent aisément à lire des textes où, comme dans le latin,

approbateurs distingués par leurs talens et par leurs lumières. Feu M. l'abbé d'Orsanne, chanoine de l'Eglise de Paris, et directeur des petites ecoles de cette ville, lui donna aussi son suffrage : et l'experience a montré depuis, que l'on pouvoit s'en servir avec beaucoup d'utilité ». Or elle renferme au l. III, p. 29 à 56 des exemples de noms au singulier et au pluriel et les conjugaisons. C'est tout.

1. Cf. Cherrier, *Meth. nouv. p. appr. à lire*, Paris, 1755, in-12, 94-95. Il n'est pas question de suivre ici les inventions relatives à l'apprentissage de la lecture. Tout a dès lors été proposé et tenté : la lecture syllabique (*A. B. C. royal ou l'art d'apprendre à lire sans épeler les consonnes* [de l'abbé Bouchot], Paris, Mérigot, 1759 et 1761, in-12); nous en avons parlé plus haut; l'emploi de figures (*Méthode facile pour apprendre à lire correctement et agréablement, dédié à Mgr le prince de Bouillon, avec des figures* [de l'abbé Vidal], Paris, 1749, in-8°), etc., etc.

2. *Ecole Chrestienne*, 303-305 (Buiss., *Dict. de pédag.*, II, 2113).

toutes les lettres doivent être prononcées; il n'en est pas de même pour ceux qui n'ont eu d'abord, entre les mains, que des ouvrages en langue latine. La lecture du français conserve pour eux toutes les difficultés qu'elle offre à ceux qui ne savent que réunir des lettres pour en former des syllabes et des mots. *Aussi la plupart des enfants pauvres quittent-ils l'école ne sachant pas lire le français* et ne lisant le latin que d'une manière ridicule ou incorrecte.

« Enfin, dans nos écoles, la lecture du français peut seule aider les maîtres à développer l'intelligence des enfants et à former leur cœur. Les ouvrages latins ne renferment pour eux qu'une lettre morte et des mots incompris; ils n'ont à s'en servir que pour suivre les offices de l'Eglise; lorsqu'ils lisent en français, ils peuvent, au contraire, utiliser aussi leurs loisirs, dans leurs familles, par de bonnes et fructueuses lectures » [1].

La *Première éducation des Enfans* (1789) se prononce également, dès le début des *Instructions pour les personnes qui veulent enseigner,* en faveur de la lecture en français d'abord : « La langue Françoise nous étant la plus naturelle, la plus facile et la plus importante, c'est par elle que l'on doit faire commencer les Ecoliers, parce que, comme les Enfans entendent prononcer et prononcent souvent eux-mêmes une partie des mots qu'on veut leur apprendre, la connoissance qu'ils en ont déjà, aide leur foible intelligence, leur donne du goût pour la lecture, et leur fait faire beaucoup plus de progrès qu'en commençant par leur faire lire en latin, qui est pour eux une langue étrangère. Il ne faut donc faire passer les Enfans à la lecture du Latin, qu'après les avoir bien affermis dans celle du François » [2].

Dans certaines écoles de filles, on avait, pour trancher la difficulté, essayé de faire deux parts de la journée, en plaçant l'école latine le matin, l'école française l'après dîner.

Mais presque partout les maîtres continuaient à enseigner comme ils avaient appris eux-mêmes. Malgré tout, et quoiqu'on ait imaginé au XVIIIe siècle toutes sortes de procédés pour hâter l'apprentissage de la lecture : jeu de dés, écran, bureau typographique, quadrille des enfants, etc., il a été impossible de réaliser le progrès le plus naturel, celui qui s'imposait. Ici les correspondants de Grégoire n'ont fait que rapporter la vérité : « Après le *Syllabaire*, les enfants passent à la lecture de l'*Office de la Vierge* en latin, afin de pouvoir aider à chanter vêpres aux curés » (*Lett. à Grég.*, p. 141). « On apprend d'abord aux enfants à lire le latin, puis le français dans l'*Instruction pour la jeunesse,* ou quelque livre semblable » (Muni-

1. Cité dans la *Vie du Vble J.-B. de la Salle,* 2e éd., 1876, 446-447.
2. P. 2. L'approbation imprimée à la suite de la Grammaire est de février 1780.

cip. de Saint-Geniès, an II, *Ib.*, p. 60, signé Chabot). « Les maîtres
d'école, dans les villages où il y en a (car il s'en trouve dans peu),
apprennent à lire en français et en latin ; mais, en général, ils ont
tous la manie de commencer par cette dernière langue ; de sorte
que l'éducation se réduit presque, dans nos campagnes, à rendre
les élèves capables de pouvoir, les jours de fête et dimanches, aider
leurs pasteurs à chanter les louanges de Dieu dans une langue qu'ils
n'entendent pas » (Lot-et-Gar., Des Am. de la C^{tion} d'Agen, *Lett. à
Grég.*, p. 119).

Le résultat, c'est que trop souvent, filles et garçons, s'en allaient
aux travaux de l'atelier, de la campagne ou de la maison avant d'avoir
seulement commencé la lecture en français. On pouvait généraliser
ce qui est dit du Poitou : La majeure partie (des gens de la campagne)
ne sait pas lire [1], j'ajouterai seulement : ou ne lisait qu'avec difficulté.
La lecture demeurait un exercice, au lieu d'être un plaisir. Dans ces
conditions, elle ne pouvait servir beaucoup à répandre la langue.

1. *Lett. à Grég.*, p. 278, n° 36.

CHAPITRE V

L'ÉCRITURE

L'orthographe, qui par ailleurs a fait tant de tort à la langue française, l'a pourtant servie en quelque chose. En rendant nécessaires quelques notions de grammaire, elle a attiré l'attention sur une discipline négligée et a forcé les écoles à lui faire une place. Mais pour comprendre comment elle a pu avoir cette influence, il est indispensable de s'arrêter un moment à l'enseignement de l'écriture. Deux catégories de maîtres se partageaient les leçons d'écriture, les maîtres d'école — dont nous avons parlé — et les maîtres écrivains.

LES MAÎTRES ÉCRIVAINS. — Je ne raconterai pas comment ils avaient obtenu d'être constitués en corporation, ni de suivre leur histoire en tant que vérificateurs d'écriture. Mais ils professaient, et c'est par là qu'ils nous appartiennent. Ils montraient d'abord à former les caractères dans les diverses sortes d'écriture, dont ils avaient poussé très loin la théorie[1].

Certains d'entre eux étaient de véritables artistes, dans la tradi-

---

1. Sur les maîtres écrivains, voir Jacq. Bonzon, *La Corporation des Maîtres-Ecrivains.... sous l'Ancien Régime,* Paris, Giard et Brière, 1899, in-12 ; et Lechevalier, *Notice sur les maîtres-écrivains aux XVII-XVIIIᵉ s.* (*Bull. du Com. trav. hist.,* 1904, 173 et suiv.).

Cf. Houdas, *Les maîtres écrivains en Orléanais* (*Mém. de la Soc. d'Agr. sc. et b. l. d'Orléans,* 1861, t. 37, p. 257) ; *Archives de la corporation des maîtres écrivains de Rouen,* 1520-1789, A. D. de la Seine Infʳᵉ D (Inv., 1864), 16 art. ; de Beaurepaire, *Règlement de la Comᵗᵉ des maîtres-écrivains jurés de Rouen,* 1684 (Miscell. p. p. la Soc. Biblioph. Normands, 2ᵉ sér., 1881).

On trouve déjà les détails les plus précis sur les maîtres écrivains du XVIIᵉ et du XVIIIᵉ s. dans Dubois, de Dijon, Associé de l'Académie Royale d'Ecriture de Paris : *Hist. abrégée de l'Ecriture,* Paris, De Lormel, Dijon, Capel, 1772, in-12 (voir chap. X et XI). A la suite, un extrait des registres de l'Académie, donnant une série de noms de maîtres et de professeurs.

Le Musée pédagogique possède un ms. (nº 34685) provenant de la Bibliothèque De Bedigis, qui est écrit par Paillasson, Paris, 1767. Après l'Abrégé des principes vient une Notice historique très complète sur tous les « hommes célèbres de toutes les nations de l'Europe qui se sont distingués dans la configuration des caractères et qui ont donné au public des principes et des pièces ».

Louis XV a eu comme maître Duchesne qui le forma en 6 leçons d'une demi-heure. Il apprit en même temps à écrire et à imprimer.

tion du célèbre Jarry, des dessinateurs à la plume, dont maintes bibliothèques ont conservé les chefs-d'œuvre, et dont des albums célèbres ont reproduit les modèles[1].

Ayant conscience de posséder et la théorie et la pratique d'un métier supérieur et difficile, ils avaient longtemps prétendu l'exercer seuls. Les procès qu'ils eurent à ce propos avec les maîtres d'école durèrent plus d'un demi-siècle. L'arrêt du 2 juillet 1661, dont j'ai parlé, avait autorisé les maîtres des Petites-Écoles « à enseigner à lire, écrire et former les lettres, la grammaire, l'arithmétique et calcul... et à prendre des pensionnaires ». Mais leurs exemples ne devaient pas avoir plus de trois lignes, et ils devaient les faire eux-mêmes. Les écrivains n'avaient pas le droit d'enseigner la lecture, mais il leur était permis d'enseigner l'orthographe[2]. L'affaire ne pouvait s'arrêter là. Le 9 mai 1719, un arrêt du Conseil reconnut aux maîtres des Petites Écoles le droit d'enseigner aussi l'orthographe. Les écrivains firent appel. Un arrêt du 4 avril 1724 cassa celui de 1719, et fut cassé à son tour[3].

Une académie d'écriture. — Bientôt, comme il arrive souvent aux choses qui vont périr et qui sont entrées en décadence, une consécration vint aux maîtres écrivains, plus brillante qu'ils ne pouvaient l'espérer. En 1762, ils mirent en vigueur une disposition des statuts de 1727 (art. 28) qui créait une Académie d'écriture[4]. Elle fut reconnue et l'ouverture eut lieu le 25 février. A la tête se trouvaient un directeur et un secrétaire annuels, un chancelier, et un garde perpétuel des archives. Quatre professeurs et quatre adjoints choisis annuellement parmi les maîtres donnèrent des cours d'écriture, de calcul, de vérifications et de grammaire... Des lettres d'amateurs furent accordées aux étrangers, aux gens de lettres, aux artistes en rapport avec les travaux de la corporation. Celle-ci eut enfin l'honneur de présenter divers ouvrages au roi, le 13 avril 1763[5].

---

1. Citons parmi eux Louis Marchand, qui enseigna l'écriture à la mère de Louis XV. Il a écrit un livre à l'usage des demoiselles de St-Cyr ; Sauvage, innovateur hardi ; Rossignol, le maître des maîtres, qui forma une foule de disciples. Parmi ceux-ci brillèrent Dominique, Charles Paillasson, auteur de l'*Art d'écrire* de l'*Encyclopédie* ; René Potier, son associé, nommé par l'Académie d'Ecriture son Conseiller ; Glachant, Bédigis, d'Autrepe, qui joua un grand rôle dans l'histoire de la corporation.
L'Allemagne leur disputait la primauté. En 1777 la ville de Montbéliard donna une bourse de 70 l. à l'un d'entre ses écrivains pour aller se perfectionner outre-Rhin.
2. Cf. *Statuts pour les maistres ès arts tenant pensionnaires*, 1711, in-18, p. 49.
3. B. N., ms. fonds fr. 24747, f° 126.
4. Le règlement est dans l'*Encyclopédie méthodique, Arts et métiers*, II, 389.
5. En présence du lieutenant de police et du procureur du roi au Châtelet. Cf. Jacq. Bonzon, *o. c.*, 29. Voir les détails de cette cérémonie, où d'Autrepe fit le discours, dans Dubois, *Hist. de l'écrit.*, p. 122. Le *Mercure* de février 1774, p. 186, contient le discours de M° Guillaume, élu Directeur pour la 2° fois le 23 nov. 1773.

Malheureusement, l'édit de mars 1776 supprima les corporations. Rétablies en août, elles se modifièrent. L'Académie survécut sous le nom de *Bureau académique d'écriture* (17 juillet 1779), sorte de Société savante. « Le bureau, dit l'Almanach royal de 1789, eut les honneurs du Louvre. Il s'assemblait à la Bibliothèque du roi, quatre fois par mois pour traiter de la perfection des écritures... et de la grammaire française relative à l'orthographe »[1].

DIFFUSION DE L'ENSEIGNEMENT DE L'ÉCRITURE. — J'ai exposé déjà que l'enseignement de l'écriture avait pendant très longtemps été réservé à un nombre relativement petit d'enfants. La plupart apprenaient à signer[2].

1. Id., *Ib.*, 31. La Corporation survécut jusqu'en 1793. Elle demandait alors secours à la Convention (A. N., F¹⁷ 1012, 1).
2. Voir tome IV, p. 129. Ajoutons un fait bien surprenant, mais qui est cité dans la *Vie du Vᵇˡᵉ J. B. de la Salle* du F. Lucard, p. 348 : En 1570, dans un acte, on voit 14 prêtres sur 29 avouer qu'ils ne savent pas signer.
   Je me reprocherais de ne pas donner ici la statistique dressée par M. Maggiolo. L'auteur avait demandé à tous les instituteurs de relever sur les registres de paroisses le nombre des mariages et le nombre des conjoints qui ont signé. 15.928 instituteurs ont répondu. Voici les moyennes.

Périodes :	Ont signé sur 100 :	
	Époux.	Épouses.
1686-1690.	29,06	13,97
1786-1790.	47,05	26,87
1816-1820.	54,35	34,74

En 1786-1790, on trouve beaucoup plus de la moitié des actes portant les signatures dans l'Est (Meuse, Meurthe, Vosges, Moselle, Marne, Ardennes, Doubs), et en Normandie (Manche, Calvados, Eure,) ; la Meuse est au premier rang : 78,89 actes signés sur 100 actes, dont 90,64 p. 100 pour les époux et 67,13 pour les épouses ; le Doubs est au dixième : 60,17 actes signés sur 100 actes, dont 81,71 pour 100 pour les époux et 39,65 pour les épouses. A l'autre extrémité de l'échelle on en trouve moins de 14 p. 100 dans dix départements. Ils appartiennent aux régions centrales (Indre, Allier, Creuse, Nièvre, Haute-Vienne), méridionales (Tarn, Tarn-et-Garonne, Haute-Garonne, Landes) et à la Bretagne (Morbihan) ; le Tarn est au sommet : 13,91 actes signés sur 100 actes, 19,81 p. 100 pour les époux et 8,01 pour les épouses ; les Landes sont en bas : 3,46 actes signés sur 100 actes, 5,24 p. 100 pour les époux et 1,69 p. 100 pour les épouses (Dans Levasseur, *o. c.*, II, 861).
   On comparera toutes sortes d'autres renseignements. D'après l'étude contenue dans *Les Bouches-du-Rhône* (1ᵉ p., t. III, 674 et suiv.), la génération en âge de fréquenter les écoles à la veille de la Révolution fournit à peine 30 p. 100 d'hommes sachant signer, et 10 p. 100 seulement de femmes.
   A Perpignan, dans le peuple :

Hommes : en 1690, 21 p. 100.   Femmes : en 1690, 0
          1750, 44 p. 100.   1750, 17 p. 100.
          1789, 50 p. 100.   1789, 11 p. 100.

Dans Bourg, qui est un pays de savants, il n'y a pas dans toutes les autorités constituées quatre personnes dans le cas d'écrire et de rédiger (Caron, *Rapp. des ag. du Min. de l'Int*, I, 221).
   En l'an II, en Haute-Loire, on ne trouve pas assez de citoyens sachant lire et écrire pour former les municipalités (Let. de Guyardin, datée du Puy, 10 prair. Acte du

Cela n'implique pas qu'ils apprenaient à écrire[1]. Ceci était un métier. Quand on avait à le mettre en pratique, on s'adressait aux spécialistes de la profession: aúx écrivains. Il y en avait encore à Paris, autour du Palais, quand j'étais étudiant. Comment s'explique cette négligence d'un art nécessaire? Cherté du papier, difficulté de tailler les plumes[2], inhabileté de la plupart des maîtres, indifférence des familles? Il y avait de tout cela sans doute. Mais il y avait aussi cette idée que celui qui sait écrire, cherche à devenir commis, et qu'il est perdu pour le travail. « Les régents, écrit à Tourny un de ses subdélégués, sont plutót inutiles dans les campagnes. En apprenant à écrire les enfants des paysans, ils en font de mauvais praticiens, des sergens et autres gens de cette espèce qui auraient été propres pour la culture des terres et que la pratique rend fainéans, chicaneurs et sangsues du peuple »[3]. Nous avons parlé plus haut des craintes que le développement des écoles faisait naître. Nous n'y insisterons pas ici.

Chez les Frères des écoles chrétiennes eux-mêmes, on n'en venait à l'écriture que tard. On attendait que l'enfant eût marqué des dispositions. Il est nécessaire, disait de la Salle, que les écoliers sachent très parfaitement lire tant le français que le latin, avant que de leur faire apprendre à écrire (o. c., 26).

L'économie, si mauvaise conseillère, devait aussi jouer son rôle. L'école avec écriture coûtait plus cher. Tant y a que souvent, de propos délibéré, on avait retranché du programme cet enseignement. Ainsi dans la paroisse Saint-Vénérand de Laval, il était stipulé : Les enfants ne doivent pas apprendre à écrire[4]. De même à Remiremont[5]. Des résultats les faits nous donnent une idée : A Die, le 5 février 1790, la loi disant que les citoyens doivent écrire leurs bulletins, on est forcé de suspendre les élections, le tiers des citoyens actifs étant illettré![6]

Toutefois, il n'en était plus ainsi alors ni à Paris ni dans les villes de quelque importance. De plus en plus, les familles désiraient

---

Comité de Sal. p., XIV, 11). Les rapports des représentants sont pleins de doléances analogues.

1. Les trois quarts des citoyens actifs ne savent pas écrire (Rodez, *Lett. à Grég.*, p. 62).

2. A Port-Royal elles étaient en cuivre (Sainte-Beuve, *P.-R.*, III, 513).

3. Lett. de Prouzet, subdélégué de Villeneuve à Tourny, 1er fév. 1744, dans Lhéritier, *Tourny*, Paris, 1920, in-8°, p. 128.

4. Piolin, *o. c.*, 176.

5. Voir Mangeonjean, *Les éc. prim. de la région des Vosges avant la Rév. de 1790*, Épinal (Mus. péd., n° 6390).

6. A la Convention, on s'en préoccupa, lorsqu'on rédigea la Constitution de l'an III. L'article 16 refusait les droits civiques aux illettrés, mais on décida qu'il ne serait appliqué qu'à partir de l'an XII.

libérer leurs enfants de l'obligation d'avoir recours à la main d'autrui. Dans les écoles de garçons et même de filles, on enseignait communément à écrire[1].

1. Le *Dictionnaire Encyclopédique*, à l'art. Écriture, ayant dit qu'on apprend à écrire tous les enfants, le syndic des écrivains, d'Autrepe, ne manqua pas de protester. Mais à sa protestation ne porte pas qu'on néglige d'enseigner l'écriture. Il soutient seulement qu'on l'enseigne mal. Question de boutique : « Si ces Messieurs les Encyclopédistes, dit d'Autrepe, avoient su qu'à la dignité cantorale sont attachés le titre et les fonctions de maître d'école, s'ils eussent été instruits que ces fonctions sont purement cléricales, et qu'elles se bornent à instruire la jeunesse des premiers élémens de la religion, et à leur enseigner à lire ; s'ils eussent encore été informés que M. le Grand Chantre, ne pouvant suffire par lui-même à l'exercice de ces fonctions, commet à sa place, dans chaque quartier de la ville, des personnes de l'un ou l'autre sexe qui lui sont subordonnées, et qui, sous le titre de maîtres et de maîtresses d'école s'acquittent de cette partie de son ministère ; ils se seroient certainement bien gardés de proposer les maîtres d'école pour modèles en matière de belle écriture. Il est vrai qu'ils écrivent, qu'ils enseignent même cet art, mais c'est par usurpation » (*Traité s. les princ. de l'art d'écrire*, Paris, 1759, p. 5).

CHAPITRE VI

ÉCRITURE ET ORTHOGRAPHE

COMMENT L'ORTHOGRAPHE S'INTRODUISIT. — A l'écriture était jointe l'arithmétique et l'orthographe. Laissons la première, malgré le souvenir de Barrême[1]. La présence de l'orthographe dans le programme est capitale. De tout temps ç'avait été le fort des maîtres écrivains : Calligraphie, Orthographie. De même que les protes devaient donner des impressions correctes, les maîtres-écrivains avaient à fournir des pièces conformes à l'usage, au style des cours et des chancelleries.

A vrai dire, et à en croire certains programmes d'examen, leur art aurait eu des bornes plus étroites : « Les Aspirans étrangers qui se présenteront à la Maîtrise... seront obligés de présenter à la Communauté des pièces de leur Ecriture des trois caractères usités dans le Royaume, qui sont, l'Ecriture française appelée communément Ronde, la Bâtarde et la Coulée, lesquelles pièces seront signées de leur main, et il en sera par eux porté un exemplaire à chacun des douze plus anciens Maîtres ; ils subiront en outre trois Examens, de huitaine en huitaine, sur les principes de l'Ecriture, et sur les difficultés de l'Arithmétique ; ils seront aussi tenus de faire chez un des Syndics, ou en tout autre lieu désigné par la Communauté, une pièce d'Ecriture des trois mêmes caractères, de Bâtarde, Ronde et Coulée, avec leurs Alphabets mineurs et majeurs mesurés, et une pièce séparée de Lettres capitales, pour servir de pièces de comparaison à celles qu'ils auront remises » (*Nouv. add. aux Statuts des Maîtres Ecriv. de Bordeaux*, 1770-1773, Art. 4, dans Allain, *Contrib.*, 144).

Mais d'autres renseignements rectifient et complètent : le programme de Dijon de 1764[2] dit à l'article 11 : « Les aspirants écrivains subiront trois examens à trois jours différents. Le 1er jour, le récipiendaire répondra sur les règles de la prononciation et sur celles

---

1. Il était établi maître écrivain au bout du Pont-Neuf.
2. *Statuts de la corporation des « Maîtres écrivains, grammairiens et d'école » de Dijon.* (Arch. mun., B. 398, f° 101 et suiv.)

de l'orthographe; à cet effet, il fera des lectures en français et en latin, même dans des pièces de procédure; dans la même séance, il fera des pièces d'écriture ronde, italienne, et bâtarde en grosse, moyenne, coulée et minutée et répondra sur la méthode d'enseigner toutes ces sortes d'écritures »[1].

L'étude des manuels amène aux mêmes conclusions. Il existe, il est vrai, au Musée pédagogique toute une collection de modèles d'écriture, où il n'est pas question de doctrine orthographique ou grammaticale quelconque. Les uns sont de simples tableaux[2], les autres, comme celui d'Allais (Paris, 1680), pierre angulaire de l'édifice, renferment une théorie, mais purement scripturaire[3].

Cependant la plupart des livres contiennent des principes d'orthographe. L'exemple avait été donné dans le manuel d'Estienne de Blégny[4]. C'est un livre évidemment un peu gros, qui n'a jamais dû être très répandu parmi les écoliers; toutefois les nombreuses éditions qu'on en a procurées prouvent qu'il était entre les mains des maîtres. Or le manuel de Blégny renferme tout un traité d'orthographe, qui en est la quatrième partie.

VALEUR CROISSANTE D'UNE ÉCRITURE CORRECTE. — Dès le xviiᵉ siècle l'orthographe avait acquis une valeur commerciale, je l'ai établi déjà (voir tome IV, p. 133). Cette valeur n'avait fait que s'accroître. Aussi l'orthographe était-elle devenue, au commencement du xviiiᵉ siècle, plus encore qu'une bonne écriture, une qualité appréciée, exigée même dans les fonctions et les emplois où il y avait des livres à tenir, des pièces à écrire, des correspondances à entretenir, des papiers de toute sorte à rédiger ou à copier. « Plusieurs jeunes gens qui formant bien les caractères de l'écriture ne scavent pas

1. On comprend par là comment certains maîtres n'étaient que des artisans manuels. Coyer s'en prend vivement à eux : « La plupart... purs Mécaniciens pour le trait de la plume, n'ont ni assez de connaissance de notre Langue pour une orthographe correcte, ni assez d'instruction, pour donner aux Eleves des exemples profitables... Au lieu d'une vérité de l'Histoire Naturelle ou d'un sentiment d'humanité, on lit sur l'exemplaire *Ordonnance de Monseigneur l'Intendant*, ou quelque phrase de Procureur » (*Plan d'éd.*, 128-129).

« Ce n'est pas tant pour la formation vicieuse des lettres, que faute d'orthographe, d'accens et de ponctuation [qu'on a peine à déchiffrer l'écriture du peuple, celle des femmes, celle même des gens de qualité non lettrés]. C'est que leurs Maîtres d'Ecriture, ou n'en savaient pas assez, ou n'ont pas insisté sur ce point capital.... Leurs Maîtres à écrire seront encore Grammairiens » (*Ib.*, 130).

2. Voir nᵒˢ 3239, 13736, 126, 14097, 2503, 120, 211, etc.

3. Nᵒ 194. Consulter pour le xviiiᵉ siècle *Les fidèles tableaux de l'art d'écrire par colonnes de démonstrations par lesquelles les principes sont developpés*, Paris, 1764 (Mus. Péd., 128, cf. nᵒˢ 121, 525), ou surtout *Le Nouveau Traité d'Ecriture* de Rossignol, selon les principes d'Allais, Paris, 1754, qui fit naître de longues polémiques. Cf. D'Autrepe, syndic des Experts jurés Ecrivains, *o. c.*

4. *Les Elemens ou premières Instructions de la Jeunesse*, Paris, Au Palais, Guil. Cavelier, 1712, in-8ᵒ, 1ʳᵉ éd., 1667. Cf. *Hist. de la langue*, tome IV, p. 131.

l'ortographe sont méprisés, et manquent souvent des bons Emplois, et des établissemens considérables », dit un de ceux qui l'enseignent. Douchet fait chorus : « Combien de gens, avec la meilleure main, manquent ou perdent des emplois, faute d'avoir cette connoissance » ! (*Princ. rais. d'orth.*, VIII)[1].

Aussi les Frères de la Doctrine Chrétienne ont-ils mis dès le début l'orthographe au nombre des matières enseignées dans leurs maisons (*Conduite des Écoles*, chap. 4). On y exerçait les enfants à copier d'abord, à reproduire ensuite, des quittances, des actes commerciaux, des devis, etc.[2] C'est pour cette raison également qu'on voit l'orthographe entrer dans les Manuels des connaissances nécessaires, ainsi dans l'*Ouvrage choisi en faveur du public*, sorte d'almanach, contenant un peu de tout, les règles de la bienséance et un traité d'Orthographe (Paris, Hérissant, 1777). Les impressions vulgaires de Troyes s'en emparent. On y trouve un *Traité de la Nouvelle orthographe françoise... Trés utile à toutes sortes de personnes, et particulierement aux jeunes Gens*, par lequel on pourra aprendre cette science en peu de tems et sans Maître, Avec La Maniere de dresser et écrire correctement des Lettres de Marchands et de Change, des Billets à Ordres, des Promesses et des Quittance (sic.) (Troyes, Garnier, *A. P.*, s. d., in-12).

Les railleurs ne manquaient pas : « On disoit ces jours-ci à M. de Chimène : *Allons, Chimène, nous n'avons point de temps à perdre ; apprenons l'orthographe, nous aurons une place à l'Académie* ».

L'ORTHOGRAPHE ET LES FEMMES. — Pour les femmes, qui n'occupaient point d'emploi de scribes ou de commis, l'orthographe tendait à prendre une autre valeur, une valeur sociale : elle devenait une marque de distinction. Les hommes apprenaient ou étaient censés apprendre le latin ; par suite ils étaient réputés acquérir le français par transfusion. Les femmes, qui ne se livraient qu'exceptionnellement à de semblables études, devaient compenser leur infé-

---

1. Auverni, dont nous avons déjà signalé le Manuel, déclare d'abord qu'il a vu « quantité de jeunes hommes aspirer aux Bureaux de la Finance et du Commerce, pecher contre les regles de la langue... parce qu'ils ignoroient l'orthographe » (Pref., p. 7).

Il reproche aux parents de ne donner aux enfants après l'A. B. C. que le Sillabaire françois et de prétendus Livres d'orthographe. « Les Maîtres et Maîtresses d'Ecole de la Campagne qui ne sont pas à la portée des Bibliotéques pour faire un recueil sur le choix des grammaires se suffiront avec son livre » (16).

L'auteur ajoute que ce livre « conviendra encore aux Demoiselles qui voudront savoir ortographier pour parler Français correctement ».

2. Paris, Moronval, 1838. Cf. Lucard, *Vie du V*[ble] *J. B. de la Salle*, 348.

Champollion-Figeac dans ses *Nouvelles recherches sur les patois* a fait allusion à « ces enfans qui avaient appris à lire et à écrire au village » et qui ayant « pendant un an ou

riorité à l'aide d'une étude directe de l'orthographe. Cette étude les classait, c'était leurs humanités[1].

Il fallait être Madame Geoffrin pour avouer tout franchement son ignorance[2]. Je ne saurais du reste préciser quand l'orthographe devint ainsi pour une dame une cause de considération.

L'Abbé Girard, en écrivant *L'ortografe françoise* (1716), avait déjà pensé à donner un « art d'écrire aisé pour les dames ». Les ouvrages qui leur sont spécialement destinés sont assez nombreux. On connaît : *La Grammaire des Dames* de Barthelemi, de Grenoble, une œuvre mondaine, où le pédantisme essaie de sourire, de plaisanter, de madrigaliser[3]. *La Cantatrice Grammairienne* (Genève, 1788)[4] est aussi faite pour les dames : « Orthographiez, orthographiez, disons-nous sans cesse aux femmes, si vous voulez que nous vous lisions avec tout l'intérêt que la fraîcheur et le brillant de votre coloris nous inspirent » (Préf., ix). D'après ce livre elles pourront « à présent, et à peu de frais, faire sur nous une conquête que nous desirons qu'elles fassent » (ix-x)[5].

C'est sans aucun doute pour satisfaire à ce goût que les établissements les plus célèbres destinés aux jeunes filles mettent dès lors tous leurs soins à l'orthographe. Chez les Ursulines, dès le début du xviiᵉ siècle, c'est dans la règle, on apprend l'orthographe[6]. De

deux ans mis au net des exploits et des appointemens chez un procureur à bailliage, leur éducation étant faite, retournaient à la charrue » (p. 68).

1. Collé, *Journ.*, I, 256.

2. « Dans un charmant éloge qu'a fait d'elle (Mᵐᵉ Geoffrin) votre oncle, vous lirez qu'un abbé italien étant venu lui offrir la dédicace d'une grammaire italienne et française : « A moi, monsieur, lui dit-elle, la dédicace d'une grammaire ! à moi, qui ne « sais pas seulement l'orthographe ! » C'était la pure vérité » (Marmontel, *Mém.*, 226).

3. 5ᵉ éd., Pont-de-Vaux, Moiroud, 1797, in-8°. Cf. *L'orthographe des Dames ....démontrée la seule raisonnable, par une Société de Dames*, Paris, 1782, in-12 [par Mᵐᵉ Mérigot].

4. *La Cantatrice Grammairienne, ou l'art d'apprendre l'orthographe fr. seul ... par le moyen des Chansons érotiques, pastorales, villageoises, anacréontiques*, etc.

Ouvrage destiné aux Dames et dédié à Madame la Comtesse de Beauharnais par M. l'abbé*** de Grenoble. A été imprimé à Genève. Et se trouve à Lyon chez Joseph Sulpice Grabit (1788).

5. C'est un mélange naïf et savoureux de galanterie et de pédantisme. Êtes-vous désireuses de connaître le présent du conditionnel ? Le voici :

> Je la *voudrois* moins coquette que tendre ;
> Sans être agnès ayant peu de desirs,
> Sans les chercher se livrant aux plaisirs,
> Les augmentant en voulant s'en défendre *(p. 49).

Quant au passé, apprenez la pièce que voici :

> Le lendemain Philis peu sage,
> *Auroit donné* moutons et chien
> Pour un baiser que le volage
> A Lisette donna pour rien (p. 50).

6. Voir les règlements, Paris, Josse, 1705, p. 84. Cf. Allain, *Contribution*, 224 et suiv.

même chez les Filles de Notre-Dame[1]. De même encore chez les Augustines[2]. A Bordeaux les élèves « tascheront de bien aprendre à lire et prononcer les mots, tant en latin qu'en françois et italienne [et bien escrire tant en lettre ronde qu'en italienne (var.)], bien *ortografier*, à coudre, jetter, chiffrer, lire aux contracts » (Allain, *o. c.*, 204). A Chateaubriant, les commissaires qui saisiront les livres de la communauté, en octobre 1792, trouveront aux mains des enfants, parmi quelques livres de piété : *Les principes de la langue et de l'orthographe*[3].

1. Font. de Resbecq, *Hist. de l'ens. prim. av. 1789*, Lille, 1878, 156. C'est à l'usage des religieuses de N.-D. qu'on publie à Aurillac une grammaire française en 1779.
2. Voir pour les Augustines d'Armentières, *Ib.*, 218. Cf. 253.
3. Elles avaient en outre : *Le sage entretien, le Magasin des Pauvres, l'Ancien Testament*, le *Premier* et le *Second Catéchisme de Nantes* (Léon Maître, *o. c.*, 42).

CHAPITRE VII

ORTHOGRAPHE ET GRAMMAIRE

RAPPORTS NÉCESSAIRES. — Une partie essentielle de l'orthographe consistant dans l'orthographe de règles, on ne pouvait pas l'apprendre sans quelques principes. Il fallait connaître les mots invariables, connaître les formes du féminin, du pluriel, et avoir conjugué, pour appliquer les règles les plus élémentaires de l'accord. L'orthographe fut l'introductrice et comme la patronne de la grammaire élémentaire. On peut prendre pour type le manuel de Blégny. C'est lui qui avait montré la voie. A partir de la huitième leçon, l'auteur entre à fond dans le sujet. Vient d'abord une étude des mots, « c'est-à-dire des parties du discours ». Puis elles sont reprises une à une. Et c'est la formation du pluriel, l'usage de *s*, de *x*, la chute du *t* dans *momens*, le genre des noms (leçon 12), les pronoms (leçons 13-15), avec distinction de *ce* et *se*, de *dont* et *donc*, de *quel* et *qu'elle*, avec explication de *joue-t-il*, avec discussion de *leur* et *leurs*. On passe de là aux verbes, dont les formes occupent les leçons 16 à 21.

La théorie des conjugaisons qui est donnée là, avec ses tableaux, quoique très simple, est largement suffisante. Rien n'y manque de ce qu'on considère comme essentiel, ni les règles du participe passé, ni celles du participe présent (ces dernières inexactes du reste), ni enfin le gérondif (p. 56). Blégny en arrive jusqu'aux exceptions : *la nouvelle que m'a donné votre lettre ; pour vos maisons, ils les ont trouvé belles ; ils les ont vû riches ; elles les ont regardé écrivant* (p. 57). S'il ne parle pas des verbes pronominaux, c'est affaire de doctrine, il les considère comme des verbes ordinaires conjugués avec *être*, et soumis aux mêmes règles, et aux mêmes exceptions : *ils se sont trouvé surpris, elles se sont trouvé surprises* (p. 64). La vingt-deuxième leçon est consacrée aux adverbes, la vingt-troisième aux prépositions, conjonctions, interjections, la vingt-quatrième aux accens, la vingt-cinquième à la ponctuation. L'ouvrage se termine par la manière d'écrire les homonymes (72-86) et par un Petit dictionnaire orthographique (87-162)[1]. On ne pouvait demander plus.

Les livres qui vinrent après contiennent les mêmes matières. « La science de bien écrire renferme deux parties : le caractere et l'ortographe », dit un ouvrage de 1709, qui porte ce titre bien net : *L'ortographe françoise ou la méthode de l'écriture Contenant les Regles et les Observations necessaires pour écrire correctement*[2].

On lit dans l'édition de 1723 (p. xv-xvi) : « Il a falu aussi parcourir la Grammaire, en rapporter toutes les parties, afin d'indiquer que les mots invariables s'écrivent toûjours de la même maniere, et comme on les trouve dans les bons livres. Pour les noms et les verbes qui varient, on a donné la maniere de former les feminins et pluriels des noms, et des exemples des verbes de chaque conjugaison, dans tous leurs mœufs, tous leurs temps, tous leurs nombres et toutes leurs personnes, pour servir de modele afin d'aprendre à conjuguer et à écrire de même tous les autres verbes. Cela servira à donner quelque idée de la grammaire à ceux même qui n'apprennent pas le Latin ».

Goujet (*B. fr.*, I, 64), dit en parlant d'un autre ouvrage (*Principes de l'ortographe Françoise, ou réflexions utiles à toutes les personnes qui aiment à écrire correctement*, par M. de Longue, Paris, 1725) : « Par ortographe, l'Auteur... n'entend en effet que cette correction si utile dans l'écriture, dans le style et dans la prononciation. Son traité est donc, au fonds, un véritable abregé de la grammaire Françoise ». Pour achever de se convaincre combien orthographe et grammaire sont dès lors intimement unies, on pourra se reporter à presque tous les Manuels, comme celui de Jacquier, ou celui d'Auverni[3].

Un livre comme la *Bibliothèque des Enfants*[4], dont l'auteur sem-

---

1. L'édition de 1735 n'est qu'une réimpression.

2. Pierre de Bats, 8° (Mus. Péd., n° 3909). Barbier ne donne pas le nom caché sous les initiales D. B. Serait-ce encore un de Blégny ?

3. Le premier est intitulé *Méthode pour apprendre l'orthographe par principes sans scavoir le Latin*, Paris, Nic. Le Clerc, J. Josse, Th. Legras, Vve Pissot, in-8°. La 1re édition est de 1728 ; autre édition en 1736.
Nous avons déjà parlé du second de ces livres. A partir du chapitre ii (p. 46), commence un petit *Précis grammatical sur les parties du discours*, qui, après un chapitre sur les accents, continue par une petite *Grammaire* (p. 63-228), très complète en ce qui concerne les formes, peu développée pour la syntaxe des temps et des modes, en tous cas donnant les principales règles.

4. La *Bibliotheque des enfans ou les Premiers elemens des lettres* (de Dumas) a été imprimé chez P. Simon, 1733, à Paris (oblong). Il est suivi d'un Abrégé de la doctrine chrétienne.
En fait d'orthographe il renferme divers specimens :
1° Selon l'ancienne orthographe : *Mon cher cœur, ma belle et admirable personne, je ne veux que ce que monsieu vostre cousin agreera*.
2° Selon la nouvèle : *... ma bèle et ..., je ne veus que ce que Mr. votre cousin agréra*.
3° Selon l'orthographe de l'oreille ou comme l'on parle : *Mõ chèr keur, ma bèl é admirabl pèrson', jeu ne veu queu ceu queu mõcieu vot couzĩ agréra*.

ble s'amuser à faire voir les contradictions entre les orthographes des différents types est absolument une exception. Les auteurs de manuels, quoiqu'ayant des orthographes différentes, ne pouvaient s'inspirer de ce scepticisme. Tous sont résolument dogmatiques, chacun en faveur de sa règle.

LES CONNAISSANCES GRAMMATICALES A LA FIN DU XVIII° SIÈCLE. — Il ne faudrait pas se hâter toutefois de dire que la bataille était gagnée, grâce à ce détour. Ni grammaire, ni orthographe n'étaient encore très répandues. Voici les souvenirs d'un témoin : « Quant aux petites écoles pour les garçons et les filles, on y enseignait à lire, à écrire et les quatre premières règles de l'arithmétique ; mais il n'y était point question d'orthographe et encore moins de principes de la grammaire française, d'où il est résulté que la plupart des dames et demoiselles, dont l'instruction date de cette époque, écrivaient à peu près, comme peuvent le faire aujourd'hui les cuisinières » (Besnard, *Souven. d'un nonag.*, I, 55). Des milliers de pièces confirment cette assertion.

En 1750, le seigneur de Fontaines écrit au subdélégué de Bar-sur-Aube : « Il y a un tres mauvais sujet dans cette paroisse et maisme de toutes façon qui ne fait ny Pasque et qui ne s'aproche point des sacrement ; il insulte souvent les prestre qui deserve la paroisse. Si vous voulié me permetre de le faire maistre en prison, je crois que cela serois tres nessaissaire pour lexemple, d'autant plus qu'il y en a d'autre qui sont très mutin » (Babeau, *Le vill.*, 218-219).

Pièce de compte. (Arch. de l'Aube, C. 326, dans Babeau, *Le vill.*, 364. La pièce est rédigée par un professionnel) : « Led. Diderot nous a dit que le subject de la presente assemblee est pour communiquer aux habitans le compte de Nicolas Bureau, le jeune, vigneron, demeurant en ce lieu, ci-devant sindicque, avec les pièces justificatifs d'iceluy pour le contreduire, cy bon leur semble, et nommère quatre des princypaux habitans non parans dud. Bureau rendant, pour paroître à l'autelle et par devant M. Masson, subdélégué de Monseigneur l'intendant de l'election de Bar sur Aube, poure estre présent à l'arresté qui en sera faitte par M. Masson en exécution de son ordonnance du 28 janvier dernier, à l'effet de quoy les habitants ontes d'une commune et unanime voix nommé les-

---

4° Selon l'orthographe des sons ou de l'oreille, et contre l'orthographe des ïeux ou de l'usage : *Mon chair queur, ma baîle et ademyrabele pairçone, ge neu voeux ke ce que moncieu vaut cousain agraïra.*
La 5ᵉ est annoncée, mais manque.

personnes de Prudent Jobard, Nicolas Lesoeurs, Antoine Lorin et
Pierre Vidal l'ainél, tous vignerons dem. en ce lieu pour estre pre-
sens a l'aresté dud. compte dimanche prochain, 27 du present mois,
s'il plait à mond. sieur Masson de les arrestere lesd. jours, ainsy
qu'il nous a esté dit par led. Bureaux, à l'ouire et contredire aux
article dud. compte, auquel lesd. habitans ont donné plain pouvoire.
Dont nous avons donné acte, et onts les habitans sachant signé,
signé avec nous et notre greffier, et les autres habitans présents
ontes déclaré ne scavoir signer, de ce interpellé » (Suivent 13 signatures).

Extrait du cahier de la paroisse des Alleuds : « la dixme... apres
qu'elle a été contée sur le cham par ledit fermier ou gens de sa
part, que souvent on attans lonstemps sur le cham avant qu'ils
viennent à vous, et que si toutefois il vient du mauvais temps les
grains se gastes sur le cham sans qu'on puisse l'entassé ; et que si au
contraire le fermier avet deux harassiers, comme partout ailleurs,
pour rendre lesd. dixmes à la maison, qui ne lui couterai pas beaucoup de plus que deux commis, qu'il lui faut, tous les pauvres particuliers an soufrirais bien moins (tous les habitants ont donné
leurs voix, et... une grande partie nous ont déclaré ne savoir signé) »
(Besnard, o. c., I, 35, note 1).

« Une dame ..... écrivant à un fermier général termine sa lettre
par ces mots : *je vous recaumande toujour mon petit comioz*. On ne
savait trop ce que ce dernier mot voulait dire ; enfin à force de commenter et d'épeler, on parvint à deviner qu'il signifiait commis aux
Aides » (Dugast de Bois St-Just, *Paris, Versailles et les prov. au
XVIIIe s.*, éd. 1817, III, 70).

J'ai publié au tome IV des spécimens de lettres de femmes. La
série pourrait être continuée.

Assurément beaucoup de femmes écrivaient aussi correctement
que les hommes. Il serait exagéré de soutenir que toutes les grandes
dames en fussent là. Voici quelques preuves parmi beaucoup.

Une lettre de Mme de Mailly à Desmarets, du 27 juin 1709, a
été donnée telle quelle dans le St-Simon de Boislisle (XVII, 609).
On y lit : *Si uous uoulais bien auoir la bonte de mesder dans sette
aucasion.*

Le comte Foucher de Careil, publiant dans les œuvres de
Leibnitz, des lettres de Mme Brinon, signale l'impossibilité de
reproduire l'orthographe telle quelle (ex. : *Cose segondent* pour
causes secondes): « Il a fallu quelquefois, dit-il, d'une main discrète,
la rendre intelligible par des substitutions de lettres et des retran-
chements de consonnes parasites » (t. I, Préf., p. vi).

Ajoutons Mme de Tencin, — 1er janvier 1737 :

« Mon Seigneur

« Que les jours de vostre Eminence soit ogmenté même au dépan des nostres. Voyla les veux de tous les bons sitoyens. Si elle veut bien y ajouter ce que peut y mettre de plus une inclination naturelle pour sa personne elle conoistra l'étendue des miens ie suis mon Seigneur avec le plus proffon respect de vostre Eminence la tres humble et tres obeissante seruante de Tencin »[1].

Mme Geoffrin, — Lettre du 13 janvier 1744 :

« ..... Si vous voulé absolument me la remêtre a moy même faite moi dire a qu'elle heur on vous trouve ches vous, nos quartiers sont si éloigné qu'il ni apas moien de risquer de faire une cource inutil mais si vous vouliés bien donner la boëte a celuy qui vous remêtera cette lettre cela ceroit le plus court, et je vous en cerois tres obligé..... »[2]

Madame Molé à sœur Saint-Louis :

« Ce samedy ausoir 28 décembre 1765.

« J'ay été desespéré madame de ne pouuoir pas parler a la personne que vous mavés envoyer, mais elle est venue a une heur que je ne pouuoit quiter les personnes que nous avions a diner. M Molé et moy sommes on ne peut plus sensible aux vœux que vous et votre communautés voulée bien faire pour nous et pour mon fils, il n'y en a point que nous ne fassions pour que vous soyés aussy heureuse madame que vous le mérété, nous vous demandons avec intence la continuaction de vos prieres, et je vous prie aussi de recevoir tous mes remerciments pour la belle bouce que vous avés la bontés de menvoyer, et de randre justice aux sentiments avec lesquels je suis tres parfaitement madame votre tres humble et tres obeïssante servante »[3].

Sœur Sainte-Victoire :

« Le noviciat vas toujour bien, jespere que le mois prochain nous orons une professe de plus, cest vraiment un ange pour la piété, les autres sont tres bien aussi, cest une paix, une union qui est admirable, nous avons une postulante, et on ment a parlé encore de deux autre, lon assure de la vocation, mais elle non rien, ce qui est cours, mais lon est heureuse de trouver de la piété, un bon caractere, éancore faut-il bien examiner. Dans une anné cinq professe cela est honnète. Si cela continue dans peu nous veront

1. Bib. V. Cousin, ms. n° 2, lett. 85.
2. Coll. Bovet, n° 2079.
3. La femme du premier président Molé était fille du célèbre financier Samuel Bernard, mort en 1739 (Gazier, Une suite à l'hist. de Port-Royal, Paris, 1906, 346).

la maison ceremonté ; en voila assé sans dot, mais elles ont une bonne vocation, de la piété, un bon caractere, c'est lécencièle, trouver des filles avec des dots actuellement et de la vocation, c'est assérare.

Que notre chere mere auroit de joye, Monsieur, si le Seigneur nous lût conservés, il y a peu dinstans ou je ne pense a elle Lamertume dans l'âme, jamais elle ne me sortira de l'esprit »[1].

Mme de Warens :

« Sire.....

« Joray donc lhoneur de lui repressenter avec tout le respect et la soumition possible que me trouvant tres indisposee des que jeus lavantage detre a Ennecy et ayent tenté inutilement tous les mojens de guerison, voient lobstination de mes maux, Mess. les Medessin, mont ordonne un changement d'air des le printens passé, j'en ay suspendu la demande a votre Majesté jusqu'a pressent pour faire encore par leur ordonence de nouvaux reméde quy nont pas mieux reussit que les pressedent ; ce qui fait que gimplore aujourduit tres humblement votre Majesté pour quelle degne jeter les jeux de sa compation sur le triste etat ou ma maladie mareduit... »[2].

Charlotte Corday :

« Voici monsieur une lettre d'échange que l'on m'a envoyés payable a vos ordres je vous prie de me la renvoyer avec les formalités necessaire pour en recevoir l'argent à Caën, j'en suis trés pressés, Mme labesse ma chargés de vous remercier des ofre que vous lui avez faite relativement aux glaces elle ne veut point emprunter cette année, ainsi ne les ayés pas,... »[3].

Je ne puis clore ce chapitre sans donner un specimen de l'orthographe d'une enseignante : « Catherine Beuzoille ex ursuline a Argenteüil vingts années et plus a sacrifie les plus beaux de ses jours a Léducation des jeunes demoiselles ainsy qu'aux claces externes des pauvres enfans, par le décret messieurs que vous avès rendüe en ce mois Lui donne espoir que vous voudré bien acépter Loffre quelle vous fait d'emploier ce quil Lui réste de tems a vivre a se rendre eutille a Létat, En son ame Emprinte Lamour de La liberte et vos loix constitutionnelles Elle ne pourra que Les propager En lâme des Elèves que vous confiré a ses soins. De paris le 16 juin 1792 » (Guillaume, *Proc. verb. du Com. de l'Intr. Publ.*, Législ., appendice, XXX, p. 437)[4].

1. Dans Gazier, *Ib.*, 241.
2. Dans L. P. Benedetto, *Mad. de Warens*, Paris, 1914, 92.
3. Lett. du 30 sept. 1789. Coll. Bovet, n° 2116.
4. Cf. A. de Luppé, *Les jeunes filles à la fin du XVIIIe s.*, 147, 156.

LES PLAINTES D'UN PROFESSIONNEL. — Il m'a paru intéressant d'apporter ici, pour terminer, le témoignage d'un contemporain. C'est un professeur aigri, peut-être, parce qu'il a ouvert des cours auxquels personne ne s'est fait inscrire, ou qui ont eu quatre élèves en trois ans, mais il semble avoir été un homme sincère et qui observait. Il se nomme Pollet[1].

Il avait inventé une *Méthode* pour enseigner l'orthographe en trente leçons. Il l'a intitulée : *Élémens d'orthographe ou Méthode pour apprendre cette science parfaitement, en tres-peu de tems, sans être obligé de prendre un maître*[2]. Il nous donne, dans ses confidences, de curieuses indications sur l'état de l'enseignement grammatical et de ceux qui sont « condamnés — c'est son expression — à montrer la Langue et l'Orthographe ». Suivant lui, ils ne jouissent pas d'une grande considération, et sont peu payés. Chez un Maître de Pension, ils gagnent cinquante écus ou vingt pistoles par an, pour enseigner à dix ou douze jeunes gens. « Celui qui montre en Ville, rencontre des gens, qui... ne rougissent pas de lui offrir neuf francs par mois, douze au plus... le dernier Commis d'un Bureau quelconque, le troisième ou quatrième Clerc d'un Notaire, d'un Procureur, le Commis de Marchand, qui est à tous les momens de la journée aux ordres du Public, se croient des êtres infiniment supérieurs à l'homme qui enseigne une science aussi utile que l'est la connoissance de la Langue, sans faire attention qu'il seroit en état de tenir leur place, et qu'ils sont peut-être incapables de remplir la sienne » (*Élém. d'orth.*, 60-61).

« Que l'on paye, s'écrie-t-il, ceux qui l'exercent en considération de ce qu'ils ont dépensé pour s'instruire, on ne manquera pas de bons sujets ; mais si on ne fait pas de différence entre le Maître de langue et le Maître d'école, il n'y aura en Maîtres de langue que de pauvres diables, qui, comme moi, auront perdu leur fortune, et qui seront trop vieux pour pouvoir faire autre chose. J'ai vu quelqu'un me soutenir que, par la raison que je consentois à montrer l'Orthographe à sa fille aînée, je devois me charger de l'éducation de tous ses enfans, faire lire les uns, faire écrire les autres, etc. » (*Ib.*, 69 et note).

Dans une ville de province « un maître de Langue ne trouveroit

---

1. Pollet est un ancien receveur vérificateur, puis inspecteur des domaines du roi. Dans cet état, il a subi de grosses pertes, qui ont entraîné celle de sa fortune ; alors il a emprunté et mis dans la gêne certains de ses créanciers. Il nous explique comment, au prix où il espère vendre son livre, que des Dames soucieuses de bien écrire, lui ont promis d'acheter à un prix rémunérateur, il arrivera à donner des apaisements à ses créanciers. C'est un homme qui paraît manquer de suite dans les idées, se ravise, au milieu d'un exposé de sa situation, s'arrête pour disserter sur l'*x* ; être bizarre, mais témoin curieux.

2. Paris, chez l'auteur, Rue Pavée Saint-Sauveur, 1787, in-8°.

pas à s'y s'occuper. Qu'un Conseiller du Bailliage de ma Ville m'ait sincèrement plaint, lorsqu'il a appris que j'avois choisi cet état, cela ne me surprend point encore, dit Pollet : mais que dans la Capitale d'un Royaume aussi éclairé que l'est le Royaume de France, on ne distingue pas l'homme fait pour enseigner une science dont tout le monde reconnoît l'utilité, du Citoyen le plus ordinaire, c'est ce que j'ai de la peine à concevoir » (*Ib.*, p. 61). La raison en est que « la classe bourgeoise, qui ne sait ni parler François, ni écrire correctement, conserve l'indifférence parfaite dans laquelle elle vit relativement à la Langue et à l'Orthographe » (Préf., p. IV).

Pollet a entendu commettre des fautes énormes, comme *il est tonteux, je vous fais texcuse, unareng*, « dans de très-bons cafés, chez des Traiteurs à 28 et 30 sols ! » et par des gens qui avaient « de la suffisance » (p. 17 et 23). Des avocats, au mépris de la règle de la correspondance des temps, disaient : *Il falloit que je fasse...* A la réception d'un lieutenant général du Bailliage d'une ville de province, un avocat, après avoir fait son compliment, « plaida pour la forme... et dit, en rapportant le prononcé d'un Arrêt du Conseil : *Le Roi z'en son Conseil a ordonné z'et ordonne* » (*Ib.*, p. 23). Il est vrai que le public est abusé par des gens qui se donnent pour instruits et ne savent rien [1].

Tous ces détails ont déjà leur saveur. Mais ils ne nous découvrent pas, comme d'autres, les causes profondes du mal. Pollet devine ce qu'il en coûte à la langue d'être à la remorque de l'orthographe (p. 26) : Son perruquier lui avait demandé combien il lui prendrait pour lui enseigner l'orthographe. Comme le prix l'effrayait, le Maître lui fit remarquer qu'il apprendrait la langue en même temps. « Je croyois, ajoute Pollet, que cette observation seroit écoutée favorablement d'un homme qui, dans une conversation d'un quart d'heure au plus, avoit fait au moins vingt fautes de français. La langue, me dit-il ! je défie le plus habile de 's'en tirer mieux que moi ; je n'ai pas besoin de leçons de langue : montrez-moi l'Orthographe. Quantité de bourgeois de la même classe seraient vraiment fâchés de savoir parler mieux qu'ils ne parlent. Je connois une

---

1. « Il y a, dans Paris, trente mille individus qui ont payé un Maître, les uns pendant six mois, d'autres pendant un an, dix-huit mois, etc. pour apprendre l'Orthographe, et qui ne la savent pas » (*Ib.*, p. 19, note).
Les Religieuses se croient en état d'enseigner l'orthographe, mais les Demoiselles qui sortent de leurs mains sont peu instruites. « Il n'y a pas encore longtemps, dit Pollet, qu'une de mes Écolières m'en montra une (une lettre) d'une jeune personne que l'on disoit être la plus savante de son couvent, et que par cette raison l'on devoit renvoyer au premier moment à ses parens ; je me souviens que dans cette lettre, qui contenoit au plus vingt lignes, il y avoit quarante-cinq fautes d'Orthographe (*Ib.*, p. 22).

Demoiselle, qui sait sa langue, et sur ce que je lui demandois un jour, pourquoi elle ne se donnoit pas la peine de parler françois? elle me répondit : Je m'en donne bien de garde ; toutes les femmes que je vois se moqueroient de moi» (*Ib.*, p. 26).

En effet, tandis que dans les collèges, l'enseignement du français se donnait — quand il se donnait — par le latin, suivant la méthode qu'on prétend imposer aujourd'hui encore comme la seule bonne, ailleurs il était étouffé et faussé par l'apprentissage de l'orthographe, qui amenait les mieux intentionnés à prendre la proie pour l'ombre. Plus encore, l'Orthographe trahissait la langue, en la faussant d'abord, en attachant aussi les esprits à des règles stériles au lieu de leur faire connaître les « vrais principes », qui étaient ceux de l'idiome. On tournait vers des apparences extérieures des esprits auxquels il eût mieux valu montrer ne fût-ce qu'une partie des réalités.

CONCLUSION

Arrivés au terme de ce livre si étendu, il nous faut conclure. Notre conclusion est celle-ci. Même en faisant état des progrès visibles, réalisés dans les vingt années qui ont précédé la Révolution, on peut affirmer que l'enseignement élémentaire n'a eu qu'une part restreinte dans la diffusion de la langue française à travers le pays. Ce n'est pas que les Écoles aient failli à leur tâche. Personne ne la leur avait même attribuée, ni l'État, ni l'Église, ni même la population.

Il importe en effet d'observer à ce sujet que ce qui retardait et empêcha longtemps l'enseignement du français de se répandre, c'était l'indifférence des familles à ce sujet. Elle s'explique par diverses causes. D'abord il est fort douteux que les méthodes employées alors dans les petites écoles eussent jamais pu donner aux enfants une connaissance sérieuse du français. Les résultats ne devaient guère encourager les parents.

Mais en outre, quand on mettait son fils à l'école, c'était souvent pour qu'il allât plus loin, c'est à dire qu'il fût capable d'entrer dans les ordres ou dans quelque carrière de ce genre. Et la clef qui ouvrait la barrière, c'était le latin. Sans doute, savoir le français était une commodité, mais savoir le latin était une ressource. Les gens du Midi, du Var à la Gascogne, montraient un attachement tel au latin, qu'ils demandaient partout des maîtres qui pussent commencer au moins les enfants[1]. Et la Révolution avait passé qu'il fallait leur

---

1. Voir Brun, *o. c.*, passim. Parfouru, *L'instruct. publ. à Fleurance*, Ann. du Gers, 1887, 337.

rappeler encore que le latin était l'apanage de l'enseignement secondaire, sa propriété. Or des désirs tout semblables sont exprimés,
dans d'autres régions, par exemple en Flandre. D'où venait donc
pareil attachement ? Respect de l'Église et de sa langue ? Sans
doute. Mais aussi intérêt bien entendu. Quand on s'offrait le luxe
de donner quelques sous par mois en faveur de l'instruction d'un
enfant, c'était pour qu'il en tirât profit. Des deux langues étrangères
qu'il devait apprendre, on tenait surtout à la plus lucrative.

LIVRE III

LA VIE MATÉRIELLE

A. — LA VIE ADMINISTRATIVE.

L'IGNORANCE DU FRANÇAIS DEVENUE UNE GÊNE ET UN DANGER. — Le facteur le plus puissant de francisation a été non l'étude, mais la vie pratique avec ses nécessités, qui non seulement fournissait l'occasion de se servir du français, mais en faisait une obligation. Dans cet ordre d'idées, une place essentielle doit être faite d'abord à la vie d'affaires, telle que chacun est obligé de la mener, pour débattre soit ses intérêts, soit ceux de la communauté dont il fait partie et qui souvent le touchent de si près.

C'est seulement à la veille de la Révolution qu'un règlement établit des conseils dans tous les pays d'élection où ils n'avaient pas été institués antérieurement (25 juin 1787). C'était l'annonce du régime municipal de nos jours, qui confie à des délégués la gestion des villes et des villages. Jusque-là le plus souvent on s'administrait directement. La communauté villageoise avait dès lors à discuter elle-même de toutes sortes d'affaires. Elle avait à se défendre contre les empiètements de juridictions nombreuses ; elle avait sans cesse à protéger contre les agents seigneuriaux, laïques ou religieux, son bien communal, ses privilèges spéciaux, ses droits particuliers. Elle avait à soutenir des procès pour terriers, à administrer de grands biens communaux, à contracter des emprunts onéreux. Les rapports avec le juge, avec le décimateur, avec l'official, avec le subdélégué, avec l'intendant, avec les commissaires des tailles, avec le curé, offraient la matière de délibérations sans nombre, de procès, de pétitions, de requêtes.

Les habitants, réunis sur la place, à l'Église, dans une halle, un préau, décidaient les ventes, les achats, les échanges, les locations des biens communaux, la réparation des églises, des presbytères, des édifices publics, des chemins, des ponts ; outre leurs syndics, ils nommaient leur maître d'école, leur pâtre, leur sergent, leur messier, les collecteurs des dîmes, les asséeurs et les collecteurs des tailles. Ils fixaient parfois le ban de vendange ; ils arrêtaient même, dans certaines circonstances, la taxe des journées d'ouvriers et de diverses marchandises[1]. Les syndics leur rendaient les comptes.

Ces assemblées étaient diversement composées, les unes excluaient les femmes ou même les célibataires ; les autres comprenaient l'universalité des indigènes. En tous cas c'était vraiment une réunion générale.

Les assemblées qui se tenaient pour les choses d'Église ne devaient guère différer des autres. On y réglait le service des enterrements, le prix des bancs, les questions d'entretien des ornements sacerdotaux, l'organisation des œuvres de charité, les comptes des marguilliers et parfois jusqu'aux heures des offices. Cette administration n'avait point sans doute l'importance de l'autre, mais vraisemblablement elle avait lieu dans les mêmes conditions[2].

Toutefois, ce n'est pas seulement en qualité de membre de la communauté ou de paroissien, c'est en son nom propre et pour ses intérêts privés que le paysan se trouvait engagé dans les sentiers difficiles de la procédure. Aux termes des ordonnances, il ne pouvait ni faire son testament — ce qu'il ne fait guère — ni rédiger son contrat de mariage dans son patois, ni passer un acte de vente ou d'achat, ni contracter un prêt ou faire un bail. Or il ne lui appartenait pas de vivre et de travailler en dehors de ces procédures. Il fallait y passer. Dans ce régime social, fait d'une multitude de pièces et de morceaux, ensemble inextricable de droits particuliers et de contrats personnels, elle règne en maîtresse. Tout se complique, tout se conteste et tout se plaide, et c'est cette âpre lutte contre la basoche qui a formé l'âme retorse des villageois. Huissiers et sergents leur ont appris bien plus de français que n'eussent fait les meilleurs maîtres d'école.

Dans certaines provinces, dont les libertés locales, les droits, la législation fiscale et administrative avaient été maintenus, peu ou point de difficulté. Les « fors » rédigés dans la langue indigène, contenaient le matériel linguistique nécessaire. Le patois, adapté, ne faisait jamais défaut.

1. Voir Babeau, *Le village*, p. 46.
2. Il arrivait que lors de la visite des archidiacres représentant l'évêque, les habitants fussent invités à produire leurs réclamations. Procès-verbal en était dressé.
On signale à Grégoire des Registres de paroisse tenus en patois (Carcass., *Lett. à Grég.*, p. 19).

Au contraire, dans d'autres, depuis des siècles, c'est le français qui avait fourni à la vie juridique, administrative, financière, le patois étant limité à la vie rurale, familiale, familière. Les intérêts en discussion étaient de ceux qui se définissaient mal dans son vocabulaire forcément restreint, mal établi, flottant au gré des générations, sans se fixer dans des textes. Non seulement il n'offrait pas tous les mots nécessaires pour désigner des choses modernes comme la milice ou les diligences, mais il n'y en avait pas pour le détail des dîmes, de la gabelle, des tailles, des aides et de toutes les institutions financières ou judiciaires[1].

Il est fort possible que le patois jouât un grand rôle dans les discussions — ou les disputes — qui précédaient la décision. Les arguments, les injures même s'échangeaient plus facilement en dialecte. D'autre part on peut emprunter des mots qui font défaut et garder son langage. C'est après tout ce que fait la langue scientifique. La muse des pharmaciens parle grec et latin en français.

Mais quand on en venait à la pièce écrite, les conditions changeaient, bon gré mal gré. Et c'est ici que l'ordonnance de Villers-Cotterets sortait son effet. Impossible de rédiger un acte, une requête, une écriture quelconque en patois; l'interdiction était absolue. Or tous les actes d'administration communale devaient, pour être valables, être soumis à l'intendant et revêtir une forme authentique.

En l'absence du juge ou de son greffier, il fallait qu'ils fussent rédigés par un notaire, un praticien, voire un régent d'école. Quelque confiance qu'on pût avoir en lui, on devait inspirer sa rédaction, la contrôler, et elle était en français. Parfois, quand un officier public faisait défaut, on rédigeait l'acte sous seing-privé, et là le texte devait être vérifié avec plus de soin encore. La connaissance du français était indispensable aux vérificateurs comme au rédacteur[2].

Ces gens pullulaient. Au xviie siècle, dans un bourg de trois mille âmes, on comptait, outre le bailli, le prévôt, le lieutenant et le procureur fiscal, six notaires, quatre sergents, douze procureurs et

1. A première vue on pourrait considérer aussi comme ayant favorisé la diffusion de la langue centrale ces « comices » qui réunissaient les douze meilleurs laboureurs et qui étaient des émanations des sociétés d'agriculture. Mais, outre que les comices ne furent pas généralisés, des conversations sur des choses rurales avaient grand chance de tourner au patois chaque fois que le subdélégué s'éloignait et peut-être en sa présence. Pour parler bestiaux, herbes et engrais, rien ne convenait mieux. La pomme de terre, si nouvelle qu'elle pût être, avait un nom dans l'idiome local. Ce qui faisait défaut, on l'empruntait.
2. « Observés lui en même temps qu'il n'est pas besoin du ministère d'un notaire pour rédiger les actes d'assemblée... et que l'acte peut être rédigé par un simple habitant, le greffier de la justice, le recteur de l'école ou un praticien quelconque » (Lett. de l'intendant de Bourgogne, 18 sept. 1775, Arch. de l'Aube, C. 214, dans Babeau, Le village, 47-48).

quatre greffiers. Une petite paroisse du Nivernais renfermait, en 1789, six procureurs et six notaires[1]. Rien ne montre plus clairement que ces chiffres le rôle énorme qui était réservé à tout ce personnel.

On trouve dans divers Cahiers l'écho des regrets que provoquait cette nécessité d'avoir recours à des tiers professionnels. A Châtellerault, le Tiers-État demande « que l'on établisse pour les habitants de la campagne, dans toutes les paroisses, des écoles où les enfants apprennent à lire : 1° afin qu'étant hommes, ils soient moins exposés à être surpris ; 2° afin qu'ils puissent se délivrer eux-mêmes des frais de baux, de quittances et de testaments qu'ils sont toujours obligés de faire faire par des notaires »[2].

Pendant la première moitié du xviiie siècle, dit Alfred Leroux, « tout est mort en Limousin. Plus de vie publique : les états provinciaux ont pris fin (sauf dans la vicomté de Turenne) depuis quatre-vingts ans ; plus de vie municipale : la royauté a enlevé aux consuls jusqu'aux attributions de police ; plus de vie intellectuelle : les érudits qu'avait connus l'âge précédent à Limoges, à Tulle et à Guéret, n'ont point de successeurs ; plus de vie intérieure : on suit les habitudes transmises par la génération précédente, rien de plus »[3]. Turgot reconstruit la province, administration, routes, agriculture, industrie, tout cela pénétré d'esprit nouveau. D'où vient cet esprit ? par où vient-il ? par le français. On n'a même pas l'idée qu'il puisse être utile de restaurer le patois dans son privilège de langue du pays. En théorie, l'unité du langage national semble être aussi incontestablement admise que l'unité du pouvoir monarchique, par ceux qui pensent et qui dirigent.

Dès lors, en bas, le paysan n'a qu'une chose à faire, se dépêtrer de son mieux dans le réseau des édits, ordonnances, règlements qui l'enserrent de toutes parts, et la seule chance qu'il ait de s'y débrouiller sans être trompé, c'est de tâcher de voir par lui-même, de comprendre par lui-même, d'agir par lui-même. Le patois le laisse en pleines ténèbres. Sans l'abandonner, il s'initie de son mieux au français, il devient bilingue.

Il faut, avant de quitter ce chapitre, ajouter que les nécessités d'administrations multiples et compliquées obligeaient à avoir dans toutes les villes et les bourgades un nombre important de fonctionnaires, pour lesquels l'usage du français était nécessaire au moins dans leurs écritures. Beaucoup, du reste, étrangers à la localité, ignoraient le parler local, et ne s'en servaient pas, même verbale-

---

1. *Arch. parl.*, IV, 1re série, p. 263.
2. Allain, *La question d'enseign. en 1789 d'après les Cahiers*, Paris, 1886, p. 257.
3. *Géogr. et Hist. du Limousin*, janv. 1890, p. 236.

ment. C'était une sorte de garnison de langue française, réduite à bien des endroits, à un grand ou à un petit état-major, mais dont la présence seule avait ses conséquences.

L'édit de 1787, qui accordait aux provinces une sorte de consécration officielle, donna lieu à un mouvement particulariste. Il est extrêmement remarquable que dans les revendications des provinciaux qui ont alors fouillé les titres des archives, constaté les coutumes et les traditions, il ne se trouve pour ainsi dire jamais une réclamation fondée sur les particularités de langage. L'idée qu'on peut appuyer le groupement politique ou administratif qui doit se constituer sur cette parenté d'idiome ne vient à personne.

On convoque les États-Généraux : Les « Cahiers » des pays de langue romane sont à peu près tous en français.

B. — LE TRAVAIL

CHAPITRE PREMIER

L'INDUSTRIE

USINES ET MANUFACTURES. — Le mot *industrie*[1] éveille de nos jours l'idée d'*usines*[2] où sont réunis des ouvriers et ouvrières en nombre plus ou moins considérable, recrutés sur place ou au dehors, particulièrement dans les campagnes environnantes. Il existait déjà des types d'*usines* de ce genre au XVIIIe siècle. On les appelait *manufactures*.

Le XVIIIe siècle, qui a transformé tant de choses, a changé aussi l'organisation du travail[3]. C'est alors que l'exploitation en grand du

---

1. Richelet en 1680 ne connaissait pas ce sens : Industrie, adresse, esprit de faire quelque chose. Son industrie n'est pas fort grande. Avoir de l'industrie. — Furetière l'ignore également. Il n'est même pas dans Féraud en 1783. Littré dit qu'on emploie quelquefois ce mot en l'appliquant à l'ensemble des arts opposés à l'agriculture.
Le Marquis de Mirabeau (*Ami des Hommes*, 1759, I, 95) le prend encore dans l'ancien sens, non abandonné du reste : « pour revenir à l'industrie, il n'est pas temps de parler de celle qui est relative au commerce proprement dit, mais, sans sortir du genre de l'agriculture, je me rappelle d'avoir vû un paysan... ».
Au XVIIIe siècle le mot industrie commence pourtant à s'appliquer aux manufactures. On le trouve dans divers documents : « Elle (la ville de Saint-Lô), avait une manufacture de draps, une manufacture encore plus importante de serges... Ces industries attiraient beaucoup de bras » (*Mémoire lu à l'Assemblée d'élection de Saint-Lô*, le 25 oct. 1787, dans Mad. Doriès, *Le District de Saint-Lô*, Paris, 1922, p. 5-6).
2. Le mot d'*usine* est dialectal. Il était très employé en Lorraine dès le XVIe siècle : « Les fermiers des usines dépendant de ce marquisat... se sont rendus insolvables dans la continuation des malheurs » (cité par Lepage, *Comptes du Receveur du domaine de Nomémy 1634*, Comptes de la Meurthe, II, 236) ; « si des bourgeois ou citoyens du Pont délinquent dans les usines, ils seront tenus de répondre devant le prévôt » (*Lett. pat. du Duc de Lorraine*, 25 janvier 1564. *sur Pont à Mousson*, Fo., 323) ; « Et en ce qui concerne les Voitures pour l'entretien et réparation de l'Abbaye dudit Etival. Maisons et Usines en dépendants... » (*Arr. C. souv. Lorr.*, 16 mai 1709, Arrests ch. selon C. souv. Lorr. I, 1717, 267).
Féraud et le *Dictionnaire* de l'Académie de 1798 ignorent encore ce mot, qui est dans l'*Encyclopédie méthodique* Manufactures, t. II, 3e p. (vocab.), p. 119, avec cette définition : « Immense atelier dont les machines en grand sont, communément, mues par l'eau ».
3. Voir Fagniez, *Documents relatifs à l'Histoire de l'industrie et du commerce en*

charbon de terre a commencé, et que les importations de coton ont bouleversé l'industrie textile. D'où des mouvements importants de population, une circulation d'ouvriers qui a achevé de troubler la vie des dialectes.

AFFLUX D'OUVRIERS. — On trouvera dans les livres spéciaux comment se recrutèrent les mineurs[1]. Martorey de Préval, en Artois, en occupait près de 1500, presque tous étrangers au pays. Tubeuf, dans les différentes entreprises du Languedoc, de Normandie, des environs de Paris, en avait environ 2500. Parmi eux se trouvaient de petits exploitants, dépossédés, déjà fixés sur place, mais la masse venait de partout. Il existe un dénombrement des habitants du Creusot en janvier 1787. Ce dénombrement contient une rubrique spéciale intitulée : mineurs et manœuvres, hommes, femmes et enfants, rubrique sous laquelle sont mentionnés également le lieu d'origine et la religion. La mine de Montcenis (aujourd'hui mine de Blanzy) occupe 289 ouvriers. Sur ces 289, il y a 63 femmes et filles et 25 enfants mâles. Tous sont catholiques, sauf deux calvinistes et huit luthériens. Ceux-là étaient probablement immigrés d'Allemagne. Nous relevons un Américain, un mineur de la Chaux-de Fonds, quelques ouvriers du Nord, d'Anzin et de Valenciennes, un originaire de Berg-op-Zoom, plusieurs Francs-Comtois et Bourguignons; vingt sont nés sur les lieux mêmes; un grand nombre sans doute dans les localités environnantes. Les autres ont été recrutés dans toutes les parties de la France. Il y a encore quelques familles complètes, quelques groupes de cinq ou six ouvriers venus du même village, chassés peut-être par la même misère[2].

On ne saurait trop insister sur les conséquences linguistiques de cette bigarrure. C'est un fait très important que la dissémination des mineurs du Nord à travers tout le reste de la France[3]. Au bout d'une génération, quels que puissent être les groupements des « pays », la masse ainsi essaimée a pris sa place dans l'endroit. Elle y a exercé une influence, mais surtout elle en a subi une.

Il serait téméraire d'affirmer que les nouveaux venus n'appre-

France, Paris, 2 vol., 1898-1900 ; — Mantoux, La révolution industrielle au XVIIIᵉ s., Paris, 1906, in-8° ; — Ouin-Lacroix, Hist. des anc. corpᵒⁿˢ d'arts et métiers et des confr. rel., Rouen, 1850, in-8 ; — Levasseur, Hist. des cl. ouvr. et de l'industr. en France avant 1789, 2ᵉ éd. ; en part. II, 671 et suiv.
1. Voir Marcel Rouff, Les mines de charbon en France au XVIIIᵉ siècle, Paris, 1922.
2. Arch. Nat., F¹⁴ 105, 256.
3. Si l'on en croit le projet d'édit présenté par Monnet à Berlin en 1775, Mathieu, directeur d'Anzin, a « fait quatre à cinq mille mineurs au moins » et en a fourni à toute la France (Arch. Nat., F¹⁴ 1312, dans Rouff, o. c., 287).

naient pas le patois de la région où ils se fixaient, sinon eux, du moins leurs enfants. Mais on sait, d'après les faits constatés en pareil cas, combien il arrive souvent que deux individus, dont le parler diffère trop, au lieu de s'assimiler l'un à l'autre, adoptent en commun le français[1].

1. C'est une loi établie par Terracher, dans ses belles études sur les parlers de l'Angoumois, *Les aires morphologiques dans les parlers populaires du N.-O. de l'Angoumois*, Paris, 1914. Il y avait, du reste, il faut le dire, des obstacles à ces appels d'ouvriers de l'extérieur, parmi lesquels des préventions et des craintes : Dans la Grande Fabrique de Lyon, on n'admettait pas ou on n'admettait qu'exceptionnellement les ouvriers étrangers, parce qu'on craignait de divulguer les secrets de la fabrication ; les tireuses de lacs et les domestiques seuls venaient de la campagne, surtout du Dauphiné (Levasseur, *o. c.*, II, 795).

CHAPITRE II

ALLÉES ET VENUES

MAIN-D'ŒUVRE SAISONNIÈRE. — Il arrivait très souvent aussi que les ouvriers ne se fixaient pas au lieu de leur travail, mais retournaient chez eux en morte saison. C'était le cas même pour des mineurs charbonniers. « Parmi les ouvriers indigènes, dit Rouff, il n'y avait pas que des ouvriers de grosse industrie, fidèles et réguliers. Il y avait des ouvriers paysans, qui, aux mois où la terre ensemencée ne réclamait plus leurs soins, cherchaient à occuper les temps d'inaction. Souvent ces paysans n'appartenaient pas à la région où ils s'embauchaient. Ainsi les Limousins et les Auvergnats, une fois leurs terres préparées, descendaient vers les mines du Languedoc »[1]. On sait combien ces déplacements étaient fréquents dans le bâtiment. Les maçons venaient surtout de la Marche »[2].

Ces séjours, plus peut-être qu'une transplantation, avaient une action irrésistible sur le langage des ouvriers, jetés pour un temps dans un autre milieu que le leur, exposés à ne point retourner dans les mêmes villes ou bourgs. L'idiome avec lequel il leur était nécessaire de se familiariser était l'idiome général, qui leur servirait partout.

Nous ne sommes pas réduits à des conjectures. Divers témoins nous ont renseignés. Champollion-Figeac, étudiant la situation de l'Isère en 1809, écrit : « Nous ajouterons une observation générale ; c'est que les habitans des campagnes dans le département de l'Isère entendent en général le français, surtout dans les montagnes où les émigrations dont nous avons parlé plus haut le transportent avec les modiques bénéfices d'une louable industrie »[3]. Un observateur d'Auvergne fait des observations toutes pareilles : « Vous savés

---

1. *O. c.*, 288-289.
2. « Presque tous ceux qui sont en état de travailler quittent leur pays au mois de mars et vont travailler en Espagne et dans toutes les provinces du royaume... les uns comme manœuvres et massons, les autres comme scieurs de bois au long et de bleds.... Ils reviennent à la fin de Novembre et rapportent tout l'argent qu'ils ont gagné » (*Arch. dép. de la Creuse*, C. 339, dans Levass., *o. c.*, II, 773).
3. *Nouv. rech. sur les patois*. Paris, 1809, p. 67.

que la stérilité de notre sol jointe au défaut de grandes routes et par conséquent de tout commerce de quelque importance, force le plus grand nombre des habitants de l'arrondissement de Saint-Flour à se répandre, l'hiver, dans les divers départements de l'empire ; qu'ils en reviennent au printemps, et que chacun d'eux se fait remarquer plus ou moins par les tournures du langage qu'il a contracté. A ce signe seul il est aisé de reconnaître le pays où ils ont vécu. Ceux qui ont exercé leur industrie naturelle dans les ci-devant provinces de Dauphiné, Lyonnois, Bourbonnois, Berry, Limousin, Poitou, Aunis et autres de ce côté, estropient la langue française, mais affectent de la parler et se targuent de la savoir ; ils dédaignent leur patois originaire quand ils ont l'honneur de s'entretenir avec le maire ou le curé, ils n'en reprennent l'habitude qu'au bout de quelque temps » [1].

L'INDUSTRIE A LA CAMPAGNE. — Jamais, dans l'industrie de la toile, il n'y avait eu de concentration comparable à celle des drapiers de Louviers ou d'Elbeuf ou du Languedoc [2]. Les toiles se tissaient dans les campagnes. Les paysans avaient leurs métiers chez eux. Ils apportaient les pièces tous les vendredis à la halle ; ils payaient ensuite les ouvriers qu'ils avaient fait travailler avec eux, s'il y avait lieu. Les mémoires d'inspecteurs des manufactures signalent qu'on tissait dans presque tous les villages du pays de Caux (1718) [3]. Ces habitudes ont été très généralisées.

De nombreuses plaintes nous sont parvenues sur l'abandon des travaux des champs. Mais il ne faut pas comprendre que les paysans quittaient leur village. Ils abandonnaient leurs travaux rustiques, mais restaient sur place. Des villes comme Yvetot grossissaient, elles n'étaient point envahies. Les fabricants distribuaient la besogne, soit aux campagnards eux-mêmes, soit à des commissionnaires qui venaient prendre les matières et rapportaient l'ouvrage fait. C'est un système qui a duré jusqu'à nos jours.

Le moulinage de la soie, la filature de la laine, du chanvre, se faisaient aussi en général, à domicile, le tissage également. Les enfants, les femmes, les hommes y travaillaient chez eux, quand les travaux des champs leur en laissaient le loisir.

1. Lett. de Lieudier, De l'Ec. Second. de Saint-Flour au s.-préf., 12 décembre 1808, B. N., *N. acq. fr.*, ms. 5910, 180 v°.
2. En 1740, les drapiers du Languedoc se faisaient autoriser à appeler, comme ils le voudraient, des ouvriers de tout lieu.
3. Voir J. Sion, *Les paysans de la Norm. Orient.*, Paris, 1909, A. Colin, 294. L'auteur y montre l'énorme développement de l'industrie rurale au xviii° siècle (p. 168 et 175-176).

En Auvergne, la coutellerie se faisait également dans les villages, dont les travailleurs formaient parfois de véritables phalanstères. « Le grand nombre des paysans couteliers habite en pleine campagne ; et ils y occupent des maisons isolées, où, pour jouir d'une plus grande aisance, ils vivent en communauté ou en famille. Chaque maison a son jardin, et sa propriété en terres ou en vignes. Quelques-uns des co-associés font valoir l'héritage ; et ils fournissent ainsi à la petite république son blé et sa boisson. Pendant ce tems, les autres travaillent à la forge, les femmes filent ; enfin, chacun gagne quelque argent, et contribue par son industrie à la chose publique. Le dimanche (v. st.), et quelquefois le jeudi, on va porter à Thiers son ouvrage ; ou l'on va chercher celui qu'on y a commandé : car de même que plusieurs maîtres de la ville font travailler des ouvriers de campagne, plusieurs maîtres de campagne font travailler des ouvriers de ville » (Legrand d'Aussy, *Voy. d'Auv.*, I, 455).

Qui ne comprend que ces relations, si intermittentes qu'elles fussent, ce va-et-vient des paysans ouvriers à la ville ou du représentant du patron au village, étaient une occasion d'échanges de vues, de discussions, de conventions, d'observations sur les matières, les façons, les prix, l'exécution des marchés, etc. Toutefois, il ne faut pas s'exagérer pareille influence. Matières et étoffes pouvaient avoir et avaient souvent leur nom et leurs sobriquets dans l'idiome des campagnes, les outils et instruments également[1]. Toutefois, un des correspondants de Grégoire lui a donné un renseignement qui mérite au moins d'être rapporté : « Le petit artisan affecte surtout de parler français. Ainsi dans Bordeaux, peut être sept neuvièmes »[2]. Passons sur la statistique, mais retenons l'indication sur les tendances du petit artisan.

Le Préfet de la Seine-Inférieure, considérant les faits écoulés depuis vingt-cinq ans, écrivait le 31 juillet 1812 : « Le Patois Cauchois se parlait dans les Arrondissements d'Yvetot et du Havre. Il est modifié dans le premier depuis que l'Industrie manufacturière a multiplié les relations avec la population urbaine et par le mélange de celle-ci avec celle des campagnes.

« Plus on s'éloigne d'Yvetot, plus on le retrouve à l'état pur.

« Il a éprouvé une amélioration sensible, il est devenu moins inintelligible, les étrangers n'ont plus besoin d'interprètes pour se faire entendre ni pour le comprendre eux-mêmes » (A. N., F17A 1209).

1. On écrit à Grégoire de Rodez : « C'est pour l'agriculture et la fabrique de petites étoffes appelées serges et cadis... que nous sommes passablement riches dans ce patois » (*Lett. à Grég.*, p. 56).
2. *Ib.*, p. 137, n° 1.

CHAPITRE III

LE TOUR DE FRANCE

DANS LES ATELIERS. — Ceux des menuisiers, des charrons, des cordonniers, etc..., n'étaient pas des conservatoires de l'idiome local. On se les figure souvent comme des sortes de charges, passant des pères aux fils ou aux neveux, des maîtrises héréditaires. Il y en avait dans ce cas. Mais dans tous les corps de métiers, les documents permettent de constater la présence d'une population flottante considérable.

Voici un récolement de témoins, qui fait réfléchir :

Louis Dubois, natif de Phalsbourg, aubergiste.

Denis Bernaud, maître menuisier, n. de la Grande Loge, en Comté.

Claudine Guay, n. de Dijon.

Marie Clémencet, n. de Dijon.

Joseph Durand, maître serrurier à Dijon, n. de Clisson, en Bretagne.

Mathurin Baluraux, m⁰ menuisier, n. de Nante en Bretagne.

Joseph Pinard, comp. charpentier, n. de St-Jean le Vieux, en Bugey.

François Parreau, dit Bourbonnais, comp. menuisier, n. d'Auxonne.

Jean Dambourg, dit Bourbonnais, comp. menuis., n. de Cressange.

Nicolas Gallois, m⁰ menuisier, n. de Doulevant le Château, en Champagne.

Ch. Collet, m⁰ menuisier de Paris, n. d'Ellemouru (Heitz-le-Maurupt), en Champagne.

Nic. Mougin, m⁰ menuisier, n. de St-Dizier en Champagne.

Pierre Malcourant, aubergiste, n. de Vic de Chassenay.

Jean Husson, m⁰ menuisier, n. de St-Aubin, en Argonne[1].

Voilà donc, dans une affaire qui se passe à Dijon, en tout et pour tout deux Dijonnaises. Tout le reste est étranger. Et on remarquera le nombre des maîtres.

1. Hauser, *Les compagnonnages d'arts et métiers à Dijon*, Paris, 1907, 8⁰, p. 198.

On trouve dans L. Guéneau[1] un extrait du registre de police de Nevers, d'août 1782 à août 1783. Pendant ce temps 145 compagnons étrangers sont venus à Nevers pour y travailler : « L'origine de ces étrangers, dit l'auteur, est tout à fait diverse. Les uns, surtout des boulangers et des cordonniers, sont originaires du Nivernais et du Morvan. Les autres viennent de loin, maçons et tailleurs de pierre du pays de la Marche et du Limousin, charpentiers, maréchaux ou serruriers d'Auvergne, armuriers de St-Etienne en Forez, couteliers d'Aurillac, gantiers de Grenoble en Dauphiné, tisserands du Maine, du Gâtinais ou du Rouergue. Quelques-uns sont même « étrangers de nation » comme Bernard Verglen, compagnon tailleur d'habits, originaire de Rotterdam, Nicolas dit Grégoire, serrurier, originaire de Liège, ou Bernard Drivelse, de la province des Grisons, près de Coire, également serrurier ». Quelques-uns de ces hommes sont des saisonniers, les autres sont des « trimardeurs ».

De belles études modernes ont mis en lumière l'organisation des compagnonnages ouvriers. Les villes dans lesquelles les documents d'archives permettent de signaler de nombreux compagnonnages sont Paris, Nîmes, Montpellier, Toulouse, Bordeaux, La Rochelle, Nantes, Tours, Blois, Orléans, Angers, Chartres, Nevers, Lyon. Et il y en avait bien ailleurs (G. Martin, *Les Assoc[ns] ouvrières au XVIIIe s.*, Paris, 1900, 8°, p. 92)[2].

En 1791, les professions organisées en compagnonnages étaient les suivantes : blanchers-chamoiseurs, bourreliers, chapeliers, charpentiers, charrons, cloutiers, cordiers, couteliers, couvreurs, doleurs, ferblantiers, fondeurs, forgerons, maréchaux-ferrants, menuisiers, plâtriers, poêliers-chaudronniers, selliers, serruriers, tailleurs de pierres, tanneurs, corroyeurs, teinturiers, toiliers, tondeurs de draps, tourneurs, vanniers, vitriers (Id., *o. c.*, p. 93).

Ces compagnonnages, qui remontaient peut-être aux confréries des anciennes cathédrales et plus loin encore, étaient au nombre de trois : Enfants de Salomon (Compagnons du Devoir de Liberté, Gavots), Enfants de Maître Jacques (Compagnons du Devoir, Dévorants), Enfants du Père Soubise (Bons Drilles)[3].

Condamnées par la Sorbonne, le 14 mai 1655, sur une dénon-

1. *O. c.*, p. 77 et suiv.
2. Voir Martin Saint-Léon, *Le compagnonnage, son histoire, ses coutumes, ses règlements...*, Paris, Colin, 1901, in-16, et *Hist. des corporations de métiers*, Paris, Alcan, 1909, in-8°. Isnard, *Documents inédits sur l'Histoire du compagnonnage à Marseille au XVIIIe s.* dans Hayem, *Mém. et Documents*, IVe Série ; Levasseur, *o. c.*, II, 814 et suiv.
3. Il y avait une admission rituelle, que nous connaissons dans les moindres détails. Les compagnons étaient hiérarchisés, avaient leurs insignes et la grande canne ferrée avec rubans. On leur donnait le mot de passe. Leurs « chambres » se correspondaient d'une province à l'autre.

ciation de la Confrérie du Saint-Sacrement, ces associations ouvrières n'en résistèrent pas moins à toutes les persécutions. Elles furent au cœur de tous les mouvements contre les patrons. On fit contre elles divers règlements (1783, 1786). Rien ne put les empêcher de se réunir et de se concerter.

Nous n'avons pas ici à considérer leur rôle social. Mais il importe de noter les effets que pouvait avoir sur le langage cette continuelle circulation de travailleurs venus de partout. Gavots, dévorants ou bons drilles, les compagnons s'en allaient de ville en ville, sûrs d'être accueillis chez la « mère », laquelle faisait venir le « rouleur » (teneur du rôle), chargé d'embaucher le nouveau venu. Et ainsi se faisait le Tour de France.

Grâce aux pièces de police : interrogatoires, enquêtes sans nombre sur ces gens traqués, nous pouvons suivre les pérégrinations des compagnons. En voici un échantillon : Charles Galle, arrêté en 1771, est originaire de Pont-de-Vaux, en Bresse. Il a descendu la Saône et le Rhône. Il a parcouru les Alpes de Provence. Il a travaillé vingt-trois jours à Manosque, puis il s'est arrêté quatre jours à Aix, quatre jours à Toulon, « pour voir la ville et le port ». Il a travaillé six semaines à Nîmes, trois semaines à Barbezieux en Saintonge, deux mois et demi à Angers, cinq mois à Orléans[1].

Les mêmes documents judiciaires nous fournissent des détails très circonstanciés sur leur origine. Ils sont instructifs, sitôt qu'on se donne la peine de les interpréter. En effet les compagnons avaient l'habitude, bien précieuse pour nous, d'abandonner leur nom véritable pour un nom de pays. Etait-ce exactement le nom de leur province ? Peut-être pas toujours. Cependant, s'ils avaient choisi en pure fantaisie, plusieurs n'auraient pas porté le même, ainsi *Ely le bourdelois* et *Jean le bourdelois*, *Pierre de Montpellier* et *Jean de Montpellier*[2]. Des documents appuient notre affirmation : « Les dits compagnons s'établissent sous d'autres noms que leurs véritables noms, ne se nomment ordinairement que par les noms de leur pays, comme Pierre le Provençal, Jean le Normand, et ainsi des autres »[3].

---

1. Guén., o. c., 78.
2. Rôle des menuisiers de Dijon, août 1677, dans Hauser, o. c., p. 104.
3. Délibér. de la Chambre du conseil de Dijon du Vendredy 5 nov. 1667, dans Hauser, o. c., 115.
    Leur baptême corporatif conférait du même coup aux compagnons un surnom : « En suite Chartrain qui a reçu le baptême, il a été nommé par Béthune la gaîté et Valencienne la Tourmente parrain et marraine Prêt à boire, c'est ainsi qu'il sera nommé. Saumurois, qui a reçu aussi le baptême et a été nommé par Parisien Divertissant et Picard la Ruine, Sommurois le Bien Aimé, c'est ainsi qu'il sera nommé » (G. Martin, o. c., 107). La marraine est toujours un homme.

Dans ces conditions, les noms des compagnons, à eux seuls, nous renseigneraient sur les migrations ouvrières, et la composition des ateliers[1]. Que si on objectait que ces passants ne présentaient qu'un élément peu important de la masse ouvrière, les faits sont là pour répondre. A un moment les compagnons ont mis Dijon en interdit, la ville manque à peu près complètement de main-d'œuvre[2].

LES ARGOTS DES COMPAGNONS. — Quelle langue parlaient ces gens qui roulaient ainsi d'une ville à l'autre? Il faut, je crois, distinguer. Les ouvriers de beaucoup de professions exercées en commun : maçons, peigneurs de chanvre, ramoneurs, chaudronniers et rempailleurs de chaises ambulants possédaient souvent des argots, à l'exclusion des membres des corporations sédentaires. Les comédiens, les forains, les garçons de café même, sujets à des déplacements fréquents, ont eu leur langage propre[3].

Les belles études publiées par Dauzat nous ont fait connaître

---

1. Voici un extrait du rôle des serruriers de Bordeaux, cité par G. Martin, *Les Associations ouvrières au XVIII*e *s.,* p. 150 (Arch. dép. de la Gir., C. 3708) :

Antoine le Picard,	Joachim le Lionnais,
Jacques le Guépin (Orléanais),	François le Limousin,
François le Toulousain,	Charles le Nantais,
Pierre le Poitevin,	Jean de Languedoc,
François le Limousin,	Laurent le Baïonnais.
François le Tourangeau,	

Prenons la table de changement de boutique, depuis la fête des rois jusqu'à la fête de Saint-Pierre, en 1760, nous y trouvons :

Jean Pierre le Comtois,	Antoine le Picard,
Jean le Montpellier,	François le Champagne,
Joseph l'Avignon,	Jean Baptiste le Champagne,
Laurent le Beauceron,	Pierre le Comtois,
Habraham le Saintonge,	François le Gâtinais,
Étienne le Montpellier,	François l'Angevin,
Julien le Nantais,	Jean Louis le Quercy.
Jean-Pierre l'Angevin,	

Citons encore une procédure faite à Dijon contre « René Aubert dit *Bausseron*, Jean Delisle dit *Languedoc*, et *Tourangeot*…, J. B. Chamard dit *Bourguignon*, et Jean Fournier dit *Languedoc*…, *Provençal*…, *Bourguignon*…, Pierre la Fronde dit *Bourdelois*…, Jean Cazémajor dit *Bayonne*…, Jean Fity dit *Nivernois*…, et Louis Lancret dit *Berichon* » (Bannissement des compagnons menuisiers et ébénistes, 12 janv. 1768, dans Hauser, *o. c.,* 172).

2. « Nous avons été forcés, dit une Lettre des maîtres menuisiers de Dijon aux communautés des autres villes, d'en tirer quelques-uns avec grande peine de la Suisse, de la Lorraine, et des provinces de Franche-Comté et Champagne, facilités que plusieurs villes dans le fond de la France ne peuvent pas avoir » (Id., *Ib.,* 184).

3. Il faut bien se garder de confondre ces argots avec le jobelin des coquillarts, ou avec l'argot des malfaiteurs, qui lui a succédé depuis la répression et la création des bagnes, et qui paraît avoir remonté des pays provençaux à Paris, en passant par la vallée du Rhône et Dijon.

Voir sur l'argot les belles études de Sainéan, *Les sources de l'argot ancien*, Paris, 1912, 2 vol. in-8°.

les argots de métier des Alpes. C'est ici l'endroit de dire un mot de ces langages, puisqu'ils sont certainement assez anciens[1]. Aucun pays n'en a vu naître autant que la Savoie. Au Nord, le bellaud ou bellot des peigneurs de chanvre ambulants[2] (avec des éléments français, savoyards, italiens, un peu de provençal et d'allemand) ; le faria, argot des ramoneurs de la vallée de Thones ; le ménédigne, argot des maçons et tailleurs de pierre de Morzine, le terratsu, argot des maçons et tailleurs de pierre de la Tarentaise, le terratchu, argot des colporteurs de Tignes.

Au Sud, dans les Hautes-Alpes, un jargon de moissonneurs de Montmorin (canton de Serres ; la localité est sur la grande route de Provence en Piémont par le Mont Genèvre et la Durance).

Ajoutons encore le valdôtain, des saisonniers de la vallée d'Aoste, si intimement liée à la Savoie, argot mêlé d'éléments français, savoisiens et piémontais.

Des comparaisons minutieuses de formes ont amené M. Dauzat à admettre que ces argots de métiers s'étaient formés approximativement vers la seconde moitié du xviie siècle (o. c., 41).

Pour le « mormé » (argot des fondeurs de cloches lorrains) nous avons un glossaire (Dauzat, o. c., 130), qui date du xviiie siècle. Le jargon du Jura vaudois est aussi attesté anciennement par une procédure. Le 2 octobre 1600, aux Brenets, on poursuivait trois habitants « pour avoir parlé langage incongneu et deffendu, tant le dimanche de la Saincte Cène qu'autres jours » (Dauzat, o. c., 143).

Il est incontestable que les ouvriers saisonniers de ces groupes, quand ils s'en allaient ensemble, devaient parler ces argots, comme par exemple les « pignards » qui partaient à trois : le chef-patron (touéro), l'ouvrier dégrossisseur (curiblio), et l'apprenti (mari). De Saint-Claude et de la région, ils se répandaient en Champagne, en Lorraine et jusqu'en Alsace. Hors de leur pays, ils se servaient, sinon toujours, du moins à l'occasion, du « bellaud ». Mais ce n'est pas sous cette forme que pignards ou autres pouvaient entrer en com-

---

1. Ils ne paraissent pas avoir fleuri dans le centre de la France. C'est, semble-t-il, un produit des pays frontières. Il y en a eu en Bretagne, à La Roche Derrion (argot de couvreurs et de chiffonniers), à Vannes (argot de tailleurs). Il y en a eu en Lorraine ; le mormé (argot de fondeurs de cloches) avec beaucoup d'éléments picards et extrêmement peu d'allemand.

Voir Désormaux, *Bibliogr. méthod. des parlers de Savoie*, Annecy, 1923, 8°, 111 ; Dauzat, *Les argots de métiers provençaux*, Paris, Champion, 1917, 8°. Cf. N. Quellien, *Les nomades en Basse-Bretagne*, Paris, 1906, et Ernault, *Rev. celt.*, 1905, 82, 94, 112-124.

2. Voir l'abbé Michat, *Études sur le bellod*, *Bulletin de la Société Gorini*, Bourg-en-Br., 1905 ; Toubin, *Recherches sur la langue Bellau, argot des peigneurs de chanvre du Haut-Jura*, Extr. des *Mém. de la Soc. d'émulation du Doubs*, Séance du 6 juillet 1867. — Les habitants de cette région (arr[t] de Nantua) parlent chez eux le patois du pays.

munication avec les aubergistes et les clients. Force leur était bien
de parler français.

LES COMPAGNONS ET LE FRANÇAIS. — Au reste, y aurait-il à mettre à
part les ouvriers dont nous venons de parler, resterait la masse des
compagnons. Or ceux-là, dans leurs migrations, ne pouvaient se
servir que du français, la chose est hors de doute.

Il se peut qu'ils aient eu une sorte de langage conventionnel.
J'inclinerais même volontiers à le croire. Il y est fait allusion une
fois dans une procédure. C'était à Dijon. La mère Marie Clémencet,
interrogée sur ses rapports avec les compagnons, dit qu'elle ne les a
pas reconnus. Défaite grossière, riposte le juge, parce qu'elle ne
manquait pas de connaître tous les compagnons, en sa qualité de
mère, et que d'ailleurs il n'est guère possible de se méprendre sur
leur état, pour peu que l'on fasse attention *à leur langage* et à leur
habillement (Interrog. du 18 février 1769, dans Hauser, *o. c.*, 189).
Quel était ce langage caractéristique ? S'agit-il d'un parler rude
et grossier ? Comment une aubergiste l'eût-elle distingué du sien ?
d'un accent étranger ? Un accent ne décelait pas un affilié. Il est plus
vraisemblable qu'il est fait allusion à un langage conventionnel.
Mais d'après ce que j'ai pu apprendre, il s'agissait seulement de
quelques expressions et formules. J'ai eu en mains un livret de
réception. La cérémonie ressemble à une initiation maçonnique. Il
y a quelques termes à part, l'ensemble est français[1].

Les mariniers de la Loire, à Nevers, parlaient un français qui avait
son caractère propre. « Dans leur dialecte pittoresque et hyperbo-
lique, dit M. Guéneau, les souvenirs professionnels dominaient,
comme chez tous les marins. Ils ne s'en vont pas, mais « lèvent
l'ancre » ; quand ils perdent leur temps, ils disent qu'ils « plantent
des balises », et quand ils vont à droite ou à gauche, ils parlent de
« virer la piautre », c'est-à-dire le gouvernail. Leur jargon rabelai-
sien est hérissé d'expressions tantôt spirituelles et tantôt grossières...
Ils aiment à désigner les choses autrement que les terriens. Tout
ce qui les concerne porte des noms spéciaux. La Loire, c'est le
paradis ; les routes et les chemins, l'enfer. Ils distribuent des sobriquets à tous ceux qu'ils connaissent et portent eux-mêmes des noms
de guerre »[2].

Quand la science sera plus avancée, nul doute qu'on ne retrouve
la trace d'un assez grand nombre de ces langages corporatifs, les

1. Ce livret m'a été communiqué par M. Germain Martin, auquel j'adresse ici mes
remerciements.
2. *O. c.*, 446.

uns spéciaux à un coin de terre, les autres propres à un groupe social. Mais ils ne présentent que des particularités sur un fond d'idiome commun.

Il ne s'agit pas d'hypothèses. Nous possédons des engagements, des inscriptions, des congés, des rôles, des règlements de compte, toutes sortes de pièces émanées des compagnons, de leurs « rôleurs », de leurs chambres, et qui furent jadis cachées dans « les coffres du secret ». Tout est en français[1]. Voici des échantillons tirés du *Livre des ouvriers* de Nîmes, qui contient les réceptions de 1761 à 1777 (Arch. du Gard, E. 665) : « Nous, sindic du corps des fabriquand annetoffe de soy certifion a voir reçu pour compagnon le nommé Espris Auy, natif Davignon, en foy de ce avons sinie, ce 13 Juillet 1761. — Nous syndic, juré garde du corps de maître fabriquant en étoffe de soie, certifion avoir reçu pour compagnon le nommé Pierre Guigne, appr. de cette ville. En foi nous avons signes le 5 Mai 1777 »[2]. Les fautes ne sont pas plus extraordinaires que celles que nous avons trouvées dans des lettres de femmes du monde. Au reste elles ne font rien à l'affaire.

Il nous est aussi resté de ces gens une littérature, si je puis employer ce mot, particulièrement des chansons à boire :

Sur le *devoir* l'on éprouve[3]
Que danger, crainte et soupirs,
Et sur les *gavots* l'on trouve
La source de tous plaisirs.

des chansons de bataille :

Les compagnons ayant
Surtout la crainte
Qu'on ne les attrape
Chez maître Poignaud,
Ils se sont assemblés
En sept cent soixante et quatre
Ils sont dits
Sans nul déguisement
Faut entre nous de nombreux règlements[4].

C'est certainement aussi une facétie de compagnonnage que *La*

1. G. Mart., o. c., 97, 99, 108.
2. Levass., *Hist. des classes ouvrières*, II, 792-793, n. 1.
3. Levass., *Mém. de l'A. des Sc. Mor.*, 1899. Il y a sans doute une faute ; lire : *n'éprouve*.
4. Arch. du Loiret, B. 1988, an. 1767, dans G. Martin, *Les Ass. ouvr. au XVIIIᵉ s.*, p. 107. Cf. la chanson d'une « conduite de Grenoble » (Martin Saint-Léon, o. c., 58), et une chanson composée par le père Intrépide à Mâcon, le 18 janvier 1757 (Levasseur, o. c., II, 826).

Petite Variope. Elle a été composée, sinon par un menuisier, du moins pour des menuisiers du Devoir, hostiles aux Gaveaux[1].

Nous avons d'autres textes, d'esprit opposé, qui couraient sur les Devoirs[2], ainsi « *Le fameux Devoir des Savetiers* »[3]. Tout cela est en français, sans exception. Aucune trace de patois dans ces documents, dont le style, du reste, révèle parfois des hommes qui ont étudié aux Universités et fait leur philosophie. *Gavots* et *Devoirs* avaient leurs clercs. Dans l'ensemble donc, la population ouvrière flottante travaillait, buvait, luttait en français. Le « grand trimard » était une école pratique de langue commune.

Arrivés à ce point nous pouvons juger. Le mouvement industriel, qu'il précipitât l'afflux vers les villes, qu'il amenât en séjour temporaire des ouvriers du village, qu'il entraînât une circulation de compagnons allant de localité en localité, que même il n'occasionnât rien de plus que des rencontres entre manufacturiers et tâcherons campagnards, agissait toujours à peu près dans le même sens. Il n'est pas un de ces faits sociaux qui n'ait été préjudiciable aux patois et avantageux au français.

---

1. Voir l'éd. de Genève, Gay, 1869. D'après l'éd. de Châlon, 1775, par M. P. L. Toutes les pièces du livret sont du même caractère, y compris le Noël.
2. Voir Nisard, *Hist. des Liv. popul.*, I, 258.
3. On y plaisante les rites :
Le Maître : Que signifient le tire-pied et le tranchet ?
L'arrivé : Cela signifie un brave cavalier, qui tient la bride de son cheval, et a le sabre à la main.
Le Maître : Que signifie le baquet plein d'eau ?
L'arrivé : Cela marque le passage du Rhin où la cavalerie, à la nage, fut combattre les ennemis.
Le Maître : Que signifie le petit pot au rouge, appelé entre nous vasum coloratus ?
L'arrivé : Cela signifie le sang répandu au combat.
Le Maître : Il a raison, pays.
Tous : Honneur au pays, serviteur, pays (Nisard, *o. c.*, 261).
Cf. *Le fameux congé des cordonniers, L'arrivée du Toulousain*, avec ses suites : *Le Magnifique Festin*, et *La Fameuse harangue* (Id., *Ib.*, p 264 et suiv.).

C. — COMMUNICATIONS ET DÉPLACEMENTS.

CHAPITRE PREMIER

REGARD EN ARRIÈRE

On ne peut comprendre l'importance linguistique de la création du réseau des routes, si on n'a pas présent à l'esprit l'état antérieur[1].

Je suis forcé, dans cette Histoire, sous peine de continuelles répétitions, de n'examiner une question qu'au moment où elle prend, pour l'extension de la langue, une importance particulière. J'ai donc laissé jusqu'ici de côté l'étude des moyens de communication. Mais elle a dans ce volume sa place marquée, car le xviiie siècle peut être appelé l'âge des routes.

JUSQU'A COLBERT. — Les routes romaines, construites pour les besoins de la pacification, de la colonisation et de la défense, formaient un admirable réseau. Mais peu ou point entretenues pendant des siècles, elles avaient pour la plupart disparu. Au Moyen Age, il ne restait, à bien des endroits, du « chemin de César », qu'une piste, quelques dalles, et un souvenir. Ailleurs, il subsistait par tronçons, réduit, défoncé, utilisé néanmoins pour relier deux localités, ou pour aboutir à une voie d'eau. Longtemps l'état politique empêcha que rien de sérieux fût tenté pour remédier à cette lente dégradation. L'organisation du pays, morcelé en fiefs et en seigneuries, non seulement n'exigeait pas de routes, mais y répugnait. Tant qu'à la

---

1. Le livre essentiel sur ce sujet est Vignon, *Études historiques sur l'administration des voies publiques en France*, 4 vol. in-8, 1862-1880. Ajouter deux articles bibliographiques de J. Letaconnoux, *Les voies de communication en France au XVIIIe siècle* (*Viertel-Jahrschrift für Social- and Wirtschaftsgeschichte*, VII, 1909, p. 94-141), et *Les transports en France au XVIIIe siècle* (*Revue d'histoire moderne et contemporaine*, XI, 1908-1909, p. 97-114, 269-292); A. Babeau, *Les voyageurs en France depuis la Renaissance jusqu'à la Révolution*, Paris, 1885, in-12; Belloc, *La manière de voyager autrefois et de nos jours*, Paris, 1904, in-12; Jean Bonnerot, *Les Routes de France*, Paris, 1921, in-8.

sortie des terres d'un seigneur, une marchandise risquait d'être confisquée par le maître d'à côté ; quelque protection que des traités stipulés par des conventions pussent assurer à son propriétaire, malgré les pouvoirs intéressés à garantir la circulation, elle demeurait rare et périlleuse. En outre, de gros droits grevaient les produits : douanes, péages, etc. Le mouvement des personnes n'était pas plus favorisé, en dépit des efforts de l'Église, désireuse de sauvegarder ses chemins de croisade et de pèlerinage. Elle avait vainement encouragé la construction de ponts, comme le pont de la Guillotière, construit avec indulgences d'Innocent IV. Le Pont d'Avignon, le Pont Saint-Esprit étaient l'œuvre des « Frères Pontifes ». Même avec le renfort des « Sœurs maçonnes », il n'y avait pas là de quoi former un corps de « pontonniers ». La foi ne remplace pas l'absence de connaissances techniques. Les ponts manquaient ou cédaient lors des grandes eaux ; on y suppléait par des bacs[1].

Au XVIᵉ siècle, la vie de relations avait déjà beaucoup augmenté d'intensité. Toutes sortes de causes avaient amené ce changement. D'abord la découverte de mondes inconnus créa un nouvel état d'esprit, favorable aux idées de déplacements, je dirais volontiers d'aventures, car c'est alors une aventure qu'un voyage un peu lointain. D'autre part la monarchie s'est constituée, elle sent obscurément que pour achever à son profit la centralisation, des communications régulières et périodiques avec les provinces sont nécessaires. Elle a besoin surtout que le transport des grandes marchandises : blé, vin, sel, chanvre, auquel les douanes intérieures mettent déjà tant d'obstacles, ne soit pas rendu tout à fait impossible par le mauvais état des voies. Sans doute, personne ne s'est encore élevé à la haute conception de besoins nationaux à satisfaire par une répartition rationnelle des produits ; l'esprit général gagne pourtant sur l'esprit local et particulariste.

Louis XII commença à prendre quelques mesures efficaces, François Iᵉʳ et Henri II suivirent[2]. Un premier guide parut[3]. Ce fut

1. Il ne faut donc point se tromper à la pompeuse classification de Beaumanoir, citée par M. Bonnerot, distinguant cinq sortes de chemins, le sentier de trois pieds, réservé aux piétons, la voière de huit pieds où passent les charrettes ; la voie de seize pieds, le chemin de trente-deux pieds qui va par les cités, enfin le chemin royal de soixante-quatre pieds, selon le tracé des grandes voies que fit Jules César. Elle est purement théorique, « pour ce que ces chemins sont du tout corrompus », ainsi que Beaumanoir le marque lui-même avec soin.
2. Louis XII attribua aux trésoriers de France le soin de les faire visiter et de les tenir en état (20 oct. 1508). François Iᵉʳ, reconnaissant l'importance des communications, « sans lesquelles ne peuvent bonnement les humains estre nourris et substantés », affecta le produit des péages à l'entretien et au développement des grandes voies. Henri II commença le pavage par la route de Paris à Orléans (1556) et ordonna de planter des ormes sur les bords (19 janv. 1552).
3. C'est *La Guide des chemins de France* de l'Imprimeur Charles Estienne, Paris,

aussi un événement que l'établissement de coches publics entre Paris, Amiens, Rouen et Orléans par Charles IX, et d'un service de messageries qui reliait Paris, Orléans, Troyes, Rouen et Beauvais[1].

Mais, malgré ces premières mesures, à l'avènement d'Henri IV la situation était encore très mauvaise. Le roi donna quelques ordres qui n'eurent pas grand effet[2]. Sur le papier, il y avait des relais installés, des départs réglés, des tarifs établis. Tout cela ne fonctionnait guère. Les « surintendants des coches publics » n'en pouvaient mais. Le voyageur allait à pied ou à cheval. Combien d'auberges conservent encore, en souvenir de ce passé, la vieille indication : On loge à pied et à cheval ! Elles n'avaient ni remises, ni portes « cochères ». Il n'en était pas besoin. Un édit de mars 1597 prétendit y pourvoir[3]. Mais on ne remédie pas à une situation comme celle-là en quelques années, ni avec des textes de lois[4].

Richelieu ne donna une attention sérieuse qu'à la poste et aux relais. Encore les mesures prises ne s'étendaient-elles guère qu'à quelques parcours. Pour la plupart, les coches n'avaient pas de jour fixe, ni pour l'arrivée ni pour le départ. On les portait sur la liste avec cette mention significative : « arrive et part quand il peut »[5].

Cependant l'outil des voyages particuliers par terre existait. C'était le « carrosse ». Quand on l'avait importé d'Italie, au milieu du

1552. La Guide classe et décrit rapidement 98 routes formant un ensemble de 25 000 kilomètres de voies tracées souvent à l'état de nature ou simples pistes de passage.

1. Sur la concession de cette entreprise voir Isambert, *Anc. lois fr.*, XV, 88-89 : Privilège à un particulier de faire un service de coches de Paris à Orléans, Troyes, Rouen et Beauvais.

Le commissaire général ou surintendant des coches devait veiller que « lesdites coches soient maintenuës et entretenuës en bon équipage afin qu'il n'y advienne aucun destourbier ou empêchement au publicq, tellement qu'ils puissent arriver en lieux propres et accoustumez pour les repuës et gistes ».

En 1597 des chevaux de relai sont loués à la journée pour voyager. Défense de les employer pour courir la poste et de les faire « galloper ».

2. On répète que Sully fut nommé grand voyer (charge abolie par Richelieu en 1626). C'est exact, mais le fait ne paraît pas avoir eu la portée qu'on lui donne ordinairement. En réalité, comme surintendant des finances, Sully avait la charge des routes. Mais le nouveau titre lui donna la voierie dans les villes, et le droit de commander aux officiers locaux, qui avaient tendance à préférer les intérêts particuliers aux intérêts généraux. Les Ponts et Chaussées ont recueilli ce précieux privilège.

3. « Ne peuvent, dit le préambule, nos dits subjects librement vaquer à leurs affaires, sinon en prenant la poste, qui leur vient à grande cherté, et excessive despense, ou bien les coches, lesquels ne sont encores et ne peuvent estre establis en la pluspart des contrées de nostre royaume, et d'ailleurs sont si incommodes que peu de personnes s'en veulent servir » (Isambert, *o. c.*, XV, 132).

4. L'ordonnance du duc de Lorraine du 22 fév. 1605 en dit long : Les voyageurs sont autorisés, quand la route n'est pas praticable, à passer sur les héritages voisins quitte au propriétaire d'avoir recours contre les communautés.

5. Dans la liste des messagers, coches et postes de France en 1646, publiée par Franklin (*Dictionn. hist. des Arts, Métiers et prof. app.*, 772), on voit qu'une partie des coches seulement ont des jours fixes de départ, Amiens 3 par semaine, Bordeaux 1, Dijon 1.

xviᵉ siècle, il avait fait sensation, scandale même, comme toutes les voitures nouvelles en tous les temps. Un perfectionnement essentiel l'avait transformé. On avait inventé le ressort. Désormais c'était une voiture si confortable que l'usage s'en étendit avec rapidité. En cinquante ans il devint le signe de l'aisance, le meuble dotal des gens cossus[1].

Seulement les routes n'étaient pas en état de porter toujours ces véhicules, relativement légers pourtant. Il leur était interdit de marcher à des allures trop vives[2]. Malgré cela les anicroches étaient fréquentes. Il suffit de rappeler quelques aventures célèbres arrivées aux portes mêmes de Paris, Richelieu versant au faubourg Saint-Antoine, Mazarin enlisé dans le bourbier de Vincennes, quand il conduisait le prince de Condé au Château.

Malgré ce que pareille affirmation peut avoir de surprenant quand on parle d'une époque où il y avait si peu de canaux, l'essentiel restait la voie d'eau. Ce n'étaient pas seulement la Seine, la Saône, l'Yonne qui servaient aux transports, mais des fleuves difficiles, soit en raison de leur courant, comme le Rhône, soit par manque d'eau comme la Loire[3], ou des rivières minuscules comme la Juine[4]. On avait tant bien que mal paré aux inconvénients. On resserrait le chenal à l'aide de turcies[5] et de levées, on le creusait, on attendait les crues. C'était, peut-on dire, la voie régulière des marchandises. C'était celle que suivaient le sel et les produits de toutes sortes qui venaient aux grandes foires (Lyon, Beaucaire, etc.). Les voyageurs, eux aussi, faisaient une partie au moins des trajets par le « coche d'eau ». De Paris à Lyon on rejoignait la Saône, de Lyon à Paris, la

1. « De quelque condition que soit un galand, nous lui enjoignons d'avoir un *carrosse*, s'il en a le moyen, d'autant que lorsqu'on parle aujourd'huy de quelqu'un qui fréquente les bonnes compagnies, l'on demande incontinent : « A-t-il *carrosse*? » et si l'on respond que ouy, l'on en fait beaucoup plus d'estime. C'est aussi une chose très utile à un homme qui veut être dans la bonne réputation d'entretenir un *carrosse*, voire deux, quand ce ne seroit que pour faire plaisir à des Dames qui n'en ont point, et leur en prester quelquefois pour leurs promenades ou leurs visites, ce qui les oblige de telle sorte que l'on est après beaucoup mieux venu chez elles, et, entre les bonnes qualitez d'un homme, l'on ne manque pas de dire toujours d'abord : « Il a un bon *carrosse* », ce qui vous met incontinent dans l'honneur et la réputation ». *Loix de la Galanterie*, dans le *Nouveau Recueil des pièces les plus agréables de ce temps* [Ch. Sorel]. Paris, Sercy, 1644, p. 11 et 12.

2. Un arrêt du Parlement défendait de dépasser 8 à 9 lieues par jour en hiver, 13 à 14 dans les autres saisons.

3. Voir Mantellier, *Hist. de la corporation des marchands fréquentant la rivière de Loire*, Orléans, 1867-1870, 2 vol. in-8ᵒ.

4. On allait de Nancy à Condé et inversement. En 1541, le duc François de Lorraine ramène par eau sa nouvelle épouse, Christine de Danemark (Le Page, *Annuaire de la Meurthe*, 1856, p. 14).

5. Levée de terre ou de pierre en forme de quay ou de digue, pour empêcher les inondations d'une rivière. Il y a des Officiers qui sont créés Intendants des turcies et levées.... Dans la basse Latinité on a appelé *torsia* une levée de terre (Furet., *Dict.*).

Loire. De grands bateaux, sortes d'arches de Noé où s'entassaient personnes, animaux, paquets et ballots, avec une « cabane » où on se réfugiait, assuraient le transport[1].

Tous les livres spéciaux nous rapportent à quelles difficultés ce système donnait lieu, les bateaux engravés et échoués, les mariniers se jetant à l'eau pour les renflouer, leur faire un lit praticable, les rencontres et les heurts, les marchandises avariées, les voyageurs attendant dans les auberges, quand encore ils retrouvaient le lendemain les mariniers auxquels ils avaient payé leur salaire la veille, l'impossibilité de la remonte, qui obligeait à faire de mauvais bateaux de sapin, qu'on démontait et dont on vendait les planches à l'arrivée[2].

Ou bien les voyageurs montaient à bord de petites barques à quatre ou six rames auxquelles ils devaient souvent mettre la main. Tous les soirs, ils couchaient dans les hôtelleries, où ils pouvaient et comme ils pouvaient.

COLBERT. — Colbert eut, en ces matières comme en beaucoup d'autres, de vastes projets, qu'il tenta de réaliser. Le principe essentiel qu'il posa, et qui n'a jamais plus été abandonné, c'est que les routes sont affaire d'État[3]. De ce premier principe en découlait un second, qu'on a dû corriger de nos jours, c'est qu'elles devaient toutes rayonner de Paris[4]. C'étaient avant tout des outils

1. L'un d'eux, qui circulait de Paris à Corbeil, le *corbillat*, a donné son nom aux voitures qui n'avançaient pas, et ensuite au fourgon lent et sinistre qui emporte les morts.

Il y a un exemple de ce mot en 1549 (Ant. Regnaut, *Disc. du voy. d'outre mer*, p. 10) dans Gay, *Glossaire*. Furetière dit : On appelle ironiquement un *corbillard* un carrosse bourgeois où on voit plusieurs personnes fort pressées. Cf. a peine achevait-il de parler, que trois grands *corbillards*, comblés de laquais grands comme des Suisses et chamarrés de livrées tranchantes, parurent dans la cour, et débarquèrent toute la noce (Hamilt., *Mém. de Grammont*, ch. XIII).

Sur tout cela, voir l'agréable livre de Babeau, *Les voyageurs dans l'ancienne France*.

2. Pour la navigation en Auvergne, on fabriquait jusqu'à deux mille sapinières par an, au bord de l'Allier. Elles se réunissaient en flottilles, descendaient jusqu'à Moulins ou Nevers. Là on en déchargeait la moitié, on vendait les vides ; de même ensuite à Briare. Pour le reste du chemin, la flottille était réduite de huit bateaux à deux. A l'arrivée on vendait aux « déchireurs », en réservant ferrures et cordages.

C'est ainsi que Locatelli, à peine remis de ses escapades dans la montagne, fit le voyage (Voir trad. Vautier, p. 80. Cf. J. de Thevenot, *Voy. en Eur.*, 1632, Arsen., mss. 3217 ; Jouvin, *Le Voyageur d'Europe*, 1672 ; Lister, *Voyage à Paris*, Paris, 1873).

Je n'ai rien dit des traversées de montagnes. Elles étaient particulièrement pénibles. En 1728 encore, Montesquieu (*Voy.*, I, 129) a vu au Mont-Cenis voiturer une « chaise sur le dos de trois mulets : on la défait, un porte le corps, l'autre les roues, l'autre les brancards ». Mais, au Simplon, le corps se porte par des hommes, « qui sautent comme des pies ou se tordent comme des serpents », disait Locatelli. Ou bien en temps de neige, on se faisait « ramasser » dans un traîneau.

3. Inst⁰ⁿ du 9 mai 1860. Clément, *Let. de Colb.*, IV, 498. Cf. « On prendra les matériaux, pierre, pavé et sable dans les héritages des propriétaires voisins de la route, sauf à les dédommager de gré à gré » (3 déc. 1672).

4. Ib. : « Considérez la grande route qui mène de la province à Paris comme la principale ».

administratifs, comme la poste. Dès lors devaient être chargés d'y pourvoir des agents d'État, les intendants, avec des moyens d'État, les troupes et les corvées. Colbert créa les *Ponts et chaussées*, dont le nom, comme l'institution était destiné à durer.

Louvois, lui, avait des raisons spéciales pour partager les vues de Colbert. Il était surintendant des Postes, et, comme secrétaire d'État de la guerre, il avait surtout le devoir de faciliter les déplacements de troupes. Il lui fallait de bonnes routes stratégiques vers le Nord et l'Est.

Les mesures ordonnées à cette époque ne pouvaient manquer d'amener un progrès. Les travaux commencèrent naturellement par l'aménagement de larges avenues pour les pompes de Louis XIV, dans la région de Paris (90 lieues de routes pavées).

Mais on fit plus. On relia la capitale, centre de consommation, aux grands marchés. Elle fut mise aussi en communication avec diverses places des frontières. On pava plusieurs routes du Nord, qui traversaient des marécages et se trouvaient auparavant constamment coupées; on planta des poteaux indicateurs (1692); on redressa les itinéraires [1].

Toutefois des obstacles administratifs presque insurmontables s'opposèrent à la réalisation systématique du plan de Colbert [2]. En outre la guerre et le manque d'argent coupèrent court bientôt aux entreprises à long terme, et le Grand Roi lui-même se trouva à diverses reprises, fort empêché de voyager. Son carrosse, tout brillant qu'il fût, faute de routes, dut souvent passer à travers champs [3]. Et malgré cette précaution, il arrivait que le cortège s'embourbât ou restât sur la rive. Le maître et les dames qui l'accompagnaient s'en allaient alors coucher pêle-mêle, comme ils pouvaient, dans une bicoque [4].

Si les princes et seigneurs n'échappaient pas à ces mésaventures,

---

1. De Boislisle, *Corr. des contr. généraux*, II, 474, III, 1138. Mme de Sévigné trouvait que les intendants « avaient fait des merveilles ». Quelques-uns seulement.
2. Ce fut d'abord l'absence d'un service réel de Ponts et chaussées formant une administration unique et ayant de la cohésion. Chaque intendant agissait à sa guise. En outre, il était impossible de soumettre à un même régime pays d'États et pays d'élections. Seuls ces derniers étaient administrés par les agents du pouvoir central. D'où des différences considérables. Le Languedoc fait de grands travaux, la Bourgogne peu, la Bretagne point.
3. Les intendants recevaient les ordres nécessaires à cet effet. Colbert écrit à celui du Bourbonnais : « remplir les mauvais passages avec cailloux ou fascines », ou bien « faire ouvrir les champs en abattant les haies et en remplissant les fossés pour le seul passage du roi. Ce sont les expédients dont on s'est toujours servi pour faciliter les voyages du Roi dans toutes les provinces ». La Bruyère conseille plaisamment aux voyageurs de « suivre d'abord le grand chemin, et s'il est plein et embarrassé, de prendre la terre et aller à travers champs » (I, 258).
4. Voir Mlle de Montpensier, *Mém.*, éd. Chéruel, IV, 108 (1670).

de plus petites gens en voyaient bien d'autres. De temps en temps, pour mettre le désordre à son comble, un pont, mal construit, s'écroulait[1].

Imaginerait-on qu'aux portes mêmes de Paris, des hospices se trouvaient bloqués, faute de chemins d'accès ? En 1670, le Bureau de l'Hôtel-Dieu déclare que l'Hôpital Sainte-Anne n'est aucunement « en état de recevoir des malades, qu'il manque de tout, et que de plus de deux mois on ne pourra l'accommoder des choses nécessaires pour le soulagement des malades, parce que « les chemins pour y aborder sont entièrement rompus, en sorte qu'on ne peut rien y porter, ce qui dure une bonne partie de l'année »[2].

Pour terminer rappelons un simple fait, mais caractéristique. La statue du Roi destinée à Dijon, transportée jusqu'à Auxerre par eau, resta là vingt et un ans, à cause du bourbier de la route.

Dans ces conditions, tout voyage un peu long exigeait du loisir[3], de l'endurance, un bon moral, le goût de l'imprévu, voire même un peu d'intrépidité[4]. L'accoutumance faisait qu'on se munissait de tout cela ; toutefois on comprend que ceux qui en étaient réduits aux voitures publiques ne voyageaient guère par agrément, mais seulement pour raisons de santé ou d'affaires[5]. Tel qui y avait été

1. Dugué écrit à Colbert, de Lyon, 15 avril 1669 : « je ne manqueray, Mr, à dresser un procès-verbal de l'estat des chemins de Dauphiné; qui sont si rompus et si estroits au bord des rivières qu'il n'y a plus de terrain pour les carrosses et pour les charrettes. En revenant, ce dernier voyage, j'y ay pensé périr : mon carrosse a esté brisé en mille pièces, et, sans un arbre qui l'arrasta, il rouloit dans le Rhosne » (Depping, *Corresp. administ.*, III, 167).

En septembre 1664, un ingénieur est bloqué à Nevers, la pluie rendant les chemins impraticables. En novembre, impossible d'accéder à Montdidier en voiture ; le pont de Montataire était rompu, la route de Creil inaccessible.

Le mot d'impraticable revient constamment. « Les routes sont dans le dernier désordre ».

On se rappelle le plaisant quiproquo, auquel donna lieu un accident arrivé au pont de Moulins, construit par Mansart. M. de Charlus répond au roi : « Sire... je n'en ai point [de nouvelles] depuis qu'il est parti; mais je le crois bien à Nantes présentement. — Comment ! dit le Roi, de qui croyez-vous que je parle ? C'est du pont de Moulins. — Oui, Sire, répliqua Charlus... c'est le pont de Moulins, qui s'est détaché tout entier la veille que je suis parti et tout d'un coup et qui s'en est allé à vau-l'eau » (St-Sim., XVI, 42).

2. Délib. du 7 mars 1760, dans Brièle, *Coll. de doc.*, I, 189.

3. La Fontaine, partant en Limousin, s'arrête le premier soir à Clamart. Louis XIV, en 1660, couche cinq fois en route pour aller de Paris à Châlons (43 lieues). Mme de Sévigné met un mois pour aller en Bretagne.

4. Jalon écrit de Metz au Magistrat de Strasbourg, le 8 sept. 1682, que tous les cavaliers et dragons sont partis pour servir d'escorte à Louvois au passage de Genivaux, « ou, depuis quinze jours, il y a eu trois ou quatre personnes tuées ou vollées... » (Bouteillier et Hepp, *Corr. pol.*, Strasb., 338).

Marivaux a mis en tête de sa *Marianne* (1731) un récit de pillage du carrosse de Paris à Bordeaux.

5. Encore évitait-on certains pays, comme la chère Bretagne de Mme de Sévigné.

On sait assez que le Destin
Adresse là les gens quand il veut qu'on enrage. (La Font., II, 59.)

pris une fois jurait de n'y revenir de sa vie[1]. Même des déplacements obligatoires, comme les tournées de confirmation ne pouvaient avoir lieu. Les évêques se les épargnaient[2].

La langue, dans ces conditions, ne se propageait guère par le contact direct.

« M. Duchâtellier prétend que les voyageurs faisaient leur testament avant le départ et recevaient l'absolution d'un Récollet spécialement attaché à ce service » (Pitre-Chevalier, *Bret. et Vendée*, ch. III, 104, dans Baudry, *Ét... sur la Bret. à la veille de la Révolution*, Paris, Champion, I, 133. Cf. St-Simon, VI, 316, et XI, 344-347).

1. En 1715, l'abbé de Saint-Pierre, obligé d'aller à Saint-Pierre-Église, en Basse-Normandie, verse ; sa chaise se rompt, un autre jour les chevaux sont embourbés, il reste dans les boues et la pluie jusque bien avant dans la nuit. Il jure, mais un peu tard, qu'il est résolu à ne plus voyager pendant cette saison (Vignon, *o. c.*, II, Pces Justves).

2. Le Camus, évêque de Grenoble, écrit à Ponchartrain (de Livet, 26 juillet 1672) : « Je suis dans le diocèse du monde le plus raboteux, où il y a le plus de précipices. On ne peut visiter une paroisse sans être en danger d'être abimé. Il y a quarante ans qu'on n'a visité » (*Lett.*, 63).

CHAPITRE II

LES ROUTES DU XVIIIe SIÈCLE

Un nouvel instrument de centralisation. — Au xviiie siècle commença une ère nouvelle, souhaitée par tous les réformateurs, les rêveurs comme l'abbé de St-Pierre, les positifs comme Boisguilbert. Dès les premières années de la Régence, les avantages politiques et économiques apparurent et l'idée s'imposa[1]. Je n'ai pas à raconter ici comment fut conçu et exécuté l'immense travail[2].

Disons seulement qu'il y eut désormais une technique raisonnée de la route et un corps pour l'appliquer. Cette technique fut à la

1. Une sorte d'histoire abrégée des routes se trouve dans les Remontr. du Parl. de Paris au roi, 4 mars 1776.
2. Je donnerai seulement le sommaire des faits principaux.
I. — 1er octobre 1715. — Création de la Direction générale des Ponts et Chaussées, dépendant du Conseil des Finances. Joseph Dubois, frère du Ministre, en est directeur.
1716. — Le Corps des Ponts et Chaussées est hiérarchisé. Il comprend 1 inspecteur général, 3 inspecteurs, 1 premier ingénieur, 21 ingénieurs (1 par généralité des pays d'élections).
II. — 1720. — Un règlement du 1er mai détermine les règles qui seront suivies dans la construction :
a) La largeur est fixée à 60 pieds pour les chemins royaux, à 36 pour les autres.
b) Des arbres doivent border les routes. Ils seront plantés par les riverains, puis par le gouvernement. Création des pépinières royales.
III. — 1724. — On règle le roulage. On fixe la charge maximum. On commence à paver ; on entreprend des ponts.
IV. — 1736. — La corvée est généralisée. Le Contrôleur Orry supprime la Direction générale. Le service est donné à un intendant des finances, Trudaine, qui entre en charge en 1743.
1744. — On crée un Bureau des Plans. Perronet en est le directeur.
1747. — Un Conseil des Ponts et Chaussées assure la direction, une École spéciale le recrutement des Ingénieurs.
1750-1754. — Le « corps » est définitivement constitué. C'est à peu près la seule des institutions administratives de l'ancien régime qui ait survécu à la Révolution, avec son nom et son organisation.
Dans les Pays d'États, le Personnel des Ponts et Chaussées ne relevait que des États. Il est vrai qu'ils empruntaient parfois des élèves à l'École. Parfois aussi certaines provinces avaient leur école d'ingénieurs (Bretagne, Languedoc). Les Pays d'États disposant eux-mêmes des fonds pour l'entretien des routes, n'entendaient pas en effet s'en désintéresser. En somme il n'y eut pas encore unité complète.

fois savante et pratique. On voulut faire grand et solide[1]. Les ponts allaient avec la conception grandiose des chaussées[2].

Longue fut la dispute pour savoir si le nœud central serait le parvis Notre-Dame ou la tour du Palais. Notre-Dame l'emporta. Mais là n'était pas l'affaire. Ce qui fut dès l'abord hors de conteste, c'est que toutes les routes conduisaient à Paris et partaient de Paris — comme nos chemins de fer[3]. Fut-ce une erreur ? En tout cas pour l'objet qui nous occupe, le fait est de la dernière conséquence. Tout rayonnait du centre. C'était la monarchie des routes.

Les moyens d'exécution furent très rudes. Le principal fut la corvée, généralisée en 1738[4]. Ce système simple, mais odieux, et qui en somme rendait peu, fut remplacé en 1776 par un système d'entreprises ordinaires et par des ateliers de charité, formes d'assistance par le travail. Avant de disparaître, il avait soulevé des protestations sans nombre des paysans entravés dans leurs travaux et écœurés des dispenses qui s'accordaient abusivement. Il y a dans les haines qui amenèrent la Révolution quelque chose de la rancune qu'on gardait aux Ponts et Chaussées[5].

Dès 1775 le travail principal était terminé[6]. C'était une œuvre

1. Au XVIIe siècle, on avait pavé, comme les Romains. Au XVIIIe on empierra, suivant les idées de Trésaguet, précurseur de Mac Adam, qui a donné son nom au *macadam*.

2. Celui de Tours, construit sous l'intendant Du Cluzel (1765-1779), eut 439 m. de long et 14 m. 60 entre les parapets. Il fallut enlever une île habitée, et la dépense fut de 4 300 000 fr.
Celui de Moulins, détruit en 1684, puis en 1689, reconstruit en 1705-1709, et encore une fois détruit, fut rétabli de façon à braver les crues (1752).

3. La loi du 24 fructidor an V confirma cette organisation.

4. Tous les hommes, de douze à soixante ans, étaient astreints à venir de leur village, de sept lieues à la ronde, avec outils, bêtes de somme et voitures. Les journées de prestation qui s'étendaient jusqu'à un mois, ne pouvaient être rachetées en argent. Les réquisitionnés cantonnaient dans les granges, où ils pouvaient, sous la surveillance de la maréchaussée.
Voir le tableau de Cl. Vernet, Louvre, 923.

5. Colbert avait refusé l'autorisation de généraliser la corvée sans contrôle (Clém., **IV**, 560). On comparera les protestations de d'Argenson, VII, 244-5, les Remontrances du Parl. de Toulouse, p. 93 et d'autre part les pointes de Voltaire. C'était une indignation générale. Le préambule de l'Edit de fév. 1776 condamna le système.

6. Vidal de la Blache a donné une carte des routes de postes à la fin du XVIIIe siècle (*Tableau de la Géographie de la France* d. Lavisse, *Histoire de France*, tome I, 1re part., 379).
Il suffit, dit avec enthousiasme un de nos contemporains, de regarder la grande carte de France dessinée de 1744 à 1789 par Cassini de Thury. « Est-il ordonnance plus admirable, est-il accord plus majestueux que celui des routes qui mettent à la couronne de Paris le nimbe de leurs rayons ? Route de Rouen et de toute la Normandie, — route de Beauvais et de toute la Picardie, — route de Flandre par Compiègne, — route de Strasbourg par Châlons et toute la Lorraine, — chemin de Rosny, — route de Lagny et de toute la Brie, — route de Bâle en Suisse par Troyes et route de la Champagne, Franche-Comté, Bourgogne et Lyon, — route de Choisy-le-Roi, — route de Lyon et de toute la Bourgogne, route de Toulouse et Bordeaux avec embranchement par Orléans, — route de Versailles par Châtillon, — chemin de Meudon, — route d'An-

magnifique[1]. Les étrangers étaient confondus d'admiration, même les Anglais, qui nous avaient devancés, mais avaient fait beaucoup moins beau[2]. Les routes ont même inspiré les artistes[3] et les poètes. On se souvient de l'*Hymne à la France*, d'André Chénier :

> ... ces vastes chemins en tous lieux départis
> Où l'étranger à l'aise, achevant son voyage,
> Pense au nom de Trudaine, et bénit son ouvrage[4].

gers et Rennes et de toute la Bretagne par Versailles, — route de Versailles par Saint-Cloud. Toutes n'ont d'autre but et d'autre raison d'être que Paris. Elles lui appartiennent, elles lui obéissent, elles lui apportent l'hommage constant des provinces et leur transmettent en retour ses ordres et sa volonté » (Bonnerot, *o. c.*, 114).

1. « On ne peut, dit le receveur général des finances Harvoin, en 1783, voyager sur les grands chemins de la Touraine, les plus beaux du royaume, et qui peuvent soutenir la comparaison avec ceux du Languedoc et avec ceux de la généralité d'Auch qui ont immortalisé feu M. d'Etigny, sans être pénétré de reconnaissance des soins suivis et constants que ses administrateurs ont pris de cette partie si intéressante pour le commerce en général, et, en particulier, pour le transport des denrées de première nécessité (F. Dumas, *o. c.*, p. 72-73).

« ...on a fait la route de Paris à Toulouse par Limoges, et celle de Paris à Bordeaux par Angoulême, commencées depuis 80 ans par la corvée et aussi peu avancées qu'au commencement ; car l'ouvrage avait été si constamment mal fait par les Corvoyeurs, qu'une partie avait toujours été détruite avant que l'autre fût achevée. On a fait la route de Bordeaux à Lyon par Limoges et Clermont ; celle de Limoges à la Rochelle par Angoulême ; celle de Limoges en Auvergne par Eymoutiers et Bort ; on a fait une partie de celle de Bordeaux à Lyon par Brive et Tulle ; une partie de celle de Limoges à Poitiers ; une partie de celle d'Angoulême à Libourne par Sainte-Aulaye ; et l'on a rendu praticable la route de Moulins à Toulouze par la montagne. C'est plus de 150 *lieues* de routes dans le pays le plus difficile... Toutes les pentes ont été adoucies avec tant d'intelligence, qu'il n'en est aucune qui demande que pour la monter on ralentisse sensiblement sa marche, et que les Roulliers n'ont jamais besoin d'enrayer pour descendre... D'un bout de la Province à l'autre les chemins sont aussi beaux que les allées de nos jardins.

« Quand M. Turgot n'aurait rien fait de plus, sa gloire mériterait d'être durable comme les montagnes, dont les difficultés ont été applanies par ses soins » (Du Pont de Nemours, *Mémoires sur la vie et les ouvrages de M. Turgot*, 1re part., p. 75-77).

2. (De Béziers à Pézenas) « La route, à travers la vallée des deux côtés d'un pont, est une superbe chaussée qui a plus d'un mille de long, dix toises de large, et huit à douze pieds de hauteur, avec des bornes de pierre toutes les six toises : — c'est un ouvrage prodigieux. Je ne connois rien qui puisse frapper davantage un voyageur que les grandes routes de Languedoc : nous n'avons aucune idée de ces efforts de l'art ; elles sont superbes et majestueuses, et si je pouvois me défaire du souvenir de la taxe injuste qui les paye, je voyagerois en admirant la magnificence déployée par les États de cette province. La police de ces routes est cependant détestable ; — car je ne rencontrai presque pas un charriot que le charretier ne fût endormi dans sa voiture » (A. Young, *Voy. en Fr.*, I, 91).

« Ces routes sont excessivement belles. On a dépensé des sommes énormes pour mettre de niveau, même de petites collines. Les chaussées sont élevées et murées des deux côtés, formant une masse solide de chemins artificiels, traversant les vallées à hauteur de six, sept ou huit pieds, et n'ayant jamais moins de cinquante pieds de largeur. Il y a un pont d'une seule arche, et une chaussée qui y conduit, vraiment magnifiques ; nous n'avons pas en Angleterre l'idée d'une pareille route » (Id., *Ib.*, 82).

3. Voir le tableau de De Marne (1744-1829), Louvre, 221 : *Une route.*

4. Un travail, moins systématique, mais très important aussi, améliora les relations par eau. Leur rôle était grand. Toutefois les canaux servaient exclusivement ou à peu près au transport des marchandises. Ils n'ont que peu d'intérêt pour l'objet qui nous occupe. Dès le xvie siècle, l'application des écluses à sas (1538) sur la Vilaine, et la création des premiers canaux (canal de Briare), avaient accru la circulation. Au xviie, le célèbre canal du Midi (1666-1684) relia l'Océan à la Méditerranée. Le duc d'Or-

léans fit construire le canal d'Orléans (1679-1692). Puis vint Crozat, qui a laissé son nom au canal de Picardie (1738).

En 1783 les États de Bourgogne commencèrent à leurs frais le canal du Charolais (canal du Centre, de la Loire à la Saône), le canal de Bourgogne, de l'Yonne à la Saône, celui de Franche-Comté et en 1784 celui du Nivernais. Dans la seule généralité de Tours, on creusa le canal du Layon, de la Dive, etc.

Mais il faut observer que plusieurs de ces travaux ne furent pas terminés à l'époque. L'avènement de Trudaine ne marqua pas une révolution, comme dans le système des routes. Il faut arriver à 1771 pour voir achever le canal de Neuffossé, commencé depuis près d'un siècle, et à peine avait-on commencé la construction du canal Crozat (1769) qu'on suspendit les travaux (1773).

CHAPITRE III

ORGANISATION DES TRANSPORTS

Restait à exploiter ces moyens nouveaux de communication, à régulariser les services de diligence, de messageries, de poste aux chevaux, de poste aux lettres. Sans passer en revue la série des ordonnances qui y pourvurent, rappelons simplement que pour les transports de voyageurs, l'ordonnance fondamentale est celle du 12 août 1775, réglant le matériel, et instituant, chose capitale, la périodicité régulière des voyages[1]. Pour la première fois, les voyageurs étaient sûrs de partir et d'arriver, à peu près à heure fixe, les lettres également. C'était un progrès colossal[2]. En 1783, vingt-cinq routes étaient en service.

Le rôle de l'indicateur des chemins de fer était tenu par le *Livre*

1. Isambert, *o. c.*, XXIII, 227. Elle prescrivait (art. 1) : « des diligences légères commodes, bien suspendues, à huit places », attelées de six à huit chevaux, suivant la charge.

Sur les routes moins importantes, on usera de diligences à quatre places avec quatre à six chevaux.

Ces voitures partiront, chargées ou non chargées.

« Les maîtres de poste auront soin de tenir leurs chevaux prêts pour l'arrivée des diligences, afin que le service n'éprouve aucun retard » (art. 3).

2. De Paris à Strasbourg, en berline (4 pl.), 10 jours. Un départ par semaine.

De Paris à Lille, en diligence à ressorts, 2 à 3 j. suivant la saison, départ tous les 2 jours.

De Paris à Rouen, en carrosse, 32 heures, trois départs par semaine, 4 jours jusqu'à Dieppe.

De Paris à Rennes, en carrosse, une semaine, un départ par semaine.

De Paris à Angers, en carrosse, une semaine, un départ par semaine.

De Paris à Orléans, en carrosse, 2 jours, départ tous les jours.

De Paris à Lyon, en diligence (10 pl.), 5 à 6 jours, jusqu'à Châlons, ensuite le bateau, deux départs par semaine.

De Paris à Bordeaux, en carrosse, 14 jours, un départ par semaine.

Voir une liste des Carrosses et messageries pour 1760 dans Franklin, *Dict. des professions*, 778-780.

Cf. *Toutes les Routes Royales et Particulières de la France*, Paris, 1764, in-4. Atlas de treize feuilles et une carte générale.

Ces renseignements peuvent être complétés par les travaux de Sir H. George Fordham, *Catalogue des Guides-Routes et itinéraires français, 1552-1850*. Bulletin de la Section de Géographie du Comité des Travaux historiques, XXXIV, 1919, p. 213-254, et *The Listes Generales des Postes de France*, 1708-1779, London, Transactions of the Bibliographical Society, 1922 (Extrait).

des Postes de France, qui donnait l'espèce et la direction des voitures, les heures, les prix, les étapes.

DILIGENCES ET TURGOTINES. — Dans les postes aux chevaux organisées, de relais en relais, on trouvait chevaux et voitures particulières[1]. Mais la reine de la route c'était la diligence. Le mot et la
chose avaient apparu à la fin du XVIIᵉ siècle, pour désigner ces
« coches volants » qui emportaient personnes et colis[2]. De perfectionnements en perfectionnements, les diligences étaient parvenues
à être à peu près confortables[3]. L'âge moderne commença quand
commença le service régularisé et accéléré des « Turgotines »[4].
Malgré la diminution de la durée du voyage, les voyageurs avaient
chaque nuit quelques heures de repos. Si on ajoute que les prix
avaient sensiblement baissé[5], on peut conclure que non seulement
les routes étaient faites, mais qu'elles avaient commencé à donner
ce qu'on pouvait en attendre.

LA ROUTE ENTRE EN USAGE. — Il ne faudrait pas imaginer bien
entendu que ces progrès matériels, quelle qu'en fût la valeur, aient
eu pour effet à eux seuls, de transformer la France sédentaire en
une France voyageuse et remuante. Rassemblés en un court exposé,
les faits paraissent nombreux et font illusion. Remis à leur place
dans l'espace et le temps, ils sont clairsemés. Young est formel, il
trouvait nos routes vides, même dans la région parisienne[6].

1. Voir Guéneau, *o. c.*, 177, et d'Avenel, *Les Moyens de transport, Revue des Deux Mond.*, 1913.
2. « On appelle *diligence* certaines commoditez de bateaux ou dé carrosses bien attel-
lez qui vont en quelques lieux de grand trafic en moins de temps que les autres. On va
de Paris à Lyon par la *diligence*, et on y arrive en cinq jours » (Furetière, *Dict.*).
3. Elles sont suspendues, dit l'*Almanach royal* de 1774, sur des ressorts qui les rendent au moins aussi douces que les chaises de poste et les berlines, ainsi qu'en con-
viennent ceux qui les ont éprouvées (Bachaumont, *Mém. secrets*, 5 août 1775, et Mercier, *Tab. de Paris*, 1782, V, 331).
   Malgré cela Young s'en plaint encore. « C'est la première diligence française dans
laquelle je me suis trouvé, dit-il, et ce sera la dernière, elles sont détestables » (*Voy.
en Fr.*, 6 juin 1789, I, 325).
4. D'après l'Etat général des Postes de 1788, la diligence de Paris à Besançon met
4 jours en été, 5 en hiver. De Paris à Bordeaux, 5 jours — de Paris à Clermont, 5
jours. — De Paris à Rennes, 4 jours. C'était là un progrès sérieux. En 1765 on mettait
encore de Paris à Lille, 2 jours, à Besançon, 8 jours, à Nancy, 8 jours, à Rennes, 8 jours,
à Nantes, 9 jours, à Marseille, 12 jours, à Toulouse, 16 jours.
5. En 1774 il n'en coûtait plus que 290 l., pour se rendre à Bordeaux.
6. « J'entre dans Paris pour la quatrième fois : je suis confirmé dans l'idée que les
routes qui conduisent immédiatement à cette capitale sont désertes, comparativement
à celles de Londres. Par quels moyens entretient-on la correspondance avec les provinces ? Il faut que les Français soient les êtres les plus sédentaires de la terre ; quand
ils sont dans une place, il faut qu'ils y restent tranquilles, sans penser à aller dans une
autre, ou il faut que les Anglais soient les hommes les plus remuans, et qu'ils trouvent
plus de plaisir à aller d'un endroit à un autre que de jouir de la vie dans l'un ou

On pourrait contester[1]. Son affirmation est en contradiction avec des données formelles et positives, comme celle des péages[2]. Cependant il faut bien faire la part de la nouveauté. Chose au premier abord étrange, mais qui n'étonnera pas ceux qui savent l'opposition faite à tous les nouveaux moyens de locomotion, il fallut aux populations une accoutumance aux routes. On voyait les gens les éviter, cheminer dans les fossés, comme si cette avenue luxueuse eût inspiré quelque chose du respect superstitieux qui entourait les propriétés royales et n'eût pas été faite pour les vilains[3].

Timidité à part, comment l'homme des champs qui en avait tant souffert et avait tant de fois maudit ce travail, ceux qui l'avaient conçu et ceux qui l'avaient conduit, se fût-il élevé au-dessus de ses haines et eût-il aperçu, par une révélation soudaine, le bienfait qu'il devait apporter ? Les riverains eussent mieux aimé rentrer en possession du terrain qu'on leur avait pris, se débarrasser de ces arbres de bordure qui, au sens propre, leur faisaient ombrage[4]. Du nuage de poussière que soulevait la diligence qui ne passait pas devant sa porte, il ne tombait aucune de ces pluies fécondantes auxquelles le paysan est si sensible. Les corvées étaient d'hier, le dommage d'aujourd'hui, le bénéfice ne s'annonçait pas encore. Les Turgotines n'emportaient vers la ville ni ses bêtes ni ses produits. La poste aux lettres ne lui servait guère plus, puisqu'il n'écrivait à peu près pas. Aussi est-ce fort lentement que les bourgs instituèrent des facteurs, les « va-de-pied », qui allaient chercher les correspondances et parfois marchaient la nuit pour les apporter[5].

l'autre lieu. Si la noblesse française n'allait à la campagne que lorsque la Cour l'y exile, il seroit impossible que les grandes routes fussent plus solitaires » (*Voy. en Fr.*, I, 200-201). Cf. Aux environs immédiats de Paris « les routes sont des déserts » (*Ib.*, I, 23, et I, 53) et « Il n'y a pas de circulation en France » (*Ib.*, I, 107).

1. Peut-être la largeur même des voies les faisait-elle paraître plus vides qu'elles ne l'étaient réellement. En outre ces grandes routes désertes étaient les voies des grands voyages. Il est probable que cet Anglais, habitué aux réunions de courses, à la vie intense de la campagne anglaise où on se visite et se fréquente, s'est trouvé dépaysé et isolé sur ces grandes avenues, tracées nouvellement, affectant de ne pas gauchir pour rencontrer bourgs et châteaux, véritables lignes directes, « routes d'express », le long desquelles rien n'avait eu le temps de se grouper.

2. Un péage affermé 100 l. au milieu du xviiie siècle en rapportait 1400 en 1765.

3. « Ces remuemens de terre, loin d'attirer les voitures, les éloignent ; et, comme le chemin est inutile, vu le petit nombre de communication qu'il y a entre les villes champêtres dans ces cantons reculés, le petit nombre de pélerins, marchands de bale, messagers à pied et gens de cette espece qui sont accoutumés de frayer cette route, se contente d'un des fossés latéraux pour son passage, tandis que le prétendu chemin se couvre de ronces. Ce que je dis là, je l'ai vu en plusieurs endroits » (Mis de Mirabeau, *L'Ami des Hommes*, 1759, I, 163). Cf. « Un tiers du chemin est battu, un tiers sans être battu, et un autre tiers couvert d'herbes. Dans l'espace de douze lieues, je rencontrai un cabriolet, une demi-douzaine de chariots et quelques vieilles femmes sur des ânes ; à quoi bon cette prodigalité ? » (Young, o. c., I, 82-83).

4. On les mutilait, ils gênaient les récoltes (Arch. Nièvre, B. Police, V, 5 mai 1768).

5. Babeau, *Le village*, 93-94.

Toutefois ne sous-estimons pas nous-mêmes la valeur de l'organisation que nous avons montrée. Dans les petites villes, dans les
bourgs, il y avait des multitudes de gens qui parlaient patois, et il
n'était nullement indifférent que ceux-là pussent recevoir et expé-
dier un « courrier » qui était tout français, car l'idée de « faire une
lettre » dans le dialecte local, même adressée à quelqu'un qui le
parlait, ne fût venue à peu près à personne[1].

1. De 6 boîtes dans Paris en 1692, on passa en 1740 à 12 (*Alm. royal*, 381), en
1791, à 77.
En 1740, 970 villes étaient desservies par la poste (*Alm. royal*, 367), en 1791, 1292.
En 1680, la régie des postes produit 1 220 000 l. (Clément, *Lett. de Colb.*, II, 772).
En 1780, elle en produit 9 620 000 (Necker, *Compte-rendu au roi*, 106).
En 1786, 10 600 000 (*Encycl. Méth.*, Part. Finances, art. Postes).

CHAPITRE IV

LE RÉSEAU LOCAL

Du VILLAGE A LA VILLE. — ·Un fait qui prouve que peu à peu on
se mit, sans ·idée de retour, à apprécier les avantages des communications, c'est qu'on voulut un peu partout imiter en petit ce qui
s'était fait en grand, et qu'on s'appliqua à abouter au grand réseau
royal des réseaux provinciaux· et vicinaux.

Les routes locales, ou pour mieux dire, les chemins étaient restés,
même à proximité de Paris, dans un état misérable[1]. Hors de l'Ile-
de-France, c'était pis encore. Non seulement les ·chemins qui
reliaient les paroisses et les communes, mais ceux qui devaient les
mettre en communication avec les villes voisines, désignés par le
nom de « grands chemins », étaient en si mauvais état, que pendant
une partie de l'hiver, les cavaliers eux-mêmes étaient obligés de faire
de longs détours, de passer souvent sur des terrains ensemencés,
pour se rendre à leur destination, et à plus forte raison les transports
par voitures légères ou pesantes étaient-ils généralement inter-
rompus[2]. Il arrivait que, même aux environs de localités importantes,
comme Nevers, on se noyât dans des fondrières[3].

1. Vous savez, MM. dit un contemporain, combien sont impraticables la plupart des
routes de traverse pendant les saisons pluvieuses, c'est-à-dire au moins pendant la moitié de l'année. Les voituriers, les cultivateurs qui conduisent leurs denrées au marché
des villes voisines sont forcés de doubler le nombre de leur bêtes de somme et de trait
(*Procès-verbaux de l'Ass.*, 212. Rapp. de l'abbé de la Bintinaye à L'Ass. prov. de l'Ile
de France, 1787).
2. Cf. « Les chemins de communication, qui m'avaient paru si beaux, si unis, si
agréables et même si solides au mois de juin, étaient impraticables en hiver, et ne
justifiaient que trop le proverbe : « Bonne terre, mauvais chemins ». Comme les piétons
n'eussent pu s'en tirer pendant cinq ou six mois de l'année, les champs riverains étaient
garnis d'échaliers, plus ou moins difficiles à franchir, mais sans lesquels il leur eût été
impossible de sortir de chez eux ; et c'est par ces sentiers qu'ils se rendaient à leurs
affaires » (Besnard, *Souv. d'un nonag.*, I, 305). Sur l'absence des routes vicinales en
Bas-Anjou, voir Port, *La Vendée angevine*, I, 12-15.
3. « En 1761 le chemin du Bec d'Allier est impraticable depuis la naissance de la
montagne de Billereux jusqu'au-delà des Trente-six cheminées. A la fin du siècle le
chemin des Allemands est coupé de fondrières à noyer un homme. Un des serviteurs
du comte de Béthune, seigneur d'Apremont, s'y embourbe et s'y noie.... En 1762, la
route de Nevers à Decize et à Luzy est, dit-on, la plus à craindre qu'il y ait dans le

Il existait ainsi en France un peu partout, mais particulièrement
dans les pays de montagne, non seulement des écarts, mais de vraies
solitudes, presque inviolées[1]. Ainsi à la fin du xviiie siècle un « hypo-
crite » dit la messe et toucha les bénéfices pendant huit mois à
Ouroux, sans que la fraude pût être découverte. Dans ce même pays
du Morvan, de 1704 à 1825, il n'y eut pas de confirmation au canton
de Montsauche, les évêques ne pouvant y accéder.

Si les sauvages qui peuplaient ces régions restèrent dans leurs
halliers, la masse des habitants des petites villes, des bourgs, des
villages même voulurent être reliés, avoir un accès facile aux marchés, des communications sûres et régulières avec les centres
d'affaires. On peut ouvrir au hasard l'histoire d'une province à cette
époque et suivre les procès-verbaux d'assemblées. On y verra la
place qu'occupe dans les préoccupations l'achèvement du réseau des
chemins[2]. La dégradation des chemins vicinaux apparaissait comme
« une véritable source de misères »[3]. La bonne route était devenue
une nécessité. Confusément on pressentait la révolution dans les
mœurs que feraient de nouveaux moyens de communication et que
le xixe siècle a faite avec ses chemins de fer.

Je ne raconterai pas comment les ateliers de charité, établis en
1770 par l'abbé Terray, pour donner de la nourriture aux sans-tra-

royaume par les précipices et gouffres qu'elle présente en différents endroits » (Guéneau,
L'organ. du trav. à Nevers, p. 165). Cf. « Leur aire (des chaussées), détrempée par
les eaux pluviales, n'offre plus que des gouffres de boue où disparaissent les chevaux, les
voitures et jusqu'aux conducteurs... Quelques bêtes à bât conduites à la file y entretiennent à peine un chétif colportage des objets de premier besoin. Aussi la moitié des
champs reste inculte et la population décroissante s'affaiblit chaque jour par l'émigration
dans les contrées plus méridionales » (A. N., AD XVI, 78, dans Viguier, *Les déb. de
la Révol. en Provence*, Paris, 1894, in-8o, p. 55).

1. Capit. Levainville, *Le Morvan*. Paris, A. Colin, 211-212.

2. Se reporter par exemple aux *Procès-verbaux des États du Gévaudan* (tome VIII,
Mende, 1881). Il est constamment question d'entretien des chemins et des routes et de
construction de voies nouvelles.

3. Les habitants des campagnes, disait le Tiers-État de Chatellerault dans son Cahier,
se sont épuisés pour construire des grandes routes dont ils sont souvent éloignés, et
dont la plupart ne retirent aucun fruit, tandis que l'état de dégradation des chemins
vicinaux est pour eux une véritable source de misères (*Arch. Parl.*, II, 697).

Les besoins étaient loin d'être encore satisfaits quand la Révolution éclata, les Cahiers
le prouvent, et une des grandes inquiétudes des pouvoirs locaux fut que le mouvement
politique interrompît le travail d'achèvement. Que l'on évite l'abus des grandes routes
trop multipliées, qui passant par des villages protégés, éloignent le voyageur des villes,
et ruinent le commerce (*Les Cahiers de Normandie* dans *Arch. parl.*, I, 248).

A Saint-Lô, l'assemblée d'élection de 1788 vote entre autres vœux : Hâter l'exécution de l'arrêté au sujet des chemins d'église à église. On voudrait que toutes les sommes payées pour l'entretien des grandes routes fussent dépensées à cet effet (Mad.
Deries, *Le Dist. de Saint-Lô*, p. 17). Les *Cahiers* demandent l'amélioration des chemins
publics et vicinaux (Ead., *Ib.*, p. 27).

La Limagne, dit un correspondant de Grégoire,... sera « une contrée heureuse lorsque des chemins praticables faciliteront la circulation de ses denrées » (*Lett. à Grég.*,
p. 161, no 1).

vail, furent employés surtout à la réparation et à la construction des chemins locaux, ni comment on purgea la France des « voleurs de grand et de petit chemin », ni même comment on assura l'entretien en même temps que la sécurité des voies. Il appartient à d'autres de faire valoir ce que fut pour l'intérêt public l'invention en apparence si modeste du *cantonnier,* dont le travail remplaça avantageusement dans les divers « cantons » des routes les prestations des villageois.

CHAPITRE V

LES CONTACTS

Resterait à préciser comment l'usage qui a été fait des routes a propagé le français, quels ont été les agents de propagation, à quels voyageurs il doit de s'être introduit dans les dizaines de mille paroisses où il a commencé ou achevé de pénétrer. Malheureusement pareil exposé est impossible, et il me faudra me borner à quelques indications générales.

Les citadins a la campagne. — Les banlieues des villes ont dû être les premières converties. Elles étaient atteintes depuis longtemps. Autour de Bordeaux, de Lyon, de Dijon, de Nantes, et aussi de villes beaucoup plus petites telles qu'Autun, on avait construit une masse de villas. Elles se multiplièrent au xviiie siècle, au point de former par endroits de véritables agglomérations[1]. Dès le printemps une vraie émigration commençait. Il faut lire dans l'ouvrage de M. Mornet la longue liste des grandes dames, des bourgeois, des gens de lettres, des artistes, qui s'enfuient de Paris pour goûter les joies des champs[2].

Sans doute, les Marseillais dans leurs « bastides » comme les Parisiens dans leurs « folies » étaient et demeuraient chez eux. Mais, si enfermés et si groupés qu'ils pussent être, ils frayaient nécessairement avec les indigènes, et le français gagnait à ces rencontres, là où il n'était pas encore implanté. Tout établissement de citadins aux champs avait le même effet. Le français allait d'eux aux fermiers, aux métayers, aux domestiques, aux fournisseurs de toutes sortes. Même si le maître parlait la langue indigène à l'occasion, c'était le

---

1. « Les Négocians du prémier ordre (de Lyon) vivent en petits Seigneurs et ont de belles maisons à la Ville et à la Campagne » (Pöllnitz, *Lett. et Mem.*, II, 373).
2. « Les personnes opulentes aiment le séjour de leurs terres », nous dit Delille en 1782, et quelques années plus tard Lezay-Marnezia constate que « les châteaux longtemps abandonnés à des fermiers, commencent à devenir chers à leurs possesseurs ». Les *Mémoires* et *Correspondances* nous y conduisent à notre gré (Voir D. Mornet, *Le Sent. de la Nature en France*, Paris, 1907, 27-29).

français qui venait avec lui habiter la maison et se fixer au centre d'une aire qui s'étendait de proche en proche. Autant de banlieues, autant de petites « Iles de français ».

LE RETOUR AUX CHAMPS. — Le XVIIIe siècle fut marqué par un retour général aux champs. Les raisons économiques sont pour beaucoup dans cette extension des établissements de gens de la ville dans les campagnes. Il y avait là un placement d'argent sûr et productif. Mais le changement survenu dans les goûts y contribua aussi incontestablement. Le charme de Versailles était épuisé. La noblesse revint en partie à ses châteaux. La bourgeoisie s'éprit des maisons des champs. Ce n'est pas seulement un Buffon qui s'attache pour ainsi dire par métier à la vie rurale, mais un Helvétius. Question de mode sans doute, mais aussi de sentiment et de conviction, car l'exode fut sérieux et dura[1].

Le besoin de la campagne n'était plus seulement un besoin de détente. Il devenait un sentiment profond des âmes, fondé sur l'intelligence et l'amour de la nature. L'*Héloïse* donna une secousse qui ébranla toute la société française. Des gens dont le père ou la mère n'avaient que dédain pour les « choses du fumier » se trouvèrent reconquis. La terre inspira des poètes, mauvais sans doute, mais goûtés comme s'ils eussent été bons. Elle animait des Académies. Le nombre des études consacrées alors au travail agricole est prodigieux. *Agriculteur* entra aussi triomphalement dans la langue que jadis *bel esprit*. Les physiocrates, dont tout le système est fondé sur l'exploitation rurale, règnent sur la pensée. Leur ennemi, Voltaire, fait valoir un domaine. Le bonheur est là. La France revient à ses amours séculaires.

Admettons qu'il y eût dans tout ce mouvement un peu d' « agromanie ». Certains de ces laboureurs nous apparaissent, comme ils sont apparus à Young, trop philosophes, et atteints de Rousseauisme. On ne peut tout de même pas négliger pareil revirement de l'opinion, où se mêlent des goûts littéraires, des calculs d'intérêt, et jusqu'à des passions scientifiques. Qu'on changeât d'opinion sur la meilleure des vies par mode, par amour de la botanique, par entraînement romanesque, on en changeait, et cette rentrée ou cette arrivée de familles profondément francisées dans les campagnes était un événement très important pour la vie des idiomes.

VOYAGES D'AGRÉMENT. — Le passage des voyageurs occasionna

---

1. Voir Mornet, *o. c.*, 17 et 42.

d'autres contacts, moins durables, mais multipliés. Or c'est du
XVIII° siècle que date le mouvement qui entraîna jusque dans des contrées qui faisaient horreur cent ans auparavant, non seulement des
curieux, mais des enthousiastes. Il ne s'agissait plus de bergeries ou
de pastorales, la communication profonde entre l'âme humaine et la
vie éternelle des choses était rétablie, les paysages charmaient,
émouvaient, remuaient jusqu'aux larmes. On allait chercher parmi
les bois, les rochers, les lacs, les cascades, non seulement un plaisir
des yeux, mais les éléments d'une morale et d'une philosophie. En
1770, l'ébranlement n'est pas encore donné. Mais dix ans plus tard
Rousseau et Bernardin de Saint-Pierre ont fait leur œuvre. Les « gla-
cières » de Suisse et de Savoie attirent la curiosité, au lieu d'épou-
vanter la délicatesse des gens du monde. On cesse de se sentir écrasé
à Cauterets ou à Bagnères. De Chambéry on poussera au Mont-
Cenis. De Plombières on montera aux Vosges, malgré les « sapins
noirs et funèbres ». Nobles, magistrats, poètes, peintres commencent
à « aller voir ». Ils s'enfoncent dans la nature, et, partant, se mêlent
aux naturels.

Sans doute ce sont les sites particulièrement pittoresques qui ont
vu la foule venir à eux; et on n'en trouvait qu'en montagne, la
mer n'attirait encore personne. Aussi bien n'est-il pas question de
présenter ici la France des villes se ruant brusquement à travers
toutes les provinces. J'ai voulu seulement marquer que par une rencontre heureuse, le goût des voyages commença à s'éveiller juste
quand les moyens de les entreprendre étaient assez nombreux et
assez sûrs pour que ces voyages pussent porter sans dérision le nom
de voyages d'agrément. Il faut lire dans Mercier, généralement
plus caustique qu'enthousiaste, le chapitre intitulé *Chaise de poste* :
« On voyage sans nécessité, sans affaires, sur le plus léger prétexte... les correspondances se multiplient de ville en ville, de province à province » (*Tableau de Paris*, Amsterd., 1788, in-8°, XII,
187).

En principe, aimer les champs ne veut nullement dire aimer les
paysans. Il y a loin de celui qui se plaît à la montagne à celui qui
célèbre les montagnards. Toutefois l'homme qui s'épanouit dans un
milieu a tendance à juger favorablement ceux qui s'y trouvent et en
font partie.

Le XVIII° siècle avait des raisons spéciales de célébrer les natures
frustes, qu'il considérait comme plus proches de la nature, et qu'on
lui représentait comme participant de sa vertu profonde, par une
grâce native qui les avait soustraites à la corruption. Et ceci posa
pour quelques-uns un problème de conscience. N'était-ce pas arracher

à leur pureté première ces privilégiés que de leur faire abandonner
leur langage ? « J'en parle... le patois [du village], dit le Jacot de
Favart, parce que c'est le langage de ceux qui ont l'ame pure ; ce qui
vaut mieux que de parler purement »[1]. Le patois des simples était
une de leurs vertus. Rousseau n'avait-il pas montré que plus un langage
est décent, plus les mœurs sont corrompues ? Ne raillait-on pas
ces délicats qui se piquaient « de ne pas entendre le rustique langage
du Petit Savoyard ou la Vie de Claude Noyer » ?[2] Beaucoup avaient
entendu cette leçon. Un des correspondants de Grégoire, quoiqu'il
haïsse Rousseau, s'en inspire, quand il écrit : Le patois « est le langage
du bon sens et de la belle simplicité, dont le mérite augmente...
tous les jours... La parure de la langue française est bien plus dangereuse
»[3].

Dans ces conditions, ne valait-il pas mieux respecter les langages
comme les mœurs des ruraux ? De loin, la question put et dut se
poser. J'imagine que l'esprit de système ne résista pas beaucoup à
la pratique des réalités. Madame de Genlis tomba du haut de son
rêve en trouvant Gessner, la pipe à la bouche, le verre de bière à
la main, près de sa bonne femme en casaquin[4]. Combien d'illusions
durent s'envoler ainsi, quand on eut pris le contact ! Ce ne sont pas
les préjugés nés des doctrines philosophiques qui pouvaient empêcher
l'effet naturel des rencontres entre paysans et gens des villes.
Pour la plupart des hommes et des femmes formés au goût classique,
même s'ils donnaient dans ces utopies, les patois apparaissaient
comme une de ces grossièretés que l'on ne pouvait tolérer. Le respect
des idiomes qu'on rencontrait à travers la France ne devait
donc pas gêner beaucoup les « touristes ».

Au reste, il ne faudrait pas exagérer leur influence. Leurs séjours
étaient trop éphémères et trop intermittents. Nous savons que les
habitants de Chamonix considéraient dès lors les glaciers « comme
leur meilleur patrimoine », et que les gens de la vallée commençaient
à être assez à leur aise à cause de l'argent que portait chez
eux le grand nombre d'étrangers qui allait visiter le pays[5]. Après
l'idée de remercier Dieu de cette bénédiction, la première pensée
qui devait leur venir, c'était de s'adapter de leur mieux pour attraper
quelques reliefs de l'opulence de leurs visiteurs. Nous les avons
vus de nos jours angliciser pour le même motif[6]. Les paysans ne

1. La fortune au village, sc. 5.
2. Mornet, o. c., 157.
3. Joly, Saint-Claude, Lett. à Grég., p. 210, n⁰ˢ 29, 30, 27.
4. Mornet, o. c., 154.
5. Moore, 387, I, 186, et Journal de mes voyages, XIV, 111, dans Mornet, o. c., 55.
6. Bérenger dit du pays de Bigorre : « Pour saisir ces changemens, il faut savoir la

désapprenaient pas leur patois, mais assurément ils l'adultéraient. Il est vraisemblable même qu'ils se mettaient à jargonner le français, tout au moins tâchaient de le comprendre avec l'idée de profiter de l'aubaine que leur valait un sol dont ils n'avaient guère éprouvé jusque-là que la rudesse.

VOYAGES D'AFFAIRES. — Enfin et surtout, les voyages d'affaires se multiplièrent. C'est là le point essentiel, sur lequel il faudrait tout savoir, et sur lequel nous ne saurons jamais rien, car même si les routes et les chemins avaient été comme des ponts à péages, numérotant diligences, berlines, « magasins », chariots, et si nous avions des statistiques, elles seraient vaines, puisqu'elles ne nous diraient pas d'où venaient les voitures, combien de gens elles portaient... ni quelle langue parlaient ceux qu'elles transportaient[1].

Young affecte un grand mépris pour ces « négociants », qui ont chacun « deux ou trois valises derrière eux »[2]. Ce nom de négociants sera peu après bien porté, et aussi celui de commis voyageur, d'année en année les valises se multiplieront et grossiront en caisses et en ballots.

En quelle langue se traitaient les affaires ? Hardi qui affirmerait. En remuant la masse sans fin des textes qui ont rapport au commerce, des règlements aux correspondances et aux prospectus, on a l'impression que tout était en français. En effet, tout ce qui s'écrivait. Et il est certain que ce fut un grand avantage pour le français quand il y eut une vraie poste, quand « l'ordinaire » fut devenu le « régulier », que les correspondances eurent un rythme réglé, tarifé et assuré.

Mais si on pense aux millions de paroles envolées pour toujours, qui furent dites, à raison peut-être de cent mille pour une lettre qui s'écrivait, la réserve s'impose. Les marchands qui venaient de loin, par exemple, ces possesseurs « d'attelée » qui de Flers s'en allaient porter leurs marchandises, une fois les récoltes rentrées, vers

langue du pays, il faut aimer... à converser, à écouter, à pénétrer dans les vallées écartées ; car dans les grandes routes et les auberges, c'est comme par-tout ailleurs ; on n'y trouve que des hôteliers rançonnant les buveurs d'eau » (*Voy. dans les Pyr. françoises*, Paris, 1789, in-8°, p. 19, attribué aussi à Picquet).

1. Or aux véhicules attelés, il faut ajouter encore les charrettes poussées à bras, et les piétons, parmi lesquels les colporteurs. Ils étaient surtout originaires de Savoie et du Dauphiné. C'étaient les « bisoirs » (*bisouars* de Rabelais). Tantôt ils rentraient chez eux après la saison, tantôt ils s'établissaient sur le pays. Ainsi à Nevers, dès le XVII° siècle (Guéneau, *o. c.*, 144 ; cf. Duminy, *Les marchands bisoirs à Nevers*, dans la *Rev. du Nivern.*, janv. 1898).

2. Il écrit des environs de Bagnères de Luchon : « Dans l'espace de quatre-vingt-trois lieues je n'ai rencontré que deux cabriolets et trois misérables voitures comme les vieilles chaises anglaises à un cheval ; pas un homme comme il faut, et cependant plusieurs *négocians*, selon le nom qu'ils se donnent, ayant chacun deux ou trois valises derrière lui. Petit nombre de voyageurs, qui est vraiment étonnant » (*Voyages en Fr.*, I, 113).

l'Anjou, l'Angoumois, la Picardie, et poussaient jusqu'en Flandre, ne savaient pas les parlers des pays où ils fréquentaient. Cela est sans aucun doute. Mais les autres ? Tout ce petit cabotage régional qui est la vie quotidienne du commerce, de quel idiome se servait-il ? On « fait l'article » pour vendre, non pour enseigner. Qui n'a entendu, il y a seulement trente ou quarante ans, les marchands de petite ville, barboter le patois d'un peu de français, et frotter le français d'un peu de patois ? De loin, d'aujourd'hui, quelle constatation faire sur un passé lointain ? Il faudrait avoir hanté les relais, les auberges, les cabarets, avoir écouté les propos, surpris dans ses diverses manifestations la vie d'affaires, suivi ces palabres interminables où habilement on entremêle à la transaction qu'on débat les bavardages sur les nouvelles de Paris, la politique, etc. Nous n'avons guère qu'un livre là-dessus, ce sont les *Voyages en France... depuis* 1775 *jusqu'en* 1809 de Marlin (Paris, 1817, 4 vol. 8°).

Pour montrer combien on s'aventure en tranchant de ces matières, considérons un cas seulement. On nous dit, et cela est certain, que les paysans, encouragés par des communications plus faciles, se rendaient plus volontiers à la ville, au lieu d'attendre chez eux l'acheteur. C'est important[1]. Mais voici un autre renseignement : « Auparavant les fermiers de Nouans et des environs étaient dans l'usage de ne vendre leurs grains qu'aux marchés du voisinage, et de les y transporter sac à sac à dos de cheval, tout le long de l'année, ce qui exigeait d'eux un éloignement de la ferme pendant des journées entières, répété au moins une fois par semaine » (Besnard, *Souven. d'un nonag.*, I, 331).

« Comme il n'y avait pas alors de grandes routes qui aboutissaient à la ville de Doué, tous les transports du commerce et des approvisionnements se faisaient à dos de cheval, de mulet et d'âne. Quelques charrettes, en petit nombre, étaient exclusivement réservées, dans les fermes ou métairies d'une certaine étendue, à l'exploitation des domaines, à laquelle il n'était guère possible de vaquer un grand tiers de l'année, à raison des mauvais chemins.

« Ainsi les transports des bois de chauffage, du charbon, des grains, des farines, etc., ne s'effectuaient que de cette manière. Il en était de même de la houille extraite de la mine de Saint-Georges Châtelaison, qu'il fallait rendre non seulement jusqu'à Doué, mais jusqu'à Saumur, Brissac et autres lieux plus ou moins éloignés » (Id., *Ib.*, I, 37).

1. Cf. « Au lieu de vendre leurs denrées chez eux, à des voisins riches qui en savent plus qu'eux, ils fréquentent maintenant les foires et les marchés » (Auch, *Lett. à Grég.*, p. 99, n° 39).

Laquelle des deux manières de « livrer » était la plus avantageuse pour l'extension du français ? Et ne pourrait-on pas soutenir
que l'état de choses ancien, qui obligeait à de multiples déplacements,
fournissait plus d'occasions de contacts entre paysans et citadins
que le nouveau ?

Mais n'ayons pas l'air de terminer sur un paradoxe. En augmentant les relations entre les villes et la campagne, il n'est pas contestable que le développement du commerce sur route a assuré à la
langue centrale des chances nouvelles de se répandre.

CHAPITRE VI

EFFETS LINGUISTIQUES.

. La langue circule le long des routes. — Jadis l'imprimerie avait mis du temps pour produire ses effets. Si on aperçoit du premier coup comment elle a servi la pensée, il faut réfléchir pour comprendre pourquoi elle a changé le caractère de la langue, troublé son évolution intérieure et augmenté son importance dans le royaume. De même pour les routes. Leurs avantages économiques et politiques devinrent bientôt sensibles. Leur influence sur le langage a été moins rapide, moins directe : elle n'en est pas moins très grande.

C'est le réseau routier qui a fourni le grand instrument de pénétration à travers les campagnes. En l'exécutant, la monarchie, sans chercher ce résultat, sans le prévoir même, servait une seconde fois la langue de tout son pouvoir[1]. En ordonnant jadis de faire les écritures administratives et judiciaires en français, elle avait assuré la victoire sur le latin ; au XVIIIe siècle, en créant des chemins, elle préparait la victoire sur les idiomes parlés[2].

Nous avions mieux pour le prouver que des raisonnements. Des contemporains ont noté le changement qui se produisait. Les textes sont rares, mais en cherchant attentivement, on finit par en trouver.

1. Vidal de la Blache écrit à ce propos : « Ce système de routes est, en somme, un type de centralisation. Quels que soient les avantages inhérents à la position géographique de la capitale, il n'y a aucune parité entre eux et les conséquences qui en sont sorties. Le Bassin de Londres, avec des avantages en grande partie semblables à ceux du Bassin de Paris, n'a pas été centralisateur au même degré. Un poids jeté dans la balance a troublé, chez nous, l'équilibre des forces géographiques. Des affinités naturelles ont été exagérées. Ce n'est plus la géographie pure, mais de l'histoire qui se laisse voir dans cet organisme concentré, replié sur lui-même, jaloux de ramener vers un foyer et d'y retenir la vie éparse sur l'étendue de la contrée. Une individualité plus ramassée a succédé à celle qui s'exprime dans le réseau antérieur. Le système s'est nationalisé ; on y sent une tension qui est le résultat artificiel de la politique et de l'histoire » (Lavisse, *Hist. de Fr.*, I, 384).

2. On objectera qu'il se trouvait un peu partout des interprètes : « Dans une hôtellerie à Bayonne... dit l'auteur du *Voyage de Londres à Gènes*, je trouvai deux Biscayennes, qui outre leur langue maternelle, parloient encore très-bien François & Espagnol, ainsi que le dialécte gascon dont on fait usage dans cette ville, et qui est répandu dans toute l'étendue des Landes de Bordeaux, et dans tout le pays de Bigorre » (Baretti, IV, p. 6-7).

Il y a d'abord ce qu'on pourrait appeler des témoignages négatifs :
Point d'étrangers qui viennent, point d'indigènes qui sortent, c'est
la stabilité dans le langage, le patois n'est point troublé : « Partout
où il ne s'est pas établi quelque petite communication avec les
voisins, le patois règne presque seul, et toujours le même » (Auch,
Lett. à Grég., p. 90, n° 16). « Le peu de routes, d'embranche-
ments, notre éloignement de tout le monde, notre vie isolée, nous
ont conservé nos mœurs primitives » (*Ib.*, p. 89, n° 10). « Le paysan
(de l'Armagnac)... fait un certain commerce, mais, comme c'est
particulièrement en eaux de vie, l'on vient les lui acheter chez lui.
Ne se déplaçant pas, il n'a pas d'occasion de varier son langage »
(*Ib.*, p. 90, n° 18).

Au contraire — des correspondants de Grégoire le notent aussi
avec beaucoup de netteté — dans les pays où viennent des étrangers,
ou bien d'où les indigènes s'absentent fréquemment, le langage du
pays se ressent de ces déplacements : « Depuis que nos besoins fac-
tices ont appelé tant d'habitants dans les villes, d'où ils sont
revenus, de temps en temps, changer le langage et les mœurs en
augmentant l'industrie » (Agen, *Lett. à Grég.*, p. 118). « Nos négociants, qui à l'époque de ma naissance, en 1756, n'étaient que des
commis des négociants de Montpellier, font aujourd'hui le commerce pour leur compte, et sont par conséquent obligés de voyager ;
ils ont contribué assez à la perfection de notre idiome, au moins
pour la prononciation » (Rodez, *Lett. à Grég.*, p. 60, n° 28). « On
remarque qu'il (le patois) se rapproche un peu de l'idiome français ;
mais ce n'est que parmi les habitants du voisinage des grandes
routes que certains mots disparaissent ; encore n'est-ce que depuis
que celles-ci sont ouvertes que l'on s'en aperçoit » (Poitou, *Lett. à
Grég.*, p. 277, n° 28).

Dans ce qui précède, il ne s'agit que de parlers qui s'altèrent.
Voici mieux — ou pis — des parlers abandonnés : « Notre langage ne
s'est pas enrichi beaucoup par le commerce ; il a au contraire commencé à déchoir depuis ce temps-là, parce qu'à mesure qu'on
acquiert des lumières, on adopte insensiblement l'idiome national »
(Agen. Amis de la Constit., *Lett. à Grég.*, p. 108).

« La langue française n'est en usage que dans les principales
villes, sur les routes de communication et dans les châteaux »
(Limoges. Amis de la Constit., *Lett. à Grég.*, p. 166).

« Ce qui les rend (les Bretons) moins sauvages, c'est leur communication plus fréquente avec les villes, et les grandes routes faites
en Bretagne, il y a trente ans, sont une des causes principales de
cette communication » ([Le Quinio], *Lett. à Grég.*, p. 288, n° 40).

Même constatation, brève, mais décisive pour le Poitou : « Ils sont un peu plus éclairés, surtout ceux qui habitent le long et dans le voisinage des routes » (*Lett. à Grég.*, p. 279, n° 39).

Ces constatations sont formulées en une sorte de doctrine générale par un des correspondants, qui a su ou deviné l'action des routes dans l'antiquité, où elles ont porté la *lingua romana* et la κοινή d'un bout à l'autre du monde : « Les campagnards permanents, est-il dit, parlent peu français et très mal ; ceux qui voyagent le parlent moins mal ; ceux qui se sont absentés plusieurs années le parlent assez bien » (Joly, Saint-Claude, *Lett. à Grég.*, p. 209, n° 19).

Rien d'étrange après cela que l'ouverture de voies de communication paraisse aux réformateurs un des moyens essentiels de francisation. « Les moyens, dit l'anonyme qui écrit du Poitou à Grégoire, consisteraient à ouvrir des chemins vicinaux et de communication de village à village, de bourg à bourg, de ville à ville, de placer dans chaque paroisse un maître d'école instruit, qui fût de bonnes mœurs, qui sût bien le français et ne parlât que cette langue » (*Lett. à Grég.*, p. 278, n° 30).

Des fonctionnaires qui sont venus après coup ont aussi constaté les effets dont nous parlons[1]. Le Préfet de Seine-Inférieure, parlant de cet « effet des relations », écrira en 1812 : « A Gournay, qui avoisine le département de l'Oise, les habitants parlent un langage assez pur par l'habitude qu'ils en contractent dans leurs fréquentes relations avec ceux de Paris » (A. N., F17A 1209). « Quant à l'arrondissement de Rouen, tout le monde y parle exclusivement le français ; les fréquentes relations que le Commerce nécessite, les déplacements et les mélanges journaliers d'individus que l'industrie manufacturière provoque, ne permettent à aucun idiome local de se conserver, à aucun dialecte de prédominer, à aucun patois étranger de s'introduire. Tous les accents, toutes les variations d'expression s'y fondent nécessairement dans la langue nationale qui devient pour les Étrangers le régulateur unique du Langage » (*Ib.*).

Comparez : « Il est... facile de remarquer que depuis l'établissement des grandes Routes et l'ouverture des Communications solides et faciles dans plusieurs parties du Boulonnais, le langage a éprouvé de grands changemens dans les lieux où les communications pro-

---

1. « Si le gouvernement ne fait pas instruire les habitans, s'il ne fait pas ouvrir de grandes routes, et creuser des canaux navigables dans la Vendée, ce païs sera la ressource éternelle des mécontens » (Merlet-La Boulaye, Angers, 23 messidor, an II, *Lett. à Grég..* ms., p. 530).

Sous l'Empire, le sous-préfet de Montmédy, remerciant qu'on ait autorisé un chemin à travers le plateau des Hautes-Fagnes, ajoute : « Ce chemin suscitera des habitations et des hameaux et la langue wallonne ou française s'y implantera » (A. N., F17A 1209).

curent des relations fréquentes avec les villes circonvoisines. Que la langue française y fait des progrès sensibles et que l'on peut aisément distinguer par le langage les habitans de ces endroits d'avec ceux des villages qui n'ont aucun débouché »[1].

Au contraire des pays qui restaient isolés, comme ce pays de l'Alleu qui n'avait de sortie que par les cours d'eau, gardaient leur caractère, car la difficulté de pénétrer créait, dit Blanchard, un état d'esprit particulier; l'autorité... ne s'y faisant que difficilement sentir, les habitants avaient contracté de singulières habitudes d'indépendance[2]. — Au xvie siècle ce sont les protestants qui s'y établissent et résistent à l'Espagne, au xviiie des contrebandiers, sous l'Empire des réfractaires qui, en 1812, narguent la division Boyer de Ribeval.

Encore n'ai-je guère parlé jusqu'ici que de la circulation des personnes. Il ne faut pas oublier les livres et les journaux dont il a été question plus haut. Depuis qu'on avait inventé de multiplier à la presse les écrits, on n'avait créé aucune machine de diffusion comparable à la poste aux lettres qui désormais emportait presque tous les jours des périodiques à travers tout le pays. Un quotidien qui, cinquante ans plus tôt, aurait été un non-sens, était possible en 1776. Il se créa. Avec lui, et avec les autres publications, c'était un flot d'écrits français que les « magasins » emportaient sur tout le pays. Désormais un essaim de voyageuses invisibles et bourdonnantes circulaient, à savoir les idées nouvelles. Celles-là étaient si françaises qu'il eût été impossible de les grimer en villageoises sans les dénaturer. Seule la langue des philosophes et des économistes pouvait les porter, et de leur côté elles portaient cette langue partout où on avait le pressentiment qu'on allait voir la fin d'un ordre ancien et d'institutions usées.

1. Notice sur le l. du Boulonnais, par Henry, adj. du génie de la Société d'Agriculture, Boulogne, 12 nov. 1807 (B. N., N. acq. fr., 5912, 43 r°).
2. *La Flandre*, 448.

LIVRE IV

LE FRANÇAIS
DANS LES PROVINCES PARTICULARISTES
OU DE LANGUE HÉTÉROGÈNE

CHAPITRE PREMIER

BÉARN ET PAYS BASQUE

L'autonomie béarnaise. — Avant 1610, le comté de Béarn était
un État souverain et indépendant. Quoiqu'à diverses occasions le
français y ait été introduit, les États n'acceptaient point qu'il y
jouât un rôle officiel[1]. Sous les d'Albret, d'esprit tout français
pourtant, toutes les pièces administratives et judiciaires continuaient
à être en béarnais. L'illustre Marguerite a beau s'entourer de théologiens et de lettrés français, Marot, Calvin, Roussel, qui font de
la cour de Nérac une réplique des châteaux royaux de France,
Jeanne d'Albret, quand elle fait du protestantisme la religion d'État,
y appelle vainement des prédicants de langue française, le particu-
larisme linguistique persiste presque intégralement[2]. Le français
qui gagne dans les pays voisins, pénètre aussi dans le Béarn, il
altère le parler mais il ne le menace pas de le déposséder. Henri IV,
devenu roi de France, suivant un mot spirituel, donna la France
au Béarn, mais ne prit aucune mesure décisive quant à la réunion, il
connaissait trop l'esprit de son pays. Les « fors » furent réimprimés
en 1602 en béarnais. Le célèbre avocat Arnaud de Bordenave plai-
dait en cette langue, ce qui égayait fort Scaliger[3]. Il fallut la mort
du roi et l'annexion qui suivit pour amener un changement décisif.

1. Voir la thèse complémentaire d'Aug. Brun : *L'introduction de la langue française
en Béarn et en Roussillon*, Paris, Champion, 1923, in-8°. Mon exposé est fondé en
grande partie sur ce livre. — Cf. La Caze, *Les Libertés provinciales en Béarn*, Paris,
1865, in-8°, et Bascle de Lagrèze, *La Société et les mœurs en Béarn*, Pau, 1886.
2. En 1533, Henri II d'Albret est à la cour de François Ier ; l'évêque de Rodez est
chargé de le suppléer aux États. Les lettres qui l'accréditent sont en français. Protestations unanimes et en forme (Brun, *Lang. fr. en B. et R.*, 13).
3. *Litigant bearnice ; vix potui continere risum* (Brun, *o. c.*, 27).

Cependant, comme Brun l'a finement remarqué (*o. c.*, 21 et suiv.), beaucoup de ceux qui écrivaient en béarnais savaient le français ; on le sent à la décadence de l'idiome qui s'altère sous leur plume. Contrairement à ce qui s'est passé ailleurs, le français a pénétré par l'usage oral.

En 1620, Louis XIII parut avec une armée, entra à Pau, et tint séance aux États. Au lieu de jurer les « fors », il publia un édit de réunion (11 octobre) qui, malgré l'effervescence qui suivit, fut maintenu. L'ordonnance de 1539 fut étendue au pays. Le parlement de Navarre, la chancellerie durent faire usage de la langue du roi.

Il y eut des protestations dont l'avocat Arnaud de Bordenave se fit éloquemment l'écho — en français. — L'historien de cette résistance a montré avec quelle ténacité les États maintinrent la langue locale, dans leurs procès-verbaux, jusqu'à la Révolution. Dans bien des localités de campagne, la tradition persista aussi long- temps que l'ancien régime, particulièrement dans les municipalités[1]. Il y a plus ; des réimpressions successives des vieux « fors » eurent lieu dans les deux idiomes. Franchise de droits et franchise de langues étaient considérées comme allant de pair.

Un siècle et demi après l'annexion, les Béarnais s'entêtaient encore, poètes ou bourgeois, à refuser d'adopter la langue de France. Ils la savaient, mais ils voulaient la considérer comme étrangère. Seuls peut-être à cette époque, ils tenaient la langue comme un élément essentiel de la nationalité. Cependant leur résistance fut toute pas- sive, et ne se traduisit pas par des essais de culture en langue nationale.

En 1614, les Béarnais n'étaient pas des Français. Leurs députés n'avaient pas figuré — naturellement — aux États Généraux. En 1789, l'hésitation fut grande. Les remontrances du Parlement de Pau de 1788 disaient en propres termes : « Magistrats d'un pays, étranger à la France, quoique soumis au même roi... »[2]. « Nous aurions refusé comme toujours, écrivent de leur côté les États au

1. Brun, *o. c.*, 39 et suiv. J'ajouterai ici le témoignage d'un voyageur sur le pays de Bigorre : « En adoptant la langue françoise, qui leur (aux Bigorrais) est plus étrangère qu'aux Suisses, aux Savoyards, aux Piémontais, ces peuples ont apporté d'Espagne l'habitude qu'ils ont encore de confondre le *V* et le *B*. Elle a donné lieu à la plaisan- terie de Scaliger : *Felices populi quibus bibere est vivere*... Le dialecte du pays, hérissé de proverbes, indiquant la maturité des peuples qui le parloient, mâle, signifiant, quoiqu'informe et rude, formé de termes celtiques, espagnols et romances, a servi jus- qu'à nos jours aux tribunaux, aux assemblées nationales. Les livres de religion, La Fontaine, etc. sont imprimés dans cette langue » (Bérenger, *Voyage dans les Pyrénées françoises*, p. 13, n. 1 ; cf. 95).
2. Ch. Berlet, *Les tendances unitaires... à la fin du XVIIIe s.*, p. 59. Cf. « Le Béarn n'a aucun lien de dépendance avec la France » (Brette, *Rec. de documents*, I, xcvii, n. 1. Voir aussi La Caze, *Les impr. et libr. en Béarn*, 17).

mois d'Avril 1789, de nous réunir aux États Généraux de la France,
mais les paroles d'amour de Votre Majesté nous ont désarmés... »[1].
Et on comparait la situation du pays à celle de l'Irlande par rapport
à l'Angleterre. Pour changer cet état de choses, il fallut une révolution dans les cœurs.

LE PAYS BASQUE. — Le pays des Basques était formé du Labourd,
de la Basse-Navarre et de la Soule, qui avaient chacun leurs états
particuliers, tout en étant rattachés l'un à la généralité et au Parlement de Bordeaux, les autres à la généralité d'Auch et au Parlement de Pau[2]. Dans cette région montagneuse, que bornent au
Nord et à l'Est les gaves béarnais, entre Mauléon et l'Atlantique se
conservaient les parlers basques, fort différents d'endroit à endroit,
mais provenant tous du développement de l'ibère réimporté.
C'étaient là des idiomes avec lesquels aucune fusion n'était possible,
il fallait les évincer, et les Basques, très indépendants, tenaient à
tout ce qui conservait la marque de leur originalité ethnique, à leur
langage en particulier[3]. Rien à peu près ne fut gagné sur eux. Il
m'a semblé que le mieux est de laisser sur ce sujet la parole à
M. Brun. « Il y avait, par hasard, dit-il, dans le particula-
risme basque, une fissure : la langue se parlait, mais ne s'écrivait
pas[4]. Dans les actes publics, les procédures, etc., à défaut du

1. « Un membre dit un mot plein de tristesse : « Pourquoi refuser l'union, puisque
« la séparation ne nous a pas préservés du despotisme ? » Décidés à nommer des représentants des trois ordres, ils s'aperçurent qu'eux-mêmes ne représentaient plus rien » (La
Caze, *Les libertés... en Béarn*, 69).
2. Les études sont nombreuses. Voir Julien Vinson, *Les Basques et le pays
basque* ; Haristoy, *Recherches historiques*, 1883-1884 ; Luchaire, *Études sur les idiomes
pyrénéens de la région française*, Paris, 1879 (méthode un peu ancienne, mais très
bonne carte). Il me paraît intéressant de rapporter ici un témoignage que M. de
la Roncière a bien voulu me signaler : [Dans le pays de Labourt] « ils ont un langage
fort particulier : et bien que le pays seul parmy nous qui sommes François, se nomme
le pays de Basques, si est-ce que la langue Basque s'estend beaucoup plus avant. Car
tout le pays de Labourt, la basse et haute Navarre, et une partie d'Espagne parlent
Basque, et pour malaysé que soit le langage, si est ce qu'oultre les Basques la pluspart
des Bayonnois, haut et bas Navarrois et Espagnols circonvoisins, pour le moins ceux
des lisières le scauent. Et m'a-on asseuré qu'en l'an 1609, le sieur de Mons disputant au
privé conseil du Roy contre quelques gens de Sainct Jean de Lus, certains dommages
et interests qu'ils disoyent pour avoir souferts pour avoir envoyé quelques navires
en Canada, il luy fut maintenu que de tout temps et avant qu'il en eust cognoissance,
les Basques y trafiquoient : si bien que les Canadois ne traitoient parmy les François en
autre langue qu'à celle des Basques » (*Tableau de l'inconstance des mauvais anges...*, par
Pierre de Lancre, consr au Parl. de Bordeaux, Paris, Nicol. Buon, 1613, in-4°, p. 29).
3. Le comte de Roquette Buisson dans son livre *Les Vallées Pyrénéennes* (Tarbes,
1921), a mis en lumière l'esprit d'indépendance des montagnards.
4. Il n'y avait point de texte suivi, quand Jeanne d'Albret ordonna l'impression du
Nouveau Testament, à La Rochelle, en 1571, aux frais du Parlement de Navarre.
Un des seuls qu'on pût citer est le discours que Rabelais s'est amusé à mettre dans
la bouche de Panurge au livre II, chap. 9, de *Pantagruel*.
Le premier recueil technique est celui de Larramendi, *Dictionnaire Castillan, Basque
et Latin*, Saint-Sébastien, 1745, in-f°.

latin, c'est le béarnais, qui au Moyen Age, est d'emploi officiel. Le Labourd, la Soule n'en connaissaient pas d'autre, et c'est la gloire, si l'on veut, de ce parler sans éclat, de s'être, grâce à la supériorité des institutions et au prestige des comtes souverains dans le pays de Béarn, imposé au delà des frontières féodales de son domaine, d'avoir été reçu comme langue officielle et diplomatique parmi tous les États pyrénéens. Les notaires de Mauléon aux xve et xvie siècles écrivent en béarnais. Un arbitrage entre les chanoines de Bayonne et ceux qui résident en Navarre ou en Castille, est libellé, non en latin, comme on l'attendrait pour des ecclésiastiques, mais en béarnais (1418); les archives de Saint-Sébastien contiennent des textes nombreux en béarnais. Dans les procès, la sentence était rédigée en béarnais, puis lue en basque aux parties; les avocats avaient licence de plaider en basque : « segont la coutume de Mauléon de Soule, la demande et la défense si es demandat se deu far en basquoas ». Les actes officiels, comme la coutume de Soule établie en 1520, sont béarnais; elle ne sera traduite qu'en 1766. Mais déjà l'intrusion monarchique se manifeste. Le « stil de la court de Lixarre » (près Mauléon), en 1509, est en français. Le notaire du lieu, Pierris de Casalivetery (Pierre de Casauvielh), sait le français, il recopie en cette langue les textes indispensables à l'exercice de sa fonction; mais les notes de son journal personnel, lesquelles datent de 1539, sont en béarnais; chaque idiome a son domaine respectif et réservé.

« Ainsi, le problème n'a pas consisté à remplacer le basque par le français, mais à éliminer une langue en somme importée pour une autre également étrangère; c'est une opération ésotérique de bureaucrates, de scribes, de magistrats; elle n'intéresse que les cadres et les services, ainsi que les gens de loi, elle n'atteint pas la masse, qui continuera à ignorer l'une comme elle faisait l'autre, et cette opération s'effectuera quand on voudra; il suffit d'une ordonnance. « Il y a lieu de s'étonner, lit-on dans l'avertissement qui précède la Coutume de Soule (édition de 1692), de ce qu'ayant été dressée en 1520, temps auquel le pays de Soule dépendait de la couronne de France et du Parlement de Bordeaux, on ne se servît point de la langue française ou de la basque qui est la langue vulgaire du pays, mais cet étonnement cessera, si on fait réflexion que, pour lors, tous les actes publics s'y passaient en béarnais, suivant un ancien usage... et que cet usage continua après qu'elle en fut distraite et réunie à la Couronne de France, jusqu'à la publication de l'ordonnance du roy François premier de 1539 ».

Voilà comment, par acte législatif, la langue française s'introduisit en pays basque, sans coup férir, sans résistance, ni réclamation:

c'est que le nouveau régime ne heurtait aucunement la masse populaire, puisque celle-ci y resta étrangère ; le français ne dépassa pas
de longtemps le cercle des gens qui tiennent une plume ou lisent
un grimoire. On dut composer avec cet état de fait. Un exploit
d'huissier, découvert près de Bayonne (1581 ou 1591), indique la
procédure adoptée : « leur ayant icelui donné à entendre en langage
françois et basque ». Encore en 1720, un contrat, entre Charles de
Larralde et les habitants de Villefranque, porte que le notaire a
donné à entendre l'acte intelligiblement en langue basque. Ici donc
la substitution ne fut opérante que pour les agents de l'autorité et
les auxiliaires de la justice. Elle n'est pas le point de départ d'une
nouvelle ère linguistique.

Il est même à noter que le basque, après l'avènement du français
dans l'écriture, fut employé quelquefois à sa place, dans les délibérations de Bidart au xviie siècle, et à Ahetze au xviiie siècle. On
imprima les poésies basques de Bernard d'Etchepare en 1545, et
aussi un Nouveau Testament, un catéchisme au moment de la Réforme
et sous l'impulsion de Jeanne d'Albret.

Cette langue ne perdit rien à la révolution qui transforma les autres
provinces du Midi. Garat, dans un mémoire du 18 janvier 1789, rappelait à Necker que « les électeurs basques, la plupart des laboureurs
qui ne savent pas le français, ne pourraient pas se concerter avec les
Bayonnais qui ne savent pas le basque ». Sans doute, quelques
éléments de ce peuple étaient dès lors francisés, mais tandis que les
autres régions méridionales, même les plus réfractaires, comme le
Béarn, avaient cédé à la culture française, à la langue française, le
monde basque jusqu'à la Révolution était resté un monde fermé ; le
français ne s'y développera qu'au xixe siècle, grâce à l'école, grâce
au service obligatoire, grâce au tourisme[1].

1. Brun, *Recherches hist.*, p. 146-148. Quelques voyageurs nous ont parlé de la
langue basque au xviiie siècle, mais sans nous apporter aucune précision sur la concurrence du français (Voir Bérenger, *Voyage dans les Pyr. fr.*, p. 235 et 241, n. 1 ;
Baretti, *Voyage de Londres à Gênes*, t. IV, p. 13 et suiv.).

CHAPITRE II

ROUSSILLON[1]

APRÈS L'ANNEXION. PREMIÈRES MESURES. — Le Roussillon était devenu français en 1659, après avoir dépendu des rois d'Espagne. En 1662, un collège de Jésuites fut ouvert à Perpignan. Il fut tout latin d'abord, naturellement ; cependant il est remarquable qu'on y acheta plus tard Corneille, Boileau, le Dictionnaire de Richelet[2]. Avait-on donné aux Jésuites des instructions spéciales ? L'opportunisme familier à l'ordre lui suggérait-il l'idée d'obéir à l'esprit de l'ordonnance du Roi de 1698 ? Le fait aurait besoin d'être éclairci.

En tout cas, en 1672, Louvois approuvait l'idée de l'intendant Carlier de créer des écoles pour aider à la diffusion du français. J'ai indiqué (tome V, p. 112), que des ordres avaient été envoyés à cet effet aux Consuls de Perpignan, dès 1672. Les textes, que je n'avais pas alors, ont été publiés[3]. Ils montrent que la tradition de Colbert n'était pas oubliée. L'exposé des motifs ne laisse aucun doute : « Comme il n'y a rien qui entretienne l'union et l'amitié entre des peuples de différentes nations que la conformité du langage... Sa Majesté a ordonné l'établissement de plusieurs petites escolles ou les enfans de l'un et l'autre sexe puissent estre instruitz à la connoissance des lettres de l'alphabet, des sillabes, dictions et oraisons tant en langue françoise qu'en celle du pays et mesme en l'escriture desdittes deux langues afin qu'insensiblement elles soyent rendues communes et reciproques ».

---

1. Sur l'action du gouvernement aux XVIIe et XVIIIe siècles pour propager la langue française en Roussillon, voir P. Vidal : *Perpignan depuis les origines jusqu'à nos jours*, p. 400 et suiv. (1897) ; Abbé Ph. Torreilles et E. Desplanque, *L'Enseignement élémentaire en Roussillon* (dans *Société agr. scient. et litt. des Pyrénées Orientales*, 1895) ; et surtout Brun, *Thèse complre*, 2e partie. Cf. Torreilles, *Le Collège de Perpignan* dans *Bull. Soc. Pyr. Or.*, 1893 ; *La diffusion du français à Perpignan*, Perp., 1914.

2. On trouvera tous les détails nécessaires sur les premières écoles fondées en Roussillon et sur les Origines de l'Université de Perpignan dans Torreilles et Desplanque, *o. c.*, p. 145 et suiv.

3. Torreilles, *La diffusion du français à Perpignan*, p. 5, dans Brun, *o. c.*, 63. Il y a un dossier concernant ces maîtres d'école aux Archives de la guerre, vol. 657 (août 1681) ; cf. vol. 659.

La fréquentation de ces écoles était obligatoire. Il était stipulé qu'aucune charge d'honneur, de judicature et magistrature ne serait donnée sans que les aspirants entendissent passablement la langue française. On prévoyait même les mesures destinées à pourvoir les paroisses de maîtres. Le Conseil souverain, par arrêt du 12 janvier 1682, étendit ces mesures scolaires à toute la province. On se proposait d'apprendre aux enfants « la langue françoise, la doctrine chrestienne, à lire et escrire, l'arithmétique et les principes de la langue latine »[1].

Ce qui est remarquable, ce sont les sanctions prévues. L'arrêt faisait défense de recevoir dans les collèges, au corps des notaires, procureurs, chirurgiens, apothicaires « à moins qu'ils n'aient fait apparaître par de bons certificats de quelqu'un des regents desdites escolles qu'ils parlent, entendent et écrivent suffisamment la langue françoise ». Mais l'intervention active de l'autorité ecclésiastique montre assez de quoi il s'agissait. L'école devait catéchiser. C'est à partir de la Réforme que, là comme ailleurs, les évêques avaient insisté sur l'instruction des enfants. On leur prescrivit de fréquenter l'école le dimanche aux heures de loisir. Là se faisait l' « ensenyança de la doctrina christiana ». Après la Révocation, on redoubla de zèle, avec l'appui de la Royauté conquérante[2].

Ce fut du reste un feu de paille : Malgré le bon vouloir des intendants, l'école royale s'établit péniblement et déclina fort vite. Alors qu'en 1682, disent MM. Torreilles et Desplanque[3], le sieur Philip, d'origine et d'éducation françaises, donnait un reçu en français pour la somme de 50 francs qu'on lui avait payée comme régent de l'école royale à Vinça, en 1685, le nouveau maître, tout en se déclarant « preceptor de la escola royale » rédigeait son reçu en catalan. Peu après, un troisième maître ne s'intitule plus que « mestre de grammatica ».

Bientôt, dans le Roussillon, disparaissent peu à peu les écoles royales. Les guerres de la fin du xviie et du commencement du xviiie siècle en furent une des causes. Créées pour la francisation du pays, ces écoles ne préoccupèrent plus l'attention du pouvoir royal, du jour où l'annexion fut à peu près acceptée. En 1710, dans son *Mémoire de la Généralité de Perpignan ou province de Roussillon dressé par ordre de Mgr le duc de Bourgogne*, l'intendant, M. d'Albaret, n'a même pas cru devoir parler de l'école royale, parmi les six moyens qu'il indique pour la francisation de cette province (Torr. et Despl., o. c., 253, note 2).

1. Torreilles et Despl., *Enseign. en Roussill.*, p. 247.
2. Torreilles et Despl., o. c., 170-171.
3. O. c., 252.

LE FRANÇAIS ET LES ACTES. — Néanmoins, en février 1700, l'administration avait cru pouvoir étendre au Roussillon, au Conflans et à
la Cerdagne les prescriptions de l'ordonnance de Villers-Cotterets
par des considérants qui ne manquent pas d'intérêt : « les Procédures
es Justices subalternes desdits Païs, les Délibérations des Magistrats
des Villes, les Actes des Notaires et autres actes publics ont continué
à y être couchés en Langue Catalane, par un usage que l'habitude
seule a autorisé. Mais comme outre que cet usage répugne et est en
quelque façon contraire à Notre Autorité, à l'honneur de la Nation
Françoise et même à l'inclination des habitans desdits Païs, lesquels
en toutes occasions ne témoignent pas moins de zèle et d'affection
pour notre service que nos anciens Sujets : Ils en recoivent d'ailleurs
beaucoup de préjudice, en ce que pour faire instruire leurs enfans
dans ladite Langue Catalane et les rendre par là capables d'exercer
les Charges de Judicature et de Magistrature, ils se trouvent obligés
de les envoyer etudier dans les Villes de la domination d'Espagne,
ce qui leur cause de grands frais » (Lu et publié... 2 avril 1700).

La protestation des consuls fut énergique. Elle se fondait sur
l'état d'ignorance qui rendait impossible l'application de semblables
mesures : Il y a, disaient-ils, « des nottaires françois et catalans,
personnes d'un tres grand merite, tres scavants ...il n'y a qui sont
deya advancés en age qui leur seroit impossible de faire les actes en
langue françoise... dans les grandes villes, les habitants ou particuliers les plus principaux scavent mediocrement la langue françoise ;
dans les petits villages et en particulier à la montagne... les habitants
sont si ignorans a la langue françoise sens la sçavoir parler, et sont
fort peu qui l'entendent... ». Les curés et les notaires qui les aident
« ne scavent non plus la langue françoise... ». Quant aux témoins
dans les enquêtes et les procès, « il leur serait presque impossible
de déposer sur un article conceu en langue françoise »[1].

On trouvera, dans l'ouvrage cité, la preuve que les magistrats,
les municipalités, et les curés ne s'inclinèrent que lentement. Le
chapitre se termine ainsi : « le premiers tiers du XVIIIe siècle est
caractérisé par une survivance inattendue de l'idiome ; le second, par
l'extension du français, le dernier, par le déclin graduel du catalan ;
en 1790, le catalan s'écrit encore, mais le français tend à s'employer
universellement. Il a donc fallu plus de cent ans pour que l'édit
royal développe toutes ses conséquences »[2].

1. Brun, *L. fr. en B. et R.*, p. 72, d'après Torreilles, *Diffusion*, p. 13. L'intendant
de St-Sauveur fait allusion à ces mesures : « on y testoit, on y prêchoit en catalan,
dit-il, mais une déclaration du Roi l'a prohibé » (Compte de l'Administrat. de
M. Raymond de S. S., 1790, p. 56).
2. Brun, *Ib.*, p. 79.

INFLUENCE DE CES MESURES. ENSEIGNEMENT. ÉCOLES DE FRANÇAIS. —
Les mesures prises par l'autorité royale eurent cependant un effet
indirect. Elles ne contribuèrent pas peu à faire comprendre aux
habitants qu'il était nécessaire d'apprendre aux enfants le français,
non seulement pour se mettre en rapport avec le gouvernement,
mais encore pour beaucoup d'actes de la vie sociale, affaires de vente,
contrats de mariage, testaments, etc... On a cité des délibérations
de communes relatives au développement de l'instruction publique.
La plupart n'ont aucune importance pour la question qui nous
occupe, elles ne spécifient pas que l'on désire l'enseignement du
français[1]. Il s'en trouve pourtant quelques-unes de significatives. On
lit dans les délibérations d'une commune, à la date du 24 avril 1750 :
« Il a été décidé par la plus grande partie de chercher un prêtre
d'âmes, qu'il sasche enseigner aux enfans en françès »[2].

L'enseignement des jeunes filles resta longtemps tout à fait
négligé. En 1690, à Perpignan même, dans les quartiers populaires,
il y avait dix-neuf hommes sur cent capables de signer leur nom.
Pas une femme[3]. Cette déplorable situation ne changea que fort lentement, surtout dans les campagnes. Cependant, après les sœurs de
Sainte-Catherine, qui ont peut-être enseigné dès le xviie siècle,
vinrent les sœurs dites Enseignantes dont l'établissement fit pendant
au collège des Jésuites réorganisé (1663). Au xviiie siècle, les Bénédictines, comme les Bénédictins, et avec de meilleures raisons
encore, décidèrent de donner leurs soins à l'enseignement du
français.

Leur mémoire justificatif de 1723, montre la nécessité « d'établir
un couvent de cest ordre pour apprendre au sexe les practiques et
de piété et la langue française, à quoy ses religieuses devoient s'oc-

---

1. « On peut saisir la trace de ce mouvement des idées dans les considérants invo-
qués par les délibérations communales... « Le précepteur étant une chose utile au public,
comme aussi pour l'église, pour aider aux offices divins », disent en 1718 les habitants
de la petite paroisse d'Oms. Et ceux de la commune importante de Thuir, en 1723 :
« Plusieurs laissent de faire aller leurs enfants à l'escole, et pour raison de ce, plusieurs
de ces enfants sont, j'oserois dire, à danger de leur perdition, à cause de n'estre appris
de la sorte qu'ils le seraient s'ils alloient à l'escolle » (Torr. et Despl., L'Enseign. élém.
en Roussillon. p. 254).
Les habitants de Prades, en 1769, ceux de Rivesaltes, en 1753, font des déclarations
à peu près semblables. Enfin, voici ce que disaient ceux de Villefranche, en 1777,
quand ils n'eurent plus de régent : « L'idée qu'on se fait que dans dix ans d'icy il n'y
ait aucun enfant dans Villefranche qui sache ni lire ni écrire présente un aspect affreux
et menace cette ville d'une dépopulation générale » (Id., Ib., 255).
2. Torr. et Despl., L'Enseign. élém. en Roussillon, 261.
3. « L'influence de la profession est aussi sensible quand on examine l'instruction
des femmes. Beaucoup de nobles, de bourgeois honorés, de docteurs, ne font pas instruire leurs filles : c'est qu'à la différence de leurs pères, cela leur est bien inutile.
Dans la classe moyenne... 12 % ne sont pas complètement illettrées. Mais dans la
classe des artisans supérieurs... on trouve 26 % de signatures féminines, parce que dans
un petit commerce il est bon que la patronne sache lire et écrire » (Id., Ib., 242).

cuper mieux que toute autre personne, puisque leur institut les oblige principalement à ce devoir ». A côté de leur personnel payant, les religieuses Enseignantes eurent du reste une école gratuite pour les filles[1]. Un mémoire de 1727, adressé au Roi par les Bénédictines venues de Béziers, constate « que jusques au menu peuble y envoye leurs filles par le désir empressé que l'on a pour apprendre la langue ; pour rayson de quoy quatre régentes sont continuellement occupées à quatre classes différentes... La langue française... y est parlée dans toute sa pureté et depuis les grands jusqu'aux plus petits tout le monde s'y applique avec attention »[2].

Les sœurs de Sainte-Catherine, de leur côté, adressent un mémoire qui sent la concurrence, mais dont les allégations doivent pourtant reposer sur des faits : « A la vérité il y a dans Perpignan un couvent de religieuses enseignantes où l'on enseigne gratuitement et sans frais les jeunes filles. Mais comme non seulement dans la ville de Perpignan mais encore dans toute la province tout le monde s'empresse à faire ellever les jeunes filles et leur enseigner les mœurs et la langue françoise, le couvent des enseignantes ne scauroit... fournir à l'éducation de la jeunesse, tant le monde est empressé de faire elever leurs filles. Cella fait donc que plusieurs personnes non seulement du commun mais encore d'un rang et d'un caractère relevé, envoyent leurs filles au dit couvent de Sainte-Catherine pour y prendre leur éducation. Aussi peut-on avancer sans rien hazarder que la civilité y est pratiquée en son entier et la langue française parlée dans toute sa puretté, à l'admiration du public. Il y a dans Perpignan un couvent de chanoinesses où on ne rescoit que les filles des nobles et gentilshommes, mais cependant à la veue des progrès que l'on fait dans ce couvent de Sainte-Catherine plusieurs filles de gentilshommes et de la première noblesse ont préféré ce couvent à celui de Saint-Sauveur » (Torr. et Despl., *o. c.*, 260, n. 1). Cette rivalité ne pouvait avoir que des effets heureux, et les résultats durent se faire sentir une dizaine d'années après, quand les jeunes filles devinrent épouses et mères.

Mais l'empressement ne paraît pas avoir été le même dans la classe populaire ; les écoles manquaient comme partout[3]. En outre

---

1. Voir *Mémoire pour les Dames religieuses de l'ordre de Saint-Benoît*, de l'année 1723, dans Torreilles et Despl., *o. c.*, 251 et 259.

2. Torr. et Despl., *L'Enseign. élém. en Roussillon*, 259-260.

3. D'après les budgets communaux de 1772, sur 54 villages du Roussillon et Vallespir ayant des revenus, 36 avaient une école de garçons, dans le « Conflent » il y avait 10 écoles pour 33 villages. En dehors de Perpignan, à cette même époque, 3 écoles publiques de filles seulement (Torr. et Despl., *o. c.*, 255-256).

En 1772, en Roussillon et Vallespir, il y a 44 écoles pour 125 communes, et pour les 64 communes du Conflent, il y en a 13 (*Id.*, *Ib.*, p. 280).

elles n'avaient que des maîtres misérables et souvent dépourvus de capacité[1]. A Thuir, en 1763, on déplore « qu'il n'ait pas été possible jusqu'ici de trouver un sujet en état de donner les premiers documents à la jeunesse... les jeunes gens sucent le mauvais accent d'un précepteur qui n'a nul usage de la langue françoise »[2]. De même à Vinça. D'autre part ne recherchaient un semblant d'éducation que ceux qui désiraient élever leurs enfants au dessus des professions manuelles.

N'est-ce pas par là que s'explique le souci qui se révèle un peu partout en Roussillon, que l'école enseigne le latin ?[3] Les consuls de Thuir et de Céret, en plein xviiiᵉ siècle, décrètent que le régent de grammaire ne peut admettre à sa classe que des garçons du village possédant déjà les éléments du latin : déclinaisons, verbes, etc., jusqu'aux concordances. En 1780 M. de St-Sauveur, intendant du Roussillon essaya de réagir, mais sans gagner le public à ses vues. Le cahier du Tiers-Etat ne renferme qu'un vœu, le suivant : « Que les régents des villes et des communautés de campagne puissent y enseigner le latin »[4].

RÉSULTATS. — Pour conclure, malgré quelques progrès, la situation de la langue française en Roussillon ne s'était que peu améliorée lorsque survint la Révolution. « Les bourgeois ou laboureurs du

1. Les maîtres qui donnaient, dans le Roussillon, l'enseignement privé, étaient pauvres et humbles, car ils payaient très peu d'impôts ; le taux de leur capitation était de 33 livres en 1740, à Perpignan, et de 16 livres en 1788, et encore étaient-ils onze à se répartir cette somme. Très probablement ils faisaient la classe dans leurs pauvres logis, et plus d'un, sans doute, enseignait dans le cellier de sa maison, entre les poules et le porc, comme tel maître du Thuir du xviiiᵉ siècle. Ils cherchaient volontiers à augmenter leurs ressources par des travaux accessoires, se faisant peseurs ou crieurs publics, cumulant d'autres petits métiers dont cent font une misère (Torreilles et Desplanque, L'Enseign. élém. en Roussillon, 180-182).
2. Le but de cet enseignement était trop spécial, allaient à l'école communale ceux qui avaient besoin de savoir le latin pour arriver ensuite à l'Université, et prendre une profession lettrée : le sacerdoce, le droit, la médecine, la pharmacie. Parmi les gens riches, quelques-uns envoyaient leurs fils à l'école, pour leur donner un vernis pédantesque ; les artisans dont le métier nécessitait une certaine instruction se servaient de la classe de grammaire pour faire apprendre à lire et à écrire à leurs enfants. En dehors de ces catégories sociales nul ne fréquentait l'école.
En 1691, à Perpignan, sur 672 personnes prises au hasard, la moyenne des lettrés est de 65 %, mais le contingent le plus important est fourni par les nobles, les bourgeois honorés, les docteurs, les notaires, les avocats, les « mercaders », formant les classes privilégiées où tous ont besoin d'écrire. Dans la classe inférieure, les chirurgiens, les apothicaires, les droguistes-épiciers, les orfèvres, il n'y a que 20 % d'illettrés ; cette proportion s'élève rapidement chez les autres artisans, boutiquiers, perruquiers, etc., pour augmenter encore chez les gens « d'état » comme les boulangers, les bouchers, les maçons, etc., où l'on trouve plus de 60 % d'illettrés. L'ignorance devient totale chez les journaliers, briquetiers ou jardiniers (Torreilles et Desplanque, L'Enseign. élém en Roussillon, 240-242).
3. Torreilles, Enseign. en Roussillon, 17. Voir p. 238.
4. Torr. et Despl., o. c., 275 et Torreilles, Enseig. en Roussillon, 4-5.

Roussillon parlent et entendent peu la langue françoise, ne se servant d'habitude que du catalan », dira en 1790, M. Raymond de Sᵗ-Sauveur, intendant[1]. A Perpignan même, l'esprit français commençait seulement à pénétrer par le théâtre et la vie de société[2]. La ville avait ses « Affiches » comme les autres (1776). Mais dans l'ensemble, le pays continuait encore à dépendre de Barcelone. Outre qu'il restait fortement particulariste[3], les vieux liens traditionnels avec les frères d'outremonts restaient très forts. Les visiteurs étrangers en avaient nettement l'impression : « dans le fait, dit A. Young, le Roussillon est une partie de l'Espagne ; les habitans sont Espagnols de langage et de mœurs » (*Voy.*, I, 79).

Après ce témoignage, on est moins porté à croire que Baretti exagère quand il dit de Perpignan même : « Le langage de Roussillon est tout aussi difficile à entendre que le Catalan ; nous n'avons trouvé personne à l'hôtellerie de Perpignan qui sçût le François ou l'Espagnol »[4]. Le comte de Vaudreuil conclut plaisamment : « Il faut convenir qu'ils (les Rousillonnais) aimeraient encore bien plus le Roi, s'il parlait catalan. Il n'y a rien qui puisse complètement remplacer à leurs yeux ce mérite, dernier sceau de la civilisation »[5].

---

1. Compte de l'Administr., p. 164.
2. Torreilles, *Coll. de Perpignan*, I, 88.
3. Lors de l'édit de juin 1787, la noblesse du Roussillon rappelle les droits des Catalans à être seuls investis, en cette province, des fonctions ecclésiastiques, militaires et judiciaires (Ch. Berlet, o. c., p. 111).
4. *O. c.*, IV, 117.
5. *Promen. de Paris à Bagnères de Luchon*, p. 201.

CHAPITRE III

CORSE [1]

LES ACTES OFFICIELS. — Au lendemain de la conquête, l'Administration française prescrivit, selon tous les précédents, que les actes fussent rédigés et écrits en français. Simple manifestation, en Corse comme ailleurs. En fait, il en fut presque toujours autrement, et il faut reconnaître que le bon sens imposait ces concessions, sans lesquelles la vie eût été impossible dans un pays où les gens sachant le français se comptaient.

Il y eut un code corse en deux langues, et du haut en bas on recourut à des interprètes [2].

PROJETS D'ÉCOLES. — On eût pu croire au moins que des mesures seraient prises pour modifier dans l'avenir une situation et des pratiques si incommodes. Le peuple corse était prompt d'esprit, avide de savoir, il offrait tous les éléments nécessaires pour recruter des fonctionnaires instruits de la langue des nouveaux maîtres. On eut quelques velléités de profiter de ces dispositions. Le 4 février 1769, le Conseil supérieur s'occupa de l'instruction publique, et décida que le Roi serait supplié de former à Bastia un établissement d'écoles publiques, composé de quatre classes, dont une pour la langue française. Un an après le roi donna satisfaction à cette demande, et des lettres patentes du 26 février 1770 portèrent règlement du collège de Bastia. Lorsque s'ouvrirent les États de 1772, le 26 novembre, un nouveau plan fut proposé, plus vaste. Une Univer-

---

1. Voir Louis Villat, *La Corse de 1768 à 1789*, Paris, 1925, ch. XI. L'auteur, par une complaisance dont je me fais un devoir de le remercier, a bien voulu me permettre de prendre connaissance de sa thèse autrement qu'en qualité de doyen et d'extraire des chapitres qui concernent mon sujet tous les renseignements qui pourraient être à ma convenance. Voir aussi C. Schuver, *Quelques mots sur l'instruction primaire en Corse avant et depuis 1789*, Corte, 1880.

2. « L'intendant de l'Ile de Corse a dans ses bureaux un secrétaire interprète, qui est provisionné par le roi. C'est un des deux qui ont été créés par l'édit de juin 1768. Dans le principe il était comme son collègue à la suite du Conseil Supérieur de Bastia, mais les lettres patentes du 6 Mai 1773 l'ont attaché à l'intendance » (Guyot et Merlin, *Traité des droits attachés à chaque office*, 1787, art. Intendant).

sité devait être créée, comprenant quatre collèges placés aux points principaux de l'île; dans chacun il y aurait un professeur de français.

On vit même se dessiner le plan général d'un enseignement public qui aurait mis les maîtres à même de pouvoir enseigner la lecture, l'écriture, l'arithmétique, le français « devenu nécessaire ».

Mais cela n'aboutit pas. D'abord, en Corse comme ailleurs, la monarchie n'eut jamais en matière d'enseignement que des velléités. Ses agents, les intendants, ne se passionnaient pas pour cet objet, loin de là. Ceux de Corse étaient, comme leurs collègues du continent, portés à craindre que « le labourage » ne souffrît du progrès des « lumières ». Se trouvant en présence d'un peuple curieux et d'esprit ouvert, ils considéraient qu'il était non seulement inutile, mais dangereux, de lui frayer les chemins qui menaient à certaines carrières. « Il serait prudent, écrit Souiris à Boucheporn, d'arrêter en Corse plus que partout ailleurs une instruction trop répandue ».

Il faut ajouter une raison toute particulière. Les écoles, en se multipliant, allaient augmenter encore l'importance des ordres religieux. Tout en comptant sur les évêques, on avertit les communes de se garder de mettre tout leur argent aux mains des moines. Les franciscains avaient opposé « un refus constant » à l'ouverture d'écoles de français[1].

Bref, il sembla suffisant d'agir sur une petite élite qui exercerait ensuite son influence sur le reste de la population. Je ne vois vraiment qu'une mesure qui fût de nature à faire pénétrer largement le français, c'est celle qui ordonna de rédiger un catéchisme bilingue (États de 1777, 30 mai, p. 167). L'évêque de Nebbio étant entré dans ces vues, l'opuscule fut composé, imprimé aux frais du roi, et dès 1781, 20 000 exemplaires en étaient distribués. C'était là un acte de conséquence, si les intentions qui l'avaient fait décider avaient été comprises et suivies. Mais de ceci nous ne savons rien. Or tout dépend de l'usage qui fut fait de la « dottrinella ». Si les curés et les maîtres d'écoles enseignaient en suivant le texte de la colonne italienne, le français qui était à côté se trouvait à peu près dans la position du latin des livres de prière, ou même dans une position moins avantageuse. Il attestait son existence, et voilà tout.

ENVOI DE JEUNES GENS EN FRANCE. — Quant à la francisation de cette élite à laquelle on se restreignait, les dispositions qu'on prit n'étaient pas de nature à porter bien loin leurs effets. Pommereul eût voulu des décisions radicales. Il proposait que la France interdît de faire des études hors de Corse — ce qui voulait dire en Italie —

1. Voir Abbé Gaudin, *Voy. en Corse*, 76-77.

et d'autre part qu'on s'abstint de créer une Université dans l'île. De la sorte les indigènes seraient forcés d'aller en France. On y créerait à leur usage une Académie corse, où les États entretiendraient des jeunes gens « enfants de la patrie », destinés à devenir plus tard les magistrats, les médecins, les officiers, les prêtres, ou même les évêques du pays, qui pourraient aussi prétendre à suivre leur carrière en France. De la sorte le bénéfice de la réunion serait complet, et la fusion rapide. Ce projet ne fut pas adopté. Au lieu de centraliser les Corses dans un seul établissement français, on préféra les répartir dans des maisons différentes, particulièrement dans les Écoles militaires dont nous avons parlé. Mais ce système, qui pouvait se défendre, ne donna que peu de résultats, parce que l'on agit avec une extrême parcimonie. Les demandes étaient nombreuses, les admissions furent rares. Parmi les requêtes agréées, il en est cependant une qui compta, celle de M. de Buonaparte, qui représenta quelle était la modicité de ses ressources, et qui obtint ainsi que son fils Napoléon fût admis à l'École de Brienne.

Plus tard, pour qu'un enfant fût autorisé à bénéficier de cette faveur, on posa en règle qu'il devait connaître les éléments du français, le parler assez pour comprendre ses professeurs et se faire entendre d'eux, l'écrire suffisamment pour prendre des notes. Exigence théorique du reste, puisque — en hypothèse — on ajoutait que néanmoins on ne refuserait pas ceux qui ne pourraient satisfaire à cette exigence. En tout cas, au temps où Napoléon Buonaparte fut candidat, cette condition ne lui fut pas imposée, il eût été fort empêché de la remplir.

On nous excusera d'insister un moment sur ce fait, qui eut sur les destinées de la langue française une influence peut-être plus forte qu'on ne pense. Le français n'était pas la langue maternelle du futur empereur ; il ne l'apprit même pas dans son enfance en Corse. C'est à Autun, où il arriva en 1779, qu'il devait s'y mettre. Nous avons là-dessus des précisions qui ne laissent rien à désirer : « Je ne l'ai eu que trois mois, dit l'abbé Chardon : pendant ces trois mois, il a appris le français de manière à faire librement la conversation et même de petits thèmes et de petites versions. Au bout de trois mois, je l'embarquai avec un M. de Champeaux pour l'école militaire de Brienne »[1].

1. Voir Fréd. Masson, *Napol. dans sa jeunesse*, Paris, 1909, in-8°, p. 48-51.
« Napoléon est resté à Autun trois mois, dit l'abbé Chardon, Trois mois et vingt jours disent les registres du collège d'Autun » (*Ib.*, p. 50).
« Alexandre Dumas dit avoir eu sous les yeux cette note inscrite par M. Berton, sous-principal, sur le registre du collège : Aujourd'hui 23 Avril 1779, Napoléon de Buo-

La réussite ultérieure du plus illustre des Corses ne doit pas nous faire illusion. A part quelques douzaines de privilégiés, il est hors de doute que la francisation avait à peine commencé alors que survint la Révolution. L'envoi de quelques étudiants dans les séminaires ou les Universités françaises — dont les cours, il ne faut pas l'oublier, se donnaient en latin — ne pouvait en quelques années avoir d'effet bien sérieux. Une Académie, comme la rêvait l'abbé Gaudin, n'eût pas eu plus d'action. Les collèges institués sur place végétèrent ; ils ne concouraient guère à la propagation du français. « On y néglige, tout-à-fait, disent les administrateurs en réponse à l'enquête de 1790-1792, ce qui est utile à la Societé et ce qui peut former des bons citoyens »[1]. Avant 1789 ils avaient disparu, sauf celui d'Ajaccio[2]. Tout restait donc à faire, on le vit bien à la crise qui survint et qui donna tant de préoccupations aux hommes d'État de la Convention.

naparte est entré à l'école militaire de Brienne le Château, à l'âge de neuf ans, huit mois et cinq jours (*Ib.*, p. 51).

1. A. N., F17A 1312A.

2. Dans ces collèges la place avait été du reste singulièrement mesurée au français. On l'étudiait seulement en grammaire mineure et en rhétorique, comme si un profit quelconque pouvait être tiré de notions élémentaires, négligées ensuite pendant presque toute la durée des études.

CHAPITRE IV

BRETAGNE [1]

Coup-d'œil en arrière. — Nous avons dit, au commencement de cette histoire, comment des émigrants Bretons, venus d'outre-Manche par groupes, pendant un siècle et plus, avaient rapporté dans la péninsule Armoricaine leur idiome celtique. Il avait fini par y supplanter le roman. Mais dès le ixe siècle un retour en arrière commença.

Dans le pays de Rennes et de Nantes, les éléments français ne purent être absorbés. La grande invasion normande du xe siècle ayant encore contribué à accroître ces éléments français, les Bretons durent reculer, fuir, ou passer sous le joug. Quand Alain Barbe-Torte, revenu d'Angleterre, eut chassé les Normands, tout un vaste terrain était définitivement perdu pour le breton. « Après avoir dominé, dit M. J. Loth, dans les anciens évêchés de Dol, Saint-Malo, Saint-Brieuc, Tréguier, Léon, Cornouaille, Vannes, sur la côte nantaise, et, à l'intérieur, commencé à franchir dès le viii-ixe siècle la Vilaine même, aux environs de Redon, le breton se trouve, dès le xi-xiie siècle, brusquement rejeté vers l'Ouest et occupe, dès cette époque, à peu près les mêmes positions qu'aujourd'hui » [2].

En effet le retour des chefs bretons, dit M. Le Braz [3], ne ressus-

---

1. L'histoire externe du breton reste à faire ; elle a été esquissée jadis à grands traits par un homme qui ne manquait ni de talent ni de connaissances, mais que son imagination portait trop souvent à arranger la vérité : Hersart de la Villemarqué (Voir en tête du *Dictionnaire français-breton* de Le Gonidec, Saint-Brieuc, 1845). Il arrive trop souvent ou que les faits qu'il cite sont impossibles à retrouver ou qu'il leur a donné une signification qu'ils n'ont pas. Je remercie vivement M. Dottin d'avoir bien voulu me guider dans ces recherches. Les *Annales de Bretagne* que publie la Faculté de Rennes, et auxquelles collabore avec tant de science M. Sée m'ont été d'un précieux secours. L'ouvrage de M. J. Loth, *Les mots latins dans les langues brittoniques* (*Ann. de Bret.*, VI et VII) apporte de précieux renseignements sur l'action exercée dès les temps lointains par le roman sur le celtique.

2. *Chrestom. bret.*, 237. Il y a peut-être quelques restrictions à apporter à cette dernière phrase.

3. *Essai sur l'histoire du théâtre celtique*, Paris, Calm.-Lévy, in-8°. Je me suis beaucoup servi de cette excellente thèse, dont l'auteur a su allier l'amour du sol avec une méthode critique rigoureuse.

cita pas l'antique civilisation bretonne. Le régime de la tribu celtique, du clan, disparut pour faire place au régime du fief. Et, avec
cette organisation sociale d'origine étrangère, pénétrèrent du
dehors d'autres idées et d'autres mœurs. Les seigneurs s'allièrent
avec des familles françaises. Le duc Geoffroi Ier épousa une femme
normande. La grand'mère de Guillaume le Conquérant était bretonne, son tuteur aussi, et lui-même donna sa fille au duc Alain
Fergent. A partir de la conquête de l'Angleterre, à laquelle ils
prirent une part active, les Bretons furent entraînés dans l'orbite
anglo-normande. L'aristocratie devint exclusivement française de
langue et de culture. Les ducs de la race d'Hoël n'entendaient plus
le breton. Le français fut la langue officielle, la langue de l'administration et de la cour[1].

Il y avait des curés étrangers[2]. Il y en avait d'autres, qui, pour
indigènes qu'ils fussent, étaient « sortis ». « D'aucuns comme Saint-
Yves, dit Le Braz, poussaient jusqu'à Orléans. Rentrés chez eux,
ils y devenaient des agents de francisation. Que l'on joigne à cela
les foires, les marchés, les relations commerciales et politiques, les
occasions perpétuelles de rencontres entre gens des deux pays, et
l'on conviendra que la Bretagne était toute française de fait, longtemps avant qu'elle le fût de nom.

« Le breton sans doute ne périt point. Mais il n'eut plus désormais qu'une existence misérable et précaire, analogue à celle du
cornique, son triste frère d'outre-Manche. Les petits hobereaux, le
bas clergé, les marchands des villes furent, avec le menu peuple,
les seuls à le parler couramment »[3].

Il y a, semble-t-il, quelque exagération dans cette affirmation.
Malgré les événements de toutes sortes, guerres, invasions, qui
amenèrent d'une part beaucoup de familles bretonnes à quitter
le pays, et y introduisirent soit des Anglo-normands soit des Français du Maine, de l'Anjou, du Poitou, avec toute une suite, le breton ne fut pas si vite dépossédé. Mais il est constant qu'il manqua
de certains éléments de résistance ; il ne se manifesta pas comme
langue. Abailard, natif des environs de Nantes, disait dédaigneuse-

---

1. Suit un passage emprunté à Dupuy, *Hist. de la réunion de la Bretagne à la France*,
sur lequel il y a bien des réserves à faire, car l'auteur méconnaît, suivant moi, les
usages d'autrefois.
2. On lit dans les Statuts Synodaux de Pierre Pedru, évêque de Tréguier, pour l'an
1431 : « Rectores nonnulli sunt, ut intelleximus, idioma vulgare Britonicum civitatis
Trecor ignorantes » (Dom Morice, *Hist. de Bretagne*, Preuves, col. 1609). Cf. Le Braz,
o. c., 307. Dans le Morbihan, au xvie siècle, en pays breton, les actes de baptême sont
en français. Les prêtres ignoraient-ils le breton ou répugnaient-ils à l'écrire ?
3. *O. c.*, 227-228. La chronique de St-Denis notait le fait : « Icèle gent retient
encor la langue des anciens Bretons, et cette gent sont ore celles qui sont appelées
Bretons bretonnants ».

ment de lui : lingua mihi ignota et turpis (une vilaine langue, que je
ne connais pas). Or, quels que fussent les préjugés latins du célèbre
théologien, il n'étendait pas le même mépris au français, puisqu'il
lui confiait ses sentiments. De fait, quelque surprenante que la chose
puisse paraître, il n'y a point de littérature bretonne ancienne. La
matière de Bretagne, qui a fourni à nos poètes une source inépui-
sable de légendes et le thème de tant d'inventions, qui par eux est
devenue familière à tout le monde occidental, dont le charme n'est
pas encore épuisé, n'a pas inspiré un seul Breton. Ce pays ne
compte pas dans le magnifique jardin de France, où tant de fleurs
diverses se sont épanouies.

C'est à la fin du xvᵉ siècle seulement qu'apparaîtront des textes
de quelque importance, et ils seront d'inspiration toute française.
Ce sont ou des traductions ou des imitations. Pendant ce temps,
l'idiome végétait obscurément, sauvage mais vivace et fortement
enraciné, comme l'ajonc des landes. « Il y a des populations, dit le
biographe de saint Vincent-Ferrier, que les Français appellent *bretons bretonnants* qui, bien que la plupart sachent parler français, ne
veulent user souvent que de leur langue »[1]. Toutefois le français leur
devenait de plus en plus utile, et il se trouva en 1464 un homme
pour leur fournir les moyens de l'apprendre. C'est Jean Lagadeux
auteur du *Catholicon*. Sa compilation ne visait point à fournir un
trésor de l'idiome indigène, mais au contraire un manuel de français « quiæ quamplures Britones, multum indigent gallico ». Ne
recevant point de culture propre, le breton avait pris, même avant
d'entrer dans la vie littéraire, une greffe étrangère[2].

A la même époque l'imprimerie s'installait en Bretagne[3]. Un atelier était monté en Trégorois. Comme ceux de la Bretagne française,
il n'imprima que du latin et du français. Des vingt-deux incunables
sortis des presses bretonnes, il n'y en a qu'un qui soit breton : le
Catholicon dont nous venons de parler. On colporte des livres dans
le pays, ce sont des livres français ; il semble que les gens qui savent
lire ne parlent pas d'autre langue[4].

LA RÉUNION A LA FRANCE. — Or, à la même époque, un événement
gros de conséquences pour l'avenir de la langue bretonne se pro-

1. Bolland., 5 avr., I, 495.
2. Le Braz, *o. c.*, 230, et Loth, *Chrest. bret.*, 237.
3. Lepreux, *Typographia gallica*, t. IV, 1914, art. Bretagne.
4. Voir A. de la Borderie, *L'imprimerie en Bretagne au XVᵉ s.*, p. 99-100 ; on trouve
un curieux document, fragment d'une procédure engagée par un libraire de Nantes
contre un colporteur qui a vendu le contenu de sa balle et ne paie pas ; les livres français se vendaient donc.

duisit : le mariage d'Anne de Bretagne avec Charles VIII de France, et ensuite avec Louis XII. Sans doute Anne n'en resta pas moins « vraye duchesse ». Elle eut son gouvernement, sa cour, sa garde, et... sa politique. Elle se rapprocha même de l'Autriche. Rien ne pouvait abolir le fait accompli. La Bretagne était réunie à la France. Le 15 août 1532, François Ier signait le contrat solennel d'union. Et déjà Henri II traitait le duché comme partie intégrante du royaume. Quelques privilèges administratifs et fiscaux de plus ou de moins n'y changeaient rien. Le pays entrait dans la monarchie française.

Toutefois nulle part en France l'entêtement traditionaliste n'est aussi vigoureux qu'en Bretagne. Il semble que la nature même du sol ne soit pas étrangère à ce caractère des gens qui l'habitent. Les usages, les croyances, les costumes s'y perpétuent avec une fidélité inébranlable. Le langage, où se reflète l'esprit de la race, était destiné à se conserver, même dans les conditions difficiles qui lui étaient faites.

LE THÉÂTRE BRETON. — Au XVIe siècle, en pleine Renaissance, la Bretagne — dont le retard s'explique — s'éprit des Mystères français qui venaient de lui être révélés, juste quand on achevait ailleurs de s'en détourner. La mise en action de ces scènes d'Histoire Sainte complétait sa vie dévote. Un théâtre breton naquit. Le premier mystère est la Passion, de 1530. Il n'y a aucun doute sur les origines de ce théâtre, il est tout français. L'idée, les sujets, tout vint du pays gallo. Mais peu importe. Désormais des représentations périodiques eurent lieu, chères aux foules, comme les pardons et les pèlerinages. Quelle que fût la valeur littéraire des pièces, quelque adultéré que pût en être le langage, ce théâtre apportait à l'idiome une force singulière[1].

Mais dès 1565, un arrêt du Parlement de Rennes, qui selon toute vraisemblance n'est pas le premier, prétendit mettre fin aux représentations[2]. Il n'y avait là, quoiqu'on en ait dit, aucun dessein de s'opposer à ce qu'on cultivât sous cette forme le breton. L'arrêt n'en souffle mot. Il s'agissait simplement d'étendre à la Bretagne la loi de Paris. On se proposait « d'éviter aux inconvéniens qui peuvent avenir de telles assemblées de jeux tant en ceste ville que paroisses circonvoisines ». Ce fût en vain. De 1565 à 1600, les prohibitions se succédèrent, 12 avril 1570, 28 août 1577, 10 juillet

1. On trouvera dans le livre de M. Le Braz tous les renseignements désirables sur cette histoire. P. 189, liste chronologique des Mystères imprimés.
2. Reg. secrets du Parl. de Bretagne, XXIII, fo 6, r., dans Le Braz, o. c., 493.

1598. Elles procédaient des mêmes idées de police, elles n'eurent pas plus d'effet. Pour quelques beuveries excessives, et quelques faiblesses de filles succombant au retour, le long des chemins, les Bretons n'étaient pas disposés à abandonner un plaisir si plein d'émotions, et qui parlait à leur âme.

Les Missions du XVIIᵉ siècle. — Ce qui vint retarder réellement la francisation, ce furent les grandes missions du XVIIᵉ siècle. Le premier missionnaire fut Michel Le Nobletz. Il était né le 29 septembre 1577, au château de Kerodern (paroisse de Plougerneau, diocèse de Léon)[1].

Dans les récits que nous avons de sa vie d'apôtre, il n'est à peu près rien dit de l'usage qu'il fit de la langue des paysans, mais tous les détails rapportés sur ses séjours au milieu d'eux, ses conversations intimes, supposent qu'il parlait breton avec les pêcheurs ou les laboureurs. Et ses disciples, hommes ou femmes, faisaient comme lui. Nous savons même que l'évangéliste blâmait les ecclésiastiques qui pour une cause quelconque négligeaient d'apprendre l'idiome de leurs ouailles. Si saint Vincent-Ferrier avait eu le « don passif » des langues, de sorte que Bretons ou Français, tous ses auditeurs comprenaient son catalan, le Nobletz estimait qu'il valait mieux ne pas compter sur ce miracle[2].

Avec le P. Maunoir — qui était pourtant de Haute-Bretagne, et dont le français était la langue maternelle — l'attitude favorable envers la langue bretonne se change en un vrai culte. Il ne s'agit pas seulement de l'adopter par commodité et pour les besoins de la propagande. Cet idiome a des qualités intrinsèques. Il est un des 72 que Dieu donna aux enfants de Noé, il a plus encore que la gloire et l'antiquité, il possède une vertu propre. Dans son mysticisme, Maunoir ne sépare pas la foi des Bretons de leur langage. Le Jésuite ici sent et pense comme un Juif ancien. S'adressant à Saint Corentin, il s'écrie : « C'a esté la faueur de la Langue Armorique, o grand Sainct, que vous auez planté la foy dans la Cornoüaille auec des benedictions du ciel tres speciales, et qui donnent vne veneration a l'idiome dont vous vous estes seruy... Il y a treize siecles qu'aucune espece d'infidelité n'a souillé la langue, qui vous a seruy d'organe pour prescher Jesus-Christ, et il est a naistre qui ayt veu vn Breton Bretonnant prescher autre Religion que la Catholique. Les

1. Voir la *Vie de Michel le Nobletz de Kerodern* (B. N., LL²⁷, 12268ᴬ), et Lobineau, *Vie des Saints de Bretagne*, Paris, 1756, 2 in-f°, IV, 123 et suiv. (Abrégé de la précédente).
2. Voir Dom Lobineau, o. c., 219 : Le Nobletz « gagna... le recteur de Ploumoguer et lui persuada d'apprendre la langue bretonne qu'il ignorait ».

Eueschez qui ont tenu bon a l'idiome que vous auez honoré de vostre bouche sacrée, ont les mesmes auantages et faueurs, ausquelles aucune autre nation ne peut pretendre... regardez d'vn œil fauorable le zele de plusieurs Prelats, Recteurs, Ecclesiastiques tant reguliers que seculiers qui veulent parler le langage que vous auez parlé pour maintenir la foy et les enseignements que vous auez laissé »[1].

Il semble presque s'excuser de n'avoir pas parlé breton de naissance et présente le livre qu'il donne comme une sorte de réparation, une œuvre de pénitence. Aussi espère-t-il que Dieu le bénira, et que lui-même pourra être béni dans cette langue, jusqu'à la fin du monde. C'est la prière qu'il adresse aux sept saints de Bretagne, en implorant leur assistance[2].

L'évêque de Cornouaille, René du Louet, malgré ses quatre-vingts ans, était à la tête — ou à la suite — du mouvement[3]. Maunoir ne s'est pas contenté d'invoquer les patrons du pays ou de montrer l'exemple. Il s'est mis à l'œuvre pour fournir aux régents et ecclésiastiques de tous ordres les manuels nécessaires[4].

Trouvant, dit-il, que « plusieurs, qui ont charge d'ames... ne sçavent la langue de leurs oüailles, ce qui est cause qu'ils ne peuuent

1. « Considerant donc, Grand Apostre, que par une prouidence speciale de Dieu ie me trouve dans vn lieu qui a tousiours tenu bon au langage que vous auez parlé, et a la foy que vous avez planté (sic), ie me suis obligé de donner au public quelques instructions, pour conserver l'un et l'autre, et ce [d'autant] plus volontiers que par vostre assistance, i'ay eu le bon-heur d'aprendre cet idiome si necessaire parmy vos brebis » (Sacré College de Jesus, Ep. dédic. à St-Corentin, p. 3-5).
2. Ib., De l'excel. de la l. Armorique, p. 16.
3. Maunoir, dans une Epître en tête de son Catéchisme, lui présente avec confiance son travail comme à un chef dont il est sûr d'être approuvé. « Comme vous les avez énoncé (les documents du souverain Pasteur) en mesme langage qu'ils furent prononcez par le Glorieux Saint Corentin... j'ay jugé à propos de les coucher en mesme jdiome pour le bien du simple peuple Armorique, et pour faciliter l'entrée de cette academie du Verbe Incarné a plusieurs Recteurs Ecclesiastiques et personnes, qui desireroient y entrer, pour cooperer avec le Fils de Dieu a l'instruction du simple peuple, j'ay fabriqué trois clefs... c'est a sçauoir un Dictionnaire, et Gramaire, et syntaxe Armorique » (Ib., p. 7).
4. Il en existait déjà : Dictionnaire et colloques fr.-breton divisez· en trois parties par Guil. Quiquier de Roscoff, Morlaix, 1633, in-12. Id., Saint-Brieuc, in-24. Quiquier avait commencé par ajouter le breton au Nomenclator Junii Medici.
Tanguy Guégen, curé de Plouguerneau, écrit en breton. Il mêle de quelques noëls français son Recueil de noëls anciens et dévots en breton (Quimper-Corentin, 1650).
On nous dit que le P. Thomas travaillait à un dictionnaire breton en 1636. Devait-il contenir le français ? En tous cas il ne semble pas avoir paru (Voir Dubuisson-Aubenay, Itinéraire de Bretagne en 1636, Arch. de Bret., 1898, t. IX, I, 179).
Sur les ouvrages du P. Maunoir, cf. Sommervogel, B. de la Cie de Jésus, V, 753.
L'ouvrage le plus intéressant pour nous est : Le Sacré College de Jesus divisé en cinq classes, ou l'on enseigne en langue Armorique les leçons Chrestiennes avec les 3 clefs pour y entrer, un Dictionaire, une Grammaire et Syntaxe en même langue (Quimper-Corentin, Hardouyn, 1659, B. N., Rés. D., 14606).
L'auteur a fait paraître les chants religieux de Michel Le Nobletz, dont il a écrit la vie. Enfin il a donné un Traité breton de la Doctrine chrétienne, suivi d'un Dictionnaire et d'une grammaire (Quimper-Corentin, Hardouyn, 1659).

les entendre, ni leur parler... que plusieurs quoy que sçauans et vertueux, ayans intermis l'usage de la langue maternelle hors leur païs natal pendant le cours de leurs estudes, ont oublié vne partie des mots propres de l'idiome Armorique, ce qui est cause que dans leurs Catechismes et predications ils se seruent de plusieurs mots François auec la terminaison Bretonne, qui ne sont entendus de la pluspart des auditeurs. Ces difficultez a l'egard de ceux, qui ne sçauent l'idiome du païs auec la perfection qui est requise, m'ont porté à composer une Grammaire et Syntaxe Armorique... un ample dictionnaire ou ils trouueront tous les mots necessaires pour composer un Sermon en cet idiome »[1]. Les connaissances de Maunoir, au dire des spécialistes, n'étaient pas à la hauteur de son enthousiasme. Les chants de Nobletz fourmillaient de même de mots français. Mais cela n'avait aucune importance. Il s'agissait de sauver l'idiome, non de le garder inaltéré.

On pense quel écho ces prédications ardentes éveillèrent dans la contrée. Maunoir eut toute une lignée de successeurs : le P. Vincent Marzin, le P. Delrio, le P. de Lannion des Frères Prêcheurs, qui fit imprimer ses sermons en 1692. Dans le clergé breton, l'impulsion donnée ne s'arrêta jamais. En 1732, le P. Grégoire de Rostrenen donnait un *Dictionnaire français-celtique*[2] et une *Grammaire* en 1738. « J'ignore une infinité de mots bretons », avoue-t-il, mais son zèle l'a poussé. Lui aussi, ayant été missionnaire, s'est rendu compte « du langage qu'il fallait tenir au peuple ». Il a appris pour prêcher. Il travaille pour ceux qui veulent prêcher et confesser[3]. En 1752 c'est le tour de Don Le Pelletier (bénédictin de St Maur) de publier un *Dictionnaire breton-français*. Mais celui-là est un livre de recherches[4].

1. *Ib., Aux missionnaires, recteurs, et autres personnes zelées,* p. 18.
Suivant de la Villemarqué, Maunoir aurait créé deux collèges, l'un à Morlaix, l'autre à Quimper, où le breton aurait été enseigné. Le fait est absolument faux. Le collège de Quimper est antérieur et son programme est celui de tous les établissements des Jésuites. Aucune place n'y était faite au breton. Voir Fierville, *Hist. du Coll. de Quimper,* Paris, 1864, in-8°.
2. Rennes, Jules Vatar, in-4°.
3. *Dictionnaire,* à la suite de la Liste des Auteurs.
Grégoire signale : *Le Diction. fr.-breton* du Diocèse de Vannes, imprimé à Vannes, Jacq. de-Heuqueville en 1723.
Grégoire a eu aussi connaissance de deux dictionnaires manuscrits, l'un du Recolet Christofle Huchet, de Quimper, l'autre de Robert Harinquin, de Motreff près de Carhaix.
4. Il est surtout destiné à conserver la pureté de la langue. Aucun manifeste, ni pour ni contre l'une des deux langues ne l'accompagne. Si l'auteur a une préférence, il ne l'exprime pas.
Il est à noter qu'un Celtomane comme Bullet, qui travaille du reste à Besançon, ne paraît en rien s'intéresser aux destinées du celtique vivant (Voir *Mem. sur la l. celt.,* 1754-1760).

Il n'y a point à s'étonner que les chercheurs de nos jours aient découvert dans les Inventaires des curés des livres bretons en abondance[1], ni qu'on ait retrouvé récemment dans les Archives du Finistère quarante-neuf sermons en breton[2]. La plupart des membres du clergé, qui vivaient en contact avec les classes rurales, étaient obligés d'être bilingues.

UNE PRÉTENDUE PERSÉCUTION CONTRE LE BRETON. — Suivant Hersart de la Villemarqué, en 1539, l'année même de l'ordonnance de Villers-Cotterets, « des moines Gallos, supérieurs de l'ordre prêcheur des Récollets, maîtres du gouvernement spirituel de la province où ils occupaient les charges principales de leur ordre, à l'exclusion des Bretons bretonnants, mirent tout en œuvre pour forcer leurs frères récalcitrants de la Basse-Bretagne à employer le français dans la prédication, à l'exclusion du breton », les tenant, dit un des opprimés, dans une captivité pareille à celle des Israélites sous la tyrannie des Égyptiens[3]. « La lutte fut si longue qu'elle dura cent vingt-cinq ans, si vive que l'autorité du Souverain-Pontife dut intervenir, pour ramener la paix et fixer les limites naturelles des deux idiomes rivaux ». J'avais commencé à étudier les documents relatifs à cette querelle, quand a paru le compte rendu du 57e Congrès de l'Association bretonne tenu à Quimper[4]. On y trouvera un long article, d'une documentation scrupuleuse, donné par l'abbé G. Pondaven, archiviste de l'évêché. L'histoire de la querelle y est racontée dans les moindres détails. Elle n'a en réalité à peu près aucun rapport avec l'histoire de la langue bretonne. Il s'agit d'une de ces interminables disputes de moines s'arrachant la direction de maisons, de provinces ou d'ordres. A la vérité, ici, se trouvent d'un côté des Hauts-Bretons, de l'autre des Bretons-Bretonnants, mais la contestation ne va nullement à priver ceux-ci du droit de parler breton ou de se servir de cette langue dans leurs prédications. Tout au plus peut-on dire que l'argument de la langue sert aux Bretonnants pour défendre leurs positions[5]. Des municipalités, des notables intervinrent aussi à certains moments en leur

1. *Des livres et de leur valeur dans l'évêché de Quimper avant 1789*, Mél. histor., Soc. d. Bib. Bret., Nantes, t. II, p. 177, 184, etc.
2. *Ann. de Bret.*, XII, 1896-1897, p. 139.
3. *Ess. s. l'hist. de la l. bret.*, xxxviii. Dans le *Dict.* de Le Gonidec.
4. Saint-Brieuc, 1924, in-8°.
5. La diversité de langue établit forcément une différence dans le ministère entre religieux et religieux, et certes, ce n'est pas pour créer une infériorité chez les P. P. de Basse-Bretagne, car ils n'en parlent pas moins bien le français. Du reste, la langue bretonne n'est pas précisément cultivée pour elle-même. Les anciens statuts allaient jusqu'à défendre aux religieux bas-bretons de parler leur langue maternelle, mais seule-

faveur pour que leur pays ne fût pas privé des prédications en langue bretonne (*a. c.*, 66-67). Mais de persécutions organisées contre cette langue, point de trace. L'imagination d'Hersart de la Villemarqué l'a égaré encore une fois. Cependant, la pacification survenue en 1671, en accordant de grandes satisfactions aux Bretonnants, assura le maintien dans le pays de prédicateurs qui en parlaient la langue ; c'était une force.

SITUATION AU XVIIIe SIÈCLE. UNE PROVINCE BRETONNE A CAPITALE FRAN-ÇAISE. — Au xviiie siècle la situation linguistique de la Bretagne devait ressembler fort à celle de la Lorraine, avec cette différence pourtant qu'une prédication ardente, exercée dans un pays dont la population était particulièrement attachée à ses traditions, leur avait fait apparaître le maintien de leur langue comme une nécessité, s'ils voulaient conserver leur bien suprême, la foi.

A part cela, dans les deux provinces, l'idiome local cantonné dans une partie du pays, était devenu étranger aux villes capitales. De sorte que le sentiment si fort de l'unité et de l'indépendance bretonne ne pouvait se confondre en aucune façon avec le goût de la langue indigène, et ne lui servait pas de soutien.

Rennes était une ville toute française, la société rennaise vivait comme celle des autres villes du royaume, mêlant aux affaires locales les échos de Paris. La bourgeoisie lisait beaucoup. On nous a parlé de la librairie de Madame Garnier, de la boutique des demoiselles Vatar, centre d'informations et de discussions. Il n'y a point de cafés dans cette ville, dit Linguet ; les boutiques des marchands de livres en tiennent lieu, c'est le rendez-vous de tous les gens oisifs, dont l'occupation est ordinairement de médire de leurs voisins et de réformer le gouvernement[1].

Une autre grande ville était dans le même cas, c'était Nantes. Toutes les langues s'y parlaient, du hollandais à l'irlandais, mais elle n'avait rien de breton. Dans tout l'évéché, dès le xviie siècle, on n'y entendait plus de breton, sauf dans quelques paroisses

---

ment latin et français, et les supérieurs, même de Basse-Bretagne, maintiennent cette défense, à l'intérieur des couvents.

Néanmoins il reste que la langue bretonne est indispensable dans les quatre évéchés de l'Ouest, pour le ministère des campagnes, disons même des villes. Les Gallos ont beau prétendre que les prédications des Avents, Carêmes, Octaves du Sacre, des Dimanches et Fêtes se font en français dans toutes les églises cathédrales et collégiales, c'est une exagération manifeste, ce qui explique les plaintes des Évêques de Tréguier et de Quimper lorsqu'on a nommé dans les maisons des supérieurs ignorant la langue de l'endroit (*a. c.*, 60).

1. Voir B. Pocquet, *Le Duc d'Aiguillon et La Chalotais*, II, 234-235, d'après le Procès instruit de Linguet, 180, et Le Moy, *Le Parlem. de Bretagne...*, Paris, Champion, 1909.

voisines de Guérande. Vannes située, elle, en plein pays bretonnant,
passait aussi pour un centre de beau langage français : Breton de
Léon, français de Vannes disait le proverbe[1]. Toute cette Bretagne
française avait fourni un assez grand nombre d'écrivains de langue
française, voire quelques Académiciens[2].

INFLUENCE DES CENTRES. — On imagine l'action que devait exercer
cette partie de la province sur la Bretagne bretonnante. Il était
impossible aux ambitieux et aux prétendants de toutes conditions
d'obtenir les faveurs qu'ils souhaitaient, même s'il s'agissait de fonctions à exercer sur place, sans s'approcher de la cour, tout au moins
du gouvernement de la province, et quelle figure y eussent-ils fait
en se présentant comme des étrangers ?[3]

Il était même impossible aux délégués de siéger aux États, dont
les délibérations avaient lieu en français, qu'ils fussent du clergé,
de la noblesse ou du Tiers[4]. Quel rôle eussent-ils joué dans ces
séances et ces réceptions dont Madame de Sévigné nous a tracé de
si délicieux crayons, où il n'y avait de breton que les figures de certaines danses ? Il était enfin impossible de tenir un emploi, puisque
tous les actes se rédigeaient en français.

Quand le pays s'agita, et on sait que la Bretagne fut, comme le
Dauphiné, le théâtre d'une prérévolution, l'agitation parla français
exclusivement. Je ne fais pas allusion seulement aux Parlementaires. Ceux-là étaient acquis et depuis longtemps. Je ne parle
même pas des gens qui imprimaient des pamphlets et des chansons.

1. « Les plaidoyers (à Vennes), dit un visiteur du XVIIe siècle, sont assez beaus et
en françois élégant, estant vray que Vennes est la ville, non seulement de Bretagne,
mais maisme de France, où l'on parle le mieux françois, et où, jusques aus servantes
et gens de basse estoffe, ils parlent trop bien. Et quoyque l'évesché soit un des trois
mixtes, parlans autant breton que françois, si est ce que dans Vennes et par toutes les
villes, tout le monde parle françois, et que, ès champs, la pluspart maisme des paysans
scavent parler françois. Voilà pourquoy non seulement les plaidoyers, mais aussy toutes
les escritures et instrumens de justice se font en françois » (Dubuisson-Aubenay, o. c.,
I, p. 157 ; cf. t. X, 1902, II, p. 244).

2. Au XVIe siècle : Nicolas Dadier, Baudeville, Fr. Auffray (curé de St-Brieuc),
Anne de Rohan, Hay du Chastelet.

Au XVIIe, R. Gentilhomme, sieur de l'Espine (du Croisic), de Ceriziers, de Bois-
Hus, René Le Pays, la comtesse Murat (née de Castelnau), le P. Alexandre.

Sur les Lettres en Bretagne, voir Barth. Pocquet, Hist. de Bret..., Rennes, 1913, V,
613 et suiv.

La liste académique comprend Chapelain, Les Frères Hay du Chastelet, de Villayer,
de Coislin, les cardinaux de Rohan, l'abbé de Ventadour, Trublet, Maupertuis, Duclos,
le maréchal de Belle-Isle, M. de Coetlosquet, le cardinal de Boisgelin. Voir Kerviler,
La Bret. à l'Acad. fr., Nantes, 1874.

3. Qu'on se rappelle par exemple l'abbé de Montigny, académicien célèbre pour être
« l'honnête homme qui parlait bien », obtenant l'évêché de Léon, au cœur du pays
Breton (Voir Kerviler, Jean de Montigny, 1876).

4. Voir Journ. inédit d'un député de l'ordre de la noblesse (1717-1724), publié par la
Société des Bib. bretons ; Archives de Bretagne, t. XIII, 1905.

Mais nous voyons alors toute une jeunesse se soulever. Omnès part de Rennes pour Nantes. Les Nantais accourent. La Faculté a pris parti pour ses étudiants. Les adhésions arrivent de partout, non seulement des localités de langue française : Guérande, Saint-Malo, Saint-Servan, Châteaubriant, Paimbœuf, Dol, Vitré, Dinan, Saint-Brieuc, mais des villes bretonnantes : Guingamp, Lorient, Lannion, Auray, Paimpol[1]. Tout se passe en français : réunions, discussions, etc. C'est la preuve que dans les classes cultivées le français avait gagné de plus en plus, pour mieux dire, qu'il y était universellement reçu.

DANS LES CAMPAGNES. — Toutefois il faut descendre plus profond, regarder vers le peuple des villes et les paysans, laboureurs ou pêcheurs. Nous verrons plus tard les deux partis s'adresser à lui en son langage. Les gens qui nous ont parlé de ce sujet ont été d'un déplorable laconisme. Ainsi : « Suivant M. Bagot, il y a deux siècles que la langue bretonne était presque l'unique langage du pays, mais depuis l'union de la Bretagne à la France, la langue Française a pris le dessus, et aujourd'huy il n'y a gueres que 25 paroisses de la partie septentrionale du diocese (de St-Brieuc) où l'on parle et où l'on entende le breton » (1788)[f].

« Il y a peu de communes bretonnes (dans le Morbihan) où on [ne] parle en même tems français ; ce sont celles qui se rapprochent le plus de la ligne de démarcation »[3].

Nous n'avons même pas pour les villes l'équivalent des renseignements directs que divers voyageurs nous ont donnés au XVIIe[4].

C'est à Muzillac que l'auteur des *Voyages d'Europe* commence à parler breton : « Après que nous eûmes passé la Vilaine R. à Rochebernard, dit-il, nous entrâmes dans des montagnes et quelque peu de landes pour aller à Meuzillac... où il fallut commencer à nous servir de la langue bretonne en entrant à l'Hostellerie de la Croix-Verte ».

---

1. *Mél. hist. litt. et bibl.*, Nantes, Soc. des Bibl. bret., 1883, p. 62 et suiv. Cf. Pocquet, *Les Origines de la Révolution en Bretagne*, 2 vol., 1885 ; H. Sée et A. Lesort, *Cahiers de la sénéchaussée de Rennes*, t. I, Introd.
2. Bib. de Rouen, mss Coq. de Montbret, n° 721, p. 227.
3. Ib., p. 224.
4. Saint-Brieuc : « C'est un évesché des 3 mixtes, qui, comme Nantes et Vennes, est à moitié de Gallots et à moitié de Bretons. En la ville on parle moitié breton ; mais tout le monde scait françois » (Dubuiss.-Auben., *Itin.*, I, 65).
« On parle à Pontivi la langue bretonne, première et la françoise, deuxième » (Id., *Ib.*, I, 75).
« Au Siège présidial (à Quimper-Corentin), on plaide en françois et non en breton » (Id., *Ib.*, I, 119).
« Vennes parle breton et françois » (Id., *Ib.*, I, 136).

« Aussitost qu'on a passé cette rivière [la Vilaine], on ne parle plus que breton, qui est une langue étrangère et bien différente de la Françoise, qui est assez connue dans les grosses villes de la Basse Bretagne, mais sur le chemin et dans les villages on ne l'entend point ; c'est pourquoy pour faciliter davantage le voyage à celuy qui voudra l'entreprendre, j'écriray icy un petit Dialogue de l'une et l'autre langue, nécessaire pour demander ce qui est de besoin sur le chemin »[1].

De temps en temps de simples indices avertissent que l'idiome vit et se parle partout : Le 24 juin 1758, Cornic Duchesne, de Morlaix, commandant de la Félicité, soutient un combat contre trois vaisseaux anglais. Les jeunes filles en font une chanson ; elle est en langue du pays.

A Pontivy, pendant tout le XVIIIe siècle, il faut deux interprètes pour traduire les questions du juge et les réponses des témoins ou des accusés[2].

Fait plus significatif, le théâtre en breton continue à réunir et à passionner les foules, au moins dans le Vannetais et le Trégorois. Le Parlement doit intervenir à nouveau, à plusieurs reprises, pour essayer de faire cesser ces spectacles. En 1723 et en 1753, il prohibait toujours. Les mystères avaient la vie dure[3]. M. Le Guennec vient de découvrir, il y a peu de temps, au château de Lesquiffiou, une importante collection de mystères ; huit sont du XVIIIe siècle[4].

PROGRÈS LENTS DU FRANÇAIS. — Cependant on peut affirmer que le français gagnait un peu de terrain, mais comment et pourquoi ? La question se ramène aux mêmes termes que partout ailleurs. On voit bien par quelles voies s'est faite la pénétration. Le français s'est étendu par contact des pays voisins, particulièrement de la région de Nantes[5]. D'autre part il a suivi la grand'route de Nantes

1. Voir Ch. Chassé, *Un vocab. fr. breton du XVIIe s.*, dans *Ann. de Bret.*, XXXV, 260.

2. Fr. Le Lay, *Hist,.. de Pontivy au XVIIIe s.*, Paris. 1911,60.

3. Le procureur général, sur avis que « dans un des faux-bourgs de Guinguamp on représentait une manière de tragédie en dérision de la religion » provoqua un arrêt qui fut rendu le 24 juillet 1705 enjoignant de cesser toutes pareilles représentations. En 1711, nouvelles rigueurs contre les habitants du pays de Tréguier. D'autres prohibitions suivirent, portant interdiction de représenter « aucunes tragédies ou comédies, soit en bas-breton ou en français » (19 oct. 1711 ; cf. 13 oct. 1713). Ces derniers mots en disent long: en breton ou en français. On voit qu'il ne s'agissait pas plus qu'auparavant d'exterminer le breton, mais de mettre fin à ce que l'autorité considérait comme des occasions de scandale.

4. Le plus ancien manuscrit est de 1757. Voir *Ann. de Bret.*, XXVIII, ann. 1912-1913, p. 76.

5. Je ne traiterai pas ici de la limite méridionale du français et du breton. Il y a là-dessus quelques témoignages qui prouvent qu'elle a reculé légèrement depuis le XVIIe siècle. La limite (sur le chemin de Vannes à Nantes) est à La Roche-Bernard. « Là la

à Brest. Enfin il a débarqué avec les marins dans les ports. Mais ces indications géographiques — fort grossières — une fois fournies, on est très embarrassé, quand il s'agit de préciser, si imparfaitement que ce soit, à quelle date des changements ont pu survenir dans l'usage des différentes localités, et leurs causes.

Pour observer les progrès il faudrait des études sur la vie locale comme celle qui concerne Pontivy[1]. Elle nous montre au commencement du siècle, une juxtaposition dans cette ville frontière de Bretons et de Français, avec en plus quelques Irlandais, vivant côte à côte, sans bien se pénétrer. Un peu plus tard on démêle que les uns ont appris la langue des autres, car en 1745, les juges sont bretons, ainsi que cinq avocats, sept procureurs, quatre huissiers. Or tous ces gens savent assurément le français, dont ils usent dans leurs actes[2]. Encore ne s'agit-il pas là de gens du commun.

LA VIE RELIGIEUSE ET LE BRETON. — Il est certain que le breton était de toute façon en état d'infériorité. Sa valeur linguistique, faute de culture, était restée médiocre, l'éditeur de Le Pelletier en a fort bien convenu. Il dit, dans la Préface de son Dictionnaire : « La langue bretonne, telle qu'on la parle aujourd'hui, n'est pas fort abondante. Les termes d'Arts, de Science, de Commerce, de Politique et de la plûpart des Métiers lui sont inconnus. Renfermée dans la campagne, elle ne met en œuvre que les termes de la maison rustique, et ceux qui servent à donner les notions les plus communes de la vie civile »[3]. Mais qu'importe. Elle suffisait à la vie rurale, comme les autres patois.

En dehors de l'administration, la seule puissance qui fût en mesure d'agir sur les esprits était le clergé. Quelle fut son attitude ? Si on en croit Le Braz, le clergé breton a pu être inquiété de la concurrence faite par les représentations théâtrales à ses jubilés et à ses pardons[4], car au fond les processions figuratives du P. Maunoir étaient elles aussi des représentations dramatiques. Et en fait,

langue maternelle est gallotte ou françoise, la bretonne demeurant au delà de la rivière qui sépare les diocèses de Vennes et de Nantes, tous deux mixtes. Car dans celuy de Nantes, plus bas vers la mer, on parle breton et françois » (Dubuis.-Aubon., *Itin.*, I, 177).
Sur le langage populaire de la Loire-Inférieure il y a eu de très curieuses études. Voir Alc. Leroux, *Du langage populaire*, dans *Revue de Bretagne et de Vendée*, 1888, p. 404. La conclusion de l'auteur, c'est qu'à Batz et dans le territoire environnant on n'a jamais parlé ni saxon ni français, mais breton. Ceux des habitants qui parlent français aujourd'hui le parlent d'une façon qui trahit d'anciens bretonnants.
1. Consulter Fr. Le Lay, *o. c.*, 26-27.
2. Id., *Ib.*, p. 59.
3. *Dictionnaire de la langue bretonne*, Paris, Fr. Delaguette, 1752, in-f°. Il a été publié par le Bénédictin Ch. Taillandier. Il est dédié aux États de Bretagne, qui semblent avoir contribué aux frais de la publication.
4. *O. c.*, 506-507.

c'est l'Église — malgré le goût déclaré de bien des curés — c'est l'autorité diocésaine qui a sollicité l'intervention du bras séculier. Les mesures n'étaient pas prises dans un intérêt politique ou linguistique. Elles eurent néanmoins un effet important. C'était une des formes de vie sentimentale les plus chères à l'âme bretonne dont on la sevrait, c'était aussi une des productions les plus capables de maintenir la langue et, s'il se trouvait un homme de talent, de la réhabiliter, qu'on supprimait[1].

En revanche les jubilés, les processions, les solennités avec cantiques[2] et prières en breton continuaient. La vieille langue des ancêtres, privée d'un de ses appuis, gardait les autres. Les « cloaru », ces clercs manqués, composaient ou traduisaient[3]. Des maîtres d'école, autres auxiliaires des recteurs, leur venaient en aide. L'un donnait une version des *Quatre fils Aymon*. Un autre écrivait la *Vie de Sainte Hélène*[4]. Des laïcs les imitaient, laboureurs ou tisserands copiaient tout au moins, quand ils ne savaient mieux faire.

LES ÉCOLES. — L'influence des collèges, si semblables qu'ils fussent à des séminaires, était grande, celle des écoles n'était nullement de nature à nuire à la langue bretonne. Là où un enseignement se donnait, il se donnait le plus souvent en breton. Et dans bien des villages, il n'y avait pas d'écoles[5].

D'après le *Dictionnaire pédagogique* de Buisson, le nombre des conjoints ayant signé s'élevait à 11,70 p. 100 de 1686 à 1690 (14,06 époux, 8,85 épouses) ; il avait passé à 16,74 de 1786 à 1790 (23,54 époux, 9,95 épouses)[6].

Les Cahiers prouvent qu'il n'y a là nulle exagération[7]. Le cahier

1. Il y a lieu de se souvenir qu'au contraire, la langue du théâtre breton, affecte comme une élégance, les termes empruntés au français (Voir Jos. Dunn, *La Vie de S. Patrice*, *Ann. de Bret.*, t. XXIV, p. 317).

2. Un vieux cantique qu'on chante encore au pardon de N.-D. de Kerdévot, près de Quimper, rappelle un incident d'une croisière de Duguay-Trouin. Il est en breton (Arch. du Finist., Invent., 4, Introd.. LXXIX).

3. Voir sur Henry Congor qui rédige une *Histoire de Saint-Pierre* en langage naturel, Le Braz, *o. c.*, 438.

4. Id., *Ib.*, 439.

5. Voir abbé Ant. Favé, *Les pet. éc. dans le Finistère* (Bull. arch. de l'Ass. bret., 1895, p. 207. Cf. Sée, *Les cl. rur. en Bret. du XVIᵉ s. à la Révol.*, Paris, 1906, in-8°, p. 494-496.
« Il n'y a point d'écoles dans les villages. Il n'y a point de maîtres et de maîtresses d'école, si ce n'est dans les gros bourgs » (Le Quinio, *Lett. à Grég.*, p. 288, n° 32), — « On n'enseigne rien du tout » (*Ib.*, n° 33). — « Les Bretons s'apprennent à lire les uns aux autres sans maîtres de profession » (*Ib.*, n° 36).

6. Une autre statistique d'A. Dupuy donne pour les notables : 30 p. 100 qui écrivent correctement ; 30 à 40 p. 100 complètement illettrés (*Ann. de Bret.*, t. IV, 1888-1889, p. 366). Il s'agit du Morbihan, du Finistère, des Côtes-du-Nord.

7. Voir Henri Sée, *o. c.*, 495-496 : « Les Cahiers de paroisses de 1789 ne portent, en général, que très peu de signatures, et il en est qui déclarent formellement que

de Bourg-des-Comptes dit : « Nous nous sommes adressés à plusieurs procureurs fiscaux... et ils n'ont pas voulu nous aider, les uns parce que leurs seigneurs le leurs avaient deffendu, les autres pour d'autres raisons, nous avons eu recours à un bon bourgeois qui a bien voulu nous expliquer les délibérations de la ville de Rennes, après quoi nous lui avons dit nos raisons qu'il a écrite presque comme nous les avons dictées et en les mettant en meilleur français que nous n'aurions pu faire »[1].

L'enquête de 1790-1792 nous fournit des renseignements officiels d'une grande précision sur les divers départements. Voici pour les Côtes du Nord : A Loudéac aucun établissement, les Administrateurs demandent une maison où l'on apprenne latin et français ; à Pontrieux néant ; à Lamballe il existe une « Société littéraire » qui a pour toutes ressources les cotisations de ses membres ; à Guingamp un collège, où l'on apprend aux garçons les éléments de la langue latine : six maîtres « donnent des instructions particulières pour la langue française, la lecture, l'écriture, et l'arithmétique », ils ont deux cents élèves environ, tant de la ville que de la campagne ; à Broon une école privée ; à Langourla, le curé est tenu de faire les petites écoles ; à Plouguernevel un collège, mais quel collège ! « Il est vrai, dit-on, qu'il a fourni des élèves qui se sont distingués dans les Collèges supérieurs, que les principes de la langue latine s'y enseignoient dans toute leur pureté, mais que la langue françoise y étoit pour ainsi dire inconnue, et il n'était pas rare d'en voir sortir des Eleves qui ne savoient, pour ainsi dire, que le langage galo-celtique ». Des collèges de Dinan et de Tréguier il ne nous est rien dit de précis[2].

En Morbihan, la situation est, s'il se peut, pire encore. Plusieurs districts renvoient le tableau où devaient être inscrits les établissements d'instruction, leur composition, leurs ressources, ou bien tout blancs ou bien avec une mention telle que *nihil, néant*.

D'autres états sont moins vides, mais ne donnent guère une meilleure impression, ainsi celui de La Roche-Bernard. Qu'on en juge :

La Roche-Bernard, Ecole des 2 sexes	
Nivillac,	rien
St-Dolay,	»
Tehillac,	»

tous ceux qui savent ont signé, ou encore que « le plus grand nombre ne savent pas signer ».

1. Dupont, *La cond. des pays. dans la Sen. de Rennes* (*Ann. de Bret.*, t. XVI, 1900-1901, p. 430) ; H. Sée et A. Lesort, *o. c.*, t. II, p. 229.

2. A. N., F17 1342b.

Ferel,   rien
Camoil,   »
Penestin,   Ecole de filles
Rieux,   rien
Beganne,   »
Peaule,   »
Marzan,   Ecole de filles
Noyal,   rien
Le Guerne,   »
Bourg paul Muzillac, Ecole de filles
Lauzac,   rien
Biliers,   »
Arzal[1],   »

Au reste le Directoire a résumé la situation : « Notre Departement est un de ceux où l'éducation est le plus négligée faute d'Ecoles publiques, les villes sont presque les seuls endroits ou il y ait des écoles et encore la majorité en est-elle privée ; les paroisses de campagnes sont absolument dépourvues de toute espèce de moyens d'instruction, aussi y trouve-t-on difficilement quelques personnes sachant un peu lire et écrire. C'est principalement dans les cantons où l'on ne parle que breton que les laboureurs n'ont nulle instruction. La différence de leur langage les empêche de communiquer plus fréquemment avec les habitants des villes et de chercher les moyens de s'instruire. (Les Administrateurs composant le Directoire du Dép[t], 28 mars 1792) »[2].

On a remarqué sans doute l'allusion à l'obstacle que crée l'usage de la langue bretonne. Les gens du Faouët disent plus nettement encore : « Placés par la nature au milieu de vastes campagnes, toutes habitées par des hommes patriotes, mais peu éclairés, ne parlant qu'un langage qui les rend encore moins accessibles aux lumieres, qui naissent des communications qui peuvent policer et instruire... » (S. d.)[3]. Non seulement l'instruction n'a pas chassé ou fait reculer le breton, mais le breton empêche les villageois de se dégrossir en se frottant à des gens plus cultivés.

VIE COMMERCIALE ET MARITIME. — Les relations commerciales par terre avec le pays français étaient lentes et difficiles. Nulle part l'état des routes n'avait longtemps laissé plus à désirer.

Impossible, vers 1737, d'aller de Nantes à Lorient par terre. En

1. A. N., F[17] 1315[4].
2. Ib.
3. Ib.

1756, seule à peu près la route de Rennes à Brest était praticable. De grands travaux furent entrepris. Mais les paysans ne songeaient guère à en user. « Ils enlevaient, dit Letaconnoux, les bordures des levées, démolissaient les parapets des ponts pour tenir sous l'eau les lins et chanvres qu'ils mettaient à rouir ; d'autres complantaient les fossés, d'autres en faisaient des dépôts de paille, de bois, etc. »[1]. Les chemins vicinaux n'existaient à peu près pas[2]. En 1794, Cambry pourra dire encore : « Dans tout le Finistère, les chemins de traverse sont des abîmes impraticables dans l'hiver : les voitures s'y brisent ; des hommes y sont tous les jours estropiés. J'ai passé des mares où mes chevaux étaient à la nage, j'étais dans l'eau jusqu'à la poitrine » (o. c., p. 407). C'est seulement au XIXe siècle que la situation changea. Ajoutons que les villages bretons ne sont pas agglomérés. Mauvaise condition pour que les actions extérieures se fassent sentir profondément.

. Quant à la vie maritime, elle faisait sans doute sortir des Bretons hors de chez eux. Mais là encore, il y a des restrictions nombreuses à faire. Comme on le voit dans la très remarquable préface mise en tête de l'Inventaire des Archives d'Ille-et-Vilaine, la guerre, surtout la guerre de course, troublait singulièrement les voyages. D'autre part, ceux des bateaux bretons qui n'étaient pas montés exclusivement par des bretonnants, ne complétaient pas toujours leur équipage avec des Français, tant s'en faut. Il y a eu à bord des gens de toute langue, jusqu'à des insurgents d'Amérique ou des Anglais catholiques, des Irlandais aussi qui devaient comprendre tant bien que mal le breton et s'y mettre.

LES RÉSULTATS. — Mon lecteur devinera sans peine dans quel embarras je me trouve, au moment de conclure. Les renseignements positifs, circonstanciés, font défaut, et les indices qu'on trouve de-ci de-là sont susceptibles d'interprétations si diverses !

Une troupe française vient jouer à Morlaix en 1786. Mais que joue-t-elle ? Si elle donne un opéra comique ou bouffon, la salle a pu être pleine de gens venus pour le spectacle et pour la musique. Et puis cette ville était alors un port de commerce relativement important, en relation avec les ports de la Manche, de l'Océan, même avec Marseille et l'étranger[3]. Toute une bourgeoisie commer-

1. *Le régime de la corvée en Bretagne au XVIIIe s.*, Rennes, 1905, in-8°, p. 111. Cf. *Ann. de Bret.*, t. IV, p. 572.
2. Sur les routes vicinales en Bretagne, voir H. Sée, *Les cl. rurales en Bretagne du XVIe s. à la Révol.*, p. 406 et suiv.
3. René Durand, *Le Commerce en Bretagne au XVIIIe s., Ann. de Bret.*, t. XXXII, 1917, p. 447, et H. Bourde de la Rogerie, *Introduction à l'Inventaire de la Série B des Archives du Finistère.*

çante s'y trouvait, qui savait tant bien que mal le français. Il y avait bien un libraire !

Autre exemple. On ouvre à Quimper un café avec salle de jeu et de théâtre. C'était à coup sûr un événement, puisque l'évêque s'en émeut et veut faire fermer l'établissement. Mais il pouvait menacer les mœurs et être sans grand effet sur le langage de la clientèle. Ce théâtre a-t-il joué et pour qui ?[1]

Le dictionnaire historique et géographique d'Ogée, dans ses éditions ultérieures fournit de précieuses indications sur le langage des diverses localités. L'édition de 1778 n'en dit rien[2].

Je crois qu'on peut accepter en gros le rapport des correspondants de Grégoire. On parle breton dans les campagnes, dit l'un d'eux. Les campagnards savent également s'énoncer en français le long des côtes, assez peu dans les terres, presque aucun dans quelques paroisses. La populace seulement le parle (le patois) dans les villes.

Une autre lettre concerne les évêchés de Léon et Tréguier[3]. L'usage de la langue française, explique-t-elle, bien loin d'être universel dans cette contrée, n'y est connu des campagnards que d'une faible partie, de ceux qui communément, par leurs relations de commerce, fréquentent les villes qui les avoisinent. Les gens aisés en forment le plus grand nombre. L'on y parle uniquement le breton. Le commun des hommes la conserve même dans les villes... Son étendue parcourt les deux évêchés. Il n'est point de coin où elle ne soit mise en pratique. Aussi rarement voit-on le campagnard s'exprimer en français (p. 282). Le nombre de ceux qui conçoivent ce qu'ils lisent en français est bien petit (p. 284)[4].

Que si on se défie de ces textes, même du dernier, écrit cependant par un laboureur peu agité, semble-t-il, par les passions démagogiques, qu'on leur compare le témoignage de Young : J'entre dans la Basse-Bretagne. On reconnaît tout d'un coup un autre peuple, rencontrant plusieurs individus qui ne savent de français que : *je ne sais pas ce que vous dites*, ou *je n'entends rien* (*Voy.*, I, 248). C'est à peu près ce que constatait Laurent Aymon de Franquières en 1780 : il ne pouvait arriver à se faire comprendre hors des grandes villes, faute de savoir le breton[5].

1. Voir Bernard, *La Comédie et les jeux à Quimper en 1786* dans *Bull. de la Soc. arch. du Finistère*, t. XLIV, 1917.
2. Rennes, Vatar, in-4°. B. N., LK² 416.
3. P. 287, n° 19. Peut-être de Le Quinio ?
4. « Les personnes de quelque éducation, dans votre Basse-Bretagne entendent et parlent l'idiome celtique pour le besoin des affaires, mais on n'en fait usage qu'avec des paysans ou des domestiques » [Marlin], *Voyages en France et pays circonvoisins*, t. I, p. 410.
5. Anat. de Gallier, *La Vie de province au XVIIIᵉ s. d'après les papiers de Franquières*, p. 12.

A l'appui je citerai encore un petit fait, un fait-divers, mais qui
en dit long. A Chateauneuf-du-Faou, en 1794, sous les yeux de
Cambry, on traîne à la municipalité, avec force horions, un père de
famille « que la foule » s'obstinait à croire un prêtre déguisé. La
raison de ces soupçons? « L'inconnu parloit françois avec facilité »[1].

1. *O. c.*, p. 234.

CHAPITRE V

LA FLANDRE MARITIME [1]

LE FRANÇAIS COMME LANGUE ADMINISTRATIVE. — J'ai rapporté au
tome V (p. 92) les quelques mesures administratives prises par
Louis XIV au lendemain de la conquête pour introduire la langue
française dans les actes administratifs et judiciaires. Les ordres
donnés ne pouvaient pas être appliqués immédiatement et ils ne le
furent pas. Mais peu à peu les hommes nécessaires se formèrent, là
comme ailleurs, et au cours du XVIIIe siècle le résultat désiré fut
obtenu : les comptes des villes, les délibérations des magistrats, les
jugements des divers tribunaux furent rédigés en français. Le flamand se perpétua dans les registres des délibérations « des députés
ordinaires de la ville de Bailleul » jusque vers 1750, puis il disparut [2]. Les mêmes raisons qui agissaient tour à tour dans chaque province avaient produit leur effet ordinaire dans le pays flamingant ;
on s'était résigné devant les difficultés de tenir dans l'idiome local
des écritures que l'autorité centrale devait perpétuellement contrôler et reviser, d'où toutes sortes d'incommodités, de lenteurs et
de dépenses.

Mais cette soumission à la nécessité, même en admettant qu'elle
comportât une certaine déférence pour l'autorité royale, n'emportait aucune adhésion morale ni aucun changement dans les inclina-
tions et les mœurs. Le Roi ne demandait pas ce changement, et ne
fit rien pour l'obtenir. Ce qu'il voulait, comme l'a dit de Saint-Léger,
c'était l'obéissance et de l'argent. Il ne chercha pas à attirer à lui
l'âme flamande, et ne s'inquiéta guère de sa traditionnelle indépendance, si même il la connut, puisqu'elle ne se traduisait pas par
des résistances. De sorte que politiquement les populations, à la fin
de l'ancien régime, demeuraient aussi éloignées de la France que

1. Voir de Saint-Léger, *La Flandre maritime et Dunkerque*, Lille, 1900. Je remercie
vivement mon savant collègue d'avoir bien voulu lire ce chapitre et me soumettre ses
observations. Cf. L. de Backer, *Les Flam. de Fr.*, Gand, 1851, et *La l. flam. en Fr.*,
Gand, 1898, 8°.
2. Arch. Dép. Nord, sér. C., Fl. Mar^{me}, reg. 36 et suiv.

jamais, et que la province se considérait comme annexée au royaume, non comme entrée en lui.

L'ÉGLISE ET LES ÉCOLES. — Le clergé se comporta comme son devoir professionnel lui imposait de se conduire : dans les sermons, les prônes, les catéchismes, les instructions, les exercices de toutes sortes, il parla flamand[1].

Il est vrai que beaucoup de bénéfices furent accordés à des Français, malgré les promesses faites, mais si l'administration française comptait profiter d'eux dans son intérêt, ce n'était pas avec l'espoir que leur présence amènerait la langue française à se répandre dans le pays ou même dans les couvents. Au moment de la convocation des États-Généraux, on voit le curé de Bailleul se plaindre qu'une paroisse française ne soit pas desservie par un prêtre français : attendu qu'il y a dans la paroisse « et même dans la ville une grande quantité de François et Walon, incapable (sic) de profiter des instructions chrétiennes. Pourquoi on a besoin d'un sermon en françois, au moins une fois par moi » (sic)[2].

Dans ces conditions on devine ce qu'étaient et pouvaient être les petites écoles, annexes des églises. C'est tout à fait exceptionnellement qu'on s'y servait du français[3]. Même à Bergues, il faut attendre 1781 pour trouver une école française[4].

Les collèges ne pouvaient pas, eux non plus, contribuer à la diffusion du français. La province n'en manquait pas : Dunkerque, Bergues, Cassel, Bailleul, aux Jésuites ; Hondschoote, Estaire aux Récollets ; Hazebrouck, aux Augustins, Merville à des prêtres séculiers. Partout on enseignait les humanités, quelquefois avec l'aide du flamand, jamais du français. A peine signale-t-on qu'une fois ou deux furent données des représentations publiques en français. Il faudrait avoir des détails pour décider si ces jours-là on n'avait pas choisi quelques élèves d'origine française pour donner aux autorités d'heureuses illusions et faire à l'établissement une réclame profitable. En tous cas, dans les programmes, aucune place n'était faite à la langue de France, si bien que l'embarras était grand, quelque apte

1. Même en dehors de la province, à Saint-Omer, on prêchait en flamand, dans la paroisse de Sainte-Marguerite (*Lett. à Grég.*, p. 256).
2. Le curé ajoute : « Moien d'en avoir est de changer un père capucin françois, par exemple d'Armentière, avec un père capucin flamand du couvent de Bailleul, celui-ci peut rendre service en flamand à Armentière, et le capucin françois nous deviendroit utile à Bailleul » (de Saint-Léger et Sagnac, *Les Cahiers de la Flandre maritime en 1789*, 2 vol. in-8°, 1906, t. II, p. 486).
3. Voir Font. de Resbecq, *Histoire de l'enseign. avant 1789 dans les communes qui ont formé le département du Nord*, Paris, 1878, in-8°, p. 180, 181, 183, 188.
4. Esmangart, *Bullet. de la Commiss. histor. du dépt du Nord*, Lille, 1862, t. VI, p. 234 ; Arch. de Bergues, GG. 83, dans de St-Léger, *o. c.*, p. 341.

qu'on fût à parler latin, quand il fallait aller étudier à Douai. Un contemporain nous l'a dit : « Ceux des élèves qui sortaient des collèges étaient réduits à apprendre par rencontre assez de français pour le comprendre au bout d'un an de séjour »[1].

Dans les établissements de jeunes filles, la situation était la même. Ce n'était pas les Dames anglaises de Dunkerque et de Gravelines qui allaient faire sa place au français dans les études.

Cependant en 1752, il se trouva dans le pays un homme éclairé qui avertit ses compatriotes de l'infériorité où ils mettaient leurs enfants en leur laissant ignorer le français, c'est Alex. Van de Walle[2]. En 1753 parurent ses *Instructions importantes aux étudiants et à leurs parents, donnant grande ouverture à l'introduction à la langue, à l'orthographe françoise, à l'étude méthodique de la Sainte Écriture*[3]. L'auteur s'inspire évidemment des idées de Rollin. Mais il a d'autres raisons particulières pour préconiser un enseignement du français. Il sent combien les enfants Flamands sont isolés et comme enfermés dans leur province. Van de Walle était de langue flamande et ne reniait pas son idiome, loin de là. Il n'eût même pas voulu que l'enseignement fût donné dans une autre langue que le flamand, il demandait seulement qu'on fît une place, une large place, au français. Il plaida sa cause verbalement devant les autorités ecclésiastiques et civiles, et finalement il résolut de s'adresser à la « police », en lui demandant d'employer au besoin la contrainte : « S'il n'y a pas moyen, dit-il, de venir à bout d'un si important dessein, qui est d'enseigner le français aux enfants, tant dans les petites classes que dans les collèges, le maître de la police pourrait y envoyer ou y mener un maître français... qui y enseignerait, si longtemps... que les maîtres d'école et les régents ne s'y prêteront pas volontiers de bon gré » (*Instr. imp.*, I, 338).

Faut-il croire avec l'auteur de l'étude que nous citons, que les Jésuites furent retenus par leurs supérieurs de la Flandre autrichienne, qui espéraient toujours un retour politique, et une rétrocession du pays abandonné à la France ? Il n'est pas besoin, je crois, de cette hypothèse. Il est vrai que les Récollets d'Estaires, qui n'étaient point dans la même dépendance, admirent que les programmes devaient être modifiés et rajeunirent les leurs. Mais les

---

1. Van de Walle, *Instruct. importantes*, I, 322, Cortyl, *Un disciple de Rollin*, dans *Ann. du Com. flam.*, t. XXII, 1895, p. 212-240.

2. *Ib.*, Van de Walle était né en 1680 à Oxelaere, dans la châtellenie de Cassel. Il fut curé de Wormhoudt de 1748 à 1761.

3. Bruxelles, Friex, 3 vol. in-12. La publication lui valut des lettres de félicitations du monde officiel, subdélégué, Présidial, Cour de Cassel, échevins, curés et même du préfet des Augustins d'Hazebrouck.

Jésuites avaient bien d'autres raisons de rester fidèles à leur tradition humaniste.

Quoi qu'il en soit, après leur suppression, Dunkerque, qui se fran-
cisait, prit son parti, et le magistrat, allant plus loin que Van de
Walle lui-même, dans un mémoire adressé au Parlement de Paris
et appuyé d'une pétition des habitants, demanda qu'au collège réorganisé, l'enseignement fût donné en flamand et en français [1]. Il semble
bien qu'on obtient un sérieux changement [2]. Mais il ne se généralisa
pas.

Je ne voudrais pas oublier de dire qu'il y avait à Dunkerque une
maison d'éducation sous l'autorité du magistrat, dans laquelle on
enseignait la belle écriture, le commerce et la navigation, le latin,
le français et l'anglais, l'histoire, la chronologie et la géographie,
les mathématiques, le dessin, l'architecture, la fortification [3]. Mais
on voit le rang donné au français. Il est traité comme une langue
étrangère.

A l'école spéciale d'hydrographie aussi, c'était la langue du pays
« moedertael », qui était la langue essentielle, celle sans laquelle
les professeurs n'auraient pu se faire entendre [4].

L'influence des collèges et des maisons d'éducation fut donc nulle
ou à peu près. Ce n'est pas par un reste d'esprit révolutionnaire,
mais parce qu'il était bien informé que le Préfet Dieudonné a pu
écrire dans sa *Statistique:* « Il n'était pas difficile de trouver des
hommes qui, ne se bornant pas à comprendre la langue des Cicéron
et des Virgile, osaient la parler et l'écrire; mais il était très commun de voir ces mêmes hommes ignorer leur propre langue... la
langue française était entièrement négligée dans les écoles; pendant
sept ou huit ans, on ne s'occupait que du latin ».

LA VIE INTELLECTUELLE. LES RHÉTORIQUES. — Si telle était l'éducation
de la jeunesse, on imagine facilement sous quelle forme s'entrete-
nait la vie intellectuelle entre adultes. Sans être très intense, elle

---

1. Le Mémoire dit : « Les Pères Jésuites ont été admis en cette ville il y a 150 ans
pour y instruire la jeunesse, ce qu'ils ont fait jusqu'à ce jour en la langue vulgaire du
païs, qui était la flamande » (*Notes et doc. pour servir à l'hist. de l'ens. sec. à Dunk.*
par l'abbé Flahault, fasc. II, 89, dans Cortyl, *o. c.*, 222, n. 2).

2. A Dunkerque, dit Peter, l'enseignement était donné en français l'après-midi, à
Bergues, il l'était entièrement en flamand, au moins dans les classes inférieures
(*L'enseignement dans le départ. du Nord pendant la Révolution*, Lille, 1912, in-8°,
p. 43-44).

3. Dieudonné (préfet), *Statistique du département du Nord*, Douai, an 12 (1804), 3
vol. in-8°, III, 144-147. Ce chapitre a été écrit avant floréal an X.

4. R. de Bertrand, *Lettre sur la nécessité pour les professeurs d'hydrographie à Dunkerque avant 89 de savoir la langue flamande*, dans le *Bulletin du Comité flamand de
France*, 1860, p. 61-62, t. II, p. 131.

existait, mais c'est le flamand qui y servait, à peu près exclusivement.

C'est ici le lieu de marquer le rôle des *Chambres de rhétorique*[1].
Rederyke Kunst ou *Kunst van Rhetoryke* signifiait science ayant pour
but les progrès de la raison et se prenait aussi pour tout ce qui pouvait charmer l'esprit. Les Chambres ou *Sociétés de rhétorique* étaient
des réunions où on se distrayait au moyen des choses de l'esprit.

« M. de Swaen, dit un visiteur, me conduisit... à la *Rhétorique*...
Nous y trouvâmes une vingtaine de confrères qui me reçurent comme
un ami. On fumait, on buvait, on causait de poésie, d'œuvres d'intelligence; mais je ne pus guère prendre part à leur conversation,
qui se tenait presque toujours en flamand, la plupart ne connaissant
que peu ou point le français »[2]. A certains jours on donnait des
séances publiques, des concours. Le prix principal était le land-
juweel (le joyau du pays), dans les communes plus petites le haeg-
juweel (le prix de la localité). La société qui remportait le prix
devait elle-même organiser un nouveau concours. Les membres et
les auteurs se recrutaient principalement dans le peuple.

Nous aurons à reparler des « chambres » à propos des Pays-Bas
autrichiens. Il y en avait en Flandre maritime à Dunkerque, Bailleul,
Steenvoorde, Flètre, Bergues, Hondschoote, Neuve-Eglise, Strazeele,
Caëstre, Eecke. Celle de Dunkerque, qui remontait au xvie siècle,
avait eu la chance de posséder un homme de haut talent, de Swaen,
qui dans les premières années du xviiie siècle, donna des pièces ori-
ginales et des traductions. Il traduisit *le Cid* de Corneille et *l'An-
dronic* de Campistron. Son drame *l'Abdication de Charles-Quint* est
conçu dans le goût classique français[3]. Il est incontestable qu'un
semblable effort pouvait avoir ses résultats.

Or, presque tout de suite après de Swaen, la langue flamande
eut encore la bonne fortune de rencontrer deux apologistes: de
Stevens, et de Modewysk, tous deux maîtres d'école, le premier à
Cassel, le second à Bergues, tous deux poètes aussi[4]. Mellaert dans
son *Histoire de la littérature flamande* estime que le livre d'André
Stevens : *Nederlandschen Voorschriftboek*, est un des ouvrages les
plus « nationaux » de l'époque : « Les préceptes linguistiques con-
signés dans son ouvrage, dit-il, sont en petit nombre : ils traitent

---

1. Voir à ce sujet abbé Carnel, *Les sociétés de rhétorique...*, Ann. du Comité fl. de
Fr., V, 29-88(1859-1860) ; de Backer, *Les Flamands de France (Messager des Sc. hist.
de Belgique*, XVIII, 1850, p. 460 et 472 et Gand, 1851) ; Popeliers, *Hist. des Chambres de rhétorique*, Bruxelles, 1844, in-12.

2. Carlier, *Michel de Swaen et sa famille*. Une lett. du 27 sept., 1700, p. par la
Dunkerquoise, 30 juil. 1844, nous renseigne sur De Swaen (*Bull. Com. fl. de Fr.*, V,
1869-70-74, p. 250).

3. De Backer, *a. c.*, 460.

4. Id., *Ib.*, 463.

spécialement de la prononciation, de l'orthographe et de la pureté
du langage. L'auteur insiste avec énergie sur ce dernier sujet, se
plaignant amèrement de ses compatriotes assez indolents pour alié-
ner leur propre bien. Ces sorties de Stevens, ajoute-t-il, sont remar-
quables, « vivant dans une ville sujette au (sic) roi de France, il a
l'air de traiter ce prince en étranger ».

Dans une longue élégie, qui suit l'épître dédicatoire, Stevens
déplore la décadence de l'idiome maternel[1]. Ces tirades eussent été
sans importance et sans effet, si un fort courant eût entraîné le pays
vers la langue française. Elles durent certainement encourager ceux
— et c'était presque tous les habitants — qui prenaient goût à cultiver le flamand[2].

Ceux qui ont étudié l'histoire des représentations données par les
Rhétoriques se sont plu à marquer l'ascendant qu'avait pris la littérature française. On l'imite et on la copie. « Au lieu d'assouplir
le flamand jusqu'à la délicatesse, la pureté, l'élégance, dit l'un
d'eux, au lieu de scruter les secrets de bien dire, de persuader,
d'émouvoir, les Rhétoriciens... s'emparèrent en désespoir de cause
de tout ce que la scène française offrait de plus nouveau... Ce qui
paralysa la littérature *factorienne* ce fut à coup sûr la manie d'imiter... On se lança dans cette déplorable carrière d'abord pour plaire
à la foule pour de nouveaux spectacles, ensuite pour contrecarrer
l'influence française que le gouvernement même cherchait à neutra-
liser, et, en dernier lieu, pour se conformer à certaine ordonnance
qui avait défendu, à Anvers en 1736 *Het spel der Passie Christi* et à
Bruxelles *Het mirakel der Mirakelen* (le M[le] du St-Sacrement) »[3].

Sans doute il y avait là une infériorité ; cet hommage rendu au
génie de la France, devait inciter un certain nombre de Flamands
à aller directement jusqu'aux modèles originaux. On servait ainsi
le français. Néanmoins la langue flamande bénéficiait elle aussi de
ces réunions. Une bonne partie du public ne s'inquiétait guère si
toutes les finesses du *Barbier de Séville* avaient passé dans la traduction.

Le cas du concours de Bailleul en 1769 est caractéristique. Rien
de comparable dans ce demi-siècle. Treize sociétés y prirent part.
Le succès fut tel que toute l'institution des chambres en fut rajeunie.
Or que jouait-on ? *Mithridate*. Et en manière de remerciement Bailleul mit au programme *Sédécias, roi de Juda*. Cinq ans plus tard

1. De Backer, *o. c.*, 464.
2. Pierre Labus abrite sous le nom de Stevens sa *Veritable nomenclature ou instruction pour bien apprendre les deux langues françoise et flamande*, Dunkerque, 1724 (de Backer, *o. c.*, p. 464).
3. Popeliers, *Préc. de l'hist. des Chamb. de rhétorique*, p. 69.

nouveau concours avec *Cinna : Het gebot der liefde* (Le comman-
dement de l'amour)[1].

Tant y a que ces fêtes toutes flamandes durèrent, et qu'en 1789
elles n'étaient nullement tombées en désuétude[2].

LES PROGRÈS DU FRANÇAIS. — Ce n'est guère qu'à Dunkerque que le
théâtre en français avait pu paraître et se soutenir, avec l'appui de
la garnison, friande comme partout de spectacles[3]. Une salle avait
été construite en 1750. A partir de 1770 des troupes françaises y
donnèrent des représentations. Elles venaient en général d'Arras et
de Douai. On y vit la Clairon (1787-1788). Mais, comme nous l'avons
remarqué plus haut, un grand port n'a ni les mœurs ni l'esprit du
reste de la province. En réalité, ce n'est guère que les relations
d'affaires avec la France qui répandirent le français. Ces relations
étaient fort anciennes, particulièrement avec la Flandre française
et l'Artois[4]. Les routes étaient demeurées très mauvaises jusqu'à la
fin du XVIIe siècle[5]. Dans la région de Bailleul, le seul moyen pour
les piétons de circuler en hiver dans le pays (car pour les voitures
il n'y fallait guère compter), dit Blanchard, c'était de sauter de pas
en pas sur les blocs de grès de Béthune que la prévoyance de l'autorité avait fait placer sur un côté de chaque chemin et qu'on appelait
« pierres de marche-pied » ou « pierres de pas ». Chaussés de sou-
liers fortement ferrés pour ne pas glisser sur les grès et disparaître
dans le bourbier jusqu'à la ceinture, armés de longues perches pour
sauter d'un bloc à l'autre, les gens du pays étaient habitués à cette
manière de voyager et les accidents étaient rares[6].

Mais la situation s'était améliorée. On avait construit de nouvelles
chaussées au XVIIIe siècle, une de Saint-Omer à Cassel, une autre de
Dunkerque à Calais. C'étaient autant de percées de pénétration[7].
On relia aussi les canaux des environs de Dunkerque et de Gravelines aux autres canaux de Flandre et du royaume[8].

1. *Bull. du Com. flam. de Fr.*, 32, t. V, 1859-1860, Paris, 1860, in-8°.
2. En 1786, concours à Bergues, à Menin, en 1787 à Audenarde.
3. En 1757, le 30 mai, une troupe flamande joua *la Bohémienne*, opéra-bouffon.
M. Du Barail, commandant de la ville, ne savait pas le flamand. Il ne manquait pourtant pas aux représentations (*Com. fl. de Fr.*, I, 1857-1859, p. 257).
4. Voir R. Blanchard, *La Flandre*, Lille, 1906, in-8°.
5. L'intendant Barentin constate en 1699 que « la chatellenie de Cassel, faute de
chemins praticables, ne peut débiter les denrées qu'elle produit, ni assister les châtel-
lenies voisines en cas de disette. Un projet de défense du pays après 1715 déclare
qu'entre Armentières et Cassel, les grands chemins sont impraticables quasi toute l'année... Au début du XVIIIe s., tout le commerce de Lille avec Dunkerque se faisait soit
par la chaussée d'Ypres, soit par la Deule et la Lys jusqu'à Aire, d'Aire à St-Omer par
terre, et de St-Omer à Dunkerque par eau » (Blanchard, *La Flandre*, 446-447).
6. Id., *Ib.*, 447.
7. De Saint-Léger, *Fl. mar.*, 93.
8. Id., *Ib.*, 297.

D'autre part beaucoup d'ouvriers allaient se louer en France, et en revenaient après la saison, plus ou moins teintés de français.

Malgré tout les progrès furent fort lents. Un voyageur, à la fin du xviiie siècle, avait peine à se faire comprendre dans le pays. Young raconte qu'il lui fut bien difficile de s'y renseigner sur l'agriculture, « car il n'y avait pas un fermier sur vingt qui parlât français »[1].

Cette situation n'était pas seulement celle des campagnes. A Dunkerque même, en 1790, quand il s'agit de classer les marins qui montaient les équipages des navires de commerce et de pêche, la Chambre de Commerce déclara qu'ils seraient peu propres au service militaire, en raison de leur ignorance du français[2]. Il y avait peut-être là quelque exagération, la Chambre espérant obtenir des exemptions et défendre ainsi les intérêts des marins et des armateurs. Mais le fait était certainement à peu près exact.

TÉMOIGNAGES DES CAHIERS. — Aussi vit-on lors de la grande consultation de 1789 plusieurs paroisses et communautés rédiger les cahiers en flamand, par exemple celles de Pitgam et de Warhem[3]. Dans toutes les petites communes on avait lu au prône les revendications en flamand.

Dans nulle autre province la rédaction ne trahit autant d'efforts. Voici par exemple le cahier de Wemaers-Cappel, dit Blancappel[4] : « ... On se trouve en outre journalièrement accablé à des visites par les brigardes, dont la moindre fraude souvent par innocence, on est exposé à procès et amendes ruineux, ou parmi le nombre se trouvent les fraudeurs même jusqu'au point dans certaine cantine à eau-de-vie, les aubergistes ont pendant plusieurs années été

1. *Voy.*, II, 234.
2. 4 janvier, dans de Bertrand, *o. c.*, 134. On comparera ce que dit Kurth, *La front. ling. en Belgique et dans le Nord de la France*, A. R. de Belg., XLVIII, vol. II, 17-18, 82 : « Sur l'extrême frontière linguistique le flamand était encore florissant à la fin du xviiie, et au commencement du xixe ; le français ne l'a remplacé que sur les lèvres de la génération qui est postérieure à la Révolution. A Dunkerque il n'y avait, à la fin du siècle passé, que les employés du gouvernement et les soldats qui parlaient français ; il existait encore une chambre de rhétorique flamande à la veille de la Révolution. A Comines, dit M. de Backer, tout le monde parlait encore flamand au commencement de ce siècle, et les tombes du cimetière ne contiennent guère que des épitaphes flamandes ».
« Le français y a pénétré du nord par Dunkerque et du sud par Mardick. A Mardick même, des circonstances toutes locales ont hâté la disparition de cette langue, qui, à la date de 1670, était encore la langue presque universelle. Une colonie de matelots français établie sur le territoire de cette localité à la date marquée ci-dessus, y répandit la connaissance du français... L'agonie de l'idiome indigène se place entre les années 1718-1725 » (R. de Bertrand, *Histoire de Mardick et de la Flandre maritime*, p. 302).
3. Arch. dép. reg. 64, dans de Saint-Léger, *Fland. mar.*, 341, n. 2.
4. De Saint-Léger et Sagnac, *o. c.*, I, 24. Cf. : « La rédaction des cahiers de doléances des paroisses témoigne, en beaucoup de cas, de l'ignorance complète de la langue française. Dans la Flandre maritime, on ne parlait guère cette langue que l'on écrivait encore moins. La langue usuelle était et demeura le flamand » (Lennel, *o. c.*, 20).

servi d'un mesure qu'il étoit de courtresse considérable, dont les mêmes mesures ont été enlevés même sans aucun remboursement aux intéressés, quoiqu'ils aient faites nombreux plaintes ».

Le curé de Bollezeele demande pardon de ses incorrections : « J'espère cependant que cette illustre assemblée m'excusera si je glise quelque phrase mal arrangée, quelque mot mal mit ou inusité, car étant né en Flandre, il m'est impossible de scavoir la langue françoise à la lettre et si quelque fois il arriveroit que je metterai quelque'uns en général dans mon cayér pour trouver selon ma petite capacité un remède à l'Etat » (de St-Lég. et Sagn., *Cah.*, II, 487).

Les habitants de Broxeele écrivent (art. 29) : « Les peuples plaignent qu'ils sont obligé bien solvent de monter la garde, tandis qu'ils ont un nombre des archés à pied et à cheval à payer leurs pensions ; ceux à pied on le voit encore quelquefois, mais ceux à cheval fort rarement, quand les paysans doivent arretter les vagabonds et tenir garde eux-mêmes, l'on n'a pas besoin d'avoir tant des coutances à les payer, et ils sont inutile une partie »[1].

Ou encore : « Nous sommes fort intéressé par manquement de notre moison, lequel n'a pas joui au quatrième part, suivant la coûtume de nos dit paye ; le lins est tout à fait manqué. Lorsque les fermiers doivent loüer leurs fermes la moitié trop chère, on dit : vous vendez une razière de bled autant que vous doit loyer une mesure de terre ; lesquels désordres, selon nous, semblent qui vient par faute de diligence, grande imprécautions, par mépriser les pauvres, mauvais usages de terrins et campagne... et d'être si foible d'exécuter les ordonnances de S. M. Royale »[2].

ENCLAVES FLAMANDES HORS DE LA FLANDRE MARITIME. — Au XVIIIe, le flamand avait disparu du pays de Langle, qui renfermait Saint-Folquin, Sainte-Marie-Kerque, Saint-Nicolas et Saint-Omer-Capelle[3].

Mais au pays flamand de la Flandre maritime il convient d'ajouter les faubourgs de St-Omer. Dans le faubourg du Haut-Pont habitait une population d'origine flamande qui gardait ses mœurs et sa langue[4]. Il en était de même dans le faubourg de Lizel.

1. De Saint-Léger et Sagnac, *Cahiers*, 117.
2. Eid., *Ib.*, II, 144.
3. Voir une lettre du s.-préf. de Saint-Omer, 19 fév. 1807, B. N., Ms., Nouv. acq. fr., 5943, 21.
4. *Année littéraire*, 1758, t. VI, 248. Cf. Coq. de Montbret, Ms. de Rouen, 721, p. 5. Les notes prises par Coquebert de Montbret ajoutent les renseignements suivants : Dans les communes de Clairmaretz et Rhuminghem, et dans les faubourgs du Haut-Pont et de Lizel (dépendant de Saint-Omer) les habitants continuent de parler un flamand corrompu concurremment avec le français qu'ils pratiquent davantage. L'usage du flamand tend chaque jour davantage à se perdre parmi eux.
Tout le reste du département est de langue française. Ce pays de Langle, quoique

L'usage n'aura pas changé en 1807 ; le préfet espère seulement que « comme l'instruction publique se fait en français, le flamand se perdra successivement »[1].

dépendant de l'Artois, était un démembrement de la Chatellenie de Bourbourg en Flandre, et celui de Bredenarde avait été originairement démembré du comté de Guines où il ne paraît pas douteux que le flamand n'ait été autrefois en usage (B. N., N. acq. fr., 20080 fo 32).

Cf. L'idiome flamand a été usité jusque vers 1728 dans le pays de Bredenarde et de Langle.

La coutume locale du pays de Bredenarde rédigée en 1589 et celle du pays de Langle rédigée en 1586 font voir clairement que le flamand y était alors d'usage vulgaire.

Le Pays de Bredenarde renfermait les communes d'Audruicq, Nordkerque, Zutkerque et Polincove (Bib. Rouen, ms. Coq. de M., 721, fo 10).

Ces indications sont à comparer avec celles que donne la lettre du sous-préfet de Saint-Omer, citée à la page précédente.

1. Lett. du s.-préf. Benard-Lagrave, 19 fév. 1807 (Bib. Rouen, ms. Coq. de M., 721, fo 48).

CHAPITRE VI

ALSACE[1]

COMPLEXITÉ DU PROBLÈME. NATIONALITÉ, RELIGION ET LANGAGE. — L'Alsace n'était pas une province française comme les autres, appartenant au Roi sans restrictions ni réserves. Des princes allemands y restaient « possessionnés ».

D'où des rapports constants avec les gens de la rive droite. En outre l'Alsace tenait à l'Allemagne par sa culture, ses usages, sa religion. Une partie des habitants étaient protestants. Et la question de la religion venait compliquer la question de langue. Ainsi il y avait quelques localités de langue française, et d'autres, comme Sainte-Marie-aux-Mines, où l'allemand avait été réimporté, et où on parlait deux langues. Quand ces localités étaient catholiques, comme celles de la région de La Poutroye, leur histoire linguistique est fort simple. Mais là où on pratiquait aussi le culte réformé, les protestants de langue française devaient défendre, et ils avaient fort à faire, leur caractère français[2].

A Strasbourg même, quand on examine attentivement tous les faits de détails si soigneusement et si impartialement recueillis par Reuss[3], ou par Zwilling, on s'aperçoit que la principale cause qui a empêché la

1. Sur l'Alsace, voir Reuss, *Hist. d'Alsace*, Paris, Furne, 1912 ; *Hist. de Strasbourg*, Paris, 1922, in-4°, *L'Alsace au XVIIe s.*, II ; — Krug-Basse, *L'Alsace avant 1789*. — Sauvestre, *Rapport cité* (Musée pédagog., ms. 362); — Dorfeld, *Beitr. zür. Gesch. des fr. Unterr.* ; cf. t. V, 284, n. 1. — Albert, *La langue et la litt. française en Alsace*, 1905. — Bastier, *Strasb. vu par deux touristes allemands* (*L'Als. fr.*, 20 et 27 août 1921). — L'*Intermédiaire*, Notes relatives à la langue française en Alsace, et au parler alsacien, 3 juin 1916. — Oberlin, *Observations concernant le patois et les mœurs des gens de la campagne*. Strasb., 1791. Je n'ai pu me procurer ce dernier ouvrage.
2. L'Église réformée de Sainte-Marie-aux-Mines lutta avec une extrême ardeur contre l'envahissement de la langue allemande. Le consistoire autorisa tout membre de la communauté française à reprendre ou réprimander l'enfant rencontré dans la rue parlant allemand avec un autre enfant de la même communion.
Dans l'École « l'enseignement se fera, dit le règlement, en langue française, sans qu'il soit en aucune façon permis d'y parler allemand, pas même sous prétexte d'interpréter aux enfants ce qu'ils n'auront pas compris » (Ch. Drion, *Notice historique sur l'Église réformée de Sainte-Marie-aux-Mines*, Colmar, 1858, p. 71).
3. Voir Reuss, *Notes pour servir à l'histoire de l'Église française de Strasbourg*, Strasb., 1880, in-8°.

diffusion plus rapide du français dans la ville, c'est que d'une part les luthériens redoutaient les calvinistes et que d'autre part l'administration française craignait . une propagande protestante, soit luthérienne, soit calviniste.

Les faits méritent d'être exposés en détail. Reuss a montré qu'un service luthérien en français avait été institué au temple Saint-Thomas en avril 1680, dix-sept mois avant la capitulation[1]. Or, en 1685, Louis XIV défendait aux Réformés de Strasbourg d'avoir des ministres parlant le français. Il fit même renvoyer ceux qui étaient dans ce cas pour les remplacer par des Suisses allemands[2].

Le service ne fut pas aboli pour cela. Il se maintint et devint le foyer principal et longtemps unique des études françaises à Strasbourg. Le 10/20 octobre 1681, on avait proposé d'adjoindre à Ritter (né Francfortois, mais bon prédicateur français), un « vicaire », Wild, originaire de Montbéliard, qui serait chargé d'un cours privé une heure tous les jours[3]. La proposition fut agréée, mais mise en pratique dans de telles conditions que les résultats devaient être nuls, et Wild se retira bientôt[4]. Après la guerre de la Succession, l'affaire revint sur l'eau. Le recteur magnifique Scheidius proposa le 22 juin 1714 d'habiliter un bon maître d'italien et de français[5].

Sous l'influence de l'Église catholique, l'établissement des Jésuites ayant été transporté en 1701 de Molsheim à Strasbourg, il s'était produit un développement d'écoles privées qui inquiétait visiblement les milieux luthériens. Le 17 mai 1715, on examina la question de savoir s'il ne conviendrait pas de créer une école française, qui pourrait être surveillée et fonctionnerait sous l'œil du consistoire et sans risque pour les consciences.

On commença, sous la conduite du pédagogue de la fondation Saint-Guillaume, par faire aux aspirants des sortes de conférences[6]. Puis on créa une école française. On la confia, sur sa demande, à Nigrin, un Montbéliardais comme Wild et qui était son vicaire. Mais cet enseignement jouait de malheur. En 1727, Nigrin ayant

1. *Notes pour servir à l'hist. de la l. fr. à Strasbourg*, p. 74, et *L'Als. au XVIIᵉ s.*, II, 500.
2. Reuss., *Hist. de Str.*, 361.
3. Sur Montbéliard et son Eglise voir Viénot, *La Vie ecclésiastique et religieuse dans la principauté de Montbéliard*, Paris, Fischbacher, 1895, in-8°.
4. Zwilling, *Die fr. Sprache in Strasburg*, dans *Festschrift des protestantischen Gymnasiums*, Strasb., 1888, p. 281-282. — On trouvera dans cette étude beaucoup à ajouter à ce que j'ai dit pour le xviiᵉ siècle (t. V, p. 133) ; je regrette vivement de ne l'avoir pas connue alors.
5. Zwill., *o. c.*, 283.
6. Excercitia nostra privata quotidie non sine fructu in lingua gallica cum alumnis continuantur. Gratulationem meretur M. Grauer, qui de l'Utilité et de la nécessité de la langue française orationem Gallicam paucos ante dies habuit (1728) (Zwill., *o. c.*, 286).

été nommé pasteur dans les environs de Kehl, son école resta fer
mée. J. Phil. Walther la rouvrit (1729), et mourut bientôt à son
tour ; c'est Nigrin qui vint la reprendre en 1735. Depuis lors elle
paraît avoir fonctionné sans interruption[1]. Cela ne veut pas dire
que la nécessité de former des pasteurs français pour le pays à
demi-sauvage qu'était alors le Ban de la Roche ne fût pas un gros
souci pour le magistrat de Strasbourg — l'administration française
ne tolérait plus de ministres étrangers[2] ; — à un moment (21 oct.
1737), exaspéré, il décréta que les habitants devaient tous apprendre
l'allemand.

On trouvera dans Zwilling l'histoire complète de cette malheu-
reuse institution qui n'avait des phares que les éclipses. Telle
quelle, le Gymnase s'en plaignait. Il était jaloux d'elle : elle sortait
de son rôle. Les uns eussent voulu l'annexer, d'autres la fermer.
On organisa des inspections sévères qui la réduiraient au rôle strict
d'école de langue.

LE GYMNASE PROTESTANT. — Le Gymnase eût mieux fait de se
réformer lui-même. Mais il faut arriver à 1738 pour trouver les
premiers essais de corrections à la vieille règle de Jean Sturm.

Le 13 octobre, premier rapport — défavorable. — Les matières
se divisaient en indispensables et non indispensables. La langue
française, pour utile qu'elle fût, était rangée dans la seconde classe.
Rien ne pressait d'obéir aux demandes et aux suggestions. La
Faculté de philosophie consultée était accueillante. Le Commission
ne le fut pas. On se borna à encourager les élèves à apprendre le
français privément, par leurs moyens.

Pourtant à Strasbourg aussi, malgré les atermoiements, le temps
de moderniser finit par venir. Un décret parut enfin le 17 février
1751 ; il fut adopté et le 12 avril communiqué au public. En 1753
commença l'application. On augmentait le latin, aux dépens du
grec. Mais le français avait sa place reconnue, avec des considérants
élogieux : « La langue française est sans aucun doute aujourd'hui
aussi nécessaire et utile aux savants qu'à tout un chacun, qui vit

1. Reinbold succéda à Nigrin, et eut lui-même pour successeur Mühlberger, qui fut
secondé par Stuber. En 1751, les scolarques choisirent Ott (J. Michel), qui enseigna
en même temps au Gymnase, d'abord dans les classes élémentaires, puis dans les classes
supérieures (Voir plus loin).
Des donateurs se trouvèrent pour payer aux mieux doués des leçons particulières.
Certains jeunes gens, comme Rhein (1753), Lux, Beyer (1754), J. D. Beyckert (1766),
eurent même des bourses de voyage et furent envoyés à Montbéliard, Genève ou Paris.
Les jeunes gens ainsi favorisés montraient leurs progrès en parlant ou en écrivant.
2. D'Angervilliers, devenu seigneur du Ban de la Roche, interdit l'impression de
cantiques français, par peur de la contagion (Rev. d'Als., 1867, 346).

dans la société humaine. On ne s'en sert pas seulement dans toute l'Europe et dans toutes les Cours, mais il y a aussi des livres de divers auteurs parmi les meilleurs et les plus estimés, qui sont écrits en cette langue, et font qu'elle est presque indispensable. Aussi l'Illustre Collège des Scolarques a-t-il décidé qu'elle serait à l'avenir enseignée dans les basses et les hautes classes[1] ». Ott devint *praeceptor gallicus,* avec deux adjoints. C'était un Alsacien, né à la Robertsau. Après s'être servi quelque temps de livres médiocres, il en fit d'autres, et, quand il mourut en 1776, l'enseignement du français au gymnase était en bonne voie.

Malgré cela le Gymnase demeurait essentiellement allemand. Tout imposait le maintien de ce caractère, non seulement les traditions, mais la destination même de l'établissement. La direction de la ville n'avait jamais cessé d'être protestante exclusivement, et étroitement luthérienne. Aucune des sept paroisses n'avait été francisée.

Tous les auditeurs du culte français devaient être inscrits dans une de ces sept paroisses. C'étaient les pasteurs de ces paroisses qui célébraient baptêmes, mariages et enterrements. Le prédicateur français n'en avait pas le droit[2].

De son côté l'administration française ne montrait aucun empressement à seconder l'organisation d'écoles ou d'institutions quelconques dont profitait un culte qu'elle tolérait à contre-cœur, sans l'accepter. Elle avait son école française supérieure, le Collège des Jésuites ramené de Molsheim[3]. Quand en 1727 des démarches furent

1. Decretum, p. 40, dans Zwill., *o. c.,* 294. Cf. Reuss, *Hist. du gymn. prot. de Strasb. pendant la Rév.,* Paris, 1891, in-8°, ch. i.

Aufschlager a eu au Gymnase, où il est entré en 1774 Beyckert, « excellent professeur de la langue française et d'arithmétique » (*Souvenirs,* Strasb., 1893, p. 9). « On apprenait, dit-il, les règles de la grammaire française, et seulement dans les classes supérieures on nous régalait de temps en temps d'une fable de La Fontaine ou de quelques pages des *Aventures de Robinson Crusoë.* Aucun élève ne savait parler français tant soit peu couramment en sortant du Gymnase » (*Ib.,* p. 10).

2. En 1746 se présente un couple de Montbéliard, qui ne sait pas un mot d'allemand. Ott demande l'autorisation de les marier. Refus catégorique du Convent (Reuss, *Égl. fr.,* 92). On décida que le pasteur de la paroisse allemande de Saint-Nicolas « se rendrait chez les futurs, leur expliquerait le sens des questions qu'on leur ferait à l'Eglise et que là tout se passerait en allemand, sauf que les nouveaux mariés auraient le droit de répondre *oui* en français » (*Ib.,* 93).

« Trois ans plus tard, deux Français évangéliques... s'adressèrent au diacre de Saint-Thomas, J. Ph. Iung, pour participer à la cène. Aucun des pasteurs de Saint-Thomas ne parlant assez bien leur langue pour leur adresser l'exhortation usuelle qui précédait cette cérémonie religieuse, M. Ott fut délégué par le Convent pour accompagner Jung à la Robertsau et pour l'aider en cette occurrence sous la surveillance de deux témoins » (*Ib.,* 93-94).

Haffner lui-même ne parvint pas à l'érection d'une paroisse française.

3. Sur ce collège j'ai trouvé dans une enquête ultérieure un document que je crois devoir citer, mais où les faits ne paraissent guère exactement rapportés : « Il y eut avant la Révolution en la ville de Strasbourg un Collège fondé par Louis le Grand, plus un Collège à Molsheim fondé par les Evêques de Strasbourg. Ce dernier Collège devait suppléer en quelque façon aux Collèges de Schlestad, et de Haguenau éteints par la

faites auprès de l'avocat général de la Ville, M. Kornmann, pour avoir des pasteurs français, elles n'eurent point de succès. Plus tard, alors que Nigrin sollicita l'autorisation de créer une nouvelle école française, ce ne fut pas le magistrat de Strasbourg qui fit opposition à cette demande, mais le réprésentant du roi de France au sein des Conseils, le préteur royal, J. Bapt. de Klinglin[1].

C'étaient des jésuites allemands qui tenaient, les collèges de Rouffach, Molsheim, Haguenau. A Guebwiller, les dominicains, à Saverne, les Récollets étaient également allemands. Seuls Strasbourg, Colmar et Ensisheim étaient dirigés par des jésuites français.

L'UNIVERSITÉ. — Dans les diverses Facultés de l'Université, rien ne fut fait qui rappelât les progrès timides, mais réels pourtant, du Gymnase. L'intendant de Lucé avait, en 1754, fondé des cours d'anatomie à Belfort, Colmar et Wissembourg[2]. Ils se faisaient en allemand, « puisque c'était la langue qui est le plus universellement entendue dans la province » (Lett. de l'Intend., 26 nov. 1754, Rev. d'Als., 1851, p. 521).

Les cours des diverses Facultés étaient en latin, sauf ceux dont nous avons parlé, qui avaient lieu en allemand. Il y eut pourtant quelques cours en français, surtout dans les dernières années avant 1789. Il faut tenir grand compte aussi des leçons particulières que des professeurs donnèrent dans cette langue (privatissime), à la

Suppression des Jésuites. Dans les trois basses classes des deux collèges, on enseignait les langues latine française et allemande par principes.

« La Méthode usitée dans les deux Collèges pour l'Enseignement des Langues consistoit à choisir pour chaque Année Scholaire et chacune des basses classes, un Poëte Orateur et Historien latin qu'on faisoit expliquer aux Ecoliers en français ou en Allemand.

« On enseignoit dans les deux Colleges en humanité les principes de la Littérature latine française et allemande ; on y donnoit les Notions de différentes especes de Poesie latines françaises et allemandes ainsi que de l'art oratoire.

« Les Regles tant pour le Style que pour le Goût devoient être expliquées par des Exemples tirés des meilleurs Auteurs tant latins que français et allemands. On suivoit pour cette partie de l'Enseignement, les modeles donnés par Rollin et Batteux.

« En Humanité on expliquoit l'Art poetique d'Horace en lisant celle de Boileau ; on fait remarquer les passages les plus saillants pour former le gout et le Style des Ecoliers...

« Les Amplifications soit Latines françaises ou allemandes pour occupper les Ecoliers ... le Tems des Classes, devoient être préparées de façon que les Ecoliers n'avoient qu'à remplir le Thême en faisant usage des Tropes et figures de Rhetorique.

« De plus on devait donner quelques notions sur les rapports civils, militaires et commerciaux de la France avec les autres nations, et exiger que les jeunes gens, avant de quitter le Collège, connaissent « les différentes echelles des Authorités constituées l'ensemble de la Constitution, etc., etc. »

Strasbourg, le 20 Germinal, An IX, signé Gaspary.

Détails sur les cidevant Colleges au Departement du Bas-Rhin (Enquête de l'an IX, A. N., F[17] 1317[8]).

1. Voir Reuss, *Égl. fr.*, 83.

2. Sur ces cours et les livres français qui parurent voir une étude de Pfister dans la *Revue Bleue* des 3 et 17 déc. 1921.

demande d'auditeurs de distinction et dont la bourse était bien
remplie. Si c'était là des exceptions, elles comptent, car il fut écrit
des livres pour cet enseignement.

Mesures in extremis. — Le 17 juin 1788, le gouvernement royal
s'éveilla. Frappé de ce que « la langue allemande est la seule que
la plupart des gens du peuple parlent et entendent à Strasbourg »,
il prescrivit l'établissement de plusieurs écoles où la langue française
sera enseignée[1]. Heureuse année ! Les élèves du Gymnase venaient
de recevoir enfin leur unique livre de français : les *Mélanges de littérature française* de Beyckert[2].

Les Écoles. — Que si, du Gymnase et de l'Université, on descend
aux écoles, c'est la même misère que partout : écoles mal organisées, insuffisamment pourvues de maîtres de français, etc.

« On admet généralement, dit Strobel, que dans lesdites écoles
allemandes et en dehors des heures de classe, le français se trouvait
enseigné, mais seulement à ceux des écoliers pouvant payer une
rémunération. Dans beaucoup de villages on les appelait « Stündler ».
Les circonstances en effet incitaient la jeunesse à apprendre un peu
de français, attendu que dans la vie on se trouvait souvent en
contact avec des fonctionnaires ne parlant que cette langue. Le
rapprochement se faisait peu à peu ; on apprenait à se connaître et
à s'estimer[3] ». Cet optimisme est excessif. En réalité le français
n'avait guère pénétré dans les écoles. Or, question de sentiment
à part, beaucoup de gens avaient intérêt à savoir le français et
s'arrangeaient pour l'apprendre. De là le succès de pensions, de
cours pour filles ou garçons dont la prospérité se devinerait rien
qu'aux jalousies qu'ils éveillent.

En effet l'empressement des familles se marquait par une diminution de la fréquentation scolaire des écoles ecclésiastiques. Les
enquêteurs officiels en cherchaient naturellement la cause dans les
préjugés des parents « qui trouvaient l'école allemande trop peu de
chose » et préféraient les écoles non autorisées, souvent tenues par
des femmes calvinistes[4]. La vérité est que ceux qui pouvaient ou bien
envoyaient les enfants en France ou bien prenaient des précepteurs.

Montbéliard en fournissait toujours. Il y avait là un « collège »

1. Reuss, *Hist. de Strasb.*, Paris, 1922, p. 333.
2. Id., *Hist. du gymn. prot. de Str.*, p. 16. Je ne puis pas tenir grand compte du
théâtre. Il y a eu des représentations en français, mais la garnison et une partie de la
bourgeoisie semblent avoir fourni seules la grande partie des spectateurs.
3. *Vaterlaendische Geschichte der Elsasses*, t. V, p. 263 et 170.
4. Zwill., *o. c.*, 282. Rapport ms. de 1683.

connu sous le nom de gymnase, deux écoles françaises, l'une pour les
garçons, l'autre pour les filles, et deux écoles « subalternes ». Or au
gymnase, on enseignait, en plus des langues anciennes, la prosodie et
la versification française et latine. Même dans les écoles « subalternes » on montrait à lire et à écrire en français et en allemand[1].

On ne peut manquer d'être frappé, en lisant les *Affiches de
Strasbourg*, du nombre d'offres et de demandes où il est question de
la connaissance du français. Ici c'est un maître ès arts qui fait ses
offres de service[2], là un écrivain copiste[3]. Ailleurs un maître de
langues voudrait ouvrir une pension[4], une femme de chambre, un
domestique se proposent ou sont demandés[5]. De Phalsbourg, un
maître de pension sollicite les familles qui sont désireuses de faire
apprendre le français à leurs enfants[6]. Ou bien on annonce l'apparition du 1er volume du *Dictionnaire encyclopédique de la Grammaire
et de la Littérature* de Dumarsais, Beauzée et Marmontel[7]. Assurément plusieurs de ces annonces peuvent s'adresser aux familles françaises établies à Strasbourg; certaines d'entre elles ne le peuvent
pas. Évidemment la connaissance du français était de plus en plus
appréciée et recherchée.

Coup d'œil général. Dans la « bonne société ». — Dans le monde
intellectuel et scientifique, cela est hors de doute, l'attachement à
la langue et à la culture allemande restait très vif. On avait construit,

---

1. Il y a eu beaucoup d'autres institutions ou fondations, mais avec peu d'élèves.
(Réponses du Maire de la Ville de Montbéliard, A. N., F17, 13178, dossier 46).
    2. « Le Sr. Forestier, Me ès arts, arrivant de Paris, à l'honneur de prevenir, que
son but étant de se rendre utile au Public, il donnera des leçons de Lecture, d'Ecriture et d'Arithmétique, ayant fait dans la capitale ainsi qu'ailleurs de bons élèves, dont
il se propose d'en remplir ici les mêmes vues; il ira aussi en ville pour la commodité
d'un chacun. Les personnes qui désireront l'employer ponr copier différens ouvrages
tels que Mémoires et autres généralement quelconques, il se flatte d'y mettre tout l'art
possible correctes et bien orthographés. Il espère s'attirer la confiance à la satisfaction
des personnes qui lui feront l'honneur de l'occuper » (13 mai 1789, p. 149).
    Cf. « Il y a chez Mme Delabré, maîtresse de pension, rue brûlée... un maître de
langue françoise, de lecture, d'écriture, d'Orthographe... qui cherche place de précepteur » (9 décembre 1789, p. 188).
    3. « Le nommé Bonlarron, Ecrivain copiste pour l'Ecriture française, offre ses ser-
vices au Public qui peut être dans le cas d'occuper un Artiste de ce genre. Il fait toutes
sortes de copies, et écrit également sous la dictée. Il espère de travailler à la satisfaction
de ceux qui voudront bien l'honorer de leurs ouvrages » (p. 150).
    4. « Un maître de langues désireroit tenir une Pension de jeunes gens pour les
instruire dans la langue françoise, l'écriture, l'Arithmétique, etc. le Physique sera
soigné avec précaution et exactitude. Le tout à un juste prix » (17 juin 1789, p. 189).
    5. Voir, par exemple, 15 juillet 1789, p. 220 ; 19 août, p. 260, 26 août, p. 268.
    6. « Le sieur Mittenhoff, bourgeois marchand de la ville de Phalsbourg, a l'honneur
de donner avis aux personnes qui sont dans l'usage d'envoyer en France leurs enfans
pour y apprendre la langue, qu'il prend des pensionnaires dont il soigne l'éducation »
(1er juillet 1789, p. 205).
    7. 17 juin 1789, p. 190.

en 1749, à Strasbourg une salle de théâtre pour les artistes allemands, elle faisait les délices de la population. Oberlin avait organisé, parmi l'élite des jeunes gens de l'Université, une Société
littéraire. On s'y amusait à des compositions en latin et en allemand,
jamais en français[1]. Strasbourg avait même vu naître une société
protestante pour entretenir et développer la langue allemande. Si
bien que c'est là que Gœthe, venu pour se rompre à l'usage de
notre français, rencontra des gens qui le menacèrent des Jésuites,
lesquels éplucheraient son style, s'il écrivait en français, et qu'on le
défrancisa[2].

Les journaux, le *Bürgerfreund* (1777) comme l'*Elsæssischer
Patriot* de Colmar (1776), étaient allemands. Tout cela est incontestable. Il est vrai aussi que les poètes français nés dans la ville : Gran-
didier (Ph. André, 1752), Andrieux (François, 1759), Ramond de
Carbonnières ne sont point des gens de souche alsacienne véritable.

Il est cependant exact que les gens « de la bonne société » ten-
daient à devenir bilingues et cherchaient à s'assimiler les deux cultures. Alors que rien dans les institutions n'était organisé en vue
de la francisation, la vie sociale se chargeait d'y pourvoir et de
suppléer à la négligence des autorités. Strasbourg était une façon
de capitale, et d'autre part il y avait en Alsace une société. La
noblesse y jouait un rôle, et aussi les princes possessionnés, francisés comme partout, qui étaient maîtres de localités telles que
Ribeauvillé, Bischwiller, etc. Partout aussi une bourgeoisie assez
aisée, enfin des fonctionnaires en nombre, parfois en surnombre.

L'évêque de Strasbourg était un grand seigneur qui conviait dans
ses salons, à Strasbourg et à Saverne, une foule choisie. Il y avait
des assemblées chez les Broglie, les Contades. Christine de Saxe,
abbesse de Remiremont, recevait comme Marguerite de Geoffroy.
On jouait la comédie, on allait rue de la Comédie la voir jouer.
C'était la vie mondaine à l'instar de Paris.

Le style français avait tout envahi. Comment des gens qui en
étaient férus eussent-ils pu rester étrangers aux lettres françaises
et par suite à la langue ? A côté du dialecte indigène — idiome
parlé — il y avait deux langues de culture, le hochdeutch et le français ; le second tendait à empiéter sur le premier.

Un Schweighaeuser avait étudié en Allemagne, mais il n'eût pas
manqué d'aller à Paris également pour apprendre. C'est en français
qu'il correspond avec son fils. Combien d'Alsaciens ont fait comme
lui, dont nous possédons les notes et les relations, ou imprimées ou

1. Aufschlager, *Souven.*, 12.
2. Cf. Reynaud, *Hist. de l'infl. fr. en Allem.*, 344 ; Gœthe, *Dicht. u. Wahrheit*, XI.

manuscrites. Posséder le français était un titre, un brevet de distinction.

Ce sera dans cette pensée que Haffner publiera en 1792 son *Traité de l'éducation littéraire ou Essai sur l'organisation d'un établissement pour les hautes sciences*. L'auteur assigne à cette maison comme mission principale de devenir « l'entrepôt des trésors littéraires des deux nations éclairées, le trait d'union entre l'érudition allemande et la science française ». Ces idées-là sont antérieures à 1789. Jamerai-Duval l'a observé et il en fait honneur à la jeunesse du pays[1].

Aufschlager a dit, dans ses *Souvenirs* : « On ne parle français qu'aux Français, mais avec quel accent et avec quels germanismes ! La majorité des bourgeois ignore absolument cette langue. On appelle les Français avec mépris les Welches, on les déteste même »[2].

Il ne s'agit pas de contester. Certains milieux retardaient, cela est hors de doute. Ainsi, quand Marie-Antoinette traversa Strasbourg, en 1770, comme fiancée du Dauphin, la chambre des XIII, après avoir désigné l'Avocat général Hold pour la haranguer[3], décida que le chancelier et les scolarques de l'Université inviteraient un des professeurs à faire de même. Il fut recommandé de bien le choisir, afin qu'il sût bien la langue française[4]. Le Magistrat, lui, harangua Marie-Antoinette en allemand. Elle dut interrompre l'orateur pour lui dire gracieusement : « Ne parlez point allemand, Messieurs, à dater d'aujourd'hui je n'entends plus que le français ».

DANS LE PEUPLE. — La francisation y avait à peine commencé. Le dialecte régnait en maître incontesté. Le marquis de Pezay a observé à Strasbourg les couples qui allaient danser. Il en parle dans ses *Soirées helvétiennes* : « Tout ce que vous voyez ce sont des amans ; toutes ces filles charmantes ne savent pas un mot de français, tous ces Dragons pas un mot d'allemand. Mais c'est d'amour qu'ils parlent : on les entend, on leur répond » (Reuss, *Marq. de Pezay*, 29). C'est cependant un fait que certaines personnes allaient aux sermons français pour prendre une leçon de langue. Muller en 1775, avait, au pied de sa chaire, à côté des « bonnes de Montbéliard et du Ban de la Roche, appelées à Strasbourg pour l'éducation des enfants, — et cette importation vaut aussi qu'on la note, — un certain nombre de

---

1. J'ai remarqué, dit-il, que la plupart des jeunes citoyens de Strasbourg excellent en mérite et en talents ; qu'au moyen des deux langues en usage parmi eux, il leur est aisé de joindre l'élégance Françoise à la solidité germanique (*Œuv.*, II, 167).
 Laumond parlera à son tour de cette rencontre de diverses cultures qui attirait la jeunesse de divers pays (*Stat. du B.-R.*, 218).
2. *Mon temps*, dans *Souvenirs*, 45.
3. Krug-Basse, *o. c.*, 353.
4. De Bouteill. et Hepp, *Corr. pol. adressée au Magistrat de Strasb.*, note 25.

fidèles des paroisses allemandes qui venaient pour apprendre le
français » (Reuss, *Égl. fr.*, 102). Mais il ne faut pas s'exagérer l'influence de ces réunions. Blessig, qui avait fait l'oraison funèbre du
Maréchal de Saxe, avait de la valeur ; Haffner aussi ; ils auraient peut-
être eu grande influence si... les idées philosophiques, qui circulaient
un peu partout, n'avaient pas rendu leur temple à peu près désert.
Un jour même il n'y.eut pas de sermon : il n'était venu personne.

Je ne voudrais pas quitter ce sujet avant de citer deux témoignages, que M. Bastier a rapportés dans une courte mais excellente
étude. Ils proviennent de deux Allemands qui visitent, quelques
années avant la Révolution, la vieille ville impériale. Ils arrivent
avec leurs préjugés d'Outre-Rhin[1]. Leurs impressions n'en sont que
plus précieuses à recueillir. Je passe sur celles qui concernent la
prospérité de la ville et son état moral. Donnons d'abord la parole
à Storch : « Strasbourg est le rendez-vous des jeunes gens distingués de tous les pays qui affluent ici non pas tant pour la science que
pour le bon ton, et pour y trouver l'occasion d'apprendre le français »
(p. 10).

« Quelle que soit encore l'utilité de l'allemand à qui veut vivre
ici, on peut bien dire que *c'est la langue française qui domine. Car
tout le monde parle français, mais tout le monde ne parle pas allemand* » (p. 18).

Ehrmann semble exprimer le contraire, mais ses observations
aboutissent, peu s'en faut, à la même conclusion : « Ici l'allemand
est encore la langue dominante, la langue courante des artisans et
de la plèbe. Mais la plupart des gens du monde étant Français, et
les Français mêlés à toutes les professions, leur langue devient
indispensable aux boutiquiers, aux commerçants, aux ouvriers, et à
plus forte raison aux juristes et aux médecins. *On trouve bien peu
de Strasbourgeois qui ne sachent pas parler français.* Ils étudient
plus soigneusement la langue française que l'allemande, estimant
que leur affreux patois suffit, et puis ils se rendent compte de la
nécessité du français. Au reste cela leur est bien facile : les Français se
trouvent en grand nombre ici, et *les Strasbourgeois parlent beaucoup
et très bien le français.* Tous les étudiants sentent qu'il leur faut
posséder cette langue et pas seulement savoir converser ou rédiger
une lettre. C'est tout profit pour le français, et détriment pour
l'allemand. Il faut ajouter que les catholiques alsaciens ne se soucient

---

1. Voir *Skizzen, Szenen und Bemerkungen auf einer Reise durch Frankreich* gesammelt
von Heinrich Storch. Heidelberg, 1787. — *Briefe eines reisenden Deutschen an seinen
Bruder in H****. Francfurt und Leipzig, 1789, dans Bastier, *Strasb. vu par deux touristes
allemands.*

pour ainsi dire pas de la langue allemande et négligent absolument
notre littérature » (p. 368-370).

Le certificat portant qu'ils « parlent très bien », accordé aux
Strasbourgeois, me paraît un peu indulgent. Il y en avait bon nombre,
j'imagine, qui, même après de bonnes études, l'écrivaient comme
Madame Braconnot, née Richard : Voici sa prose savoureuse, où, à
travers son orthographe, se reflète son accent (Hoffmann, *L'Als. au*
xviiie s., p. 115) : « Mon cher mari, Nous sommes arivez vengt cest
par un voituriée de recõmantation de M. et madame lambrecht, et
le couré de reichshoffen, nous a compéné jousqua nederpron, nous
somme logez aux sollet, que le capardiée et un girugin et mon
medeceins, jedemeur dans la même maisons qui et sous non Petri
qui a bocup datantion pour moi, nous nous somme dega truvez
jousqua trent persons, les premierz jours mon coudez bien de la
paine, de miaccudimee, de toute fason, sour tous les os qui son un
cou comme un medecins, mes a presaus je boa jusqu'à trois bou-
telle par jour, et il mes pourge jousqua deux foi dans la madinee,
jay commencé le lundy aprendre le premié pain, je serez dega plus
avangee si je navez pas été oppligé de me pourgé à mon arivé,
nous somme obligé d'aller jousqua dun demilieu pour adanter la
ste messe, parce quill il a que par cuins jours un icy, la pauver agt
et a plendre pour les jours maiquer, elle a mangé le samedy gra ;
elle et enpaine le couré dicy ne veux pas lui permettre danmangé,
m. Graf et m. Laft qui on bocup datantion pour moy, vit
soulspach, pour les diverdissement, on voix ni margans ni autre
diverdissement, tous et comme mor, madame la paronne de derikein
me de moine plus de polides que les straspourrin, je suis la seul
catolig icy, je ne ses si vous pourez lire ma lettre, jay dans de
jos a vous dire, mais je crain de vous einpassiendée, je souhait
de tous mon cœur que ma lettre vous trouf en bonne sandez, des
compliment a m. le couré et a m. dupoi et devos et adouse et celse
qui demanderon apres moi, je recomment a mes fille d'avoir soins
du menage, mademoiselle agat vous present de ses respect de
meme M. le couré, je nay pas encor voix m. crous, mais jay passé
par neuxpour, nous avon dinee jay eux, qui nous on demoinnee bien
d'amidié ; je vous embrasse de dous mon cœur mon cher mari ».

EN PROVINCE. — Pour le reste de la province, le jugement doit être
extrêmement réservé. L'*Elsæssischer Patriot*, en 1776, prétend
que le français est compris non seulement dans les villes mais dans
les villages et parlé par presque tout le monde. C'est certainement
exagéré. Horrer (*Dict.*, au mot Alsace) est du reste un peu moins

affirmatif, en 1787 : « La langue française, dit-il, est aujourd'hui la langue ordinaire de tout ce qui est au dessus du petit peuple ; elle s'est même introduite dans les villages au point que tout Français peut s'y faire comprendre et qu'une partie des gens de la campagne le parlent de manière au moins à se faire entendre »[1]. Madame d'Oberkirch paraît plus véridique, quand elle dit dans ses *Mémoires* : « Les gens de basse classe savent généralement peu le français » (I, 157, dans Hoffmann, *o. c.*, II, 24)[2].

Un voyageur qui traversera le pays quelques années plus tard écrira : « Dois-je t'exprimer mon étonnement de trouver que dans une province de cette France qui veut passer pour éclairée, les enfants des protestants aussi bien que des catholiques, à la campagne, en 1790, je dis bien 1790, apprennent encore très rarement à écrire, à lire et à calculer ! Oui, les maîtres d'école ne sont ici que de misérables paysans, ignorants et corrompus, ou des cochers, des palfreniers congédiés dans quelque ville, ou bien quelques anciens décroteurs, ou quelques gueux de domestiques ; bref on les compte ici parmi les hommes de la classe la plus abjecte »[3]. On objectera que c'est là un état qui a suivi la désorganisation révolutionnaire. Nullement. Dès l'ancien régime beaucoup des pauvres hères « loués » pour l'hiver étaient obligés d'exercer en même temps une autre profession. A Ferrette, en 1786, le maître, un nommé Richard, vieux et infirme, se faisait remplacer quelquefois par son fils, la plupart du temps par deux de ses filles, repasseuses et couturières de leur état[4].

Et puis le zèle même n'eût pas remplacé les connaissances nécessaires. Vincent Loquet, sergent d'invalides et maître de français à Colmar, écrit *vat à l'école*. Reine Lissandre, institutrice libre à Colmar : « *étante dans mon écol ; mais il ne si en ay point trouvé qui ay faite leurs premières communions, mes écolières étante toujours trop jeune* »[5].

Les municipalités ne se convertissaient que très lentement à l'idée de faire enseigner le français. C'était un luxe superflu. Celle d'Isenheim trouvait fort inutile encore, en 1789, d'avoir un maître d'école

1. Cf. Expilly, *Dict. géogr.*, I, 182 : « La langue françoise s'est introduite non seulement dans les villes, mais encore dans les villages ; et il n'est personne au-dessus du commun qui ne parle françois assez bien pour se faire entendre ».
2. D'après Rod. Reuss, la connaissance du français était encore peu répandue à la veille de la Révolution. L'auteur conteste l'assertion des *Lettres d'Alsace* (1764), suivant lesquelles « il n'est personne au dessus du commun qui ne parle assez bien français pour se faire comprendre ». Il n'accepte pas plus le témoignage du bailli de Wasselonne, Horrer (*Inst. prim. en Als. pendant la Révol.*, p. 24).
3. *Reise ein. Englænd. durch ein. Th. von Elsass*. Amsterd. et Stockh., 1798, dans Hoffmann, *L'Alsace au XVIIIe siècle*, 1906, II, 53.
4. Hoffmann, *o. c.*, II, 57.
5. Id., *Ib.* II, 4, n. 1.

sachant, outre l'allemand, le français et le latin. Elle était d'avis que
« dans un village composé de laboureurs et de journaliers, les langues
française et latine, étaient un superflu pour un maître d'école... que
cette instruction ne ferait que perdre à un maître d'école un temps
précieux qui le distrairait d'occupations plus essentielles pour la
jeunesse qui lui est confiée » (Rapport de l'Ad°ⁿ supérieure ; la délibération municipale déclarait seulement le français : unnötig ;
Arch. H.-Als., 1286, E, dans Hoffmann, o. c., II, 15-16).

Dans presque toutes les écoles, l'enseignement se donnait exclusivement en allemand. En Alsace, comme ailleurs, l'école, sous-
estimée, exclusivement destinée à former les enfants à la religion,
et à les munir de quelques connaissances pratiques élémentaires,
allait au plus court. Elle se servait de la langue courante ; elle n'eût
pas pu faire autrement.

C'est dans les villes seulement et dans les cinquante dernières
années du régime qu'à Colmar, à Sélestat, à Kaysersberg, à Thann,
à Guebviller, à Bischwiller, on voit l'un des proviseurs ou des maîtres
chargé d'enseigner le français (Hoffmann, o. c., II, 14)[1].

L'ADMINISTRATION ET LE FRANÇAIS. — J'ai parlé au tome V (p. 93 et
suiv.) de la tolérance que le gouvernement montra quand il s'agit
d'étendre à l'Alsace les mesures contenues dans l'Ordonnance de
Villers-Cotterets, et successivement appliquées à toutes les provinces.
Dans le personnel administratif on se plaignait de ces lenteurs,
comme le prouve un mémoire sur l'Alsace rédigé en 1735 par le
secrétaire de l'intendant Peloux (publié par Pfister, Rev. historiq.,
sept. 1916, p. 63) :

« La langue ordinaire du pays, y est-il dit, est l'allemand ; cependant les personnes distinguées de la province et la plus grande
partie des habitants des villes parlent assez bon français. Il y a une

---

1. A Reguisheim, l'Intendant ordonna, en 1756, d'élire un nouveau maître capable
d'enseigner les langues allemande et française. Celui de Ballendorff obtient en 1777
de s'adjoindre pour cela un « proviseur ». En 1771, à Ribeauvillé, en 1783 à Sundhof-
fen, le plan d'études fait une petite place à la lecture et à l'écriture en français. A Neuf-
Brisach l'enseignement français exista dès la fondation de la ville par les Français.
  La municipalité d'Erstein, petite ville rurale, s'assure un maître spécial de langue
française, natif de Remiremont, Grolain. Ce Grolain avait enseigné depuis 1785 dans
plusieurs villes, à Haguenau et à Niederbronn.
  Voici une annonce concernant l'école de Thann. Elle nous indique la place que le
français tenait dans le programme :
  « Le Public est averti que l'office de maître d'Ecole français de la ville de Thann qui
est à la nomination du Magistrat de la dite ville, sera donné au concours en présence
du Magistrat et du Sr. Curé aux conditions suivantes :
  « ... 2° Qu'ils soient en état d'enseigner la langue française, l'écriture, l'orthographe, la lecture par principes ainsi que l'arithmétique, et l'instruction sur la Religion
Catholique, apostolique et romaine. Les principes de la langue latine jusqu'en 3ᵉ inclu-
sivement » (Aff. de Strasb., 29 juillet 1789, p. 236). Thann était privilégiée.

Déclaration du roy et un arrêt du conseil d'Etat du 30 janvier 1685
portant que tous les actes publics, soit volontaires, soit de justice,
seraient rédigés en langue française ; mais cet arrêt n'a pas eu son
entière exécution ; ce serait pourtant ce qu'on pourrait faire de
mieux que d'obliger les habitants de ce pays à parler la langue de
leur souverain, et, pour cet effet, il conviendrait de renouveler
l'arrêt... et ne point faire, comme il a été d'usage, traduire en
allemand, à côté du français, les édits, déclarations, arrêts et
ordonnances que l'on fait publier, comme aussi d'ordonner que les
maîtres d'école, dans chaque communauté, ne seraient point reçus
à l'avenir qu'ils ne sussent la langue française, avec injonction à
eux de l'enseigner à leurs élèves. Rien n'est certainement plus
capable d'entretenir l'union et la bonne intelligence entre les
peuples et l'affection pour la personne de leur souverain que de
les faire parler la même langue. En se détachant de l'allemand pour
s'appliquer au français, ils se déferaient plus aisément des préventions et de l'éloignement qu'ils ont pour la nation française ; car,
quoique ce peuple paraisse très attaché à son souverain, on sait que
la plupart des habitants de l'Alsace ont encore l'aigle gravé dans le
cœur, et ne se défont qu'avec peine des idées d'indépendance et
faux préjugés que la naissance semble leur donner. Cependant il
est de conséquence que cette langue devienne commune en Alsace,
n'y ayant point de lien plus propre à unir les peuples ensemble et
leur inspirer l'affection à la domination française. D'ailleurs il est
d'une dangereuse conséquence que des Allemands donnent à la
jeunesse des principes, puisqu'ils ne peuvent guère être détachés
de la prévention et de la passion que l'on a toujours remarquées
dans cette nation contre la France. Cette raison n'a pas peu
contribué à faire défense d'y recevoir des religieux étrangers,
comme on l'a dit ci-dessus » (p. 88).

Le 16 juillet 1786, le Conseil souverain d'Alsace exigea que tous
les actes de procédure fussent en français[1]. Les significations, dans
les seigneuries, donnaient lieu à de grandes difficultés. Les sergents
ne savaient pas le français. On leur permit de se faire accompagner.
L'Intendant, dans une lettre au Ministère, du 9 avril 1787, se plaint
à ce sujet : « La Chambre consultative a déjà produit de bons fruits,
dit-il, elle en eût produit de meilleurs si elle n'avait pas été trompée
souvent par ces gens-là (procureurs et praticiens) ; ils font prendre
(aux communautés) des délibérations en langue française et abusent

---

1. Voir les observations de O. Berger-Levrault dans le Catalogue des *Alsatica* de la
Bibliothèque de O. Berger-Levrault, 2ᵉ part., Introd., p. v-vii, sur l'usage des deux
langues dans les documents officiels imprimés.

de leur ignorance dans cette langue pour insérer dans ces délibérations des choses contraires à la vérité des faits, mais même à faire
parler les communautés contre leur véritable intention » (Arch. B.-
Als., 403, E, dans Hoffmann, o. c., II, 15).

Il suffit de jeter les yeux sur les archives de tout ordre pour constater que l'administration et la justice demeurèrent jusqu'au bout,
par nécessité, tout allemandes. C'est de ce point de vue surtout que
le mot de Blessig, parlant des Alsaciens, est juste : *Deutsche unter
französischer Botmæssigkeit,* Des Allemands sous la souveraineté
française.

IMPOSSIBILITÉ D'UN JUGEMENT D'ENSEMBLE. — J'aurai l'occasion de
citer dans le volume qui traitera de l'époque révolutionnaire, divers
faits et documents. Je donnerai ici seulement deux phrases. Elles
sont décisives, chacune en sens contraire :

1° La partie la plus considérable des habitans de la province d'Alsace est composée d'Allemands. Tout le petit peuple des villes, et
le plus grand nombre des habitants de la campagne, ignorent parfaitement l'usage de la langue française (*Rec. de pièces s. les pat.,*
Bib. Soc. Amis de P.-R., ms., pièce 16).

2° Il y a aujourd'hui très peu d'Alsaciens qui n'entendent le françois (*Let. du Cons. Souv. d'Alsace,* A. N., AA 32)[1].

Et il en est ainsi chaque fois qu'on veut considérer l'ensemble
du pays.

Il faudrait examiner les localités une à une, et d'abord les villes.
Colmar, seconde capitale, n'avait pas le même caractère que
Strasbourg. Ville de Cour judiciaire, plus gourmée peut-être, elle
n'en était pas moins avec son corps de magistrats, ses avocats, ses
procureurs, et tous les gens à la suite, un foyer de culture française. Les gens de loi sacrifiaient même aux Muses. Corberon, un
premier président, avait été compagnon de Regnard ; les noms
d'avocats tels que de Golbéry ou Chauffour sont restés.

Le P. de Suremont, muni d'une dotation de 20 000 livres d'une
ancienne élève, y restaura le couvent des Catherinettes. Dans sa
proposition au cardinal de Rohan, il écrit que « ce serait un grand

---

1. Cf. : « La langue commune des habitants de l'Alsace est l'allemande, qui dans la
partie basse du pays, surtout à Wissembourg et à Landau, est parlée plus purement que
dans la haute ; là pourtant beaucoup d'expressions essentiellement allemandes inconnues
ailleurs, se rencontrent.

« Dans quelques endroits du Wasgau, un patois roman est en usage, qui diffère
remarquablement du pur français ; on l'appelle patois et on le parle dans 176 localités.

« La langue française n'est pas comprise seulement dans les villes, mais aussi dans
les villages et parlée presque par un chacun » [Sigismund Blessig], *Hist. et descr. de
l'Alsace...* Bâle, 1782, XLV (en all.).

avantage pour les habitants de Colmar et de toutes les villes de
la Haute-Alsace, où aucun monastère ne tient de pensionnaires
et n'enseigne la jeunesse de sorte qu'ils sont obligés d'envoyer
leurs filles en Lorraine ou en Franche-Comté pour y apprendre le
français » (1er janvier 1733). Toutefois les témoignages sur les résultats obtenus sont absolument contradictoires : Colmar est une ville
« toute allemande, le peuple n'y entend pas un mot de français et
n'a rien de nos modes ou de nos usages », dit un témoin (*Premier
grand voyage avec Caroline Tullié*, part. 7 et 8, 1789, dans Hoffmann,
o. c., II, 16, n. 2). Au contraire : A Colmar « la langue françoise
est la seule en usage à cause du conseil où tout se traite en cette
langue » affirme l'autre (Expilly ; cf. dans Notes de Coq. de Montbret, ms. Rouen, 721, 94). Les deux observateurs ont probablement
considéré des milieux différents.

  « Dans Saverne, dit Young, je me trouvai, selon toutes les apparences, en Allemagne. Pendant les deux derniers jours, tout tendoit
à un changement ; mais ici il n'y a pas une personne sur cent qui parle
français » (*Voy.*, I, 413). Et cependant c'était le pays des Rohans.

  Leuillot constatant de son côté (Bib. Fac. Strasb., *Jacob. de Colm.*,
p. 155) combien les renseignements sur l'état linguistique des différentes localités d'Alsace en 1789 sont contradictoires et incomplets,
dit à ce propos : Véron-Réville fait cette remarque d'une valeur générale : « au moment où éclatait la révolution, en 1789, on ne comptait
guère qu'un Alsacien sur 300 possédant l'usage du français ». Seules,
des monographies locales permettraient de faire les distinctions
nécessaires. Dans le comté de Horbourg et la seigneurie de
Riquewihr, « on peut poser en fait qu'en 1789 les 5/6 de la population savaient écrire l'allemand, l'allemand et non pas le français »
(Id., p. 197 ; cf. Pfister, *Le comté de Horbourg...*, Rev. d'Al., 1888,
p. 399). A Massevaux, l'enseignement du français était couramment pratiqué dès la fin du xviiie siècle (d'après une communication
de M. E. Campagnac à l'assemblée annuelle de la Société des Études
Robespierristes, 1921).

  Sans prétendre donner un exemple, mais plutôt pour appeler
l'attention sur les résultats auxquels les recherches pourraient conduire, je donnerai ici quelques détails sur une ville : Sélestat[1].

  Le premier document français qui figure dans les Archives de
Sélestat est une lettre du 2e octobre 1687, adressée à Mgr (l'évêque
de Strasbourg) par les Magistrats (A. M., B.B. 27, p. 31).

---

1. Je remercie ici M. Bastier, sous-préfet, et M. Dorland, le savant historien de
Sélestat, conseiller à la Cour de Colmar, des précieux renseignements qu'ils m'ont
fournis, sur lesquels est fondé tout mon exposé.

A la St-Michel 1700. Lettre écrite à Mgr Barbesieux, Ministre et Secrre d'estat (A. M., B.B. 10, Ratsbuch, IV):

Les magistrats demandent que la dernière place de bourgmestre soit « remplie par l'election ordinaire et accoustumée estant necessaire pour le service du Roy et celuy du public qu'il y soit choisy un suiect qui ayt les qualités requises et surtout l'usage des deux langues pour bien exercer cette charge. Et nous et toute nostre bourgeoisie en seront infiniment obligéz à vostre Grandeur ».

En 1749, le recteur de la paroisse se plaint au Cardinal de Rohan qu'il ne soit donné aucun enseignement du français au collège des Jésuites : « C'est une occasion de faire un bien infini à la ville en obligeant le supérieur de donner toujours au collège des sujets du Royaume qui enseigneroient les deux langues ». En 1769, après le départ des Jésuites, les Récollets prennent en main le collège, où français, allemand et latin sont en usage.

Dans les petites écoles, qui sont allemandes, on voit les maîtres, au xvIIIe siècle, donner des rudiments du français. En mai 1686 avait été fondée une école française. En 1717 le nombre des élèves avait crû au point qu'on augmenta les appointements du maître, auxquels on ajouta encore en 1755 (A. M., B.B. 12, 12-13). Il faudrait savoir si les élèves n'étaient pas surtout des enfants des familles françaises.

Les villages environnants n'ont point d'écoles de français. A peine si dans de gros bourgs comme Chatenois, un maître donne quelques notions de cette langue.

Il faut ajouter qu'on envoie souvent les jeunes gens en pays français.

Dans la vie religieuse le français se fait une place dès 1649 ; il le fallait bien en raison de la présence d'une garnison. Jésuites et Capucins se disputèrent le rôle de prédicateurs jusqu'au xvIIIe siècle où le clergé séculier s'en empara.

Les actes administratifs locaux sont en allemand jusqu'en 1760. A partir de cette époque ils deviennent bilingues.

Mais dès 1685 les délibérations du magistrat, ses jugements sont en français ; on tolère l'allemand jusqu'en 1750. Les comptes de la municipalité sont en français depuis 1700, les registres de l'état-civil en français de 1685 à 1719, à partir de cette date en latin.

Le service des postes est dirigé par une administration française. Tous les maîtres de poste sont des Français venus de l'intérieur. Il y a dans la ville des salons, comme celui de la baronne d'Oberkirch, où on se tient au courant des moindres nouvelles de Paris. Les voyages en Lorraine et en Comté sont fréquents.

L'arrivée de Louis XV en 1744 est l'occasion d'une explosion de sentiments français. Je pleurais de joie, dit un chroniqueur du temps, je ne sais pourquoi.

Il faut ajouter pour terminer que dans une petite ville de 9650 habitants, la présence d'une garnison composée de deux bataillons d'infanterie, d'un régiment de cavalerie, sans parler de l'état-major, des employés d'administration attachés aux magasins imposait pour ainsi dire à tous les commerçants l'apprentissage d'un peu de français.

Les officiers donnaient le ton. En 1721 déjà ils jouaient du Racine au poêle des Tonneliers.

En octobre 1750 les officiers de Nassau-Sarrebrück donnaient à l'Hôtel de Ville deux pièces de Voltaire, dont *Nanine*. A partir de cette date des troupes de passage viennent jouer presque tous les hivers des pièces françaises[1].

Leur congé obtenu, beaucoup d'anciens soldats s'établissaient dans la ville, où ils exerçaient les métiers les plus différents. Tous les hôtels et auberges avaient fini par être entre les mains d'anciens cuisiniers français retraités. C'est à mes yeux l'élément essentiel, le ferment de francisation. Ailleurs, comme à Thann, c'est l'industrie qui a agi. Mais on comprendra que nous ne soyons pas en état de dresser un tableau qui ne pourra être exact qu'à condition d'être très complet et très nuancé.

Les villages eux, sauf des exceptions tout à fait rares, étaient restés à peu près complètement étrangers à la francisation. Un fait le montrera.

En juillet 1777, soixante paysans d'Alsace apportèrent au roi leurs doléances contre l'intendant de la province ; le placet était en allemand, aucun des délégués ne savait un mot de français, on ne comprenait pas ce qu'ils voulaient ; force fut d'aller chercher un garde du corps, qui servit d'interprète[2].

---

1. En 1789 il arrive même un incident curieux.

Le régiment qui tient garnison à Sélestat — sans préjudice des chasseurs de Champagne — est *La Mark*, régiment allemand, c'est-à-dire dont les officiers appartiennent pour la plupart à des familles plus ou moins vassales de princes allemands possessionnés en Alsace.

Ces officiers veulent organiser des représentations théâtrales de pièces allemandes avec des acteurs allemands. Le magistrat s'y refuse. Ils portent plainte au maréchal de Stainville, gouverneur d'Alsace, auquel le magistrat sommé de motiver son refus répond : « nous ne nous attendions pas au vif intérêt que prendrait la garnison à de mauvais comédiens allemands, en le déférant (le cas) à votre autorité ».

2. De Lescure, *Corresp. secrète inédite sur Louis XVI, Marie-Antoinette, la Cour et la Ville*, t. I, p. 80.

CHAPITRE VII

LA LORRAINE DITE ALLEMANDE

LE BAILLIAGE D'ALLEMAGNE[1]. — Le cas de la Lorraine est tout spécial. C'est celui d'une province dont les ducs, depuis des siècles, comme ceux de Bourgogne, parlaient français, mais qui comprenait quelques subdivisions de langue allemande dites « bailliage d'Allemagne ».

Dans la partie qui était de langue française, la situation était la même que dans des provinces depuis longtemps réunies à la France. Dans les villes, la « société » parlait français[2], le peuple patois, comme dans les villages : « Les gentilshommes et bourgeois vivent à la françoise et envoyent la plus part leurs enfans à Paris pour faire tous leurs exercices soit d'Epée soit pour faire leurs estudes, soit pour la pratique, ou meme pour apprendre la langue françoise ».

« Leur langue ordinaire est le lorrain, ou pour mieux dire un langage fort grossier et corrompu. Ils tiennent presque tous un peu de ce langage, tenant des Allemands dont ils sont voisins » (*Mém. de M. de St-Contest, intendant des Trois Evéchés, de 1701 à 1715, sur la généralté.* Bib. Nancy, ms. 455, p. 102-104).

« On parle allemand dans quelques villages comme à Ennery et Ecury, dans les chasteaux et garnisons pour le Roy du costé de Thionville, à Hagondage et Hoconcourt, à deux lieues de la mesme ville. Il y a aussi dans l'Eveché de Metz plusieurs autres lieux qui usent de la langue allemande » (*Ib.*).

Le nombre de ces villages de langue allemande avait décru au XVIIe siècle. En effet, comme le dit M. Parisot, pendant la guerre de Trente Ans, beaucoup de localités de langue allemande, situées entre la Seille, la Nied et la Sarre, perdirent tous leurs habitants. Ceux

1. Sur cette expression, et sur ce sujet en général, voir G. May, *La lutte p. le fr. en Lorraine*, Paris, 1912, p. 23 et suiv.
2. Du temps du roi Stanislas il y avait à Lunéville un théâtre de comédie gratuite (Jam.-Duval, *o. c.*, I, 106).

qui ne furent pas massacrés périrent soit de la peste, soit de la famine, ou bien allèrent chercher ailleurs un refuge. Durant la seconde occupation française, le gouvernement de Louis XIV fit venir pour repeupler ces localités désertes, des colons de la Picardie, du Vermandois et d'autres provinces du royaume. Ces nouveaux habitants ne parlaient que le français, et leurs descendants gardèrent la langue de leurs ancêtres; c'est ainsi que, jusqu'en 1870, le français demeura seul en usage dans des villages dont le nom germanique rappelait que jadis ils avaient été occupés par une population de langue allemande[1].

Dans le reste, aucune influence ne pouvait intervenir. Point de noblesse, à peine une bourgeoisie, des gens de campagne que tout retenait dans l'orbite allemande, leurs rapports de voisinage comme leur origine.

ATTITUDE DU POUVOIR. — Les ducs indigènes n'eurent aucun souci d'unifier la langue dans leur Etat. Quoique l'ordonnance de Villers-Cotterets fit allusion à ce qui se passait en Lorraine, à la vérité on y avait laissé subsister les usages[2].

L'enseignement, quand il ne se donnait pas en latin, comportait l'allemand tout aussi bien que le français. Le duc François II, à l'occasion de la fondation d'un collège à Bockenheim (Saar-Union), exprima nettement son intention que la langue allemande fût entretenue, voire cultivée, le mieux qu'il se pourrait « en faveur de ses sujets allemands qui sont environ le tiers des habitants de Lorraine »[3] (1er déc. 1630).

Mais de façon générale, le latin ne céda que peu à peu, en Lorraine, comme ailleurs[4], aux langues vulgaires. Il n'y a pas à tenir compte de la création d'une chaire de chirurgie par le Duc à l'Université de Pont-à-Mousson, le 18 février 1707. Partout les modestes chirurgiens étaient indignes des humanités. C'étaient des gens de pratique, rien de plus. La chaire de droit français, instituée le 1er octobre 1694, avait une autre importance, mais elle fut supprimée en 1699.

Les petites écoles, là où il y en avait, restèrent allemandes, en pays français, en plein xviiie siècle. Dans les cantons où on parlait

---

1. Parisot, *Hist. de Lorraine*, Paris, 1922, t. II, 264.
2. Les Coutumes du Duché, approuvées par les États, furent publiées en langue française, en 1595.
3. Voir G. May, *o. c.*, 39-40. Le conventionnel Karcher sortait de ce collège (Benoît, *Prot. lorr.*, 69).
4. D'après Digot, c'est au xiiie siècle que le français pénètre dans les chartes (*Hist. de Lorraine*, II, 173).

un dialecte roman, ce patois tint bon lui aussi. A vrai dire, du xviie au xviiie siècle, il recula un peu. Les occupations françaises successives, puis l'annexion du pays par la France tendirent à le faire disparaître de l'usage des bourgeois des villes. Mais il resta en possession des villages.

Le duc Stanislas. — En 1735, quand la province passa des mains de ses maîtres héréditaires sous le gouvernement de l'ancien roi de Pologne, Stanislas, si la situation ne put changer brusquement, les directions changèrent. L'intendant que la France avait placé auprès du Roi et dont l'intention était naturellement de préparer l'incorporation à la France, remontra au Duc-Roi les avantages qu'il y aurait d'étendre dès ce moment à la Lorraine les mesures qu'on prenait partout et de supprimer un « abus contraire à l'uniformité d'idiome nécessaire entre les sujets d'une même souveraineté ». Le 27 septembre 1748, Stanislas ordonna qu'on fît en français, à peine de nullité et d'amende, toutes les procédures devant les juges du bailliage d'Allemagne et tous autres de la souveraineté du Duché, ainsi que tous les actes, contrats, et leurs expéditions et copies[1].

Cet édit ne passa pas sans protestations[2]. Mais, comme les résistances n'avaient que peu de raisons d'être, elles furent sans importance et il n'y a aucune relation, quoi qu'on en ait dit, entre cet acte et une émigration causée par la misère, qui est antérieure. On sait avec quelle circonspection et quelle mollesse ces prescriptions de style étaient appliquées partout. Il en fut en Lorraine comme ailleurs. Ni l'État ni l'Église ne se souciaient d'entrer à ce sujet en lutte avec les populations. Un arrêt du Parlement de Nancy, le 24 août 1778, ordonna qu'on fît les rap-

1. *Rec. des Ordonn... de Lorraine*, de S. M. le Roy de Pologne, Nancy, t. VIII, 241-242. Cf. Durival, *Descr. de la Lorr.*, 1788, I, 197.

2. M. May a retrouvé un Mémoire fort intéressant (A. N. Lorraine, K. 1193, nos 63-64) auquel est jointe une lettre d'envoi datée de Versailles 11 avril 1769, signée de Maupeou, par laquelle le chancelier adresse le ms. à l'intendant de la Galaizière. L'édit, fait-on observer, est en opposition avec les intérêts des habitants qui n'ont jamais eu la moindre notion de la langue française. A l'égard des procédures et jugements qui devraient désormais être rédigés « dans une langue qui leur est absolument étrangère », il faudrait, pour instruire les affaires, faire venir de très loin des avocats, et les plaideurs ne seraient jamais persuadés que leurs différends ont été suffisamment exposés, discutés et jugés. Pour les actes notariés, les inconvénients seraient plus graves encore. Les particuliers refuseront de les faire, parce qu'ils ne pourront s'assurer par eux-mêmes de la fidélité de l'acte. Ils en seront réduits aux actes verbaux, beaucoup moins sûrs. Le mémoire conclut en demandant qu'on accorde aux Lorrains le même traitement qu'aux Alsaciens, « que le Roy laisse libres dans l'administration de la justice en allemand ». Il importe peu, dit-il « dans quelle langue ces sujets font leurs actes et procédures, dès qu'ils n'y peuvent nuire à qui que ce soit » (*o. c.*, p. 42-43).

ports en allemand dans les justices seigneuriales de la Lorraine allemande[1].

En 1788, le bureau intermédiaire de Boulay avait fait afficher les décisions de l'assemblée provinciale et les siennes propres en français et en allemand. D'autre part, le dernier des évêques messins de l'ancienne monarchie, Mgr de Montmorency-Laval, autorisa les habitants des paroisses de son diocèse où l'on parlait l'allemand, à chanter des hymnes en cette langue[2].

Aussi les cahiers de doléances de 1789 ne formulent-ils pas de protestation contre l'ordre de choses établi théoriquement. Ceux de plusieurs paroisses, Winzweiler, Silvange et Weiler, par exemple, demandent seulement la traduction des ordonnances en allemand, seule langue comprise par les habitants[3].

Il est bien vrai qu'il y eut quelques velléités d'enseigner le français. Des subdélégués de l'intendant jugeaient, dix ans après la réunion à la France, qu'il y avait un effort à faire : « Il y a dans cette partie de la province, dit l'un d'eux, un grand nombre de villages allemands, où les Maîtres d'École ne savent pas même le français »[4]. Aussi ces fonctionnaires souhaitent-ils qu'on donne la préférence aux personnes qui savent les deux langues. « A ce moïen, les habitans de la campagne seront à portée d'apprendre ce que l'on exige d'eux, par les différentes loix et ordonnances qui leur sont adressées et dont ils n'apprennent presque jamais la teneur, pour n'avoir personne, pas même le curé, qui soit en état de leur en donner lecture, encore moins l'interprétation »[5]. Mais ce sont là des souhaits, rien de plus.

Pourtant le mouvement allait son train, de lui-même. Il existe des preuves que les villes, même petites, devenaient toutes françaises.

1. Rec. des Ord^{ces} de Lorraine, XIV, 155.
2. Parisot, Hist. de Lorr., II, 262.
3. Id., Ib., II, 264.
4. Rapport à l'Intendant du subdélégué de Tholey, M. Tailleur, 25 août 1779, dans Creutzer, Des Intendants de Lorr. et de leur action sur l'instruct. primaire, Nancy, 1884, p. 22.
5. Subdélégué de Sarreguemines, 8 avril 1780. Ib., 22.
Dans sa Statistique, le Préfet de la Meurthe, Marquis, exposera ainsi les faits : « Le caractère des habitans tient le milieu entre le flegme allemand et la legereté française. Cette combinaison est due tant à sa position géographique qu'au melange des colons qu'on y a successivement appellés pour repeupler la Lorraine dans le siècle dernier et qui venoient les premiers de l'Alsace les autres des principautés d'Allemagne les plus voisines, tandis que la Champagne, la Bourgogne reversoient d'un autre côté le superflu de leur population, enfin dans la partie du N. E. qui dépend de l'Empire germanique, tous les habitans sont de race allemande ; cette langue est toujours la seule que l'on y parle dans les campagnes...
« Aujourd'hui même, les départements du Rhin et la Souabe fournissent beaucoup d'ouvriers dans nos villes et dans nos manufactures. C'est surtout parmi les cordonniers, les tailleurs, les boulangers, les marechaux et les tisserands que l'on trouve le plus de ces étrangers » (in-f°, 133-134).

C'est le cas de Thionville. Un témoin rapporte à ce sujet l'anecdote suivante : En 1750, la municipalité de cette ville, se trouvant dans le cas de consulter ses protocoles du milieu du siècle précédent, ne trouva qu'un seul habitant instruit, un réformé du régiment allemand de Rosen, en état de les entendre, parce qu'ils étaient en allemand (Col. Frey, *Lett. à Grégoire*, p. 327, n° 7). L'anecdote est d'une authenticité douteuse, mais, dans son excellente *Histoire linguistique de Thionville*[1], Paul Lévy a fourni d'autres témoignages, qui témoignent du progrès du français, en particulier celui de R. de Hesseln (*Dict. univ. de la France*, 1761, vi, 312) : « Il n'y a plus que les anciens et le peuple qui y parlent la langue Allemande, la garnison et les autres parlent communément la langue Françoise ». Et voici la cause : « L'argent que les troupes y répandent, contribue davantage à leur subsistance que leur commerce et leurs fabriques qui ne consistent qu'en quelques bonnetteries et chapelleries ».

1. *Rev. des Ét. histor.*, oct.-déc. 1923. t. V, p. 441-442.

LIVRE V

QUELQUES RENSEIGNEMENTS SUR L'ÉTAT LINGUISTIQUE A LA FIN DE L'ANCIEN RÉGIME

CHAPITRE PREMIER

OBSERVATIONS SUR NOTRE ENQUÊTE

LES SOURCES. — Les renseignements précis sont fort rares. Il est par exemple extrêmement difficile de tirer des relations de voyage des indications sérieuses sur les parlers. Un homme comme Pœllnitz notera l'accent de Toulouse, qu'il trouve charmant sur la bouche des femmes. Il ne s'intéresse pas au langage des campagnards[1]. En cherchant bien longtemps, on ne ramasse que des faits individuels, anecdotiques, sans portée : la bonne savait le français ou l'ignorait, c'est tout. Parfois un de ces passants qui se croit quelque aptitude, applique son observation au parler local, il nous en fait un tableau à sa manière[2], pittoresque parfois, souvent

---

[1]. *Lett. et Mem.*, V, 212. Cf. « Le parler gras des Rouennais est venu au devant de nous avec un empressement dont nous lui savons peu de gré » (*Voy. d'un Fr.*, III, 459).

[2]. « Le patois roussillonnais, plein de termes espagnols, me plaît plus dans sa couleur méridionale, que l'idiome bigorrais et béarnais... Le langage est sans euphonie ; il est bien inférieur, sous tous les rapports, au patois languedocien de Montpellier. Tous ces idiomes populaires nous représentent encore l'époque de leur formation. Abandonnés, dès long-temps par les hommes d'état, les savants, les artistes, ils sont restés la langue exclusive du menu peuple... Le caractère principal de ces idiomes est l'abondance des diminutifs, ce qui prouve encore l'état d'enfance et le degré inférieur de civilisation de ceux qui en font un usage constant. La langue des Basques est le trait le plus incontestable de leur antiquité et de leur origine méridionale. Elle est pure de tout mélange. Un mot est souvent la description de l'objet. Ce mot est ainsi nécessairement composé de plusieurs éléments... L'abondance des voyelles donne au langage basque une euphonie qui dénote encore l'influence du Midi ; mais malheureusement cette langue est sans littérature... Le langage des Basques remonte à une époque indéterminée, au-delà de temps historiques. Ce peuple en a conservé la pureté, en se dérobant à toutes les causes qui altèrent la langue d'une nation » (M. Arbanère, *Tableau des Pyrénées Françaises*, t. II, p. 295-297).

ridicule, ainsi : [En Savoie] « la langue du pays est la Françoise, ou plutôt le Dauphinois mêlé de Provençal » (*Le voyageur françois,* XXV, 111).

Il faut faire un tout autre cas de certaines relations telles que celles de Young. Même quand elles se taisent sur la question du langage, il arrive qu'elles nous renseignent. En effet Young nous dit comment il fut reçu non seulement dans les châteaux, mais partout où il se présenta ; il nous dépeint les auberges et les tables d'hôte. Or, comme il a soin de noter quand il passe en pays de langue allemande ou bretonne, qu'il mentionne à l'occasion les gens qui s'entretiennent autour de lui en patois ou en jargon, il n'aurait certes pas manqué de nous dire qu'il ne put s'expliquer en français à tel ou tel endroit, faute par ses interlocuteurs de savoir cette langue. Il n'en souffle mot. Il faut donc conclure qu'il n'a pas eu de difficultés à ce sujet et que les gens le comprenaient, par suite qu'ils parlaient français. C'est un renseignement d'ordre général qui a sa valeur : On pouvait donc faire des randonnées à travers la France, et ne parler que français.

Il me semble qu'on est en droit aussi de se fonder parfois sur des raisonnements, et de tirer des renseignements sur le langage de faits qui ne semblent pas le concerner. Par exemple, quand des États provinciaux font distribuer aux administrateurs des communautés l'ouvrage de Parmentier sur les grains (1787), il n'est pas question de traduction. N'est-ce pas que les destinataires étaient réputés pour la plupart savoir le français ?

Des documents tels que les statistiques publiées sous l'Empire ou à la fin de la Révolution, et qui donnent, nous le verrons, une certaine attention à la question du langage, demeurent malheureusement encore bien imprécis. Voici par exemple le témoignage de Dieudonné : « Un français vicié par une mauvaise prononciation est le langage du peuple dans les arrondissemens de Lille, Douai, Cambrai et Avesnes ; dans ceux d'Hazebrouck et de Bergues, c'est l'idiome flamand, mais presque tous les habitants connaissent les deux langues » (*Statist.*, I, 73). Faut-il prendre le texte à la lettre ? S'agit-il vraiment de français patoisé ou de patois ?

Mais nous avons mieux que cela, c'est l'enquête de Grégoire, que j'ai déjà si souvent mise à profit. Elle a été entreprise pour des raisons sur lesquelles nous aurons à revenir. Le 13 août 1790, Grégoire avait envoyé par toute la France une circulaire contenant quarante-trois questions relatives au patois et aux mœurs des gens de la campagne. Certaines de ces questions sont d'un homme politique. La plupart n'eussent guère été présentées autrement, si elles étaient émanées d'un philologue occupé à se renseigner sur l'état linguistique de la France.

Il est bien évident que ces questions n'ont pas été adressées partout où elles auraient pu l'être utilement. Il est certain aussi qu'on a dû envoyer à Grégoire d'autres réponses que celles qui ont été publiées ou conservées, et dont j'ai étudié le recueil manuscrit.

D'autre part, quelque clair que fût le questionnaire, il n'a pas été tout à fait et toujours compris. La première question, essentielle pour nous : L'usage de la langue française est-il universel dans votre contrée? doit être rapprochée d'autres qui la précisent et qui sont les suivantes : Le parle-t-on (le patois) dans les villes ? (17). Quelle est l'étendue territoriale où il est usité? (18). Les campagnards savent-ils également s'énoncer en français? (19).

Il convient enfin de se servir avec critique des indications des correspondants de Grégoire, qui ont toutes sortes de partis pris, sont souvent très ignorants, ou se croient trop savants. Quel crédit accorder à ce correspondant poitevin qui répond que les paysans parlent français, et qui ajoute : « puisque leur langage ordinaire n'est qu'un français altéré et corrompu » ? Ces mots ôtent toute valeur à sa réponse (p. 273 et suiv.). Ces réserves faites, le recueil des *Lettres à Grégoire* constitue un ensemble incomparable de renseignements, le premier de ce genre.

Néanmoins les jugements qu'on peut se permettre sur l'état linguistique de la France d'alors doivent être extrêmement circonspects. D'abord il n'y a point ici de vérité générale. Non seulement on ne peut pas dire où en était une région, ou une province, mais on s'exposerait aux erreurs les plus grossières en prétendant caractériser la situation d'un diocèse. Les aperçus généraux sont interdits. Ce qui est vrai d'une classe dans une ville n'est pas vrai d'une autre, ce qui est exact pour la plaine ne l'est pas pour la montagne voisine. Un village vignoble, qui est aggloméré, où l'on dispute, où l'on bavarde, n'en est nullement au même point que la paroisse de laboureurs ou de pastoureaux, aux maisons isolées, où leurs occupations dispersent les habitants au lieu de les mettre en rapport.

PROGRÈS DU FRANÇAIS. — Ces réserves faites, on peut dire que sous l'influence des diverses causes que nous venons d'étudier le français progressait un peu tous les jours. Nous avons déjà produit divers témoins qui l'affirment. Un autre écrit : « Il (le patois) semble... tomber peu à peu en désuétude. Il y a vingt ans que personne ne parlait ici français. Aujourd'hui non seulement les citoyens aisés s'expriment dans la langue nationale, mais même un assez grand nombre d'individus parmi le peuple, si l'on excepte les campagnes éloignées des villes » (Carcassonne, *Ib.*, p. 19, nº 28). Comparez : « Insensiblement notre langue a gagné depuis une vingtaine d'années » (Rodez, *Ib.*, p. 59, nº 28). « Tournon... est peuplée de près de 4000 personnes, qui toutes entendent le français, et dont les plus pauvres ne le savent guère parler » (*Ib.*, p. 217).

CHAPITRE II

LE FRANÇAIS EN PAYS DE LANGUE D'OC ET SUR LES CONFINS

Voici les divers témoignages que j'ai pu recueillir :

QUATRE VALLÉES. — De Bagnères-de-Luchon : « Nous cherchons les paysans les plus intelligens et avons de longues conversations avec ceux qui entendent le français, car ils ne le comprennent pas tous ; le langage du pays est un mélange de catalan, de provençal et de français » (Young, *Voy.*, I, 66).

BIGORRE. — (Voir p. 234, n. 1.) Béranger ajoute : « Aux anciennes déclamations des Troubadours, restes de leurs pastourelles, ont succédé des représentations grotesques de nos chef-d'œuvres (*sic*) dramatiques. Ces pastourelles, proclamées à l'avance dans tous les marchés de la province, sont représentées en plein champ sur des tréteaux. Des villageois pour acteurs, la rudesse de leurs accens, leurs gestes forcés et leurs étranges fautes de langue forment une farce complète. Zaïre en barbe, ornée de tous les falbalas du canton »[1]. On parlait donc français tout de même dans ce pays.

GASCOGNE. — *Bordeaux.* — M. Bourciez s'est posé des questions auxquelles il ne semble pas avoir trouvé des réponses qui l'aient complètement satisfait : « dans quelle mesure, dit-il (le gascon), a-t-il servi aux rapports sociaux pendant le XVIe et surtout pendant le XVIIe siècle ? Voilà ce que nous savons mal... Des hommes qui vivaient vers la fin du siècle dernier nous ont rapporté que vers 1740 les grands négocians bordelais, c'est-à-dire les contemporains de Montesquieu, parlaient encore volontiers gascon entre eux et traitaient d'affaire en cet idiome : mais il n'en était déjà plus de même, paraît-il... aux approches de la grande période révolutionnaire » (*Bord.*, I, 96).

1. Bérenger, *Voyage dans les Pyrénées fr.*, p. 14.

Histoire de la langue française. VII.

20

Ensuite l'auteur cite un des correspondants de Grégoire les mieux informés et dont le témoignage paraît réellement fondé sur des faits : « Dans Bordeaux, dit Bernadau, le bas peuple y parle habituellement gascon, et les cris des marchands (excepté ceux qui sont étrangers) sont encore tous en patois. On le parle au marché, mais sans exception du français. Les harengères essaient surtout de le parler avec les acheteurs étrangers, et leur jargon devient alors plaisant. Il y a cinquante ans que les négociants parlaient volontiers gascon. Plusieurs anciens richards aiment encore à le parler. Maintenant il n'est dans la bouche que [des] harengères, des portefaix et des chambrières »[1].

En effet on pourrait alléguer nombre de faits prouvant qu'à Bordeaux le peuple continuait à parler gascon. Ainsi, à la fête donnée pour le retour des Parlementaires, une bouquetière doit parler. Elle demeure interdite. Alors une autre, s'avançant à la portière, dit en gascon : « Monseigneur, notre cœur l'a fait, permettez que nous le placions sur le vôtre » (Grellet-Dumazeau, *Société bordel. au XVIII*ᵉ, 403). On avait composé dans la ville des chansons en patois contre Tourny (Id., *Id.*, 158). Donc, même dans le monde qui pouvait s'intéresser à des choses d'administration, le parler local paraissait bon encore pour la satire.

Mont-de-Marsan. — « Le peuple le parle (le patois) généralement dans les villes. — Les campagnards ne savent pas s'énoncer en français, et ils l'entendent même assez peu ; néanmoins ce jargon a tant de rapport avec le français, qu'ils le saisissent très-facilement, avec un peu d'habitude » (*Lett. à Grég.*, p. 150, nᵒˢ 17 et 19).

Guyenne. — *Agen.* — « La langue française est devenue depuis quelque temps plus fréquente et plus commune dans nos contrées, mais il s'en faut bien que l'usage en soit universel. On parle généralement patois dans toutes les villes et campagnes, et l'on peut assurer, sans crainte de se tromper, que le français n'est parlé que dans les sociétés où l'on se pique d'avoir l'esprit cultivé. D'où il résulte que ce n'est que le très-petit nombre qui l'emploie » (Réponse des Amis de la Constitution, *Lett. à Grég.*, p. 107).

1. Pierre Bernadau est un ancien avocat au Parlement. Sa lettre est du 14 déc. 1790 (*Lett. à Grég.*, p. 136-137).

Cf. « On parle à Bordeaux deux langues, l'une dite le jargon du peuple, ou le patois, et l'autre, la françoise, à laquelle ils donnent un son tout particulier. Ce qui vient, sans doute, de l'amalgame de ces deux idiômes qu'ils marient assez ordinairement dans leurs conversations » (Maréch. Brune, *o. c.*, p. 65).

Le patois « est le langage ordinaire de nos villes et de nos campagnes ; il n'y a que très peu de personnes qui s'expriment autrement : on est même obligé de s'énoncer ainsi pour se faire entendre de ceux qui vivent avec nous et qui nous servent » (*Ib.*, p. 114).

« Il n'y a qu'un très-petit nombre de gens de la campagne qui parlent et entendent le français » (*Ib.*, p. 115).

Auch. — « L'usage de la langue française n'est non-seulement pas universel, mais encore il est fort rare de voir terminer une conversation, même entre les gens du meilleur ton et les plus instruits, qu'il ne s'y soit glissé un peu de patois. Les natifs y sont tellement habitués, qu'ils n'hésitent pas à s'en servir, même devant les étrangers qui ne peuvent les entendre. Or, si l'on préfère le patois dans les villes, dans les cercles les mieux choisis, l'on concevra aisément ce qu'il doit être à la campagne. Le paysan, soit riche, soit pauvre ; l'avocat, le notaire, le monsieur, le ci-devant noble, le curé lui-même, tout le monde parle patois. Ces gens-là ont bien tous un peu plus ou moins d'usage de la langue française, mais ils se sentent gênés en la parlant ; ils ont plus de facilité à s'exprimer en patois. Le paysan qui sait ou croit savoir lire parleroit volontiers français, mais il l'estropie si cruellement, qu'on est trop heureux de pouvoir le ramener bien vite à son patois » (Rép. des Amis de la Constitution, *Ib.*, p. 83-84, n° 1).

« On parle patois dans les villes, et beaucoup plus que l'on ne parle français. Cependant nous sommes forcé d'avouer que, depuis trente ans, on a fait beaucoup de progrès dans cette langue ; non seulement on la parle bien, mais il y a des gens, surtout à Auch, qui l'écrivent parfaitement » (*Ib.*, p. 90, n° 17).

« Nos campagnards sont enchantés de parler français, mais non entre eux ; il leur faut un étranger ou un monsieur ; alors la vanité les fait facilement se mettre en frais ; mais ils le parlent ridiculement. Et comment le parleraient-ils ? [Ils] ne le comprennent pas plus qu'ils ne l'entendent (sic), et ils ne l'entendent qu'autant qu'on leur parle très-doucement » (*Ib.*, n° 19). Un autre citoyen du même département écrit au contraire : « Notre contrée entend, parle, écrit assez bien et de mieux en mieux le français » (*Ib.*, p. 104).

Le professeur de grammaire générale de l'Ecole centrale du Lot, Rouziès, écrira en l'an VI : « Cependant la partie analytique et raisonnée de la grammaire ne suffit pas, lorsqu'on a pour élèves des jeunes citoyens qui n'ont apporté à l'École centrale aucun usage de la langue nationale, qui ne connaissent guère que le patois de leur pays » (A. N., F17 1344²).

Montauban. — L'usage du patois « était encore général dans la bonne société : nombre de lettres sont émaillées de citations dans la langue de nos aïeux »[1].

PÉRIGORD. — *Périgueux*. — « L'usage de la langue française est universel en Périgord, c'est-à-dire que les gens aisés la parlent habituellement, surtout dans les villes ; mais le petit peuple ne parle que le périgourdin... Il n'y a pas vingt ans ...c'était un ridicule de parler français, on appelait cela *francimander* ; aujourd'hui, au moins dans les villes, les bourgeois ne parlent que cet idiome, et tout le monde l'entend. Dans la campagne on ne peut guère que parler périgourdin, surtout au peuple, sur peine de ne pas être entendu » (Réponse de Fournier de la Charmie, lieutenant général de Périgueux, et député du Tiers à l'Assemblée nationale, *Lett. à Grég.*, p. 154-155).

LIMOUSIN. — « La langue française n'est en usage que dans les principales villes de la Haute-Vienne, sur les routes de communication et dans les châteaux ».

Les gens de la campagne entendent assez bien le français, mais « la plupart ont une difficulté insurmontable pour le parler » (Rép. de la Société des Amis de la Constitution, *Ib.*, p. 166 et 173).

Cf. « les enfants quittoient le françois a la porte du collège, c'est-à-dire une fois rentrés chez eux, ils n'entendoient parler que patois » (Béronie, *Dictionnaire,* notice).

MARCHE. — En l'an VII, le professeur de Grammaire générale de la Creuse, Cazalis, écrira : « les Élèves ne se sont pas trouvés en état d'écrire sous la dictée, ni de lire en public. Plusieurs sont venus de la campagne absolument bruts, avec l'accent et l'idiome patois, ils avoient quinze et seize ans » (A. N., F¹⁷ 1344²).

AUVERGNE. — Lors des élections de 1789, le nombre des gens qui ignorent le français est tel qu'on est obligé de leur expliquer en patois ce qu'on leur demande. Et l'évêque de Saint-Flour fait remarquer que ceux de la Basse Auvergne ne comprendront pas ceux de la Haute[2].

---

1. Galabert, *Un coin de la société montalbanaise du XVIIIᵉ s.*, dans *Bull. Arch. Tarn-et-Gar.*, 1908, p. 281.

2. Mège, *Les popul. de l'Auv. au début de 1789. Les Él. de 1789*, dans *Bull. hist. et scient. de l'Auv.*, 1905, cité par Brun, *Rech. hist.*, 473.

Cf. C'est à Gannat que commence le patois méridional, que j'appellerai langue d'Aquitaine ; mais il est encore très mêlé de français, plus on avance en Auvergne, plus le français se perd (Cᵗᵉ de Vaudreuil, *o. c.*, p. 52).

LIMAGNE. — *Maringues*. — « La langue française est bien loin d'être universelle, même dans les grandes villes, où presque tout le peuple a conservé un patois qui se diversifie à l'infini d'un village à l'autre, au point que tel paysan ne se fait que difficilement comprendre à trois ou quatre lieues de son domicile » (Rep. de la Société des Amis de la Constitution, *Lett. à Grég.*, p. 161-162, n. 1).

« Tout le monde y comprend le français dans l'usage habituel des relations sociales » (*Ib.*, p. 162, n° 2).

« On le parle (le français) beaucoup dans les villes » (*Ib.*, p. 163, n° 17).

LANGUEDOC. — « En Languedoc, le patois est usité partout. Les campagnards ne savent pas s'énoncer en français » (*Ib.*, p. 80-81, n° 18 et 19).

Carcassonne. — « Dans la ville et les villages circonvoisins, le peuple entend le français ; mais le plus grand nombre parle le patois. Dans les lieux plus éloignés, on ne parle que patois, et le français est moins entendu » (Réponse de la Société des Amis de la Constitution, *Ib.*, p. 15).

Toulouse. — « Les dames, en pleine ville, parlent le patois » (A. du Mège, *Hist. des Institut. de la ville de Toulouse*, I, 111, dans Brun, *o. c.*, 64-70 ; cf. Marlin, *Voy. en France et pays circonvoisins*, II, 56).

En l'an VIII, le professeur de Grammaire générale de l'École centrale de Haute-Garonne, écrira (28 vendém^re) : « il est fâcheux que la pluspart des jeunes gens qui se rendent a mon école, n'aient fait aucune étude qui puisse les disposer à saisir facilement mes explications. Destinés au commerce ou à la culture des Arts, ils franchissent la classe des langues anciennes et ne connoissent de leur Langue que le jargon Barbare qu'on parle dans leurs familles » (A. N., F^17 1344^2).

Montpellier. — « Quoique les sermons, instructions, discours, playdoiries, les arrêts, jugements, les actes, conventions, en un mot, toutes sortes d'écrits soient faits en françois, cependant le langage ordinaire des habitans est un patois doux, moelleux, et en même temps fort expressif... L'on a plaisir d'entendre parler les femmes et les filles dans ce jargon qui donne des saillies fort vives à leur conversation... Ce qu'il y a de singulier, c'est que les personnes qui écrivent trés bien en françois ne pourroient tenir une conversation de deux heures en cette langue, sans y meler quelque periode de patois... Enfin, malgré l'usage des bons livres, l'eloquence de la chaire, du barreau et les discours publics, l'on ne viendra jamais à bout d'interdire l'usage habituel de cette langue naturelle »[1].

G. Fisch, qui voyage dans la région de Nîmes et de Montpellier en 1786, 1787, 1788, déclare : « Il y a peu de gens dans le peuple qui comprennent le français, et encore moins qui soient capables de répondre, quand on les interpelle en cette langue.

« Au reste la langue du pays est en voie de disparaître de plus en plus complètement. A Nîmes et Montpellier on parle déjà autant français que provençal, et comme même dans les dernières classes du peuple le français pénètre toujours plus, parce qu'elles veulent se donner l'air du bon ton, l'extension du français se fait à grands pas. Ajoutons que le théâtre qui dans ce pays était à peine connu de la génération précédente, y contribue aussi beaucoup.

« Quiconque fait état du genre de vie méprise la langue du pays comme un patois misérable. Malgré cela elle est toujours la première langue dans laquelle les enfants, même ceux des plus riches et des plus grands apprennent à parler, parce que tous sont élevés par des nourrices, qui ne savent rien d'autre que l'idiome de leur village. Par suite on en sent quelque chose dans les meilleures maisons, où le français semble dominer exclusivement, il y paraît toujours un peu que la langue de cour n'est que greffée sur l'idiome local »[2].

« A Aubenas..., il n'y a pas une personne, sur soixante, qui parle français » (Young, *Voy.*, II, 37).

A Tournon : « Les plus pauvres de la ville ne savent guère parler français. Les habitants des villages et hameaux qui sont à moins d'une lieue de la ville n'entendent pas mot de la langue nationale » (*Lett. à Grég.*, p. 217).

COMTÉ DE FOIX. — Dans le comté, aux élections de 1789, les délégués des villages ne connaissent que trois mots de français : « Avis de Monseigneur »[3].

ROUERGUE. — *Rodez.* — « A l'exception de quelques soldats retirés... de quelques praticiens qui la parlent (la langue nationale) et qui l'écrivent presque aussi mal que les anciens militaires, de quelques ecclésiastiques qui prononcent toutes les lettres et d'un très-petit nombre de ci-devant nobles ou négociants qui ne sont presque

---

1. Archives de la Ville de Montpellier, Inventaires et documents, t. IV, 1920, Mémoire anonyme : *Montpellier en 1768*, ch. XXXIV, p. 145-47, Langage. — Cf. « Nos paysans ne parlent guère le français » (*Lett. à Grég.*, p. 11).

2. G. Fisch, *Briefe über die Südlichen Provinzen von Frankreich....* Zürich, 1790, 8°, 172-179.

3. Arnaud, *Hist. de la Rév. dans l'Ariège*, p. 46, dans Brun, *Rech. hist.*, 473.

pas sortis de leurs foyers, tout le reste parle généralement le patois le plus grossier » (*Lett. à Grég.*, p. 53, n° 1).

Saint-Geniès. — « Il n'y a point de ville dans ce département où les savants et les riches ne parlent patois, et c'est là la langue commune des artisans » (*Ib.*, p. 57, n° 17). « Non-seulement les campagnards, mais les trois quarts des citadins, des habitants mêmes du chef-lieu du département ne savent ni parler, ni écrire, ni lire le français » (*Ib.*, p. 58, n° 19).

« Sur environ 40 000 âmes qui forment notre population, il n'y en a peut-être pas 10 000 qui entendent le français, et pas 2 000 qui le parlent; 3 000 à peine sont capables de le lire » (Réponse de la Municipalité, canton et district de Saint-Geniès, le 4 sept. an II de la liberté. Signé Chabot, *Lett. à Grég.*, p. 53).

VIVARAIS. — A Thueitz, Young voit entrer dans sa chambre un commandant de milice bourgeoise et vingt hommes, il s'explique péniblement avec eux : « ils parlent eux-mêmes un tel jargon, qu'ils n'avoient pas l'oreille assez fine pour distinguer à mon parler que j'étois étranger ». Les gardes délibérèrent : « ils parloient en patois » (*Voy.*, II, 34).

A Villeneuve-de-Berg, Young est amené devant le Conseil, à l'Hôtel-de-Ville, où il se justifie. Donc en français (*Ib.*, II, 39).

LYONNAIS. — [Crignon Vanderberghe], dans son *Voyage de Genève et de Touraine...* (Orléans, 1779, in-12), a passé par Tarare : « Ce qui me surprit, dit-il, c'est que dans ce petit endroit il y eût autant de magnificence (il s'agit de parures de femmes, qu'il vient de décrire), et qu'à la porte de Lyon on y parlât un langage qui me parut inintelligible » (Babeau, *Les voyageurs en France*, 299).

PROVENCE. — M. Brun a eu l'obligeance de me communiquer un excellent et substantiel mémoire où il reprend et complète ses *Recherches*, si souvent citées dans ce volume. Mes lecteurs pourront, je l'espère, prendre bientôt connaissance des documents très nombreux et très variés qu'il apporte, et qui prouvent que, sans qu'on puisse préciser aucune date, la situation linguistique a considérablement changé au XVIIIe siècle. L'auteur en donne pour preuve d'abord les récits de voyageurs qui ont succédé au P. Labat, le président de Brosses[1], Paris, G. Fisch, étrangers au pays ; il cite en outre et surtout des gens qui ont vu autrement qu'en passant,

---

1. « Il faut dès à présent, dit-il, que je me désabuse d'entendre le peuple du pays (Avignon) ni d'en être entendu » (*o. c.*, I, 11).

Papon (*Hist. gén. de Provence*, 1777, I, 495-496), Bouche (*Essai sur l'Hist. de Provence*, 1785, II, 45), Achard (*Dict. de la Provence*, I, 8-9). Leurs témoignages se confirment l'un l'autre : « la langue vulgaire... n'a plus de vigueur que dans les campagnes, où le commerce, les collèges voisins, les voyages, la fréquentation des grandes villes, les chansons même et le passage ou le séjour des troupes achève de la détruire » (Papon).

« Dans le commencement du siècle dernier[1], les gens qu'on appelle comme il faut et les beaux esprits... ne se servoient en conversation que du patois, abandonné au peuple.... depuis quarante ou quarante cinq ans... La langue françoise dont tout le monde veut se servir a fait oublier la langue naturelle qui s'est réfugiée dans les plus hautes montagnes voisines de l'Italie... Il n'y a pas un homme de soixante ans qui n'ait vu les gens de la premiere qualité parler toujours en langue provençale entre eux, et tres ridiculement en langue françoise. Un prince passa en Provence en 1747, quelques dames de la première qualité lui furent présentées. Tout le monde fut témoin de la difficulté qu'elles avoient à s'exprimer en françois et de combien de phrases en patois provençal leur conversation étoit mêlée » (Bouche)[2].

Les témoignages un peu postérieurs sont pleinement en accord avec les précédents, qu'il s'agisse du *Tableau historique de la ville de Marseille* (1806)[3] ou de la *Statistique* (1826)[4].

M. Brun passe ensuite en revue, avec une conscience scrupuleuse, les œuvres littéraires, comme nous l'avons fait brièvement, il fait voir la disqualification progressive de la langue indigène, il montre les rôles distingués attribués au français, le provençal n'étant plus bon que pour les bergers, les pâtres, etc.

D'autre part, un peu partout, on se préoccupe de faire apprendre aux enfants le français. Tout s'habille à la parisienne, les mœurs comme le langage. Les changements linguistiques ne sont qu'une

1. Cf. Au milieu du XVIIᵉ siècle, des familles nobles envoyaient leurs fils à Paris, apprendre « avec le latin la langue française et le bon accent de Paris » (*Mémoires* (ms.) *du comte de Valbelle*, cités dans Crémieux, *Marseille et la Royauté...*, p. 181).
2. Cf. plus haut, p. 59.
3. Ce n'est que depuis une trentaine d'années, dit ce *Tableau* (p. 156), que la langue française est généralement accueillie par les Marseillais ; et qu'on la parle dans les sociétés. La quantité d'étrangers dont la ville abonde... a beaucoup contribué à la répandre ; bientôt les parents ont cru de leur devoir comme du bon ton d'en exiger l'usage de leurs enfants, en sorte que la langue que l'on parle dans toute l'Europe n'est plus étrangère pour la jeunesse marseillaise.
4. Jusqu'à la Révolution, on se piquait (à Aix) dans la bonne compagnie de parler le provençal avec pureté... Lorsque le feu roi (Louis XVIII), qui n'était encore que comte de Provence, vint visiter cette province, on eut de la peine à trouver dans plusieurs villes des personnes capables de le haranguer en français, et même à Marseille il y avait alors peu de négociants à qui cette langue fût familière (t. III, p. 193).

part d'une modification profonde et générale des mœurs, des idées, et de la vie économique.

Les faits qui attestent la résistance des ruraux sont particulièrement difficiles à saisir. J'en donnerai une poignée, en manière d'indication : Le petit Simon-Jude Honnorat, né en 1783, ne put apprendre le français dans son village d'Allos pendant la Révolution, le curé et le maître d'école ayant disparu. Peut-on en conclure qu'il n'y avait personne dans le village capable de le lui enseigner ? (Ripert, *La Renaiss. provenç.*, p. 151).

C'est en patois que le sieur Auzière explique à ses compatriotes d'Auriol (Bouches-du-Rhône) pourquoi il faut élire des représentants à l'Assemblée primaire (Armanac Marsihes, 1892, p. 28, dans Brun, *Rech. hist.*, 491).

Rolland, professeur de grammaire générale des Hautes-Alpes (Dauphiné), écrit au Ministre le 20 vendémiaire an VIII : « J'ai eu le malheur de rencontrer des élèves qui connaissaient peu la langue nationale... Ce défaut de connoissances de leur part m'a gêné continuellement dans mes leçons » (A. N., F[17] 1344[2]).

CHAPITRE III

LE FRANÇAIS EN PAYS FRANCO-PROVENÇAL
ET EN PAYS DE LANGUE D'OUI

DAUPHINÉ. — L'usage de la langue française est universel. Tout le monde l'entend dans le district de Die et dans tout le département de la Drôme.

« Tous les paysans parlent patois, même dans les villes ; mais tous, comme je l'ai dit, entendent le français, et plusieurs le parlent avec facilité » (Rép. de Colaud de la Salcette, 18 fév. 1792, *Lett. à Grég.*, p. 175-176)[1].

BOURGOGNE. — « Il y a quarante ans que le patois Bourguignon étoit bien plus près de nous qu'il ne l'est actuellement ; c'est un

---

1. Je donnerai ici le texte, quoique un peu ancien, où Nicolas Chorier, avocat au Parlement de Dauphiné, dans son *Histoire générale du Dauphiné* (Grenoble, 1661, nouv. éd. Valence, 1881, t. I, p. 670), a parlé du langage.
[Sur la langue du Dauphiné : Le latin « corrompu » y a donné « un langage grossier et barbare » apparenté au provençal et au Roman.] « Pour tout dire, il ne diffèra pas beaucoup de celuy qui est encore en usage aux environs de Grenoble et dans les montagnes voisines. Le testament de Conigue Alleman, seigneur d'Uriage, est escrit en cette langue, qui estoit alors la langue de la cour des Dauphins. Il est de l'an MCCLXXV, et, pour faire comprendre ce qu'elle estoit, nous n'avons qu'à le produire et à l'employer. Al nom de notro Segnor Iesu-Christ, amen, anno Domini MCCLXXV, en la terci indiction, en la quinzena Kalenda dels meys de juil. Devant mi, notario [etc. L'acte entier est cité]... Dans Vienne et à la porte de l'église de Saint-Georges, contiguë à celle de Saint-Pierre, est une inscription sans datte en un langage qui n'est pas fort différent de celuy-là. Ie ne l'ay pas neantmoins representée dans mes *Recherches des antiquitez de Vienne*, de peur de choquer certains esprits plus chagrins que delicats, qui trouveront estrange que j'ose en quelque maniere faire entrer par cette remarque dans le commerce des honnestes gens un langage qui n'est plus vivant que pour celuy de la populace. Mais ils doivent faire cette reflexion, s'ils sont raisonnables, que si les anciens autheurs grecs et latins avoient esté aussi exacts que moy, au hasard de ne plaire pas si exactement à chacun, nous ne serions pas maintenant en peine de sçavoir si le peuple n'a pas eu alors de langage different de celuy des gens de condition, et si dans les actes publics on parloit comme ont escrit les sçavants dont nous avons les ouvrages. Peu apres la langue françoise fut introduite en cette province, et à mesure que la domination françoise s'y est affermie, cette belle langue s'y est fortifiée. Neantmoins, celle-là n'est pas esteinte entierement, elle est presque la mesme que parlent les peuples de la campagne et la populace de Grenoble ; et, comme nous avons dit ailleurs, toute grossiere et rude qu'elle semble estre, elle n'a pas laissé d'aborder le Parnasse avec quelque sorte d'honneur, aussi bien que la Provençale et la Normande ».

langage absolument inintelligible à ceux qui n'y sont pas habitués ;
et cependant ceux qui le parlent nous entendent et nous comprennent, quoi que nous énoncions à eux dans la pureté de notre langue.
Si leur mauvais langage s'est éloigné de nos villes, et que dans les
campagnes où il existe encore, le François n'y est point étranger,
c'est un bienfait dont nous sommes redevables aux traductions de
l'Écriture qu'on y a répandues, et aux petites écoles qu'on y a multipliées » (Carré, *Culte public en l. f.*, Auxerre, mars 1790).

Arnay-le-Duc. — « On parle français et bon français, dans toutes
les villes ... Tout campagnard entend très-bien le français et il y en
a beaucoup qui le parlent » (*Lett. à Grég.*, p. 224, 226, nᵒˢ 16 et 19).

Mazille, près *Cluny*. — « L'usage de la langue française est
général dans notre pays; ils entendent tous le français » (*Ib.*,
p. 227, nᵒ 1).

A Saint-Aubin, madame de Genlis, alors âgée de six ou sept ans
(1753), enseigne ce qu'elle sait aux enfants du village, elle se fait
difficilement comprendre : « Appuyée sur le mur de la terrasse, je
leur donnais ces belles leçons le plus gravement du monde. J'avais
beaucoup de peine à leur faire dire des vers à cause du patois
bourguignon... Mˡˡᵉ de Mars me surprit un jour... elle rit tant de
la manière dont mes élèves déclamaient les vers qu'elle me dégoûta
de ces doctes fonctions » (*Mém.*, iv, Avant-propos).

MACONNAIS. — « Le patois ne se parle pas dans les villes » (*Lett. à
Grég.*, p. 222, nᵒ 17).

« La langue française n'est principalement en usage que dans nos
villes et entre les personnes aisées. Les gens de la campagne l'entendent, mais ne s'en servent point entre eux. Ils parlent une
espèce de patois, qui est unique dans chaque paroisse... [Les cam-
pagnards] s'énoncent plus volontiers en français que les gens de
villes ne parlent patois » (*Ib.*, p. 220, nᵒ 1, et 222, nᵒ 19).

FRANCHE-COMTÉ. — « Avant la conquête, la Franche-Comté n'avait
d'espagnol que son gouverneur et quelques tyrans subalternes.
Quant à ses mœurs et à son langage, elle n'était pas plus espagnole
que le comtat d'Avignon n'est italien, que le duché de Savoie n'est
piémontais » (Rochejean, *Ib.*, p. 213, nᵒ 1).

« Dans cette province, au xviiᵉ siècle, sur 60 000 familles fixées,
plus de moitié étaient étrangères, les unes originaires de Suisse et
de Savoie, les autres de France » (De Piépape, *Hist. de la réunion
de la Franche-Comté*, Paris, Champion, II, 450).

Saint-Claude. — « L'usage de la langue française est universel dans ce district. Il y a cinquante ans que tout le monde le parlait (le patois) dans cette ville et les gros l'employaient comme un moyen de se familiariser avec les petits ; aujourd'hui on le parle peu, et la plupart des fils de bourgeois n'en savent pas un mot ».

. « Tous les montagnards entendent le français, et la plus grande partie sait s'énoncer en cette langue » (*Lett. à Grég.*, p. 203, nᵒˢ 17, 18, 19).

« La langue française est en usage dans tout le bailliage de Saint-Claude ; l'usage du patois n'est que pour la conversation » (Joly, *Ib.*, p. 207, nᵒ 1).

Salins. — « La langue nationale fait tous les jours des progrès sensibles dans toute la ville ; les vieillards de la bourgeoisie ne parlent plus patois ; les jeunes gens de la dernière classe savent assez bien le français » (Rochejean, *Ib.*, p. 213). « Dans les villages les plus éloignés des villes, le peuple entend un peu le français, mais ne sait pas le parler » (*Ib.*, p. 214, nᵒ 19).

Le professeur de grammaire générale de la Haute-Saône, Laurent, écrira le 30 vendémiaire an VII : « la plupart des sujets qui se présentent pour suivre mes leçons n'ont encore fait aucune étude... ils ignorent absolument leur langue naturelle et n'ont aucune principe d'ortographe française » (A. N., F¹⁷ 1344³).

A L'Isle-sur-Doubs (12 lieues de Besançon), Young fait aux paysans une véritable conférence ; ils le comprennent : « Mon mauvais françois alloit de pair avec leur patois » (*Voy.*, I, 432).

Pour les régions du Nord et de l'Ouest, les renseignements prennent un tout autre caractère. Malheureusement les réponses envoyées à Grégoire sont très peu nombreuses. Aucune ne concerne ni la Lorraine, ni le Morvan, etc. [1].

---

1. Je n'ai pas à parler du centre de la France. On lira cependant avec curiosité cette impression d'un voyageur sur le français de Blois. Elle explique la fidélité de la tradition qui depuis des siècles y amenait les étrangers :

« Tout me plait à Blois, l'air et le ton des habitans, leur langage.... J'ai parlé à des villageois, ils m'ont repondu poliment et en bon français, avec un accent sonore et gracieux. Je ne remarque aucun vice de prononciation. Nos geographes l'attribuent à l'ancienne residence de la Cour. Il en faut chercher une autre cause, car dans Versailles, où la cour est le plus habituellement, le peuple ne parle pas mieux qu'au Gros-Caillou ou sur le port-au-bled. Cette douceur, cette euphonie du langage blaisois a une origine, mais je ne saurais où la prendre, a moins d'en faire un attribut naturel de la contrée.

« Passez seulement la Loire, ce court trajet vous met hors de route. On ne parle plus au-delà du pont comme en-deçà. Un autre sujet de surprise, c'est que les Blaisois, entremêlés de beaucoup de Tourangeaux qui parlent fort mal, et de Bosserons qui ont un accent marqué, n'ont rien perdu par cette fréquentation. Les Auvergnats même et les Limousins, dont il y a bon nombre ici, n'ont pas communiqué leur prosodie aux

POITOU. — « L'usage du français est universel dans notre contrée... Le peuple des villes et les gens de la campagne parlent un français altéré, corrompu, qui ne diffère guère de village à village » (*Lett. à Grég.*, p. 273, n° 1)[1].

BERRY. — « Les cantons du Berry parlent tous français. Les paysans ne font que des fautes de grammaire comme ceux des environs de Paris » (Réponse de Vincent Poupart, auteur de l'*Hist. de Sancerre*, 9 sept. 1790, *Lett. à Grég.*, p. 269).

BOUILLON. — « Les campagnards s'énoncent également en patois et en mauvais français, mais c'est en cette dernière langue que se prononcent les discours publics et que s'écrivent les actes obligatoires et judiciaires ; cet usage est très ancien » (*Lett. à Grég.*, p. 234).

NORMANDIE. — « Il n'y a peut-être pas de ville en Normandie où l'on parle aussi mal qu'à Dieppe : c'est le patois neustrien dans tout son désagrément : ils grasseyent, ils pèsent sur les mots, il les allongent, ils en dénaturent le sens » (Marlin, *Voyages en France*, t. I, p. 300).

ARTOIS. — *Saint-Omer.* — « La langue française est d'un usage universel en Artois, excepté dans l'Artois flamand.

« Les campagnards d'une éducation soignée, ceux qui ont habité les villes pour y étudier, y exercer quelque métier [savent... s'énoncer en français].

« La populace des villes parle patois, quelquefois au point qu'elle se rend inintelligible aux étrangers » (Rép. du chanoine J. B. Hennebert, 26 nov. 1790, *Lett. à Grég.*, p. 256-257, n°ˢ 19 et 17).

« Le vif patois picard commence à succéder à la lenteur exploratrice du patois normand. Il semble qu'en trainant ses syllabes, le Neustrien cherche à surprendre ou à s'empecher d'être surpris. Le Picard n'y met pas tant de précaution, il parle avant de penser ; et cela quelquefois est assez aimable » (Marlin, *Voyages en France*, t. I, p. 301).

Blaisois ; mais ceux-ci leur ont fait perdre beaucoup de cette cadence syllabique et sautillante qui distingue les patois du midi » (Marlin, *Voyages en France et pays circonvoisins depuis 1775 jusqu'en 1807*, t. I, p. 280).

1. Fr. Yves Besnard, allant d'Angers à la Rochelle, doit suivre des chemins de traverse. « Je me rappelle, dit-il, que nous avions souvent peine à comprendre le patois des paysans du bas Poitou, lorsque nous leur demandions des renseignements » (*Souv. d'un nonag.*, I, 179).

CONCLUSION. — Il n'y a certes pas dans ce qui précède de quoi faire une géographie linguistique, même approximative. Une carte dressée au moyen de ces documents, ne nous apprendrait absolument rien, car presque partout où ils indiquent la survivance d'un patois, ce patois dure aujourd'hui encore, et son existence actuelle suppose de toute nécessité son existence antérieure.

Mais sans préciser autant que nous le voudrions, ces indications nous permettent d'entrevoir combien l'usage des patois était resté universel dans les campagnes, et général même dans le peuple des villes.

Si l'on considère la France linguistique de 1789, on comprend comment Rabaut Saint-Étienne se demandait encore à cette époque, « si l'association de toutes les provinces se confondant sous une seule loi, s'administrant par les mêmes principes, n'était point une chimère » [1].

1. Puech, *Hist. de la Gasc.*, Auch, 1914, in-12, p. 402.

CHAPITRE IV

LE BILINGUISME

SES PROGRÈS, SON CARACTÈRE. — En général, le français ne rempla-
çait pas la langue indigène dans l'usage quotidien. Les deux langages
se juxtaposaient. On savait tant bien que mal le français, on usait
du patois. « Certaines provinces du Royaume, dit Bullet en 1754, ont
des jargons fort différens du langage commun. Les Habitans de ces
contrées, outre leur patois auquel ils sont accoûtumés, entendent
le François, sur tout lorsqu'il est d'une construction simple, facile
et approchante du tour de phrase qui leur est familier » (*Mém. sur
la lang. Celt.*, chap. XII).

Beaucoup de gens étaient ainsi devenus bilingues, dans le Midi
surtout. Même les bourgeois, les nobles, employaient leur idiome en
conversation ordinaire ; entre eux, au foyer, dans la rue, dans leurs
réunions, ils ne parlaient que provençal ou gascon ; le français était
réservé aux hôtes d'occasion, c'était la langue de parade, de cérémonie, la langue des « dimanches », et forcément, faute d'habitude,
ils éprouvaient quelque embarras à parler couramment ce français
qu'ils arrivaient pourtant à écrire correctement. Cet usage général
du patois, et cet embarras devant le français était surtout sensible
chez les femmes, même de la haute société, parce que leur éducation avait été généralement négligée. En somme, on acquérait le français, comme langue de civilisation, mais on pratiquait ordinairement
le patois. C'est ce qui ressort des divers témoignages, quand on
les confronte, et surtout d'une page lumineuse, due au lexicologue
Boissier de Sauvages, qui connaissait fort bien les milieux languedociens.

En tête de son *Dictionnaire languedocien-français* (Nîmes, 1755),
il écrit : [le languedocien] « est... encore le langage du peuple
et même celui des honnêtes gens élevés dans cette Province ;
c'est le premier qui se présente, et qu'ils (les honnêtes gens)
emploient plus volontiers, lorsque libres des égards qu'on doit à un
Supérieur, ou de la gêne que cause un étranger, ils ont à traiter

avec un ami, ou à s'entretenir familierement dans leur domestique ;
le François, qu'ils ne trouvent guère de mise que dans le sérieux,
devient pour la plûpart une langue étrangere, et pour ainsi dire de
cérémonie : ils forcent nature lors qu'ils y ont recours ... nous
pensons en languedocien avant de nous exprimer en françois : cette
langue-ci devient par là une traduction de la nôtre : il est rare que
cette traduction ne soit littérale, qu'elle ne sente trop l'original, et
qu'on ne fasse un alliage informe de deux idiomes dont le genie est
si différent » [1].

Il faut donc entendre le mot « bilinguisme » un peu autrement
que de nos jours. A l'heure actuelle le français est la langue des
villes, le patois la langue des campagnes, la plupart des individus
de la campagne sachant du reste la langue qu'ils n'emploient pas
couramment. Au xviiie siècle, il ne paraît pas en avoir été ainsi ;
le français s'est introduit, il s'écrit seul, il se parle même à l'occasion, dans les villes comme dans les villages, presque nulle part les
populations ne s'en servent d'ordinaire.

1. Discours préliminaire, II et III.

CHAPITRE V

RÉACTION MUTUELLE DES IDIOMES. ALTÉRATION DES PATOIS

CONTAMINATION GRADUELLE. — Comme on peut s'y attendre à priori, d'après ce qui vient d'être exposé, il y avait action et réaction des idiomes en présence. Le français agissait sur les patois, les patois réagissaient sur le français. Considérons d'abord un moment, sans y insister, les patois. Tout en se conservant, ils s'altéraient.

C'est naturellement dans les villes surtout que la pression était la plus forte. On nous l'a dit et redit : « Le patois que l'on parle à Bordeaux a une affinité marquée avec le français, ou, pour mieux dire, ce n'est que cette langue dont les terminaisons sont gasconnisées » (Bordeaux, Rép. de Bernadau, *Lett. à Grég.*, p. 138, n° 5).

« On s'aperçoit tous les jours que notre idiome gascon se rapproche insensiblement de la langue française, et que les mots les plus caractéristiques disparaissent. Cette altération se remarque depuis un demi-siècle, que la rénovation du commerce, attirant dans cette contrée des étrangers, a contribué à répandre dans nos campagnes et parmi les ouvriers la langue française, que tous voudraient jargonner » (Bordeaux, *Lett. à Grég.*, p. 141, n°s 28-30).

« Dans les villes il (le patois) est d'une façon, dans les villages il est d'une autre » (*Ib.*, p. 80, n° 17).

Pour les pièces écrites, nous en jugeons facilement. Qu'il s'agisse de *Chan Heurlin*, ou du *Sermon du curé de Bideren*, de Metz à Pau, le français a envahi les patois. L'abbé Beaurein avait fait les mêmes constatations sur la langue parlée : « A Bordeaux, où le François est tout-à-fait devenu la langue dominante, le pur Gascon ne s'y parle plus, et le patois du peuple n'y est qu'un mélange grossier de François et de Gascon... Par exemple on a commencé depuis quelques années à ajouter les pronoms aux diverses inflexions des verbes, comme en François ; au lieu que depuis la Brede jusqu'en Espagne on est toujours fidele au caractère original de l'idiome qui les supprime constamment » [1].

1. *Variétés bordeloises*, Bord., 1784-1786, p. 52-55, dans Behrens, *Bib. des pat. gall.-rom.*, p. 55.

En tête de la *Description... de la Provence* (1787), figure un discours sur l'état actuel de la Provence par M. Bouche, avocat au Parlement d'Aix. On y lit ce passage : « On retrouve quelques traces de l'ancienne pureté de la langue provençale chez les peuples des montagnes ; partout ailleurs des gallicismes ridicules la défigurent. Depuis le douzième siècle jusque vers le milieu du seizième, elle fit le délice des États du Midi de l'Europe. Depuis le milieu du siècle dernier, elle n'est plus que dans la bouche du peuple où elle est devenue rude, brusque, et où bientôt elle sera inintelligible ».

Achard, deux ans auparavant, dans son *Vocabulaire franco-provençal* (Marseille, J. Mossy, 1785), faisait la même remarque : « Pour entendre parler le Provençal dans toute sa pureté, il faut habiter les campagnes et s'entretenir avec ces hommes heureux qui ont hérité de la vertu de leurs pères et qui n'ont éprouvé aucune altération dans leurs mœurs ni dans leur langage. L'abord continuel des étrangers dans ces Villes commerçantes et peuplées en dénature la constitution. Le langage François introduit dans les sociétés, a banni la Langue de nos Pères et l'artisan a corrompu son idiome par un mélange de mots empruntés aux différents jargons que l'on parle dans les pays voisins.

« Les classes élevées, les plus francisées, étaient les plus atteintes, Madame de Latour, femme de l'intendant, remarquait qu'elle entendait un peu mieux le provençal des dames nobles que celui des bourgeoises »[1]. On se l'explique. C'est ainsi que le provençal du P. Pellas ne contentait guère les puristes. C'était une langue accommodée avec les expressions dont on se servait dans le monde aristocratique pour se distinguer du peuple.

Du reste le mal gagnait plus ou moins toutes les classes. Partout les observateurs s'apercevaient de décompositions analogues, les uns, en comparant d'anciens textes aux parlers contemporains, d'autres en se reportant simplement à l'usage de leur jeunesse. On écrit à Grégoire de Carcassonne : « Le patois se rapproche insensiblement du français » (*Lett. à Grég.*, p. 19, n° 28).

De Provence : « Le patois se rapproche insensiblement du français » (*Ib.*, p. 84, n° 28).

De Rodez : « Les patois empruntent des mots pour les choses intellectuelles » (*Ib.*, p. 56, n° 9).

De Saint-Omer : « Le patois, depuis un demi-siècle, est beaucoup moins commun ; le langage du peuple et du paysan s'est dégrossi,

---

1. Note ms. dans mon exemplaire d'Achard.

ce qui s'attribue aux divers écrits qui ont éveillé leur pesante imagination » (*Ib.*, p. 258, nº 28).

Nous ne pousserons pas plus loin. Cette dégradation des patois intéresse surtout leur histoire et non celle du français[1].

1. M. Noulet conclut ainsi son Avant-propos : « Et les idiomes méridionaux, que devenaient-ils eux-mêmes au moment où le xviiie siècle se séparait si radicalement du passé ? Ils suivaient le même cours ; les anciens liens qui les rattachaient à la langue des troubadours se relâchaient de jour en jour, inclinant ainsi de plus en plus vers la langue française. Au xviie siècle, nous les avons trouvés encore assujettis, sinon à la règle, au moins à la coutume ; désormais ils s'affranchissent de toute contrainte. Ceux qui les emploient ne se piquent plus du rigorisme d'autrefois ; chacun, à part de très rares exceptions, plus nombreuses chez les Provençaux, écrit en un jargon sur lequel le français déteint continuellement : on dirait que la langue nationale, irritée de la longue résistance des idiomes du Midi, ne pouvant les vaincre de vive force, s'applique à les corrompre et à les avilir » (*o. c.*).

CHAPITRE VI

ALTÉRATION DU FRANÇAIS

LE PROVINCIALISME. — Le français, de son côté, s'altérait aussi, et quand on dit : désormais on parle français à Mâcon ou à Metz, il faut entendre qu'on y parle un français régionalisé et même localisé. C'est un point sur lequel il convient d'insister un peu.

Dans la société cultivée on se défendait sinon de l'accent, du moins des mauvais mots des provinces. On en avait les moyens. Les modèles ne manquaient plus, — et des modèles indiscutés. Les livres de théorie ne faisaient pas non plus défaut. On n'était plus, comme on l'avait été longtemps, obligé de parcourir les recueils de *Remarques*. On avait des Dictionnaires et de bons, on avait aussi des grammaires : Buffier, Restaut, Port-Royal, Girard, dont l'autorité était grande. On eut mieux, savoir des « Préservatifs », le mot est dans Buffier[1]. Les grammairiens avaient depuis longtemps donné des observations détachées[2] ou des séries de remarques[3].

En 1756 l'abbé de Sauvages publie son *Dictionnaire languedocien-françois, ou choix des mots languedociens les plus difficiles à rendre en françois, contenant un recueil des principales fautes que commettent dans la diction et dans la prononciation françoise les habitants des provinces méridionales du Royaume, conus à Paris*

---

1. Voir Thurot, *o. c.*, II, LXXV.

2. Vaugelas, de famille savoyarde, croyait à l'utilité de réunir ces observations (voir tome III, p. 182).

Naturellement les observateurs, qui étaient pour la plupart des provinciaux, se laissaient parfois tromper eux-mêmes par leurs habitudes d'enfance. Ainsi Andry de Bois-Regard, comme Vaugelas, a patoisé, malgré lui. Voir sa remarque sur *à dire que* : « il n'y avoit que deux doigts à dire que l'eau n'entrât dans le bateau... nos meilleurs Auteurs s'en servent. Ces deux mers, dit M. de Vaugelas, venant à serrer la terre des deux côtez, font une pointe qui attache à la terre ferme cette Province, laquelle étant presque toute environnée d'eau a comme la forme d'une Isle, et il n'y a que cette petite pointe à dire que les deux mers ne se joignent » (*Suite*, 7).

3. Voir le *Corollarium* que de Pratel a mis à la suite de ses *Principia linguæ Burgundicæ*, Bruxelles, 1717 (p. 814 et s.), où il signale les fautes des Allemands et des Gallo-Belges : *je m'ai trompé, demander après quelqu'un, ne l'oubliez point ; je sçai cela meilleur que vous*, etc.

sous le nom de Gascons[1]. Comme le remarque l'*Année littéraire* (1756, VIII, p. 354), ce dictionnaire n'est point composé pour les Français qui veulent apprendre le languedocien, mais pour les Languedociens qui veulent parler bien français.

Dans l'Introduction (I, vii), l'auteur écrit : « s'ils (les Provençaux) n'ont eu de bonne heure des modèles à suivre, des maîtres pour consulter, et que si avec ces secours et celui des bons livres, ils ne se sont faits par un long exercice une habitude du François, le tour et l'expression leur échappent ; la langue du pays perce ; on croit parler François et l'on ne fait que franciser le pur languedocien ».

Aussi l'auteur enregistre-t-il avec soin les expressions fautives : « Il suffisoit que ces derniers (mots) nous donnassent l'occasion de faire remarquer une construction vicieuse, de révéler un solécisme, ou quelqu'autre défaut pareil, pour qu'ils dussent entrer dans ce recueil dont le but principal est d'aider à parler correctement le François ceux de nos Compatriotes qui n'ont pas fait une étude particulière de cette langue ».

Mais comme le rappellera Desgrouais, nul n'avait apporté à l'idée de lutter par un livre spécial de doctrine contre le gasconisme en province un plus solide appui que Rollin : « Il est nécessaire, disait-il, que le maître étudie avec attention les différens défauts de langage et de prononciation, particuliers à cette Province et aux Villes qui se piquent le plus de politesse, pour les faire éviter aux enfans, ou pour les en corriger. On ne peut dire combien ces premiers soins leur épargneront de peine dans un age plus avancé »[2].

LES GASCONISMES CORRIGÉS. — En Allemagne, un réformé écrivit pour ses coreligionnaires, éloignés du centre de la pureté, un livre qui n'est pas oublié[3]. L'idée était désormais dans l'air. C'est une date pour l'histoire de la langue que l'apparition du recueil de La Beaumelle et Desgrouais : *Les gasconismes corrigés*. Ouvrage utile à toutes les personnes qui veulent parler et écrire correctement, et principalement aux jeunes gens, dont l'éducation n'est point encore formée[4]. « Un homme qui a reçu une certaine éducation, disait la Préface (xxi), est aussi fâché... soit qu'il écrive, soit qu'il parle, de tomber dans des fautes de langage, qu'un homme naturellement propre l'est d'avoir des taches sur ses habits ».

1. Autres éditions en 1785, 1820, 1821.
2. Préface, vii.
3. Ce livre de Prémontval, *Preservatifs contre la corruption de la langue française en Allemagne* est de 1761.
4. 1766. Je cite l'édition de Toulouse, J. Fr. Crosat, 1768, in-8°.

Aussi comprend-on que le Bureau du Collège ait pressé l'auteur de donner son travail au public[1]. D'autres bureaux ne pouvaient manquer de s'y intéresser, car les gasconismes signalés n'étaient pas particuliers à la Gascogne, tant s'en faut, et surtout ils avaient leurs analogues ailleurs.

Desgrouais était un Parisien, devenu professeur au Collège de Toulouse. Il était donc assez bien placé pour observer les erreurs des Toulousains et préparé à les corriger. Son répertoire est plein de remarques utiles et précises et dément avec démonstration le mot hautain de Rivarol : En France, seuls, « les patois sont abandonnés aux provinces, et c'est sur eux que le petit peuple exerce ses caprices, tandis que la langue nationale est hors de ses atteintes » (*Œuvres choisies*, I, 14).

On critiqua et on compléta l'auteur[2]. Néanmoins pendant près d'un siècle, il n'y eut pas de livres plus imité. Chaque province fut tour à tour avertie de ses fautes, et invitée à s'en corriger.

AUTRES PRÉSERVATIFS. — Le *Dictionnaire critique* de Féraud fit une place importante aux gasconismes, provincialismes, normanismes, et autres locutions et manières de parler vicieuses qui sont particulières aux différentes provinces.

Déjà, dans le *Dictionnaire grammatical*, l'auteur avait donné une attention soutenue aux provincialismes. L'approbation accordée le 12 février 1767 par Genet, Docteur de la Maison de Sorbonne, l'en félicite : « Cet ouvrage sur une Langue devenue chère aux Etrangers, étoit nécessaire pour leur en fixer la prononciation : les Provinces même de la France scauront en profiter, pour expatrier des accens que la délicatesse de leur langue désavoue ».

Féraud aurait voulu donner plus d'extension à cette partie de son œuvre, mais il s'en remet « aux gens de lettres répandus dans les provinces », pour « entreprendre en faveur de leurs compatriotes ce travail peu pénible et vraiment utile, comme a fait M. Desgrouais dans ses *Gasconismes corrigés* » (*Dict. crit.*, I, 12). Le premier, semble-t-il, qui répondra au vœu de Féraud, c'est l'instituteur Etienne Molard, lequel donnera en 1792 la première liste de ses *Lyonnaisismes*, en une mince plaquette, considérablement augmentée

---

1. « Ces Messieurs avaient considéré l'objet que je m'étois proposé, comme faisant partie de l'instruction sur la langue françoise, qui devoit entrer dans le plan d'étude qu'ils ont adopté » (Desgrouais, *o. c.*, VIII).
2. Un *Supplément aux gasconismes corrigés de feu M. Desgrouais... Destiné principalement pour les maisons d'éducation d'Oléron et de Sainte-Marie* a paru à Pau, Impr., J. P. Vignancour, 1788, in-8°, dans L. La Caze, *Les Impr. et les libr. en Béarn*, p. 183.

dans les éditions suivantes, sous le titre plus ambitieux : *Le Mauvais langage corrigé*. Nous en avons parlé au tome VI [1]. Avant lui Urbain Domergue, attentif, comme de juste, aux mêmes défauts, pour avoir passé par la province, se proposait d'accueillir dans son *Journal de la langue françoise* « non seulement la notice des idiotismes de Genève, mais celle des façons de parler propres à nos ci-devant provinces. Tous ces vices du langage présentés en tableau avec les corrections nécessaires, frapperoient les regards ; notre idiome se perfectionneroit dans tous nos départements et nous finirions par avoir une langue pure dans toutes les bouches, comme notre constitution l'est pour tous les bons esprits » (*Solut. gram.*, p. 375).

Le grammairien lyonnais, au cours d'un séjour à Genève, avait recueilli lui-même « toutes les façons de parler genevoises que réprouve la langue françoise ». Un correspondant local, auquel il répond dans le passage cité plus haut, lui demanda de les publier : « Si vous voulez, Monsieur, imprimer dans votre journal la liste des genévismes, en mettant à côté la véritable expression, vous rendrez un grand service à ceux de nos citoyens qui aiment beaucoup plus la langue françoise depuis que les François sont libres ». Mais Domergue a perdu cette liste « vraiment plaisante, à l'aide de laquelle on pouvoit faire un dialogue en françois de Genève, que n'entendroient pas ceux qui parlent le françois de Paris ».

Il ignore, et son correspondant genevois avec lui, qu'ils ont eu un précurseur en la personne d'un modeste régent de seconde au collège de Genève, François Poulain de la Barre, auteur d'un livret rarissime intitulé : *Essai de Remarques particulières sur la langue françoise pour la ville de Genève* (Genève, 1691, in-8°, 60 p., Bib. Gen., 4473). C'est probablement le plus ancien recueil de suissismes. Il a été promptement perdu de vue. Les autres ne verront le jour qu'au xixᵉ siècle, à commencer par les *Observations sur le langage du Pays de Vaud* de Develey (Lausanne, 1808, 62 p., in-8°).

LES PROVINCIAUX DEVENUS PURISTES. — Il est extrêmement intéressant de souligner que les « Préservatifs » dont nous venons de parler ou les livres plus généraux qui contiennent des Avertissements sont pour la plupart non pas l'œuvre de provinciaux parisianisés, mais d'hommes restés en province. Donc la province n'accueille plus seulement les livres qui blessent le purisme, elle en produit. Domergue,

1. Sur l'œuvre de Molard, voir le *Mémoire* de C. Latreille et L. Vignon, *Les gram. lyonnais...*, dans *Mél. Brunot*, 237 et s.

Féraud sont loin du centre[1]. C'est un signe manifeste des dispositions de la bonne société à l'égard du français.

Il y a plus. La Préface de Féraud[2], qui n'est pas banale, renferme
à ce sujet une très curieuse revendication, l'auteur y discute l'opinion que pour juger sainement du langage, il est nécessaire d'habiter Paris, dont le séjour a ses avantages sans doute, mais aussi ses
inconvénients. « Même pour la prononciation, il n'est pas indispensable d'avoir travaillé, dans ce centre du goût et de la Littérature
hors duquel on croit qu'il n'y a pas de salut.

« Quant à la Langue écrite, n'a-t-on pas dans les Provinces les
mêmes secours que dans la Capitale ; et ayant les mêmes Livres ne
peut-on pas faire les mêmes études ? Que pensera-t-on, si nous ôsons
dire qu'on y a peut-être moins d'obstacles et plus d'avantages de ce
côté-là ? Ne regardera-t-on pas cette proposition comme un Paradoxe insoutenable ? Cependant, sans parler des jargons des Sociétés
de la Capitale, dont on aperçoit l'influence dans un grand nombre
d'Écrits modernes, parceque les Écrivains de nos jours sont plus
répandus dans le Monde que les Gens de Lettres ne l'étaient autrefois ; à en juger par les discours de ceux, qui y ont fait un assez
long séjour, et qui se sont étudiés à y prendre le bon ton et
le bon air en tout genre ; par les lettres qui en viènent de la
part même des persones qui pâssent pour avoir des lettres, du
monde et du goût ; et surtout par les nouvelles productions, qui
sortent de ce centre si célèbre de la Litérature, il paraît qu'on y
parle toute sorte de Langues ; et qu'un Litérateur y doit être bien
embârrassé à découvrir, parmi tant de variantes, la véritable version.

« Dâilleurs, la présomption qu'inspire ce séjour si vanté, et les
préventions, les préjugés de toute espèce, dont on y est environné,
peûvent contribuer à égarer et à faire prendre pour l'usage universel ce qui n'est que le goût particulier des *Coteries* qu'on fréquente.
Je ne suis pas seul de ce sentiment.

« Je ne sais donc si un travail assidu, dans le silence du Cabinet,
la défiance de soi-même, qui empêche de précipiter son jugement,
l'art de savoir douter, la réflexion qui creûse, qui aprofondit, qui
combine, qui compâre l'usage avec les principes, qui, dans le partage des opinions et des pratiques, se decide par le génie et l'analogie de la Langue, ne peûvent pas remplacer avantageûsement un
séjour de quelques années dans la Capitale, où les Auteurs sont

1. A Aurillac, se publie en 1779 un *Abrégé des principes de la Grammaire française*.
2. Féraud professait chez les Jésuites de Besançon. La liste de ses ouvrages se trouve
dans la *Bibliothèque* du P. Sommervogel, t. III, p. 638-639.

aujourd'hui trop dissipés et trop répandus pour doner beaucoup de temps à l'étude et à la réflexion ».

Il y a là un fait nouveau, et qui indique les énormes progrès de la langue classique. On l'a si bien assimilée, qu'on parle avec assurance d'en donner les règles de Besançon ou bien de Lyon, aussi bien que de Paris, et on y arrive. Il était nécessaire que ce changement se produisît pour que la langue de Paris, sacrée langue littéraire au XVII⁰ siècle, méritât pleinement le nom de française.

Les auteurs avaient aussi contribué à répandre ce goût du purisme. On se moquait des pataquès. Ainsi Desforges-Maillard satirise volontiers ses compatriotes de l'Ouest :

« Ces deux commères étoient assez gentilles, et leur manière de changer la terminaison des aoristes me divertit beaucoup :

— Quand je *passis* par ici, disoit l'une, je *couchis* à Coiron (c'est un bourg situé sur le bord de la Loire).

— Et moi, reprenoit l'autre, je n'y *couchas* pas ; je sais par expérience, qu'il y fait cher vivre, *j'allas* jusqu'au Pelerin (c'est encore une paroisse, de l'autre côté de la Loire).

« Voilà comme toute leur conversation raisonnoit en *is* et en *as*. Ce qui m'étonnoit, c'est que, malgré leur jargon grossier, elles eussent l'esprit précieux. Il y en avoit même une qui parloit des romans qu'elle avoit lus :

— Quand je vous *trouvas* à votre retour de la campagne, disoit-elle, vous ne jouissiez pas d'une bonne santé...

— Il n'est pas surprenant, répondit l'autre, que je me *portisse* mal » [1].

D'autre part les provinciaux n'épargnaient pas les Parisiens [2]. Il serait curieux de glaner dans les comédies, les vaudevilles, les chansons, des plaisanteries de cette espèce. Elles ne s'expliquent que par une diffusion de plus en plus grande du goût du purisme.

---

1. *OEuvres nouvelles*, t. II, p. 81-82.
Cf. L'obéissance, ajouta-t-il, et la chasteté en sont les points *essentiaux*.
Ceux qui les violent, lui répondis-je sur le même ton, deviennent par conséquent *criminaux*.
Le bon Père, s'imaginant parler à un puriste, vouloit *pindariser* (*Ib.*, t. II, p. 97).
2. « La première fois que j'allai dans la capitale, on trouvoit à redire sur beaucoup de mes termes et sur ma façon de les prononcer. On rioit de moi ; et je riois aussi quand j'entendois ces Aristarques prononcer *alieurs*, *melieur*, ce qui est absolument opposé à l'orthographe.
« Les Parisiens courent aux termes nouveaux, comme les bigotes aux indulgences. Pendant mon séjour à Paris, il étoit trop commun de dire *une tabatière*, on ne disoit plus qu'une *boîte* : Madame, prêtez-moi votre *boîte* ; Madame, combien vous coûte cette *boîte d'or* ? On faisoit sonner et bondir *sthome*, au lieu de *cet homme* ; *astheure*, au lieu de dire uniment *à présent* ou bien *à cette heure*. Je ne me souviens plus de mille expressions affectées, qui me déplaisoient beaucoup, et que vous n'approuviez point aussi » (Id., *Ib.*, t. II, p. 72-73).

Ce goût se répandit — qui le croirait ? — au point d'inspirer les assemblées d'habitants ou les corps municipaux.

Le 28 août 1714 intervenait déjà entre la municipalité de Seurre (Côte-d'or) et le sieur Blondel, prêtre, un traité aux termes duquel celui-ci fut nommé principal du collège. Dans ce traité il est stipulé que le sieur Blondel donnera tous ses soins pour que les écoliers avancés dans la langue latine la parlent dans le temps des classes, mais aussi pour qu'ils « parlent la langue françoise avec pureté » (art. 11) [1].

En 1734, l'assemblée des habitants de Cravant provoquait la révocation du sieur Pain, maître d'école, « vu sa négligence à remplir ses devoirs et que les enfants qui sont envoyés chez lui pour etre instruits, la plupart au bout de six mois, mesme d'un an, ne savent rien, et ont un accent qui les a plus tôt corrompus dans le langage que perfectionnés (Arch. Dép. de l'Yonne, B. 132, p. 138, dans Quantin, *Hist. de l'ens. sec. dans .... l'Yonne avant 1790*, Auxerre, 1877, in-8°, p. 129). Assurément il y a quelque témérité à interpréter ce mot d'accent dont les habitants ont usé en la circonstance. Il ne peut être, je pense, question simplement de l'intonation à Cravant. Il eût fallu des oreilles bien délicates, à moins que ce maître ne fût Provençal. On a voulu dire probablement de façon plus générale, manière de parler, avec des mots et des tours du crû, sentant leur patois.

Voici qui est plus net. En 1775, à Mévouillon (Drôme), un maître, pour se faire valoir, allègue qu'il est capable d'enseigner à parler « comme des courtisans ». Un autre, à Cassis, a les mêmes prétentions. En 1787, le maire de Cuze (Var) cherche pour l'école « une persone fort sage, et un très bon caractère, et une très bonne langue francèze » (*Bull. soc. d'ét. de Draguignan*, t. 24, 1902-1903, p. XLIV, dans Brun, o. c.).

Une des raisons, des petites raisons qui ont assuré le succès des Frères de la Doctrine, c'est qu'ils s'appliquaient, nous l'avons vu, à relever les incorrections échappées aux enfants, parmi lesquelles devaient figurer les provincialismes. Dans *la Première éducation des Enfans,* les Instructions prononcent le mot qui va s'imposer à la pédagogie, et qui synthétise des idées qu'écrivains et grammairiens ont répandues à l'unisson : « Il faut faire instruire les enfants par une personne qui leur parle correctement » (p. 3).

Enfin la trace de ces dégoûts puristes se retrouve jusque dans les *Cahiers* de 1789 : « L'Angoumois est limité par des provinces dont

1. Ch. Muteau, *Les écoles et les collèges de province*, p. 552.

le langage vieux est accompagné d'accents désagréables » (*Cahiers du T.-E. d'Angoulême,* dans Allain, *La Question d'Ens. en 1789,* p. 293-294)[1].

1. Les étrangers, eux, se défiaient toujours des accents et des locutions de terroir contre lesquels on les avertissait depuis longtemps de se prémunir : « Quant à ... descendre par le Rhosne jusques dans le Languedoc, et y faire aussi du seiour, pource qu'il y fait assez bon viure, et à bon conte ... ils releuent là dessus vn inconuenient, qui n'est pas possible petit, et qui regarde la langue, dont ils sont curieux sur toutes choses : ne croyants pas que la pureté s'y trouue, et qu'ayants pris ceste mauuaise prononciation du Languedoc, ils la puissent facilement perdre lors qu'ils viendront plus avant dans les pays où l'on parle naturel François ; jugeants qu'il est impossible d'eviter la conversation de toute sorte de personnes, parmy le peuple, et les femmes, et ne se communiquer qu'avec les gens de lettres, et de bonne qualité, qui ne parlent que François, quoyque tousiours avec un mauvais accent. Il faut doncques ... s'en venir droit au Rhin et à Strasbourg, pour avoir moyen d'arriver plustost à Paris » (Le P. de Varennes, *Le Voyage de France*, Pref., 21-22). Cf. « Les estrangers ne sont pas conseillez d'arrester longuement en ce pays (le Languedoc), s'ils veulent conserver la pureté de la langue Françoise, qu'ils ont desja acquise dans les bonnes Villes de France, où l'on parle le mieux, comme à Orleans, Blois, et autres. Toutesfois entant qu'ils n'ont affaire principalement qu'à des gens ou de lettres, ou de bonne condition, qui parlent ordinairement François, ils ne peuvent pas gueres nuire à la bonne habitude qu'ils en auront prise, et tireront, s'ils veulent, un grand profit avec quelque contentement, s'ils examinent les termes naturels du pays, qu'ils trouveront fort signifians, et qui se rapportent beaucoup plus à la langue Latine, que les Allemans parlent volontiers, qu'aucuns autres de la France » (Id., *Ib.*, 118, 2ème pag[n]).

CHAPITRE VII

LE FRANÇAIS SE RÉGIONALISE

EXTENSION ET CORRUPTION. — Nous avons parlé au tome VI (Lexique. Les provincialismes) des réintroductions de mots de province dans des écrits de divers ordres.

Les plus intéressants de ces mots sont ceux qui se glissent à l'insu des auteurs. Il est bien rare qu'en feuilletant les livres écrits par des provinciaux, on n'y découvre pas quelqu'un de ces provincialismes. Les *Souvenirs d'un nonagénaire* en fourmillent [1].

Certaines pièces vont jusqu'au macaronique, comme cette chanson faite à Lyon, en 1734, où on s'insurge contre le machinisme de Vaucanson :

> Un certain Vaucanson
> Grand garçon
> Un certain Vaucanson
> A reçu une patta (de l'argent)
> De les maîtres marchands
> Gara, gara la gratta
> Si tombe entre nos mains [2].

Dans un document pédagogique de Nancy, j'ai trouvé l'expression toute lorraine : *jouer aux chiques* (aux billes). Tous les convertis aux français n'étaient pas de l'Académie de leur endroit, tant s'en faut. Sitôt qu'on va aux écrits émanant d'industriels, de commerçants, de petites gens, on voit apparaître tout un bariolage qu'ignore la langue littéraire. En 1732, le sieur Donde, fabricant de papier à Aubagne, se plaint auprès des députés du commerce de Marseille. Selon lui quatre ouvriers sont responsables : l'*estudienti* (gouverneur, ouvrier chargé de faire pourrir les chiffons, de les couper, et de les mettre dans les piles), le *laurenti* (ouvrier qui puise le papier dans la cuve), le *pounedou* (coucheur, ouvrier qui renverse la feuille sur le feutre), et le *levadou* (leveur, celui qui prend

1. *Couraudoire* (descente en pente douce vers une cave, I, 10) ; *nigeots* (petites cachettes de fruits, *Ib.*, 18) ; *millée* ou *millière* (bouillie de mil, *Ib.*, 19).
2. Godart, *L'Ouvrier en soie*, 279, dans Levasseur, *Hist. des cl. ouvr.*, t. II, p. 768.

la feuille sur le feutre) (Isnard, dans Hayem, *o. c.*, 59). Le règlement du 28 octobre 1793 sur les prix maximum des salaires de Marseille mentionne des ouvriers *auffiers* (aufo en provençal : sparte), *moundaires* (provençal : vanneurs) ; il parle de *barquieux* (provençal : fosses de savonnerie), etc. (Hayem, *o. c.*, 156 et suiv.).

Je ne citerai plus qu'une note sur le parler de l'Ouest : « Les Niortaises parlent en général fort mal, elles disent *j'ai-t-été* pour *j'ai été* ; *je voudrais que vous viendriez* (locution italienne) (sic.) ..... un petit garçon est *un quenaille* ; une mère dira *mon pauvre quenaille* en parlant de son fils qui est à l'agonie. En caressant sa fille, elle l'appelle *ma chère tendresse, ma chère drôlesse*.

« Les jeunes filles se nomment entre elles *ma bonne* ; cela ne serait pas du bon ton à Paris, mais cela vaut mieux que *ma chère crotte*, nom d'amitié qu'elles se donnent à Saint-Jean d'Angély.

« Les Niortaises emploient... le mot *rusé* dans le même sens qu'on emploie à Paris le mot *gentil*.

« Elles disent : *voilà un petit pot tout rusé*. Une femme qui demenage dit qu'elle se *remise*. Au lieu de dire : M. Jugez en par vous-même, elle dira *M. prenez le par le plus court de vous-même*. Si vous lui demandez quel âge a son petit garçon, elle vous répondra qu'il est *foncé*, cela veut dire qu'on vient de le mettre en culottes » [1]. Mes lecteurs de province ajouteront sans peine d'interminables listes d'exemples aux quelques spécimens que je viens de donner.

Il est plus difficile de trouver des notes précises sur les variétés phonétiques du français parlé. Il en existe pourtant. L' « assent » de Marseille a été signalé : « Frequentez les Spectacles et les concerts ; c'est là où vous pourrez vous perfectionner dans la Langue Françoise : car tous les Marseillois s'expriment et prononcent mal. Il n'y a que deux sortes de langages à Marseille ; celui des Petits-Maîtres de Provence, et celui des Marchands ; les uns et les autres parlent très mal. Ce n'est qu'aux Spectacles que vous entendrez prononcer et parler le François correctement ; allez y toujours sur le Théatre » [2].

---

1. Ms. Coq. de M.. Bib. Rouen, 191, p. 26. Comparez dans Millin, *La langue et la litt. prov.* (Magasin Encyclop., 1808, II, 252-255), un échantillon de conversation recueilli ou fabriqué en Provence.
   Les documents abondent, mais ils n'ont guère été explorés. On trouvera cependant beaucoup de livres sur les mœurs, les coutumes, etc. où les expressions locales sont mentionnées. Je citerai comme type : Abbé Noguès, *Saintonge et Aunis...*, Saintes, 1891, in-8°, p. 82.
   Les *Statistiques* du Premier Empire sont très riches aussi en termes techniques.
2. *Memoires instructifs pour un voyageur daus les divers Etats de l'Europe.* Amsterdam, 1738, p. 238.

Ainsi croissait sur tout le territoire une flore de français régionaux. Ils étaient nés à vrai dire, du jour où le français était sorti de l'Ile de France, et avait passé dans la bouche de gens dont il n'était pas la langue naturelle. Mais, tant que ces gens étaient demeurés une élite capable de porter son attention sur le langage et désireuse de bien parler, les conséquences de cette corruption étaient minimes. Au contraire, quand le français devenait le langage de populations entières, c'était un morcellement nouveau qui commençait, irrémédiable et définitif. Aux patois se substituaient des français patoisés, nuancés de caractéristiques régionales, qui vivent toujours et dont il est impossible de prédire l'avenir. C'était en quelque sorte la rançon de la conquête. Extension impliquait division nécessaire.

BIBLIOGRAPHIE

A

Abbé (l') ***, de Grenoble, *La Cantatrice grammairienne*. Genève, 1788, in-8°.

Achard, *Vocabulaire franco-provençal*. Marseille, J. Mossy, 1785, in-4°.

Adam (Nicolas), *Essai en forme de mémoire sur l'éducation de la Jeunesse*. Londres et Paris, 1787, in-8°.

Advielle, *Les Écossais en Rouergue*. Rodez, 1865, in-4°.

Albert (Henri), *La langue et la littérature françaises en Alsace*. Liège, 1905, in-4°.

Albert (Aristide), *Le maître d'école briançonnais*. Grenoble, 1874, in-8°.

Allain, *Contribution à l'histoire de l'instruction primaire dans la Gironde avant la Révolution*. Bordeaux et Paris, 1895, in-8°.

— *La question d'enseignement en 1789 d'après les Cahiers*. Paris, Renouard, 1886, in-18.

Alphabet pour les enfans. Paris, Vᵛᵉ Robinet, Chaubert, Debats, Haucherot, 1750, in-8°.

Anecdotes piquantes (voir de Caraccioli).

Angot (l'abbé), *La Révolution et l'instruction populaire dans le département de la Mayenne*. Laval, 1891, in-8°.

Arbanère (M.), *Tableau des Pyrénées françaises*. Paris, 1828, 2 vol in-8°.

Archives de Bretagne, p. p. la Soc. des Bibliophiles Bretons. Nantes, in-8°.

Assier (Al.), *La bibliothèque bleue depuis Jean Oudot Iᵉʳ jusqu'à M. Baudot, 1600-1863*. Paris, 1874, in-8°.

Aufschlager, *Les souvenirs d'un vieux professeur strasbourgeois*, éd. R. Reuss. Strasbourg, 1893, in-24.

Auger (l'abbé), *Projet d'éducation pour tout le royaume*. Paris, 1789, in-8°.

Aulard, *Les orateurs de la Révolution. La Législative et la Convention*. Paris, Hachette, 1885-1886, 2 vol. in-8°.

— *Napoléon et le monopole universitaire*. Paris, Armand Colin, 1911, in-12.

[Auverni], *Methode nouvelle concise et raisonnée*. Nancy, J.-J. Haener, 1756, in-8°.

B

Babeau (A.), *La vie rurale dans l'ancienne France*. Paris, 1883, in-8°.

— *L'instruction primaire dans les campagnes avant 1789, d'après les documents tirés des archives communales du département de l'Aube*. Troyes, 1875, in-8°.

— *Les Voyageurs en France depuis la Renaissance jusqu'à la Révolution*. Paris, 1885, in-8°.

— *Le Village sous l'ancien régime*. Paris, 1878, in-8°.

Bachaumont, *Mémoires secrets pour servir à l'histoire de la République des Lettres en France*. Londres, 1777-1789, in-12.

Bailly (J.-L.-A.), *Notices historiques sur les bibliothèques anciennes et modernes*. Paris, Rousselon, 1828, in-8°.

Baretti (J.), *Voyage de Londres à Gênes, passant par l'Angleterre, le Portugal et la France*, traduit de l'Anglois. Amsterdam, M.M. Rey, 1777, 4 vol. in-12.

Barthélemy (l'abbé L.), *Grammaire des Dames, ou Nouveau traité d'orthographe françoise*. 5e éd. Pont-de-Vaux, Moiroud, 1797, in-8°.

Bascle de Lagrèze (G.), *La Société et les mœurs en Béarn*. Pau, 1886, in-8°.

Batteux (l'abbé), *De gustu veterum in studiis literarum retinendo, Oratio...* Parisiis, apud Ant. Boudet, 1750, in-4°.

— *Traité de l'arrangement des mots... avec des Reflexions sur la langue françoise comparée avec la langue grecque...* suite des *Principes de Littérature*. Paris, Nyon, 1788, in-12.

Baudeau (l'abbé), *Éphémérides du citoyen*, 1765-1768, 11 vol. in-12.

— *Œuvres*, dans la Collection des principaux économistes, p. p. Daire. Paris, Guillaumin, in-8°; t. II : *Physiocrates*, 1846.

Baudouin (Alph.), *Glossaire du patois de la forêt de Clairvaux*. Troyes, 1887, in-8°.

Baudry (J.), *Étude historique et biographique sur la Bretagne à la veille de la Révolution*. Paris, Champion, 1905, 2 vol. in-8°.

Bédier et Hazard, *Histoire de la Littérature française*. Paris, Larousse, 1923, in-4°.

Behrens (Dietrich), *Beiträge zur Geschichte der französischen Sprache*. Heilbronn, 1886, in-8°.

— *Bibliographie des patois gallo-romans*, trad. E. Rabiet. Berlin, 1893, in-8°.

Belloc (Alexis), *La manière de voyager autrefois et de nos jours*. Paris, Delagrave, 1904, in-16.

Benedetto, *Madame de Warens*. Paris, 1914, in-8°.

Bérenger (Laurent-Pierre), *Soirées provençales ou Lettres... écrites à ses amis pendant ses voyages dans sa patrie*. Paris, Nyon, 1787, 3 vol. in-12.

— *Voyage dans les Pyrénées françoises* (attribué aussi à Picquet). Paris, Le Jay, 1789, in-8°.

Berlet (Ch.), *Les tendances unitaires et provincialistes en France à la fin du XVIIIe siècle*. Nancy, 1913, in-8°.

Bernard, *La Comédie et les jeux à Quimper en 1786*, dans *Bulletin de la Société archéologique du Finistère*, XLIV. Quimper, 1917, in-8°.

Bertrand (Élie), *Dictionnaire universel des fossiles propres et des fossiles accidentels*. La Haye, Gosse et Pinet, 1763, 2 t. en 1 v. in-8°.

Besnard (François-Yves), *Souvenirs d'un nonagénaire*, p. p. Célestin Port. 1880, 2 vol. in-8°.

Bézard (J.), *Documents et monographies sur l'histoire d'établissements français d'enseignement secondaire qui se trouvent à la Bibliothèque du Musée Péda-gogique.* Melun, 1904, in-8°.

Blanchard (R.), *La Flandre*. Lille, 1906, in-8°.

Boileau, *Traité de l'arrangement des mots*. Paris, 1788.

Boissonnade, *Histoire du Poitou*. Paris, 1914, in-12.

Bonnerot (Jean), *Les routes de France*. Paris, Laurens, 1921, in-8°.

Bonzon (Jacques), *La corporation des Maîtres-Écrivains... sous l'Ancien Ré-gime*. Paris, Giard et Brière, 1899, in-12.

Bordeaux, publié par la Municipalité bordelaise. Paris et Bordeaux, 1892, in-4°.

Bory (J. Th.), *De l'état de la langue française à Marseille avant la fondation de l'Académie de cette ville*, dans *Mémoires de l'Ac. des Sciences, Belles-Lettres et Arts de Marseille*, 1864, in-8°.

[Bouchot (l'abbé L.)], *A. B. C. royal, ou l'Art d'apprendre à lire par les sons, sans épeler les voyelles ni les consonnes*, Dédié aux Enfans de France, Monseigneur le Duc de Berry, Monseigneur le Comte de Provence et Mon-seigneur le Comte d'Artois. Troisième édition plus abrégée. Paris, Méri-got père, 1759, in-12.

— *L'Éducation ou l'art de conduire la jeunesse à l'inconnu par le connu, depuis l'enfance jusqu'à l'âge viril.* S. 1., 1761, in-8°.

Bouillier (J.), *Histoire de la philosophie cartésienne*. Paris, 1868, 2 vol. in-8°.

Brébion (L.), *Étude philologique sur le Nord*. Paris, Champion, 1907, in-8°.

Brette (Armand), *Recueil de documents relatifs à la convocation des États-Géné-raux de 1789*. Pâris, I. N., 1894-1904, 4 vol. in-8°.

Brièle (Léon), *Collection de documents pour servir à l'histoire des hôpitaux de Paris*. Paris, I. N., 1881-1887, 4 vol. in-f°.

Brissot, *Mémoires (1754-1793)*, éd. Perroud. Paris, 1912, 2 vol. in-8°.

Brun (Aug.), *L'introduction de là langue française en Béarn et en Roussillon*. Paris, Champion, 1923, in-8°.

— *Recherches historiques sur l'introduction du français dans les provinces du Midi.* Paris, Champion, 1923, in-8°.

Brune (maréchal), *Voyage pittoresque et sentimental dans plusieurs provinces occidentales de la France*. Londres et Paris, 1788, in-8°.

Buisson (F.), *Dictionnaire de pédagogie*. Paris, 1887, gr. in-8°.

Bullet, *Mémoire sur la langue celtique*, 1754-1760, in-f°.

C

Cambry (J.), *Voyage dans le Finistère... en 1794 et 1795*. Paris, an VII, 3 vol. in-8°.

Caron (P.), *Rapport des agents du Ministre de l'Intérieur dans les départe-ments (1793-an II)*. Paris, I. N., 1913, grand in-8°, t. I.

Carré (l'abbé), *Culte public en langue française*. Adresse à l'Assemblée natio-nale. Auxerre, 1790, in-8°.

Carré (L. G.), *L'enseignement secondaire à Troyes du Moyen-Age à la Révolution*. Paris, 1888, in-8°.

Carnel (l'abbé), *Les sociétés de rhétorique*, dans *Annales du Comité flamand de France*, t. V, 1859-1860, in-8°.

Cauly (l'abbé), *Histoire du Collège des Bons-Enfants*. Reims, 1885, in-8°.

Chabrand (Dr J. A.), *État de l'instruction primaire dans le Briançonnais avant 1790*. Grenoble, s. d., in-8°, 32 p.

Champeaux, voir Garnier.

Champollion-Figeac, *Nouvelles recherches sur les patois ou idiomes vulgaires de la France, et en particulier sur ceux du département de l'Isère*. Paris, Goujon, 1809, in-12.

Charléty, *Bibliographie critique de l'histoire de Lyon depuis ses origines jusqu'en 1789*. Lyon et Paris, 1902, in-8°.

Charmasse, *État de l'instruction primaire dans l'ancien diocèse d'Autun pendant les XVIIe et XVIIIe siècles*. Autun, 1871, in-8°.

Chassé (Ch.), *Un vocabulaire français-breton du XVIIe siècle*, dans *Annales de Bretagne*, XXXV. Rennes et Paris, 1921.

Chéron, *Les professeurs de droit français de l'Université de Bourges*, dans *Revue de l'histoire du droit*. Paris, Cirey, 1921.

Cherrier, *Méthode nouvelle pour apprendre à lire*. Paris, 1755, in-12.

Chorier (N.), *Histoire générale du Dauphiné*. Grenoble, 1661-1672, 2 vol. in-f° ; nlle éd., Valence, 1869-1878.

Clément (P.), *Lettres, instructions et mémoires de Colbert*. Paris, 1861-1882, 8 t. en 10 vol., in-8°.

Clère, *Histoire de l'École de la Flèche depuis sa fondation par Henri IV, jusqu'à sa réorganisation en Prytanée militaire impérial*. La Flèche, 1853, in-12.

Collé, *Journal et Mémoires*, éd. Honoré Bonhomme. Paris, 1868, 3 vol. in-8°.

Colomb de Bâtines, *Mélanges historiques et bibliographiques relatifs à l'histoire littéraire du Dauphiné*. Valence, 1837, in-8°.

Combalusier, *Mémoires... sur les moyens de pourvoir à l'instruction de la jeunesse*. Paris, 1762, in-12.

Combes (Anach.), *Histoire de l'École de Sorèze*. Toulouse, 1847, in-8°.

Compayré (G.), *Charles Démia et les origines de l'enseignement primaire*. Paris, Delaplane, 1905, in-8°.

Constans (L.), *La Littérature provençale*, dans *Les Bouches du Rhône*, III. Marseille, 1921, in-4°.

Corrard de Bréban, *Recherches sur l'établissement et l'exercice de l'imprimerie à Troyes*. Paris, Chassonney, 1873, in-8°.

Cortyl (Eugène), *Un disciple de Rollin, réformateur de l'enseignement secondaire en Flandre maritime, Alexandre van de Walle*, dans *Annales du Comité flamand de France*, t. XXII. Lille, 1895, in-8°.

Coyer, *Plan d'éducation*. Amsterdam, 1785, in-12.

Crapet (Aristote), *La Vie à Lille de 1667 à 1789*, d'après le cours de M. de Saint-Léger. Lille, 1920, in-8°.

Crémieux, *Marseille et la royauté pendant la minorité de Louis XIV (1643-1660)*. Paris, Hachette, 1917, 2 vol. in-8°.

Crétineau-Joly, *Histoire politique, religieuse et littéraire de la Compagnie de Jésus*. Paris, 1844-1846, 6 vol. in-8°.

Creutzer (J.), *Des intendants de Lorraine et de leur action sur l'instruction primaire*. Nancy, 1881, in-8°.

Crevier (J. B. L.), *De l'éducation publique.* Amsterdam, 1763, in-12.
— *Difficultés proposées à M. de Caradeuc de La Chalotais.* Paris, 1763, in-12.
Curzon (A.), *L'enseignement du droit français dans les Universités de France.* Recueil Sirey, Paris, 1920, in-8°.

D

D'Alembert, *Discours préliminaire de l'Encyclopédie.* Ed. Picavet, Paris, Armand Colin, 1894, in-18.
— *Histoire des Membres de l'Académie française.* Amsterdam, 1787.
— *Œuvres.* Paris, Belin, 1821-1822, 5 vol. in-8°.
D'Argenson, *Mémoires.* Ed. elz., Paris, Jannet, 1857, 5 vol. in-16.
Darsy (F. I.), *Les Écoles et les Collèges du diocèse d'Amiens.* Amiens, 1881, in-8°.
Dassy (l'abbé L. T.), *L'Académie de Marseille, ses origines, ses publications, ses archives, ses membres.* Marseille, 1877, in-8°.
Daunou, *Lettre sur l'Éducation,* dans *Journal encyclopédique,* 1789, in-12.
D'Autrepe, *Traité sur les principes de l'art d'écrire.* Paris, 1759, in-8°.
Dauzat, *Les argots de métier.* Paris, Champion, 1917, in-8°.
D'Avenel, *Les Moyens de transport,* dans *Revue des Deux-Mondes,* 1913, in-8°.
D. B., *L'orthographe françoise ou la méthode de l'écriture Contenant les Regles et les Observations necessaires pour écrire correctement.* Pierre de Bats, in-8°.
De Backer (L.), *La langue flamande en France.* Gand, 1898, in-8°.
— *Les Flamands de France,* Étude sur leur langue, leur littérature et leurs monuments. Gand, 1850, in-8°.
De Beaurepaire, *Règlement de la Communauté des maîtres-écrivains jurés de Rouen, 1681,* dans *Miscellanæa,* p. p. la Société des Bibliophiles normands, 1881, 2e série.
Deberre (l'abbé), *La vie littéraire à Dijon au XVIIIe siècle.* Paris, 1902, in-8°.
De Bertrand (R.), *Histoire de Mardick.* Dunkerque, 1852, grand in-8°.
— *Lettre sur la nécessité pour les professeurs d'hydrographie à Dunkerque avant 89 de savoir la langue flamande,* dans *Bulletin du Comité flamand de France,* t. I et II, 1860, in-8°.
De Blégny, *Les Elemens ou premieres Instructions de la Jeunesse.* Paris, Au Palais, Guill. Cavelier, 1712, in-8° (1re éd., 1667).
De Boislisle (A. M.), *Correspondance des contrôleurs généraux des finances avec les intendants de province.* Paris, 1874-1897, 3 vol. in-f°.
De Bouteiller et Hepp, *Correspondance politique adressée aux magistrats de Strasbourg, 1594-1683.* Paris, 1883, in-8°.
De Broglie (Em.), *Les portefeuilles du Président Bouhier.* Paris, Hachette, 1896, in-8°.
De Brosses (le Président), *Lettres familières écrites d'Italie en 1739 et 1740.* Paris, Didier, 1869, 2 vol. in-12.
Decap (Jean), *Quelques mots sur les anciens collèges de St-Bertrand et de St-Gaudens.* Saint-Gaudens, 1901, in-8°, 12 p.
[De Caraccioli (L. A.)], *Anecdotes piquantes relatives aux États-Généraux.* S. l., 1789, in-8°.

De Gélis, *Histoire des jeux floraux*. Toulouse, Privat, 1912, in-8° (Bibl. mérid., 2ᵉ série, XV).

De Genlis (Mᵐᵉ), *Mémoires*. Éd. Barrière. Paris, 1857, Didot, in-18.

Dejob, *L'instruction publique en France et en Italie au 19ᵉ siècle*. Paris, 1892, in-12.

De la Borderie (A.), *L'imprimerie en Bretagne au XVᵉ siècle*, p. p. la Société des Bibliophiles bretons, 1870, in-8°.

De la Bintinaye (l'abbé), *Procès-verbaux de l'Assemblée*. Rapports de... à l'Assemblée provisoire de l'Ile-de-France, 1787.

De Lancre (Pierre), *Tableau de l'inconstance des mauvais anges*. Paris, Nicolas Buon, 1613, in-4°.

De Lescure, *Correspondance secrète inédite sur Louis XVI, Marie-Antoinette, la Cour et la Ville*.

Delvaille, *La Chalotais éducateur*. Paris, 1910, in-8°.

De Piépape, *Histoire de la réunion de la Franche-Comté à la France*. Paris, Champion et Besançon, s. d., 2 vol. in-8°.

De Piis, *L'harmonie imitative de la langue françoise*. Paris, 1785, in-8°.

Depping, *Correspondance administrative sous le règne de Louis XIV*. Paris, I. N., 1850-1855, 4 vol. in-4°.

De Pratel, *Corollarium*, suite des *Principia linguæ Burgundicæ*. Bruxelles, 1717.

De Prémontval, *Preservatifs contre la corruption de la langue françoise en Allemagne*. 1761.

Deriès (Mᵐᵉ), *Le District de Saint-Lô*. Paris, 1922, in-8°.

De Saint-Léger, *La Flandre maritime et Dunkerque sous la domination française*. Lille, 1900, in-8°.

— *La vie à Lille de 1667 à 1789*. Lille, 1920, in-8°.

— et Sagnac, *Les Cahiers de la Flandre maritime en 1789*. Dunkerque et Paris, 1906, 2 vol. in-8°.

Desfontaines (l'abbé), *Observations sur les écrits modernes*. Paris, Chaubert, 1735-1742, in-12.

— (de concert avec l'abbé Grenet). *Le Nouvelliste du Parnasse, ou reflexions sur les Ouvrages nouveaux*. Paris, Chaubert, 1731-1732, 4 vol. in-12.

Desforges-Maillard (P.), *OEuvres nouvelles*. Nantes, Société des bibl. bret., 1882, 2 vol. in-8°.

Desgrouais, *Les gasconismes corrigés*. Toulouse, J. Fr. Crosat, 1768, in-8°.

Désormaux, *Bibliographie méthodique des parlers de Savoie*. Annecy, 1923, in-8°.

De Thévenot (J.), *Voyage en Europe 1652*. Arsenal, mss. 3217.

De Tressan (comte), *OEuvres choisies*. Éd. Campenon, Paris, 1823, in-8°.

[De Varennes (le P. Cl.)], *Le Voyage de France dressé pour l'instruction et la commodité tant des François, que des Estrangers*. Paris, chez O. de Varennes, 1639, in-8°.

De Vaudreuil (comte), *Promenade de Paris à Bagnères-de-Luchon*. Paris, 1820, in-16.

Develey, *Observations sur le langage du Pays de Vaud*. Lausanne, 1808, in-8°.

Dieudonné (préfet), *Statistique du département du Nord*. Douai, an 12 (1804), 3 vol. in-8°.

Digard, *Mémoires et aventures d'un bourgeois qui s'est avancé dans le monde*. La Haye, 1750, in-12.

Digot (Aug.), *Histoire de Lorraine*. Nancy, 1856, 6 vol. in-8°.

Discours sur l'éducation particulière et sur l'éducation des colleges. Paris, J.-B. Hérissant, 1670, in-8°.

Dissertation sur la célébration de l'office divin en langue vulgaire. Paris, Frimaire, an VIII, in-16.

D. L. F. [de la Fare], *Le Gouverneur ou Essai sur l'éducation* par M^r... Ci-devant gouverneur de L. L. A. A. S. S^{mes} Mgrs les Princes Ducs de Sleswig-Holstein-Gottorp. Londres et Paris, 1768, in-12.

Dom Devienne, *Nouvelle Méthode pour apprendre à lire et à écrire correctement la langue françoise.* Paris, Nyon, 1782, in-12.

Domergue (Urbain), *Journal de la langue françoise,* 1784-1792. Lyon, 6 vol. in-12.

— *Solutions grammaticales.* Paris, 1808, in-8°.

Douchet, *Principes généraux et raisonnés de l'orthographe française.* Paris, 1762, in-8°.

Drevon, *Histoire d'un collège municipal aux XVIe, XVIIe et XVIIIe siècles.* (Bayonne). Agen, 1889, in-8°.

Dreyfus-Brisac, *Petits problèmes de bibliographie pédagogique.* S. l., 1892, in-8°.

Drion (Ch.), *Notice historique sur l'Église réformée de Sainte-Marie-aux-Mines.* Colmar, 1858, in-16.

Druon, *Stanislas et la Société royale des Sciences et Belles-Lettres,* dans *Mémoires de l'Académie Stanislas,* CXLIII^e année, 5e série, t. X.

Dubois, *Histoire abrégée de l'écriture.* Paris, de Lormel, Dijon, Capel, 1772, in-12.

Dubuisson-Aubenay, *Itinéraire de Bretagne en 1636,* dans *Archives de Bretagne,* t. IX, 1898, et t. X, 1902, in-4°.

Dugast de Bois Saint-Just. *Paris, Versailles et les provinces au XVIIIe siècle.* Lyon, 1817, in-8°.

Duine, *Histoire du Livre à Dol du XVe au XVIIIe s.,* dans *Annales de Bretagne,* XXI. Rennes, 1905-1906.

Dumas (Fr.), *La généralité de Tours au XVIIIe siècle sous l'administration de l'intendant du Cluzel (1766-1783).* Paris, 1894, in-8°.

Dumas (Louis), *La Bibliotheque des enfans, ou les Premiers elemens de lecture contenant le sisteme du bureau tipografique.* Paris, P. Simon, 1733, in-4°.

— *Le sisteme du bureau tipografique,* voir *La Bibliotheque des enfans.*

Duminy (Ed.), *Les marchands bisoirs à Nevers,* dans *Revue du Nivernais,* janvier 1898.

Dunn (Jos.), *La vie de Saint-Patrice,* dans *Annales de Bretagne,* XXIV. Rennes, 1908.

Dupont (E.), *La condition des paysans de la sénéchaussée de Rennes,* dans *Annales de Bretagne,* XV. Rennes, 1899-1900.

Dupont de Nemours, *Cahiers de doléances du Tiers du Bailliage de Nemours, 1789,* dans *Archives parlementaires de 1787 à 1860,* 1re série, t. IV.

Dupuy (A.), *Statistique,* dans *Annales de Bretagne,* IV. Rennes, 1888-1889.

Dupuy (Paul), *Les Boursiers de Louis-le-Grand, L'école normale de l'an III,* dans *Le Centenaire de l'École Normale.* Paris, 1895, in-4°.

Durand (René), *Le commerce en Bretagne au XVIIIe siècle,* dans *Annales de Bretagne,* XXXII. Rennes, 1917.

Durival (N. L.), *Description de la Lorraine et du Barrois.* Nancy, Vve Leclerc, 1778-1783, 4 vol. in-4°.

E

Éphémérides du citoyen, mars 1766 (voir Baudeau).
Ernault (E.), *Sur l'étymologie bretonne,* dans *Revue celtique,* XXV-XXVII, 1905.

F

Fagniez, *Documents relatifs à l'Histoire de l'Industrie et du commerce en France.* Paris, 1898-1900, 2 vol. in-8°.
Fauché-Prunelle, *Essai sur les anciennes institutions autonomes ou populaires des Alpes-Cotiennes-Briançonnaises.* Grenoble, 1856-1857, 2 vol. in-8°.
Favart, *La Fortune au village,* comédie. Paris, Duchesne, 1761, in-8°.
Favé (l'abbé Ant.), *Les petites écoles dans le Finistère,* dans *Bulletin archéologique de l'Association bretonne.* Saint-Brieuc, 1895, in-8°.
Féraud (le P. Jean-Fr.), *Dictionnaire critique de la langue françoise.* Marseille, 1787-1788, 3 vol. in-4°.
— *Dictionnaire grammatical de la langue françoise,* 1767, in-8°.
Ferté, *Rollin, sa vie et ses œuvres, et l'Université de son temps.* Paris, Hachette, 1902, in-8°.
Feuvrier (Julien), *L'ancien collège d'Arbois.* Dôle, 1899, in-8°.
Fisch (G.), *Briefe über die südlichen Provinzen von Frankreich.* Zürich, 1790, in-8°.
Foisset (Th.), *Le Président de Brosses, histoire des lettres et des Parlements au XVIIIᵉ siècle.* Paris, 1842, in-8°.
Fontaine de Resbecq, *Histoire de l'enseignement primaire avant 1789 dans les communes qui ont formé le département du Nord.* Lille et Paris, 1878, in-8°.
Fusil, *L'Anti-Lucrèce du cardinal de Polignac.* Paris, 1918, in-8°.

G

Galabert, *Un coin de la Société montalbanaise du XVIIIᵉ siècle,* dans *Bulletin archéologique du Tarn-et-Garonne,* 1908.
Gallier (An.), *La Vie de province au XVIIIᵉ siècle.* Paris, Rouquette, 1877, in-8°.
Garat (D.-J.), *Mémoire historique sur le XVIIIᵉ siècle et sur M. Suard.* Paris, Belin, 1821, 2 vol. in-8°.
Garnier et Champeaux. *Introduction aux Chartes des Communes... de Bourgogne.* Paris, Dupont, s. d., in-f°.
Gastault, *Histoire de l'enseignement primaire au Havre depuis l'origine de la ville jusqu'à nos jours.* Havre, Imp. du Commerce, 1889, in-12.
Gaudin (J. M.), *Voyage en Corse et vues politiques sur l'amélioration de cette isle.* Paris, Lefèvre, 1787, in-8°.
Gaullieur (E.), *Histoire du collège de Guyenne d'après un grand nombre de documents inédits.* Paris, Sandoz et Fischbacher, 1874, in-8°.
Gaullyer, *Regles pour la langue latine et françoise.* Paris, J.-B. Brocas, 1719, in-12.

Gautier (Alexandre), *Le collège de Rouen, aujourd'hui lycée Corneille.* Paris, P. Dupont, 1876, in-8°.

Gazier (A.), *Lettres à Grégoire sur les patois de France, 1790-1794.* Paris, Durand et Pedone-Lauriel, 1880, in-8°.

— *Une suite à l'histoire de Port-Royal.* Paris, 1906, in-16.

Gédoyn (l'abbé), *De l'éducation des Enfans,* dans *OEuvres diverses.* Paris, de Bure l'aîné, 1745, in-12.

Girard (l'abbé Gabriel), *L'Ortografe française sans équivoques.* Paris, P. Giffart, 1716, in-12.

Godard (Ch.), *Notice sur le nouveau collège de Gray.* Gray, 1889, in-12.

Gosselin (Ch. R.), *Plan d'éducation...* Amsterdam, 1785, in-8°.

Gourdon (H.), *Les physiocrates et l'éducation nationale au XVIII° siècle,* dans *Revue pédagogique,* t. 38, 1901.

Gr. A.-I.-H., voir Hécart.

Grégoire (le P. F.), de Rostrenen, *Dictionnaire françois-celtique ou françois-breton.* Rennes, Vatar, 1732, in-4°.

— *Grammaire françoise-celtique ou françoise-bretonne.* Rennes, Vatar, 1738, in-8°.

Grellet-Dumazeau, *La Société bordelaise sous le règne de Louis XV.* Paris, 1897, in-8°.

Grimm, *Correspondance.* Éd. Tourneux. Paris, 1877-1882, in-8°.

Grivel, *Théorie de l'éducation.* Paris, Moutard, 1775, 3 vol. in-12.

Guéneau, *L'organisation du travail à Nevers aux XVII° et XVIII° siècles (1660-1790).* Paris, 1919, in-8°.

Guillaume, *Procès-verbaux du Comité de l'Instruction publique de l'Assemblée législative.* Paris, I. N., in-8°.

Guyot (Pierre J. J. G.) et Merlin, *Traité des droits, fonctions, franchises annexés en France à chaque dignité.* Paris, Visse, 1786-1788, 4 vol. in-4°.

Guyton de Morveau, *Mémoire sur l'éducation publique.* S. l., 1764, in-12.

H

Harduin, *Remarques diverses sur la prononciation et l'orthographe.* Paris, 1757, in-12.

Haristoy (l'abbé P.), *Recherches historiques sur le pays basque.* Bayonne, Paris, 1883, in-8°.

Hatin (E.), *Bibliographie historique et critique de la presse périodique française.* Paris, 1866, in-8°.

— *Histoire politique et littéraire de la presse en France.* Paris, Poulet-Malassis et de Broise, 1859-1861, 8 vol. in-12°.

Hauser, *Les compagnonnages d'arts et métiers à Dijon.* Paris, 1907, in-8°.

Hayem, *Mémoires et documents,* IV° série. Paris, Hachette, in-8°.

[Hécart] Gr. A. I., *Recherches historiques sur le théâtre à Valenciennes.* Paris, Hécart, 1816, in-8°.

Heulhard, *Jean Monnet.* Paris, 1884, in-8°.

Hoffmann (Charles), *L'Alsace au XVIII° siècle.* P. p. A. M. P. Ingold. Colmar, 1906, in-8°.

Houdas, *Les maîtres écrivains en Orléanais*, dans *Mémoires de la Société d'agriculture, sciences et belles-lettres d'Orléans*, t. 37, 1861.

I

Inventaire des prix distribués au Concours général, 1749.
Isambert, *Recueil des anciennes lois françaises de 420 à 1789*. Paris. 1821-1873, 29 vol. in-8°.

J

Jacquier (Edme), *Le Collège de Vitry-le-François. Variation de l'Instruction publique en France du XIII° au XVIII° siècle*. Paris et Vitry, 1897, in-8°.
Jacquier, *Méthode pour apprendre l'orthographe par principes sans sçavoir le Latin*. Paris, Nic. Le Clerc, J. Josse, Th. Legras et Vᵛᵉ Pissot, 1728, in-8°.
Jamerai-Duval (Valentin), *Œuvres*. Saint-Pétersbourg et Strasbourg, 1784, 2 vol. in-8°.
Jourdain (Charles), *Histoire de l'Université de Paris au XVII° et au XVIII° siècle*. Paris, Hachette, 1862-1866, in-f°.
Jouvin, *Le Voyageur d'Europe*. Paris, D. Thierry, 1672, in-12.

K

Kerviler, *Jean de Montigny*. Paris, Detaille, 1876, in-8°.
— *La Bretagne à l'Académie française*. Nantes, 1874, in-8°.
Krug-Basse, *L'Alsace avant 1789*. Paris et Colmar, 1876, in-8°.
Kurth, *La frontière linguistique en Belgique et dans le Nord de la France*, dans *Académie Royale de Belgique*, XLVIII, t. II.

L

La Caze (L.), *Les Imprimeurs et les Libraires en Béarn (1552-1883)*. Pau, 1884, in-8°.
— *Les libertés provinciales en Béarn*. Paris, 1865, in-8°.
La Chalotais, *Essai d'éducation nationale ou plan d'études pour la jeunesse*. S. l., 1763, in-12.
Lacroix (A.), *L'instruction primaire dans la Drôme avant 1789*, dans *Bibliothèque historique du Dauphiné*. Grenoble, 1885, in-8°.
Lange. Voir Richard de Ruffey.
Lanson, *Manuel bibliographique de la littérature française*. Paris, Hachette, 1911, in-8°.
[La Porte (l'abbé de)], *Le Voyageur françois*. Paris, 1765, 28 vol. in-12.
Latreille et Vignon, *Les Grammairiens lyonnais*, dans *Mélanges Brunot*. Soc. nouv. de libr. et d'édit., 1904, in-8°.
Laumond, *Statistique du département du Bas-Rhin*. Paris, Le Clerc, Henricks, Treuttel et Wurtz, an X, in-8°.

Lautard, *Histoire de l'Académie de Marseille, depuis sa fondation en 1706 jusqu'en 1826*. Marseille, 1826-1843, 3 vol. in-8°.

Lavissè, *Histoire de France*. Paris, Hachette, in-8°.

Le Braz (An.), *Essai sur l'histoire du théâtre celtique*. Paris, Calmann-Lévy, 1904, in-8°.

Le Camus (Et.), *Lettres du Cardinal... Évèque et prince de Grenoble*. P. p. le P. Ingold. Paris, Picard, 1892, in-8°.

Lechevalier, *Notice sur les maîtres-écrivains aux XVIIe-XVIIIe siècles*, dans *Bulletin du Comité des travaux historiques*. Paris, 1904, in-8°.

Le Chroniqueur du Périgord et du Limousin. Périgueux, 1853, in-4°.

Le Fèvre (Tanneguy), *Méthode pour commencer les humanités grecques et latines*. Paris, 1731, in-12.

Lefort (A.), *Histoire du département des Forêts*. Paris, Bruxelles et Strasbourg, 1905, in-8°.

Le Gonidec, *Dictionnaire français-breton*. Saint-Brieuc, 1847-1850, 2 vol. in-4°.

Legrand-d'Aussy, *Voyage fait en 1787 et 1788 dans la ci-devant Haute et Basse-Auvergne*. Paris, An III de la République française, 3 vol. in-8°.

Leibnitz, *Œuvres*, éd. Fouché de Careil. Paris, 1859, 7 vol. in-8°.

Le Lay (Fr.), *Histoire du collège de Pontivy au XVIIIe siècle*. Saint-Amand, 1911, in-8°.

Leleu, *L'Académie d'Amiens, son histoire avant 1750*, dans *Mémoires de l'Académie des Sciences, belles-lettres et arts d'Amiens*, t. XLVIII, 1901.

Lelong, *Bibliothèque historique*. Edit. Fevret de Fontette, 1768-1778, 5 vol. in-f°.

Le Moy, *Le Parlement de Bretagne*. Paris, Champion, 1909, in-8°.

Lennel, *L'instruction primaire dans le département du Nord pendant la Révolution*. Thèse de Lille. Paris, Tallandier, 1909, in-8°.

Le Nouveau Traité d'écriture de Rossignol selon les principes d'Allais. Paris, 1754.

Lepage, *Annuaire de la Meurthe*. Nancy, 1856.

Le Pelletier, *Dictionnaire de la langue bretonne*. Paris, Fr. de la Guette, 1752, in-f°.

Lepreux, *Gallia Typographica*. Paris, Champion, 1909, in-8°.

Leroux (Alf.), *Géographie et Histoire du Limousin*. Limoges et Toulouse, janv. 1890, in-8°.

Le Roy, *Lettre d'un Professeur émérite de l'Université de Paris... sur l'éducation publique*. Bruxelles, 1777, in-8°.

Les fidèles tableaux de l'art d'écrire par colonnes de démonstrations par lesquels les principes sont développés. Paris, 1764.

Lespy (V.), *Histoire du Collège de Pau*. Pau, 1890, in-8°.

Letaconnoux (J.), *Le régime de la corvée en Bretagne au XVIIIe siècle*. Rennes, 1905, in-8°.

— *Les projets de réforme scolaire à la fin de l'ancien régime*, dans *Journal de Psychologie*, janvier-mars 1924, in-8°.

— *Les voies de communication en France au XVIIIe siècle*, dans *Viertel-Jahrschrift für Social- und Wirtschaftsgeschichte*, t. VII, 1909, in-8°.

— *Les transports en France au XVIIIe siècle*, dans *Revue d'histoire moderne et contemporaine*. Paris, 1908-1909, t. XI, in-8°.

Lettres à Grégoire, voir Gazier.

Levainville (capitaine J.), *Le Morvan*. Paris, Armand Colin, 1909, in-8°.

Levasseur, *Histoire des classes ouvrières et de l'industrie en France avant 1789.* Paris, Hachette, 1867, 2 vol. in-8°.

Lezay-Marnézia, *Le bonheur dans les campagnes.* Neufchâtel, 1785, in-8°.

Lhéritier, *Tourny.* Paris, 1920, in-8°.

Lhuillier (Th.), *Recherches historiques sur l'enseignement primaire dans la Brie.* Meaux, 1884, in-8°.

Liard (L.), *L'enseignement supérieur en France, 1789-1889.* Paris, Armand Colin, 1888, in-8°.

Lister, *Voyage à Paris en 1698* (publ. p. la Société des Biblioph. fr.). Paris, 1873, in-8°.

Lobineau (dom), *Vie des Saints de Bretagne.* Paris, 1756, 2 vol. in-f°.

Loiseleur, *Les Archives de l'Académie d'Orléans,* dans *Mémoires de la Société d'agriculture, Sciences, Belles-Lettres et Arts d'Orléans,* t. XIV, 1872, in-8°.

Loriquet, *Cahiers de doléances de 1789 dans le département du Pas-de-Calais.* Arras, 1891, 2 vol. grand in-8°.

Loth (J.), *Chrestomatie bretonne.* Paris, Bouillon, 1890, in-8°.

Lucard (le Fr.), *Vie du Vénérable J.-B. de la Salle.* Rouen, Fleury, 1874, in-8°.

Luchaire (A.), *Étude sur les idiomes pyrénéens de la région française.* Paris, 1879, in-8°.

M

Maître (L.), *L'instruction publique dans les villes et campagnes du comté Nantais avant 1789.* Nantes, 1882, in-8°.

Mandet (F.), *Histoire du Velay.* Le Puy, 1860, 7 vol. in-12.

Mangeonjean (J. F.), *Les Écoles primaires avant la Révolution de 1789 dans la région des Vosges formant aujourd'hui l'arrondissement de Remiremont.* Épinal, 1874, in-8°.

Mantellier, *Histoire de la corporation des marchands fréquentant la rivière de Loire.* Orléans, 1867-1870, 2 vol. in-8°.

Mantoux, *La révolution industrielle au XVIIIe siècle.* Paris, 1906, in-8°.

[Marlin], *Voyages d'un Françaïs. — Voyages en France et Pays circonvoisins depuis 1778 jusqu'en 1807.* Paris, 1817, 4 vol. in-8°.

Marmontel, *De l'autorité de l'usage sur la langue. Discours.* Paris, Demonville, 1785, in-4°.

— *Mémoires.* Éd. F. Barrière. Paris, Didot, 1846. in-12.

Martin (Daniel), *Parlement nouveau.* Strasbourg, Aux Despens des Heritiers de feu Everard Zetzner, 1660, in-8°.

Martin (Germ.), *Les Associations ouvrières au XVIIIe siècle.* Paris, 1900, in-8°.

Martin Saint-Léon, *Le compagnonnage, son histoire, ses coutumes, ses règlements.* Paris, Armand Colin, 1901, in-16.

— *Histoire des corporations de métiers.* Paris, Alcan, 1909, in-8°.

Masson (Fr.), *Napoléon dans sa jeunesse.* Paris, 1909, in-8°.

Maury, *L'ancienne Académie des Sciences.* Paris, 1864, in-8°.

Maunoir (le P. J.), *La Sacré College de Jesus divisé en cinq classes...* Quimper-Corentin, Hardouyn, 1659, in-8°.

May (Gaston), *La lutte pour le français en Lorraine avant 1870.* Nancy et Paris, 1912, *Annales de l'Est,* 26e année, in-8°.

Mélanges historiques, littéraires, bibliographiques, publiés par la Société des bibliophiles bretons. Nantes, 1883, in-8°.

Mémoire anonyme sur Montpellier en 1768, dans *Archives de la ville de Montpellier,* Inventaires et docùments. Montpellier, 1920, t. IV, in-f°.

Mémoires pour l'histoire des sciences et des beaux-arts. Trévoux et Paris, 1722, in-12.

Memoires du Bureau servant de la Communauté de Rennes sur le nouveau plan d'éducation. Rennes, 1762, in-12.

Memoires Instructifs pour un voyageur dans les divers Etats de l'Europe. Amsterdam, 1738, in-8°.

Mention (Léon), *Le comte de Saint-Germain et ses réformes (1775-1797).* Paris, 1884, in-8°.

Mercier, *Tableau de Paris.* Amsterdam, 1782-1789, in-8°.

Mercure de France, années 1727 et 1774, in-12.

[Mérigot (Mme)], *L'orthographe des Dames... démontrée la seule raisonnable,* par une Société de Dames. Paris, 1782, in-12.

Merlin, voir Guyot.

Mesrobian Avedik, *Les conceptions pédagogiques de Diderot.* Paris, 1913, in-8°.

Methodes nouvelles pour aprendre à lire, par S. Ch. Ch. R. C. de N. et de P. Paris, Martin Lottin, 1755, in-12.

Michaëlis, *De l'influence des opinions sur le langage.* Brême, Georg. L. Förster, 1762, in-8°.

Michat (l'abbé), *Études sur le bellod,* dans *Bulletin de la Société Gorini.* Bourg-en-Bresse, 1905, in-8°.

Millin, *La langue et la littérature provençale,* dans *Magasin Encyclopédique,* t. II, 1808, in-8°.

Millet, *La Pastorale de la Constance de Philin et Margoton.* Grenoble, 1633, in-4°.

Milsand, *Bibliographie bourguignonne,* publication de l'Académie des Sciences, Arts et Belles-Lettres de Dijon. Dijon, Lamarche, 1885, in-8°.

Mirabeau, *L'ami des Hommes.* Paris, 1755, in-4°.

Miscellanæa, voir de Beaurepaire.

Molinier, *Inventaire sommaire de la collection Joly de Fleury.* Paris, Picard, 1881.

Montesquieu, *Lettres persanes.* Cologne, P. Marteau, 1754, 2 vol. in-8°.

Montpensier (Mlle de), *Mémoires.* Éd. Chéruel. Paris, 1858 et 1859, 4 vol. in-12.

Mornet (D.), *Les Sciences de la nature en France au XVIIIe siècle.* Paris, Armand Colin, 1911, in-12.

[Moustalon (M.)], *Observations critiques sur le Prospectus d'un ouvrage ayant pour titre Anatomie de la langue française.* Londres et Paris, Servières, 1785, in-12.

M. P. L., *La Petite Vartope.* Genève, Gay, 1869, in-12.

Muteau (Ch.), *Les Écoles et les Collèges en province depuis les temps les plus reculés jusqu'en 1789.* Dijon et Paris, 1882, in-12.

N

Navarre (le R. P.), *Discours qui a remporté le prix, par le jugement de l'Académie des jeux floraux en l'année M.DCC.LXIII,* sur ces paroles : *Quel seroit en France le Plan d'Etude* (sic) *le plus avantageux ?* in-12, s. l. n. d.

Nisard, *Histoire des livres populaires ou de la littérature de colportage*. Paris,
  Dentu, 1864, 2 vol. in-8°.
Noguès (l'abbé), *Saintonge et Aunis*. Saintes, 1891, in-8°.
Notices historiques sur les Sociétés des Lettres, Sciences et Arts de la Rochelle.
  La Rochelle, 1873, in-8°.
Noulet (Dr J.-B.), *Essai sur l'histoire littéraire des patois du Midi de la France
  au XVIIIe siècle*. Paris, 1877, in-8°.
Nouvelles de la République des Lettres. Amsterdam, 1732, in-12.

O

Ogée, *Dictionnaire historique et géographique de la province de Bretagne*.
  Rennes, Vatar, 1843-1853, 2 vol. in-4°.
Ouin-Lacroix, *Histoire des anciennes corporations d'arts et métiers et des con-
  fréries relatives*. Rouen, 1850, in-8°.
Ouvrages choisis en faveur du public. Paris, Hérissant, 1777.

P

Panckouke, *Encyclopédie méthodique*. Paris, 1782, in-4°.
Parfouru, *Lettres et mémoires inédits de M. d'Etigny*, dans *Annales du Gers*,
  1885.
— *L'instruction publique à Fleurance*, dans *Annales du Gers*, 1887.
Parisot (Robert), *Histoire de Lorraine*, Paris, 1922, 4 vol. in-12.
Peter (Jos.), *L'enseignement secondaire dans le département du Nord pendant
  la Révolution, 1789-1802*. Lille, 1912, in-8°.
Pfister, *Histoire de Nancy*. Nancy, 1896, in-4°.
— *Mémoire sur l'Alsace, rédigé en 1735*, dans *Revue historique*, sept. 1916.
Philipon de la Madelaine, *De l'éducation des Collèges*. Paris, 1784, in-12.
Picot (J. P. L.) (Lapeyrouse), *Considérations sur les Lycées surtout par rap-
  port aux départements du Midi*. Toulouse.
Pierquin de Gembloux, *Histoire littéraire philologique et bibliographique des
  patois*. Paris, 1858, in-8°.
Piolin, *L'instruction en Mayenne*. Paris et Laval, 1890, in-8°.
Pitel Prefontaine, *Première éducation des enfants où l'on trouve un Alphabet
  ingénieux*. Paris, chez Mlle Préfontaine, Nyon, Lesclapart, 1789, in-8°.
Plion (Alb.), *Histoire du Collège de Compiègne*. Compiègne, 1891, in-8°.
Pluche (l'abbé), *Supplément à la mécanique des langues*, dans *Spectacle de la
  Nature*, t. VI. Paris, 1747, in-12.
Pocquet (Barth.), *Histoire de Bretagne*. Rennes, 1913, grand in-8°.
— *Le Duc d'Aiguillon et La Chalotais*. Paris, Perrin, 1900, in-12.
— *Les origines de la Révolution en Bretagne*. Paris, 1885, 2 vol. in-12.
Poinsignon, *Histoire générale de la Champagne et de la Brie*. Châlons-sur-
  Marne et Paris, 1886, in-8°.
Pollet, *Elémens d'orthographe ou Méthode pour apprendre cette science parfai-
  tement, en très-peu de tems, sans être obligé de prendre un maître*. Paris, chez
  l'auteur, Rue Pavée-Saint-Sauveur, 1787, in-8°.

Pöllnitz (baron de), *Lettres et Memoires contenant les Observations qu'il a faites dans ses voyages*. Amsterdam, 1737, 5 vol. in-12.

Poncelet, *Principes généraux pour servir à l'éducation des enfants*. Paris, 1763, in-12.

Popeliers, *Précis de l'histoire des Chambres de rhétorique et des sociétés dramatiques belges*. Bruxelles, 1844, in-12.

Port (Célestin), *La Vendée angevine*. Paris, Hachette, 1888, 2 vol. in-8°.

Portagnier, *Étude historique sur le Rethélois et l'Archidiocèse de Reims*. Au Châtelet-sur-Retourne, 1874, in-8°.

Poulain de la Barre (Fr.), *Essai de Remarques particulières sur la langue françoise pour la ville de Genève*. Genève, 1691, in-8°.

Poux, *Histoire du Collège de Castres*. Paris et Toulouse, 1902, in-8°.

Prarond, *Les grandes écoles et le collège d'Abbeville, 1381-1888*. Paris, 1888, in-12.

Précis des travaux de l'Académie de Rouen, voir Terrisse.

Prévost (l'abbé), *Le philosophe anglois ou Histoire de M' Cleveland*. Utrecht, 1741, 2 vol. in-12.

Proyart (l'abbé), *De l'éducation publique et des moyens d'en réaliser la réforme*. Paris, 1785, in-12..

Prudhomme, *Histoire de Grenoble*. Grenoble, 1888, grand in-8°.

Puech (L.), *Histoire de la Gascogne*. Auch, 1914, in-12.

Puitspelu, *Dictionnaire étymologique*. Lyon, 1890, in-8°.

Py-Poulain de Launay, *Alphabet pour les enfans*. Paris, 1750, in-12.

— *L'Art d'apprendre le François et le Latin*. Paris, 1719, in-8°.

Q

Quantin, *Histoire de l'instruction dans le département de l'Yonne*. Auxerre, 1874, in-8°.

Quellien, *Les nomades en Basse-Bretagne*. Paris, 1906, in-16.

Quesnay, *Œuvres*. Éd. Oncken. Francfort et Paris, 1888, grand in-8°.

R

Recueil des Édits concernant l'École militaire. Paris, 1782, 2 vol.

Recueil de toutes les délibérations importantes prises depuis 1763 par le bureau d'Administration du College de Louis-le-Grand et Colleges y reunis. Paris, 1781, in-4°.

Restaut, *Principes généraux et raisonnés de la grammaire françoise*. Paris, 1732, in-8°.

Reuss, *Histoire d'Alsace*. Paris, Furne, 1912, in-16.

— *Histoire de Strasbourg*. Paris, 1922, in-4°.

— *Histoire du gymnase protestant de Strasbourg pendant la Révolution*. Paris, 1891, in-8°.

— *L'Alsace au XVIIe siècle*. Paris, E. Bouillon, 1897, in-8°.

— *Notes pour servir à l'histoire de l'Église française de Strasbourg*. Strasbourg, 1880, in-8°.

— *Notes sur l'instruction primaire en Alsace pendant la Révolution.* Paris, 1910, in-8°.

Revillout, *L'Ancienne Académie delphinale.* Grenoble, 1859, in-8°.

Reynaud, *Histoire générale de l'influence française en Allemagne.* Paris, 1914, in-8°.

Richard (J. M.), *La vie privée dans une province de l'Ouest, Laval aux XVIIe et XVIIIe siècles.* Paris, 1922, in-8°.

Richard de Ruffey, *Histoire secrète de l'Académie de Dijon, 1741-1770.* Éd. Lange. Paris, 1909, in-8°.

Rigby, *Lettres du Dr —*, 1789. Trad. de l'anglais. Paris, 1910, in-8°.

Ripert (Em.), *La renaissance provençale.* Paris et Aix, s. d., in-8°.

Rivard (dom), *Mémoire sur les moyens de perfectionner les études publiques et particulières.* Paris, Vve Méquignon, 1769.

Rivarol, *OEuvres choisies.* Paris, Jouaust, 1880, 2 vol. in-8°.

Robillard de Beaurepaire (Ch.), *Recherches sur l'instruction publique dans le diocèse de Rouen avant 1789.* Évreux, 1872, 3 vol. in-8°.

Rolland (Président), *Plan d'éducation et de correspondance des Universités et des Collèges.* Paris, 1783, in-4°.

Rollin, *De la manière d'étudier et d'enseigner les belles-lettres.* Lyon, Fr. Savy, 1808, 2 vol. in-12, et Paris, Didot, 1854 *(Traité des Études).*

Roquette-Buisson, *Les vallées pyrénéennes.* Tarbes, 1921, in-8°.

Rouff (Marcel), *Les mines de charbon en France au XVIIIe siècle.* Paris, 1922, in-8°.

S

Sainéan, *Les Sources de l'argot ancien.* Paris, 1912, 2 vol. in-8°.

Saint-Simon, *Mémoires.* Éd. de Boislisle, Paris, Hachette, in-8°.

Sainte-Beuve, *Port-Royal.* Paris, 1860, 5 vol. in-8°.

Sauvages de la Croix (l'abbé), *Dictionnaire languedocien-français, ou choix des mots lang. les plus diff. à rendre en Fr..* Nîmes, Gaude, 1756, in-8°.

Sauvestre, *Rapport.* Musée Pédagogique, mss. n° 35.

Schuver (C.), *Quelques mots sur l'instruction primaire en Corse avant et depuis 1789.* Corte, 1880, broch. in-12 de 31 p.

Sée (Henri), *Les classes rurales en Bretagne du XVIe siècle à la Révolution.* Paris, 1906, in-8°.

Sée (H.) et Lesort (A.), *Cahiers de doléances de la Sénéchaussée de Rennes pour les États-Généraux de 1789.* Rennes, Oberthur (Paris, Lacroix), 1909, in-8°.

Serres de la Tour, *Du bonheur.* Londres et Paris, 1767, in-8°.

Sérurier (Vte), *L'instruction primaire dans la région des Pyrénées occidentales, spécialement en Béarn, 1385-1789.* Pau, 1874, in-8°.

Sicard (l'abbé Augustin), *Les études classiques avant la Révolution.* Paris, 1887, in-12.

Silvy (A.), *Histoire de l'éducation et la science sociale. Les Collèges en France avant la Révolution.* Paris, 1885, in-8°.

Simonin (Dr Edmond), *Coup d'œil sur l'Histoire de la Société des Sciences, Lettres et Arts de Nancy pendant un siècle (1750-1850),* dans *Mémoires de la Société des Sciences, Lettres et Arts de Nancy.* Nancy, 1850.

Sion (J.), *Les paysans de la Normandie orientale*. Paris, Armand Colin, 1909, in-8°.

Sommervogel (le R. P.), *Bibliothèque de la Compagnie de Jésus*. Bruxelles, Paris, 1890, 10 vol. in-4°.

[Sorel (Ch.)], *Loix de la Galanterie,* dans *Nouveau Recueil des pièces les plus agréables de ce temps*. Paris, Sercy, 1644, in-8°.

Statuts pour les maîtres ès arts tenant pensionnaires. Paris, 1711, in-18.

T

Targe (Max.), *Professeurs et régents de collège dans l'ancienne Université de Paris*. Paris, 1902, in-8°.

Terracher, *Les aires morphologiques dans les parlers populaires du Nord-Ouest de l'Angoumois*. Paris, 1914, in-8°.

Terrisse (l'abbé), *Est-il avantageux ou préjudiciable au bien de l'État que les gens de la campagne sachent lire et écrire ?* Mémoire dans *Précis des travaux de l'Académie de Rouen*, t. I, 1746.

Thévenot, *Voyage en Europe en 1652*. Arsenal, mss. n° 3217.

Tilly, *Mémoires du duc de Lauzun et du comte de —*. Éd. Fr. Barrière. Paris, 1862, in-12.

Torreilles (l'abbé Ph.), *Le Collège de Perpignan depuis ses origines jusqu'à nos jours,* dans *Société agricole, scientifique et littéraire des Pyrénées-Orientales,* t. XXXIV. Perpignan, 1893, in-8°.

Torreilles et Desplanque, *L'enseignement élémentaire en Roussillon,* dans *Société agricole,... des Pyrénées-Orientales,* t. XXXVI, 1895.

Toubin (F.), *Recherches sur la langue Belleau, argot des peigneurs de chanvre du Haut-Jura,* extrait des *Mémoires de la Société d'émulation du Doubs,* 1895.

Traité des sons de la langue française et des caracteres qui les representent. Paris, J. Th. Hérissant, 1760, in-12.

Tranchau, *Étude sur les représentations théâtrales, les exercices publics et les distributions de prix du collège d'Orléans au XVIIIᵉ siècle*. Orléans, 1887, in-8°.

Trotet (Philémon), *L'art de bien enseigner à lire*. Paris, Nyon fils, 1734, in-12.

Turgot, *Œuvres*. Éd. Schelle. Paris, Alcan, 1913-1924, 5 vol. in-8°.

U

Uzureau (l'abbé), *L'enseignement secondaire en Anjou,* dans *Mémoires de la Société nationale d'Angers,* t. V, 5ᵉ série, 1902.

V

Van de Walle, *Instructions importantes aux étudiants et à leurs parents, donnant grande ouverture à l'introduction à la langue, à l'orthographe françoise, à l'étude méthodique de la Sainte Ecriture*. Bruxelles, Friex, 1753, 3 vol. in-12.

Van Drival, *Histoire de l'Académie d'Arras depuis sa fondation en 1737 jusqu'à nos jours*. Arras, 1872, in-8°.

Vanière, *Discours sur l'éducation*. Paris, 1760 et 1763, in-8°.

Veÿ (Eugène), *Le dialecte de Saint-Etienne au XVII° siècle*. Paris, Champion, 1911, in-8°.

[Vidal (l'abbé)], *Méthode facile pour apprendre à lire correctement et agréablement, dédié à Mgr. le Prince de Bouillon, avec des figures*. Paris, 1749, in-8°.

Viénot, *La vie ecclésiastique et religieuse dans la principauté de Montbéliard*. Paris, Fischbacher, 1895, in-8°.

Vignon, *Études historiques sur l'administration des voies publiques en France*. Paris, 1862-1880, 4 vol. in-8°.

Viguier (Jules), *Les débuts de la Révolution en Provence*. Paris, 1894, in-8°.

Villat (Louis), *La Corse de 1768-1789*. Besançon, 1924, in-8°.

Vingtrinier, *Le théâtre à Lyon au XVIII° siècle*. Lyon, 1879, in-8°.

Vinson, *Les Basques et le pays basque, mœurs, langage et histoire*. Paris, 1882, in-12.

Vissac, *De la Poésie latine en France au siècle de Louis XIV*. Paris, A. Durand, 1862, in-8°.

Voyage du Suédois de Liden à Paris. Paris, 1768, dans *Archives des Missions*, t. V, 1857.

W

Weulersse, *Le mouvement physiocratique en France de 1756-1770*. Paris, 1910, 2 vol. in-8°.

Y

Young (Arthur), *Voyages en France pendant les années 1787-1788-1789 et 1790*, traduction du marquis de Caseaux. Paris, Buisson, 1793, 3 vol. in-8°.

Z

Zwilling, *Die französische Sprache in Strassburg*, dans *Festschrift des protestantischen Gymnasiums*. Strasbourg, 1888.

TABLE DES MATIÈRES

Histoire de la langue française. VII.   23

LIVRE II

L'ÉDUCATION

A. — LE FRANÇAIS ET LES COLLÈGES.

CHAPITRE PREMIER
LES PREMIÈRES ANNÉES DU XVIIIᵉ SIÈCLE

CHAPITRE II
APRÈS 1762

CHAPITRE III
LE FRANÇAIS ET LES COLLÈGES A LA FIN DE L'ANCIEN RÉGIME

CHAPITRE IV
DANS LES FACULTÉS « SUPÉRIEURES »

CHAPITRE V
AUTRES TYPES D'ÉDUCATION

CHARTRES. — IMPRIMERIE DURAND, RUE FULBERT (12-1925).

LIBRAIRIE ARMAND COLIN, 103, Boulevard Saint-Michel, PARIS

Histoire de la Langue française, des Origines à 1900, par

FERDINAND BRUNOT. *Huit volumes parus*, in-8° raisin, brochés ou reliés demi-chagrin, tête dorée

(*Ouvrage couronné par l'Académie des Inscriptions et Belles-Lettres. 1er Grand-Prix Gobert.*)

Histoire de la Langue et de la Littérature française,

des Origines à 1900, ornée de *156 planches hors texte*, dont *21 en couleur*, publiée sous la direction de L. PETIT DE JULLEVILLE. (Ouvrage complet en **8 volumes** in-8° raisin, brochés ou reliés demi-chagrin, tête dorée.)

"HISTOIRES DES LITTÉRATURES"

Littérature Allemande, par ARTHUR CHUQUET.

Littérature Anglaise, par EDMUND GOSSE (Trad. Henry-D. Davray).

Littérature Espagnole, par J. FITZ-MAURICE-KELLY.

Littérature Italienne, par H. HAUVETTE.

(*Ouvrage couronné par l'Académie française.*)

Littérature Américaine, par WILLIAM P. TRENT (Trad. Henry-D. Davray).

Littérature Russe, par K. WALISZEWSKI.

Littérature Japonaise, par W. G. ASTON (Trad. Henry-D. Davray).

Littérature Arabe, par CLÉMENT HUART.

Chaque volume in-8° écu, de 400 à 500 pages, est vendu broché ou relié toile.

Histoire politique de la Révolution française : *Origines*

et Développement de la Démocratie et de la République (**1789-1804**), par A. AULARD. Un vol. in-8° raisin de 816 pages, broché ou relié demi-chagrin, tête dorée.

Histoire politique de l'Europe contemporaine : *Évolution*

des partis et des formes politiques (**1814-1896**), par CHARLES SEIGNOBOS (Ancienne édition, complète en un volume). Un volume in-8° cavalier de 800 pages, broché ou relié demi-chagrin, tête dorée. (*Ouvrage couronné par l'Académie française.*)

Histoire politique de l'Europe contemporaine : *Évolution*

des partis et des formes politiques (**1814-1914**), par CHARLES SEIGNOBOS (Nouvelle édition entièrement refondue et considérablement augmentée, en 2 volumes).

Deux volumes in-8° raisin, brochés ou reliés demi-chagrin, tête dorée.

Histoire de la Civilisation française, par ALFRED RAMBAUD. (2 volumes in-18, brochés.)

Histoire de la Civilisation contemporaine en France, par ALFRED RAMBAUD. Un volume in-18, broché.

2891. — Paris. — Imp. Hemmerlé, Petit et Cie. 12-1925.